NOTES
sur la
NOUVELLE-FRANCE
1545—1700

NOTES

POUR SERVIR

A L'HISTOIRE, A LA BIBLIOGRAPHIE

ET A LA

CARTOGRAPHIE

DE LA

NOUVELLE-FRANCE

ET DES

PAYS ADJACENTS

1545—1700.

PAR L'AUTEUR DE LA

Bibliotheca Americana Vetustissima

«7, 77, 87, 14, 20, 33—13, 17, 26 , , , 14,
«20, 25, 90, 59, 14, 34, 18, 27 , , , , 57, 13,
«91, 68,» — *Dépêche du Cte. de Frontenac.*

PARIS

LIBRAIRIE TROSS

5 RUE NEUVE-DES-PETITS-CHAMPS 5

1872.

A MON ILLUSTRE AMIE GEORGE SAND.

INTRODUCTION.

LES SOURCES.

L'importance des papiers d'Etat, et la nécessité de les conserver, n'ont échappé à aucune des grandes administrations de l'ancienne monarchie. Déjà sous Philippe-Auguste et Philippe-le-Bel, on gardait avec soin dans le Trésor des chartes, les copies des traités, les minutes des actes royaux, les requêtes et les rapports adressés au roi,[1] tandis que les communes, les églises, les monastères, les corporations, l'université,

---

[1] Dessalles, *Mémoires de l'Acad. des Inscriptions. Savants étrangers*, Ire série, t. I, p. 365. — Teulet, *Layettes du Trésor des Chartes*, in-4, Vol. I, préface.

Le premier inventaire cependant ne fut fait que par Pierre d'Etampes, qui remplit les fonctions de garde du Trésor des chartes sous Philippe-le-Bel et les trois fils de ce prince (de 1307 à 1324).

Introduction.

les parlements, conservaient précieusement leurs chartriers, leur correspondance et leurs régistres.

Les grands dignitaires chargés d'administrer, non le royaume considéré comme ensemble gouvernemental (idée qui ne date que de deux siècles) mais les *généralités*,[1] semblent n'avoir versé dans certains dépôts spéciaux qui existaient depuis longtemps[2] qu'un nombre très-restreint des documents accumulés sous leur administration. Les secrétaires d'Etat, eux-mêmes, considéraient comme propriété privée les archives des ministères qu'ils dirigeaient, et en se démettant de leurs fonctions emportaient dans leur hôtel ou leurs domaines, non seulement la correspondance, les régistres et toutes les pièces volantes, mais aussi les minutes des actes officiels.

---

[1] Jusqu'au commencement du XVIIe siècle, les attributions des secrétaires d'Etat étaient divisées en circonscriptions géographiques, appelées *généralités*, embrassant pour chaque département les finances, la guerre etc., des provinces que ces divisions comprenaient. C'est sous le règne de Henri III, mais surtout à partir de l'administration du cardinal de Richelieu, que furent constitués les premiers ministères spéciaux, lesquels se partagèrent un certain nombre de services, alors très-secondaires, tels que les postes, le commerce, l'instruction publique, les colonies etc., qui n'eurent une administration séparée que beaucoup plus tard. (Guyot., *Traité des Droits, fonctions* &c., Paris, 1786, in-4., Vol. II, liv. I, chap. LXXIX.)

[2] Avant 1789, Paris seul renfermait quatre cents dépôts d'archives dont plusieurs remontaient à une très-haute antiquité. (Rapport adressé par le bureau du triage au ministre des finances, le 25 thermidor an VIII. Bordier, *Les Archives de la France*. Paris, 1855, in-8. p. 11.)

Introduction. iii

Les inconvénients qui résultaient de cette pratique, sanctionnée par l'usage, mais contraire à l'intérêt public, avaient été l'objet des préoccupations du cardinal de Richelieu, qui, en provoquant le règlement du 23 septembre 1628,[1] espérait pourvoir à la conservation des archives de la couronne et de la maison du roi. Ce règlement ne fut appliqué que bien des années après, lorsqu'en 1663 MM. de Lionne et de Pomponne commencèrent à mettre en réserve pour leurs successeurs les papiers de l'administration du ministère des affaires étrangères.[2]

C'est à ces mesures tardives qu'il faut attribuer la dispersion de tant de documents précieux.[3] En effet, plus de soixante portefeuilles provenant des administrations de Séguier et de Brienne[4] sont au Musée Britannique, et une partie de la correspondance diplo-

---

[1] L'arrêt fut rendu au conseil d'État sur les instances du garde des sceaux, Michel de Marillac.

[2] Les Brienne s'étaient déjà occupés de réunir un nombre considérable de documents importants concernant les négociations diplomatiques, mais non avec l'intention d'en former un dépôt qui dût rester au ministère. Aussi furent-ils vendus par leurs successeurs non seulement au gouvernement français, mais à des libraires anglais.

[3] Si des papiers du ministère de Mazarin font aujourd'hui partie du dépôt des affaires étrangères, c'est qu'ils furent distraits de la bibliothèque Colbertine, lorsque cette magnifique collection fut vendue par le comte de Seignelay à Louis XV en 1731.

[4] Ils passèrent en Angleterre avec la bibliothèque de Charles François de Loménie, évêque de Coutances, en 1722.

matique de Mazarin ainsi que le manuscrit d'une histoire quasi-officielle de la marine française, de 1669 à 1700, rédigée sous le ministère de M. de Pontchartrain, sont à St.-Pétersbourg.[1]

Des pièces importantes, autrefois classées parmi les archives administratives de Sully,[2] de Claude Bouthillier et Bouthillier de Chavigny, son fils,[3] tous trois secrétaires d'Etat chargés de la Marine, de Mazarin,[4] de Michel Le Tellier,[5] de Henri de Bourbon, prince de Condé, du maréchal duc de Montmorency, ces deux derniers vice-rois de la Nouvelle-France,

---

[1] Toutes ces pièces entrèrent à la Bibliothèque Impériale de cette ville en conséquence d'achats faits par Pierre Dubrowski, secrétaire de l'ambassade russe à Paris, qui, sous le règne de Louis XVI, achetait de toutes mains et augmenta ensuite sa précieuse collection, en se procurant lors du sac de la Bastille des centaines de liasses encore aujourd'hui maculées de boue. (H. de la Ferrière, *Archives des missions scientifiques*, 2ᵉ série, vol. II, III, IV.)

Les manuscrits français plus anciens qui sont une des richesses de la Bibliothèque de St.-Pétersbourg, furent aussi achetés par ce diplomate zélé, mais non par suite de l'incendie de l'Abbaye de S.-Germain-des-Prés en 1794, comme on le croit généralement. Cet incendie ne détruisit aucun des manuscrits. Ceux qui sont à St. Pétersbourg proviennent d'un vol commis dans cette abbaye en 1791.

[2] Collection Béthune.

[3] Collection Baluze.

[4] La plus grande partie des lettres originales de Colbert à Mazarin, avec les réponses du cardinal, portées en marge, sont dans le fonds Baluze.

[5] Supplément Français, Nᵒ. 3004.

Introduction.

sont dans une collection privée[1] ou mêlées aux fonds nombreux de la Bibliothèque Nationale de Paris, qui possède aussi les papiers du comte d'Estrades.[2]

Les dépêches des fonctionnaires qui relevaient des affaires étrangères, et en même temps de la marine, ont subi le même sort. Les lettres de Pierre Voyer d'Argenson, gouverneur du Canada de 1658 à 1661, se trouvaient à la Bibliothèque du Louvre (brûlée au mois de Mai 1871), une partie de celles de M. de Montmagny, qui administra la colonie de 1636 à 1648, est aux Archives Nationales;[3] mais les dépêches de Louis d'Ailleboust de Coulonges (1648—1651—7), des Lauson (1651—1656), du marquis de Tracy (1665—1667)[4] et de M. de Courcelles (1668—1672) n'ont pu être retrouvées.

Quant aux archives de la marine elles ne datent que de la fin du XVIIe siècle. D'Hamecourt, qui fut pendant de longues années chargé de la garde de ces archives, le dit en ces termes: «Le dépôt de la «marine fut étably en 1699 sous le ministère de Mr. «Pontchartrain dans un pavillon situé au fond du jardin

---

[1] Celle de M. le duc d'Aumale, à Twickenham.
[2] Fonds Clairambaut.
[3] Cartons K. 1232 et suiv.
[4] Le fonds Baluze (Arm. 6, paquet 7, N°. 3) contient l'original (?) des divers traités passés entre la France et les nations iroquoises, sous l'administration de M. de Tracy.

« des petits-pères de la place des Victoires à Paris. Ce « dépôt fut d'abord formé par M. de Clairambault des « papiers de l'ancienne marine, et de ceux que l'on « recueillit après la mort de Mr. le marquis de Sei- « gnelay et des principaux officiers qui avaient été em- « ployés sous son ministère et sous celuy de Mr. Col- « bert son père. »[1]

C'est aussi l'opinion de Saint Simon.[2] Mais il est de tradition au ministère que la première formation des archives de la marine remonte à Colbert, et que dès 1680, elles offraient une collection de papiers assez considérable, pour qu'un commis spécial fût chargé de les mettre en ordre.[3]

Jusqu'en 1669 la marine n'était qu'un administration secondaire, quelquefois annexée au ministère de la maison du roi,[4] mais le plus souvent à celui des affaires étrangères. Déjà sous Mazarin, et probablement sous Henri du Plessis-Guénégaud comme sous

---

[1] *Tableau historique et chronologique des papiers contenus dans le dépôt de la marine.* Rapport adressé par d'Hamecourt au Ministre vers 1777. Ms. aux Archives du ministère de la marine.

[2] *Mémoires*, chap. CCLXXVII; édit. Garnier, Vol. XV, p. 231.

[3] Rapport au ministre rédigé par M. Girette, à la date du 5 février 1849, touchant «une solution des questions qui intéressent le classement et «la conservation des archives de la marine.» In-folio, imprimé.

[4] *L'Estat de la France dans sa perfection.* Paris, Estienne Loyson, 1658.

Introduction.

le Lionne, Colbert, malgré son titre modeste d'intendant des finances, avait dirigé les affaires navales. Depuis le 11 mai 1667, et même, paraît-il, dès 1665,[1] il signait les dépêches, tout en relevant de M. de Lionne. Voulant agir en toute liberté et inaugurer de grandes réformes, Colbert, déjà titulaire de la charge de secrétaire d'Etat, qu'il avait achetée de Guénégaud le 18 février 1669, obtint le 7 mars suivant que la marine devint un ministère séparé, dont il prit immédiatement la direction absolue.

Les lettres de Colbert à son cousin Colbert du Terron,[2] intendant général de la marine, et à Seignelay son fils,[3] après qu'il eut obtenu pour lui la survivance du département de la marine,[4] montrent que depuis longtemps il appréciait l'importance de ces archives, et conseillait de les conserver avec soin. La série des régistres des ordres du roi, commencée en 1669, et dont les premiers volumes sont reliés à ses armes prouvent qu'il donnait l'exemple d'une sollicitude que ses successeurs n'ont pu qu'imiter.

Le premier établissement paraît avoir été formé

---

[1] Clément, *Histoire de Colbert.*
[2] Lettre du 18 août 1670.
[3] Lettre du 24 octobre 1676.
[4] Nous le voyons déjà figurer comme chargé de ce ministère dans le Conseil de Marine de 1672. (Isambert, Vol. XIX, p. 165.)

à Saint-Germain-en-Laye, où résidaient la cour et les Ministres; mais lorsque Louis XIV fit de Versailles sa résidence officielle, les archives de la marine furent transportées à Paris, probablement à l'hôtel qu'occupait Colbert, rue Neuve-des-Petits-Champs. Nous ignorons, si après la mort de Seignelay, arrivée en 1690, on les transféra dans les bureaux de son successeur; mais il est constant que M. de Pontchartrain passa le 30 septembre 1699 un bail avec le supérieur des augustins déchaussés, ou petits-pères, pour le loyer du pavillon dont parle d'Hamecourt, et qui est probablement le même dans lequel de Torcy fit transporter en 1710 les archives des affaires étrangères.

Ce bail fut renouvelé en 1717, et les archives classées dans ce pavillon par Clairambault, qui le premier les numérota, puis arrangées alphabétiquement par Lafillard son successeur, et ensuite par Truguet, chef d'escadre et oncle du célèbre amiral, restèrent dans ce même pavillon jusqu'en 1763. Le comte de Choiseul en cette année, sur l'observation que l'administration étant à Versailles la séparation des archives ralentissait le service, ordonna à d'Hamecourt, qui venait de succéder à Truguet, de les transférer dans cette ville. Le 28 juillet 1763 tous les

Introduction. ix

papiers de la marine étaient déjà installés et classés dans l'hôtel situé rue de la Surintendance N°. 5,[1] où se trouvaient les bureaux du ministère des affaires étrangères, qui ne relevaient cependant plus à cette époque de Choiseul.[2]

Dès Colbert les archives de la marine annotées et mises en ordre par des employés intelligents dont on retrouve encore les notes et les résumés, présentaient un ensemble qu'elles n'ont plus malheureusement aujourd'hui. L'esprit de méthode s'introduisant graduellement partout, on établit sous les administrations du comte de Pontchartrain, de M. de Sartines et du maréchal de Castries, qui plus que tout autre semble avoir compris l'importance des archives de la marine et des colonies, de grandes divisions documentaires qui subsistent encore en partie. C'est ainsi que furent créés le 19 novembre 1720 le dépôt hydrographique des cartes et plans de la marine; en juin 1776[3] celui des papiers publics et chartes des colonies, qui avait son origine dans le dépôt in-

---

[1] Aujourd'hui rue de la Bibliothèque.
[2] Choiseul fut d'abord fait ministre des affaires étrangères en 1758. En 1761, il remit ce ministère à son cousin, depuis duc de Praslin, de qui il ne le reprit qu'en 1766, ayant limité son action officielle pendant les cinq années précédentes à la Guerre et à la Marine.
[3] Isambert, Vol. XXIV, p. 37.

stallé à Rochefort en 1765, lorsque le comte de Choiseul, à la veille de perdre la Nouvelle-France et la Louisiane, y avait fait transporter tous les papiers rapportés du Canada, des Isles Royales et de St. Jean; enfin en 1781 le dépôt colonial des plans et fortifications.

Vint la révolution de 1789, et alors commencèrent les déprédations. En 1791, le ministère de la marine revint à Paris; mais les archives, malgré l'ordre donné par le ministre le 25 germinal an II, et le décret du comité de salut public de la même année, constituant un *dépôt de guerre de terre et de mer*, et enlevant aux archives de la marine son autonomie, restèrent à Versailles dans l'hôtel où Choiseul les avait fait transporter vingt-six années auparavant.[1] On les négligea à un tel point qu'en 1793 un poste de garde nationale se trouvait établi dans l'édifice même où étaient déposées les archives. Il est de tradition que pendant cinq semaines de l'hiver rigoureux de cette année ces précieux documents servirent à alimenter le poêle des soldats.

Sous le Directoire et l'Empire personne ne semble s'être occupé des archives de la marine. Désorganisées, mêlées, elles restèrent à Versailles dans la plus

---

[1] Nous ne savons si ces archives ont souffert de la loi du 5 janvier 1793, ordonnant le triage des papiers et parchemins propres au service de l'artillerie et de la marine.

grande confusion jusqu'en 1815. Cette fois, ce fut un employé supérieur qui leur porta un coup funeste. Voulant trouver dans le bâtiment même un logement pour son secrétaire, il fit choix des salles appropriées aux documents des colonies; et ne sachant où mettre les nombreux cartons qu'il n'hésitait pas à déplacer, ce fonctionnaire procéda à ce que dans le langage des bureaux on appelle un «triage,» garda autant de papiers que les espaces dont il ne voulait pas, en pouvaient contenir, et envoya le reste chez les épiciers de Versailles.

Encouragé sans doute par cet exemple, un autre employé en 1830 livrait les archives au pillage, et vendait au poids à son profit des liasses entières, dont quelques-unes furent rachetées au prix de quinze centimes le document par des amateurs d'autographes dont elles enrichissent encore les collections.[1] De fréquents triages, les intempéries des saisons[2] et l'état de délabrement du local finissaient l'œuvre de ce mandataire infidèle, lorsque l'administration du do-

---

[1] Note insérée au *Moniteur*.
[2] Le hasard nous a fait passer sous les yeux une lettre du directeur du dépôt de Versailles, datée de — 1832, où se trouve ce passage : «Il «devient indispensable que de promptes réparations soient faites à la toiture «de l'hôtel des archives. Les papiers de l'étage supérieur sont inondés, «et l'averse de la nuit dernière a complétement perdu une vingtaine de «cartons remplis de pièces utiles et déjà classées.»

maine demanda de rentrer en possession de l'hôtel de la rue de la Surintendance. Sous le coup d'une expropriation, les chambres votèrent en 1836 un crédit de 95,000 francs, pour construire dans les dépendances du ministère de la marine, qui depuis 1791 occupait l'édifice de la rue Royale, à Paris, où il est encore aujourd'hui, un bâtiment spécialement affecté aux archives. On se contenta d'élever d'un étage une aile de l'édifice principal, et en 1837 près de 30,000 cartons, tous rapportés de Versailles, y furent installés.

Les employés étaient occupés à classer ces liasses nombreuses dans ce local, qu'ils croyaient définitif, quand en 1840, par l'ordre du ministre on en prit possession pour y établir des bureaux, et ces précieux documents furent relégués pêle-mêle dans un grenier obscur. Depuis, les archives coloniales ont été plusieurs fois délogées, mais sans quitter l'hôtel de la rue Royale jusqu'en 1850, année où par suite de la création du ministère de l'Algérie et des colonies, elles furent transportées au Palais-Royal, puis au Louvre, pour être finalement réintégrées dans les combles du ministère de la rue Royale, après avoir failli perdre leur autonomie et être absorbées dans l'immense dépôt des Archives Nationales.

Ces documents sont enfin installés dans un des étages supérieurs du ministère de la marine, d'où on les fera peut-être un jour sortir pour les réunir aux différents dépôts qui ont une même origine et un même objet. Les archivistes s'occupent de leur classement, et depuis 1861, sous la direction d'une commission présidée par un vice-amiral, on les fait relier sous forme de recueils in-folio, arrangés dans l'ordre chronologique.

Les documents se rapportant aux colonies dont nous nous occupons en ce moment, c'est-à-dire la Nouvelle-France et la Louisiane, depuis la découverte de ces pays jusqu'au commencement du XVIIIe siècle, sont contenus dans sept volumes dont le classement et la reliure remontent à Moreau de St.-Méry, lorsqu'en 1798, ce conservateur érudit et zélé, voulut créer une section d'histoire et de législation. A ces volumes viennent s'ajouter seize cartons, remplis de pièces diverses non cataloguées, et réunis sous la rubrique d'*Acadie* et de *Canada*. La *Louisiane* forme un recueil déjà relié, mais où se trouvent peu de pièces antérieures à 1700. Enfin il y a une série de magnifiques régistres commencée par Colbert en 1669 et dont les premiers volumes sont reliés à ses armes, contenant les minutes de la correspondance de xiv *Introduction.*

Louis XIV et du ministre de la marine avec les gouverneurs et intendants des colonies, mais sans former de recueils spécialement affectés au Canada.[1]

Il y a enfin une collection considérable de lois coloniales inédites et de dossiers du personnel des colonies remontant aux premiers temps du ministère de Colbert.

Il est à remarquer que la plupart de ces documents ne sont pas des originaux. Un grand nombre semblent avoir été copiés seulement au milieu du XVIIIe siècle, pour être soumis probablement aux commissaires chargés de définir les limites de l'Acadie. Quelques-uns donnent un texte qui remonte à 1620; ce sont les copies prises par l'ordre de Colbert en 1669, sur les manuscrits de Brienne.

Le document original le plus ancien que nous ayons trouvé est une minute de la donation de 22,400 livres faite par la duchesse d'Aiguillon le 16 août 1637, en faveur des religieuses hospitalières de Québec, Sébastien Cramoisy, l'imprimeur, se portant comme fondé de pouvoir des religieuses. Cette pièce vient des archives du Châtelet. La plus ancienne émanant véritablement, non du ministère de la marine, puisqu'il n'existait pas encore, mais de l'administration

---

[1] Il y a treize volumes jusqu'à l'année 1700.

chargée des colonies, est l'édit de création du conseil souverain de Québec, en date du mois d'avril 1663, beau manuscrit sur parchemin, signé de Louis XIV, et contresigné par Colbert et de Loménie.

Beaucoup de documents, et ce ne sont pas les moins importants, n'existent plus qu'à l'état de résumés, très-bien faits du reste, par un des employés subalternes, dont nous n'avons pu découvrir le nom, et qui semble avoir été chargé spécialement d'alléger ainsi le travail de Colbert et de Seignelay. Des lettres et des dépêches de Talon et du comte de Frontenac, ainsi que la rubrique de certaines cartes géographiques prouvent qu'à une certaine époque toute la correspondance et les mémoires qui l'accompagnaient ont dû se trouver en originaux dans les archives de la marine, mais ces précieux documents ont disparu. Beaucoup, sans doute, ont été détruits par suite des déprédations que nous avons signalées, mais il doit s'en trouver encore dans des collections particulières, que le ministère pourra probablement un jour racheter dans quelque vente publique.[1]

---

[1] C'est par cette voie que l'administration a déjà pu il y a quelques années rentrer en possession de cinq régistres aux armes de Colbert et de M. de Morville, ainsi que de plusieurs magnifiques annuaires de la marine, écrits sur vélin par Jarry et ses successeurs, avec des fermoirs en vermeil ciselé.

L'indifférence de l'administration à l'égard de documents dont l'étude ne pouvait que remettre en lumière une des périodes les plus glorieuses de l'histoire de France, et faire connaître tout une pléiade de héros dont la mère-patrie ignorait les sacrifices et les exploits, était loin d'être partagée à l'étranger. Le Canada et la Louisiane surtout, qui n'avaient d'autres annales, désiraient vivement étudier et faire prendre des copies dans la section coloniale des archives de la marine. La société historique de Québec envoya en 1835 un agent, à qui le ministre ne voulut rien communiquer. En 1838, malgré les efforts de l'ambassadeur d'Angleterre, un autre délégué se vit aussi refuser l'accès de ces archives. Mais en 1842, le ministre des Etats-Unis[1] qui avait à cœur de connaître l'histoire de la colonie de la Nouvelle-France dont une partie de l'ancien territoire forme aujourd'hui au moins quatorze des états les plus prospères de la république américaine,[2] obtint la communication d'environ quarante cartons, qu'on choisit non sans de grandes difficultés dans la masse qui

---

[1] Le Général Lewis Cass, résidant au Détroit, dans l'état de Michigan.

[2] Le Kansas, le Minnesota, le Missouri, l'Iowa, le Wisconsin, le Michigan, l'Ohio, les Illinois, l'Indiana, l'Arkansas, l'Alabama, le Mississipi, la Louisiane, les Florides.

Introduction. xvii

encombrait alors les combles du ministère.[1] C'est aux instances de cet ambassadeur éclairé que nous devons la première publication des dépêches, mémoires et autres documents concernant les rapports officiels entre la France et sa colonie du Canada, sous Louis XIV et Louis XV. Dix ans après, le parlement de Québec réussit à son tour à faire copier les pièces se rapportant à l'histoire de la Nouvelle-France, copies formant aujourd'hui une série manuscrite de trente-six volumes in-folio, mais qui n'embrassent pas l'histoire des découvertes, que le ministère s'est réservée.

Cette dernière partie, de beaucoup la plus intéressante et la moins connue de l'histoire de ces colonies, a aussi souffert des déprédations dont on commence aujourd'hui seulement à comprendre la portée. Cependant, à l'aide des documents que recèlent encore la Bibliothèque Nationale, les archives du dépôt des cartes de la marine et quelques collections privées, on pourrait combler les lacunes les plus importantes, et reconstruire au moins l'histoire de la découverte et de la colonisation de la vallée du Missis-

---

[1] On les cherchait avec une lanterne, en déplaçant des masses de boîtes et de liasses dont un éboulement soudain faillit coûter la vie de l'employé chargé d'explorer le grenier.

sippi sous Louis XIV, et de l'exploration de l'Ouest jusqu'aux Montagnes Rocheuses sous Louis XV. On aurait ainsi une histoire documentaire absolument inédite qui pourrait être ainsi divisée :

Découvertes des Lacs et du Mississipi.	Dollier de Casson et Gallinée, Jolliet et Marquette, Cavalier de la Salle, Henri de Tonty, Joutel, Hennepin, Membré.
Etablissements de Detroit et des Lacs Hurons, Erié et Michigan.	D. Graysolon Du L'hut, La Mothe Cadillac.
Postes intermédiaires reliant le Mississipi au Canada, savoir : Natchitoches, Chicachas, Natchez, Fort Rosalie, Fort Duquesne, Pointe à la Chevelure, etc.	Bissot de Vincennes, Bourgmont, Juchereau de St. Denis.
Colonisation de la Louisiane, et des rives du Golfe du Mexique depuis les Florides jusqu'au Texas.	d'Iberville, Tonty, Bienville, Penicaut.

| Exploration du Haut Missouri et des pays s'étendant jusqu'aux Montagnes Rocheuses. | Les Varennes de la Veranderye, de Niverville, Le Gardeur. |

Le désir de ne plus être tributaires des anglais et des hollandais pour les cartes dont se servaient les marins français a dicté la formation du dépôt des cartes de la marine et des colonies. C'est dans cet annexe du ministère de la marine que se trouvent encore un grand nombre de documents historiques et géographiques sur le Canada et la Louisiane.

Comme nous l'avons dit précédemment cet établissement remonte au 19 novembre 1720; mais il ne fut pas créé de toutes pièces, et semble n'avoir été que le développement du dépôt spécial confié quelques années auparant à l'ingénieur De Pennes. Le 20 novembre 1720, Louis XV, sur l'avis du régent, nomma le premier conservateur, le chevalier de Luynes[1], capitaine de vaisseau qui fut «préposé à

---

[1] Le chevalier de Luynes ne resta au Dépôt que jusqu'en 1722. Il eut pour successeur M. de la Blandinière, à qui succéda en 1734 le marquis, alors chevalier d'Albert, lequel après avoir porté l'établissement à un tel dégré de perfection que l'Académie des Sciences le qualifiait de *Trésor* (*Hist. de l'Académie*, 1741,) fut remplacé par le marquis de la Galissonnière, qui arrivait du Canada, où il avait été gouverneur depuis 1745. Appelé à commander l'escadre qui portait l'armée du maréchal de Richelieu, cet illustre marin se démit de ses fonctions de conservateur en 1756. Ceux qui les remplirent après lui

« l'examen et à la garde des cartes, plans, journaux et « mémoires de la marine », sous l'autorité du comte de Toulouse.

Bellin, qui malgré son extrême jeunesse[1] venait d'être adjoint au chevalier de Luynes, choisit dans les archives générales de la marine, alors placées sous la surveillance de Clairambault, les pièces qui devaient constituer le dépôt, lequel fut installé à proximité des autres archives navales, dans une des salles du Pavillon des petits-pères. Cette collection déjà fort-belle, y resta jusqu'en 1763, bien que dans l'année 1758 on eût fait des démarches pour la transférer au Louvre, à cause de l'exiguité et de l'humidité du local.

Pendant seize ans, Bellin s'occupa de réunir les documents qui devaient l'aider à construire les cartes que la Marine attendait de ses études et de son habilité; et ce ne fut qu'en 1737 que sortit de ses mains

furent Perrier de Salverte (1757), le chef d'escadre de Bompar, le comte de Narbonne-Pelet, le chevalier d'Olsy et M. de Chabert (1773), sous l'administration desquels le Dépôt commença à décliner, et M. de Fleurieu (1778) qui, à l'instigation de Louis XVI, fit de grands efforts pour le relever.

[1] Jacques Nicolas Bellin, né à Paris en 1703, avait à peine dix-huit ans lorsqu'en 1721 il entra au Dépôt. Ce ne fut qu'en 1741, après des démarches réitérées, qu'il obtint le titre d'ingénieur-géographe, et qu'à l'avenir toutes les cartes construites au Dépôt seraient gravées à ses dépens, et conséquemment vendues à son profit. C'est lui qui dressa les cartes qui accompagnent *l'Histoire de la Nouvelle France* de Charlevoix. Il mourut le 1er mai 1772.

a première carte.[1] A partir de ce jour, le dépôt occupa le premier rang parmi les établissements hydrographiques de l'Europe. Après la mort de Bellin, le dépôt tomba en décadence, pour ne se relever, grace aux efforts de Louis XVI, qui était passionné pour les sciences géographiques, que sous l'administration de M. de Fleurieu, et plus tard de M. Beautemps-Beaupré, appelé à juste titre par les anglais le «Père de l'hydrographie.»

Par ordonnance du 20 mars 1775, le dépôt, après avoir suivi à Versailles les archives de la marine, que Choiseul y avait fait transférer en 1763, fut ramené à Paris. Le chevalier d'Oisy, alors inspecteur en chef, passa un bail avec le supérieur de la maison des chanoines réguliers de Ste-Geneviève, dite le prieuré royal de St.-Louis de la Culture, dans la rue St. Antoine.[2] Ce changement donna une nouvelle impulsion à cet utile établissement, qui, par l'ordre de M. de Sartines, publia l'année suivante le premier fascicule de *l'Almanach Nautique*, recueil appelé par la suite à rendre de si grands services. En 1780, une commission envoyée à Lorient pour inventorier les papiers de la compagnie des Indes, qui en

---
[1] C'était une carte de la Méditerranée, en trois feuilles.
[2] Où est aujourd'hui le collège Charlemagne.

1762 avait installé ses archives dans cette ville, rapporta six caisses de cartes, plans et journaux de marine qui furent versés dans les collections du dépôt, d'où ils passèrent, il y a quelques années seulement, aux archives du ministère.

Le regain de prospérité de cet établissement ne fut pas de longue durée. Par un décret du comité de salut public du 20 prairial an II (1794), créant un dépôt de la guerre de terre et de mer, les documents du dépôt de la marine durent être transférés de la rue St. Antoine au numéro 17 de la Place des Piques (Place Vendôme), où ils restèrent confondus avec les archives de la guerre. Enfin, l'année suivante le dépôt reprit son autonomie, et le 29 thermidor an III (1795) on le transféra dans la maison d'Egmont-Pignatelli[1], où Lenoir[2] installa aussi ses ateliers, et Berthoud[3] ses fameuses horloges.

---

[1] N°. 11 rue de la Place Vendôme, autrefois et aujourd'hui rue Louis-le-Grand.

[2] Etienne Lenoir, né à Mer, en 1744, mort à Paris en 1832, le constructeur du *cercle de réflexion* invénté par Borda, du premier *fanal à miroir parabolique*, du *mètre-étalon*, et des instruments que Méchain et Delambre employèrent pour mesurer un arc du méridien terrestre.

[3] Ferdinand Berthoud, né à Plancemont-Couvet, près de Neufchâtel le 19 mars 1725, mort à Groslay le 20 juin 1807. Il vint à Paris en 1745. En 1782, Louis XVI craignant que l'outillage de ce célèbre horloger ainsi que ses premiers chronomètres et quatre horloges marines sortissent de France, les fit acheter par M. de Fleurieu au prix de trente mille livres prises sur la cassette du Roi.

Par arrêt du 17 prairial an IV, le conservateur des archives de la marine à Versailles dut envoyer au dépôt «tous les mémoires, livres, instruments, modèles, cartes, plans et autres objets relatifs à la marine.» Cette mesure fut probablement suivie d'exécution, car il y a un autre arrêt du 31 mars 1808, ordonnant le retour à Versailles de tous ces documents.

A partir de cette date nous perdons de vue le dépôt de la marine pour le retrouver en 1817, où il est encore aujourd'hui, 17 rue de l'Université.

Cet établissement ne contient pas moins de quatre dépôts d'archives, distincts de celui du ministère de la marine.[1]

Il y a d'abord dans ce local de la rue de l'Université ce qu'on appelle les «grandes archives»[2], où nous trouvons une collection considérable de portefeuilles remplis de cartes gravées et manuscrites, de portulans et d'épures. Vingt-trois de ces portefeuilles[3] se rapportent exclusivement à l'Amérique Septentrionale. Cette section contient aussi beaucoup de boîtes renfermant des instructions, des rapports, des rela-

---

[1] Situé, comme nous l'avons dit, dans l'édifice des Menus-Plaisirs, rue Royale St. Honoré.

[2] Au premier étage du pavillon situé entre les deux cours.

[3] Nos. 122 à 143, y compris 138bis.

tions de voyage et des mémoires la plupart inédits. C'est parmi ces manuscrits que se trouvent les pièces qui ont trait aux découvertes de Cavelier de la Salle[1], au voyage de Louis Jolliet au Labrador en 1694[2], et aux premières explorations sur le Haut Missouri en 1724 par Bourgmont[3], et dans l'extrême Ouest par Le Gardeur[4] en 1728 et les Varennes de la Vérandrye de 1731 à 1742.[5]

Vient ensuite la bibliothèque du dépôt, riche d'un grand nombre d'albums de cartes, dont quatre[6] contiennent les documents cartographiques les plus importants pour l'histoire de la Nouvelle-France et des pays adjacents. Cette précieuse collection se trouvait renfermée dans des boîtes aux grandes archives. En 1863 et 1864, l'ingénieur en chef du dépôt, on ne sait pour quelle raison, les fit transférer à la bibliothèque, où, par les soins d'un bibliothécaire aussi zélé

---

[1] Cartons 64, 65, 67, 67? La pièce la plus importante: *Relation des découvertes et des voyages du Sr. de la Salle, seigneur et gouverneur du fort de Frontenac, au-delà des Grands Lacs de la Nouvelle France, faite par ordre de Mgr. Colbert, en 1679, 1680 et 1681*, portant le N°. 4, de la boîte 64, n'a pu être retrouvée.

[2] Carton 5, N°. 15.

[3] Carton 66, N°. 6.

[4], [5] Carton 5, N°. 18.

[6] *Amérique Septentrionale, Canada.*
        „   „   *Cartes anciennes.*
        „   „   *Cours d'eau.*
        „   „   *Etats-Unis.*

qu'intelligent,¹ les cartes furent immédiatement réunies, classées et reliées sous forme d'albums. C'est dans ces précieux recueils que se trouvent les cartes manuscrites de Louis Jolliet et de Jean Baptiste Louis Franquelin. Nous devons regretter cependant la disparition de trois documents cartographiques de la plus haute importance, mais qui ne semblent pas être entrés à la bibliothèque, bien qu'en 1856 ils se trouvassent encore aux grandes archives, où ils furent copiés par ordre du gouvernement canadien. Ce sont: I. *La carte du Lac Ontario et du pays que Messrs. Dolier et Gallinée missionnaires de St. Sulpice ont parcouru (1670)*; II. *Carte de la Louisiane ou des Voyages du Sr. de la Salle et des pays qu'il a découverts depuis la Nouvelle France jusqu'au Golfe Mexique les années 1679, 80, 81 et 82 par Jean Baptiste Louis Franquelin, l'an 1684, Paris;* III. *Carte de l'Amérique Septentrionale dressée par Raudin, Ingénieur du Comte de Frontenac (vers 1689.)*²

Quant à la bibliothèque elle semble avoir été formée à Versailles, comme en témoignent les cachets fleurdelysés que portent un grand nombre de volumes. La marque R. F. prouve aussi qu'elle reçut

---

¹ M. Léon Renard, aujourd'hui bibliothecaire du ministère de la marine.
² *Infra*, Nos. 200, 222, 241.

des accessions considérables lors de la répartition faite sous la première république des livres provenant des couvents et des établissements supprimés ou confisqués pendant la révolution.

Elle contient beaucoup de *Relations des Jésuites*, en doubles et en triples, mais sans former une série complète, un *Lescarbot* de 1611, un *Champlain* de 1632, le *Grand Voyage* de Sagard. Dans une autre section il y a un *Vespuce* de Mathurin de Redouer, un *Hakluyt*, un assez beau *De Bry*, un *Paulmier* curieusement annoté; minime portion d'une bibliothèque de 30,000 volumes, parfaitement choisis, et formant une des collections les plus complètes, les mieux aménagées et les plus hospitalières qu'il y ait en Europe pour les études géographiques.

Le troisième dépôt d'archives qui ne porte d'autre titre que celui d'«Archives du quatrième étage», semble remonter au combat où la corvette française la *Bayonnaise* prit à l'abordage la frégate anglaise *l'Ambuscade* le 12 pluviose de l'an VII. Le ministre, en envoyant au dépôt le journal de bord du capitaine Richer, exprimait le désir que tous les journaux de bord, non seulement de la marine militaire, mais aussi de celle de commerce, fussent dorénavant rassemblés et classés séparément. Ce n'est cependant que bien des années après que ce projet fut mis à exécution.

Cette section comprend aujourd'hui un nombre considérable de journaux de bord, de relations de voyages et de cartes. Pour le sujet qui nous intéresse en ce moment, nous n'avons trouvé à y relever que les épures faites par Guillaume De Lisle.[1] Ces croquis sont curieux et d'autant plus intéressants que De Lisle, qui sur les mémoires adressés au ministre dressait des cartes traçant les découvertes à l'ouest de la Nouvelle-France et dans la Louisiane sous les administrations du chevalier de Callières et du marquis de Vaudreuil, a eu communication de pièces qui n'existent plus aujourd'hui.[2]

Le quatrième et dernier dépôt est celui des plans et fortifications des colonies, créé en 1781, et établi le 24 décembre de cette année à Versailles, sous la surintendance de M. de Fleurieu. De cet établissement, où les visiteurs sont au moins aussi rares que les éclipses, abstention qui s'explique par

---

[1] Elles entrèrent au dépôt avec le cabinet d'astronomie et de géographie que le Ministre avait acquis en 1755 de Joseph Nicholas, frère de Guillaume, qui fut en même temps attaché à cet établissement en qualité d'astronome.

[2] Dans le croquis du Mississipi (port. 75, pièce 249), il est fait mention de deux relations «cy jointes,» envoyées en 1700 par Henri de Tonty, et qu'on n'a pu retrouver.

une interprétation judaïque des règlements, nous ne pouvons donner de grands détails. Dans une mansarde où nous avons pu pénétrer, il nous a été permis de trouver dans des cartons couverts de poussière quelques pièces que nous citons de mémoire dans la cartographie qui fait suite à ce volume. Il y a dans le nombre des cartes manuscrites qui nous ont semblé être l'œuvre de Jehan Bourdon et un mémoire de Franquelin que nous regrettons de n'avoir pu obtenir la permission de copier.[1]

La Bibliothèque Nationale de Paris nous a fourni la plupart des ouvrages imprimés que nous décrivons dans ce volume. Un grand nombre, reliés aux armes, proviennent des acquisitions ou des dons faits sous l'ancienne monarchie, mais il y en a aussi beaucoup qui sont entrés à la bibliothèque lors de la suppression des couvents dont ils portent encore les timbres. Nous devons citer parmi ces derniers presque toutes les *Relations des Jésuites*, dont plusieurs années se trouvent en triples et quadruples, sans cependant former une série complète,[2] et bon nombre de livres

---

[1] *Mémoire pour informer Monseigneur* (Seignelay) *de l'importance qu'il y a de tirer des lignes justes sur les limites des terres qui appartiennent au Roy dans la Nouvelle France, planter des bornes, arborer les armes de Sa Majesté, et en faire une carte bien fidelle.* (No. 280.)

[2] Ainsi il y manquait la première, celle de 1632. La présence de cette

sur le Canada, tous très-modestement recouverts de parchemin.

Mais c'est dans la section des manuscrits, parmi les collections encore désignées sous les noms des amateurs qui les avaient formées sous Louis XIV et Louis XV, tels que les fonds *Bethune, Baluze, Colbert*[1] *Clérambaut, Dupuy, Fontette, Harlay*,[2] que les chercheurs ont trouvé et trouvent encore les documents les plus importants sur les premiers temps de l'histoire du Canada. Les fonds anciens possédaient cependant des pièces d'une très-grande valeur. Ainsi l'un des meilleurs manuscrits du second voyage de Jacques Cartier, relié aux armes de Charles IX, date de l'époque où la bibliothèque était encore à Fontainebleau.

En explorant avec persévérance l'ancien Fonds Français et son supplément, vastes réceptacles où sont venus aboutir les manuscrits séparés et des collections entières dont l'administration n'a pas pensé

édition en double à l'Arsenal ayant été signalée par nous, un des deux exemplaires en fut distrait pour être ajouté à la collection de la Bibliothèque Nationale. L'édition rarissime de 1656 ne se trouve qu'à Ste Geneviève.

[1] Surtout les volumes de correspondances jadis reliés en parchemin vert (de là le nom qu'on leur donne quelquefois de *Collection Verte*), qui forment les numéros 101—176, des Mélanges de Colbert.

[2] La collection Morel de Thoisy, quoique contenant un grand nombre de pièces manuscrites, est au département des imprimés.

devoir conserver l'autonomie, on est certain de découvrir des documents, aujourd'hui complétement oubliés, qui ne peuvent manquer d'éclaircir d'un jour nouveau les origines des colonies françaises dans l'Amérique Septentrionale. Malheureusement la nécessité de mettre ces précieux documents à l'abri des bombes et des obus prussiens, pendant le siège, ne nous a pas permis de continuer nos investigations de ce côté, assez complétement pour pouvoir consigner ici le résultat de nos recherches.

Quoique ne datant que de 1789, le dépôt des Archives Nationales où étaient venu aboutir un nombre si considérable d'anciens documents, provenant des conseils du roi, des amirautés de France,[1] des généralités où se trouvaient les ports de Honfleur, du Brouage, de Dieppe, de la Rochelle, qui armèrent tant d'expéditions maritimes, des ordres religieux dont plusieurs envoyèrent de tout temps des missionnaires au Canada,[2] ce dépôt semblait devoir posséder des

---

[1] Une ordonnance de 1540 prescrit le dépôt aux greffes des amirautés de toutes les relations et journaux de voyage des navigateurs. L'amirauté était aussi l'un des trois tribunaux de la *Table de Marbre*, et connaissait de toutes les contestations concernant la marine et le commerce maritime pour tout le ressort du parlement de Paris. La série Z^{1D} contient les minutes des jugements rendus de 1600 à 1790, et les curieux régistres où sont consignées les pièces relatives à la traite des nègres et aux déclarations des hommes de couleur.

[2] Les récollets, les jésuites et les sulpiciens.

Introduction. xxxi

liasses nombreuses de pièces se rapportant aux colonies. Cette supposition était d'autant plus fondée qu'il est de tradition chez les MM. de Saint Sulpice, que sous le règne de Louis-Philippe l'hôtel Soubise recélait encore tous les papiers relatifs à la fondation et à l'histoire de Montréal; mais il est certain qu'aujourd'hui il ne renferme que très-peu de documents touchants l'histoire des colonies françaises non seulement en Amérique mais aux Indes.

Nous n'avons trouvé à relever que les pièces se rapportant aux expéditions de Roberval,[1] des lettres de M. de Montmagny, des actes d'acquisitions d'immeubles faites pour le compte du roi ou de particuliers à Saint Domingue, à la Martinique et au Canada de 1658 à 1772,[2] les pièces du procès de l'évêque de Québec;[3] de celui de la compagnie des Castors du Canada,[4] onze plans et cartes géographiques de la Nouvelle-France.

Peut-être trouverait-on encore dans les régistres du Trésor des chartes, que l'on pourrait appeler plus exactement régistres de la chancellerie de France,

---

[1] Nous les donnons *in-extenso* dans la section de cet ouvrage qui porte le titre de *Notes historiques et documentaires; infra*, Nos. 374—81.
[2] H.5. 4226.
[3] V.7. 414.
[4] V.7. 124.

et dont plusieurs contiennent des minutes d'actes royaux et des copies des pièces adressées au roi, jusque sous les règnes de François I, Henri II et Charles IX, des édits, des lettres ou des mentions des expéditions de Jacques Cartier, de Roberval et du marquis de la Roche.

Quant aux archives qui se trouvaient au Canada elles n'ont pas non plus échappé aux dévastations de toute nature. L'abbé Ferland, auteur de la meilleure histoire du Canada qui ait été publiée jusqu'ici, s'exprime en ces termes:[1] « Pour la première partie de « nos annales, c'est-à-dire, jusqu'au temps de la création « du conseil supérieur, les documents originaux sont « peu nombreux. Des matériaux précieux ont été, de- « puis un siècle, perdus par la négligence de ceux à « qui ils étaient confiés. Ainsi, le collége de la com- « pagnie de Jésus à Québec possédait une importante « collection de manuscrits, relatifs aux découvertes et « aux événements civils et religieux de cette première « période; fort peu de papiers ont échappé à la destruc- « tion. Dans le journal du supérieur des jésuites étaient « consignés, jour par jour, les faits les plus remarquables, « des réflexions sur les affaires de la colonie, des appré-

---

[1] *Cours d'Histoire du Canada.* Québec, 1861, in-8. 1re Part, *Introduction*, p. VIII.

«ciations de la conduite de ses hommes publics. Con-
«tinué pendant plus de cent ans et tenu avec beaucoup
«de régularité, ce journal était d'une grande valeur
«pour suivre les événements. Eh bien! sur trois ca-
«hiers qui paraissaient avoir été complets à la sup-
«pression des Jésuites, il en restait encore deux à la
«fin du siècle dernier; un seul a échappé aux mains
«des Vandales, et encore est-ce par hazard, puisqu'il
«fut découvert dans un fourneau de la cuisine, au châ-
«teau Saint-Louis. D'autres causes, comme l'incendie,
«l'humidité des archives, la mauvaise qualité du papier,
«ont aussi contribué à la destruction de nos archives
«historiques.»

H. H.

Paris, pendant le siège, 1870—71.

BIBLIOGRAPHIE
1545—1700

1. Brief recit, & ||succincte narration, de la nauiga-|| 1545. tion faicte es ysles de Canada, Ho-||chelage & Sague-nay & autres, auec || particulieres meurs, langaige & ce-||rimonies des habitans d'icelles: fort || delectable à veoir. || — Auec priuilege || On les uend à Paris au second pillier en la grand || salle du Palais, & en la rue neufue Nostredame à || l'enseigne de lescu de Fr[ā]ce, par Ponce Roffet dict||Faucheur, & Anthoine le Clerc frères. || 1545. ||

₊ In-8. Titre et privilége un feuillet + un feuillet non chiffré + 3 ff. chiffr. + 48 ff. chiffr. pour le texte. Les deux derniers feuillets contiennent un vocabulaire du *«l[ā]gage des pays & Royaulmes de Hochelaga & Canada.»*

Second voyage de Cartier fait en 1535-1536.

Jacques Cartier est né à Saint Malo le 31 Décembre 1494. Ayant obtenu des lettres-patentes de François I[er][1] il partit *«du havre et port de Sainct Malo auecques lesdits deux nauires du port d'enuiron soixante tonneaulx chaincun, esquippez les deux de soixante ung homme*[2] *le vingtiesme jour d'Apuril audit an, Mil cinq cens trante quatre.»* Il atterit le *«dixiesme jour de May»* à

---

[1] Avant le 19 Mars 1533. Cf. la Remonstrance sous cette dernière date dans Ramé.
[2] En tout, et non *«armate ciascuna di sessant uno huomo»*, comme le traduit Ramusio.

1545. Terre-Neuve, remonta jusqu'au détroit actuel de Belle-Isle, longea la côte du Labrador, redescendit jusqu'à l'embouchure du fleuve Saint-Laurent, et après avoir parcouru le golfe, partit *«le quinziesme jour d'Aoust»* pour s'en retourner à Saint-Malo, où il arriva *«le V° jour de Septembre au dit an»* (1534), ramenant deux sauvages qu'il avait enlevés.

Jusque dans ces dernières années nous ne connaissions les détails de ce premier voyage que par Ramusio[1], une version française faite d'après un discours *«escrit en langue estrangère»*[2] et qu'on a longtemps pensé avoir été prise sur le texte italien de l'éditeur vénitien, et par la relation en anglais que nous devons à Richard Hakluyt.[3] Une collation attentive des trois versions italienne, anglaise et française a démontré que les trois éditeurs avaient puisé à une source différente.[4] Quant au texte donné par Lescarbot,[5] ce n'est qu'une médiocre reproduction de celui de Petit-Val.

En 1867 MM. Michelant et Ramé découvrirent parmi les manuscrits de la Bibliothèque Impériale de Paris[6] une pièce de dix-sept feuillets, portant pour souscription: *Voyage de Jacques Cartier*, 1544, et qui malgré cette date erronée, se trouva être la relation originale du premier voyage, connu jusqu'alors seulement par des textes de seconde main. Ce précieux manuscrit a été depuis publié[7] avec une suite de documents inédits sur le Canada, trouvés par M. Ramé, surtout dans les archives de Saint-Malo.

Cartier reçut *«en dabte de penultime jour d'octobre l'an mil V centz XXXIIII et signé de Philipes de Chabot»* une commission pour un deuxième voyage. L'expédition, composée de trois navires, l'un de cent à cent vingt, un autre de soixante, et le troisième de quarante tonneaux, portant en tout cent dix

---
[1] *Prima relatione di Jaques Carthier della terra nuoua detta la nuoua Francia.* Vol. III de sa collection.
[2] Rouen, R. du Petit-Val, 1598, in-12. *Infra* n°. 6.
[3] *Principall navigations.* London, 1599—1600, vol. III.
[4] Michelant et Ramé, 1865, p. IV.
[5] Livre III, chap. II—V.
[6] No. 5, portefeuille LVII du fonds Fontette, maintenant fonds Morgan.
[7] Paris, Tross, 1867, in-8.

hommes, ne partit que le *«dix neufiesme iour de May, en lan mil cinq cens trête cinq.»* Arrivé le 7 Juillet à l'Île aux Oiseaux, Cartier remonta jusqu'au détroit de Belle-Isle, visita l'île d'Anticosti, explora le Saguenay et la rivière St. Charles, et remonta le St. Laurent jusqu'à Hochelaga. L'expédition rentra à St. Malo le *«6. iour de Iuillet. 1536.»*[1]

Le texte de ce second voyage nous est parvenu par l'édition imprimée à Paris par Ponce Roffet en 1545, que nous décrivons ci-dessus.[2]

Il y a à la Bibliothèque Nationale de Paris trois manuscrits contemporains de ce second voyage, apparemment de la même main, et qui cependant présentent des différences, relevées avec beaucoup de soin dans l'excellente édition qu'a donné M. d'Avezac du texte de Roffet.[3]

Le premier de ces manuscrits, classé actuellement sous le No. 5653, du *Fonds Français* était autrefois dans la Bibliothèque royale de Fontainebleau. Il est richement relié aux armes de Charles IX, et porte le titre suivant: *Seconde nauigation faicte par Le commandement et voulloir du tresxpien Roy francois premier de ce nom au parachement* (sic) *de la descouverture des terres occidentalles estant soubz le climat et paralleles des terres et Royaulme dudict Sr. et par luy precedentement ja commencees a faire descouvrir. Icelle nauigation faicte par Jacques cartier natif de Sainct malo de lisle en bretaigne, pillote dudict Sr. en lan mil cinq cens trente six.*

Le deuxième manuscrit a le même titre et porte aujourd'hui le No. 5589. Il est relié en maroquin rouge, aux armes. Celui-ci et le suivant ont des intitulés de chapitres et l'épître au roi, intitulés et épître qu'on trouve aussi dans l'imprimé, mais qui manquent dans le premier de ces mss.

---

[1] Tous les historiens donnent la date du 16, mais le texte de Ponce Roffet, que nous suivons ici, dans l'édition Tross (f. 46), porte bien le 6.

[2] Le seul exemplaire connu se trouve au British Museum dans la collection léguée par M. Grenville. Peut-être est-ce celui qui passa à la vente Courtanvaux, où il fut vendu trente sols. En 1851 M. Tross en acheta à M. Weiss à Mannheim un autre exemplaire, lequel fut ensuite vendu à un libraire de Hambourg, qui l'expédia en Amérique; mais le navire qui portait le précieux livre fut perdu en mer.

[3] Paris, Tross, 1863, in-8, précédé d'une introduction.

1545.

Le troisième ms. est maintenant désigné sous le No. 5644, et provient de la Bibliothèque de Philibert de la Mare, érudit bourguignon, qui mourut en 1687, laissant une riche bibliothèque dont les mss. provenaient de Saumaise, et que Louvois fit transporter par ordre du Régent en 1719 à la Bibliothèque du Roi. Ce ms. ne porte pas de titre et est couvert d'une demi-reliure à dos de maroquin rouge.[1]

Ce texte a été reproduit par Lescarbot.[2] La narration y est faite à la troisième personne, excepté dans la dédicace au roi.

François Ier, par lettres-patentes du «*dix septiesme jour d'Octobre lan de grace mil cinq centz quarante*»,[3] nomma Jacques Cartier maître pilote de l'expédition que Jean François de la Roque, sieur de Roberval, avait été autorisé à entreprendre comme lieutenant du roi, par lettres du 15. Janvier 1540.[4]

Cette troisième expédition, composée de cinq navires, et paraît-il, en partie de criminels condamnés à mort choisis dans les prisons du ressort des parlements de Paris, Toulouse, Bordeaux, Rouen et Dijon,[5] partit de Saint Malo le 23 Mai 1541.

Après une traversée de plus de trois mois, Cartier arriva à

---

[1] Voyez la description exacte de ces mss. dans l'Introduction de l'édition Tross, ff. 50—51. M. d'Avezac est disposé à penser que le premier de ces mss. n'est autre que l'expédition originale, destinée au roi, soit que Cartier lui-même ait été admis à la lui présenter, comme le donnerait à croire Lescarbot, soit qu'elle ait passée par les mains de l'amiral de Brion.

[2] Livre III, chap. VI—VIII, XII—XVIII, XXII—XXVII.

[3] Lescarbot, liv. III, chap. XXX. Ramé, p. 12.

[4] Lescarbot, *loc. cit.* ajoute qu'il n'avait pu «*jusques ici recouvrer la dite commission de Roberval*». Nous la donnons in extenso, avec des pièces s'y rapportant, *infra*, dans la seconde partie de cet ouvrage.

[5] Lettres-patentes du 7 Février 1540 et 3 Avril 1541. *Actes de Belleval*, notaire à Bordeaux, cité par l'abbé Faillon, "(*Hist. de la Colonie française en Canada*, vol. I, p. 41) qui ajoute que ces lettres-patentes furent enregistrées au parlement de Rouen: régistre secret, archives de la cour d'Appel, fonds du parlement. L'abbé Ferland cite (*Cours d'histoire*, p. 38) une autre ordonnance du 15 Juin 1540. Cette ordonnance paraît inspirée par celle des Rois Catholiques, en date du 22 Juin 1497, autorisant Christophe Colomb à emmener aux îles nouvellement découvertes les criminels, qui moyennant remise de la moitié de leur peine, consentiraient à l'y suivre. *Pragmaticas de Ramirez*, Alcala, 1503, fol., f. 119.

Bibliographie.

la rivière Sainte Croix le 23 Août, construisit le fort de Charlebourg royal, explora les sauts du fleuve St. Laurent, mais ne voyant pas venir Roberval,[1] s'en retourna en France, vers la fin de Mai 1542. On ignore la date exacte de son départ du Canada et de son arrivée à St. Malo.

Pour cette troisième expédition nous n'avons qu'un fragment de relation, dans une version anglaise, s'arrêtant à la fin de Septembre 1541. Ce fragment fut publié par Richard Haklyut,[2] qui a cherché à remplir les lacunes de l'expédition de Roberval, en ajoutant ce qu'il put se procurer du récit de cette dernière (jusqu'en Juillet 1543) et le routier de son pilote, Jean Alfonce.

Par l'ordre de François Ier, Cartier retourna encore une fois au Canada.[3] Nous n'avons aucun détail sur cette expédition, qui n'avait d'autre but que de rapatrier Roberval et les survivants de sa malheureuse colonie.[4]

«Jacques Cartier fut anobli très-présumablement, car on le voit qualifié de Sieur de Limoilon, dans un acte du chapitre de Saint Malo, en date du 29 Septembre 1549, et figurer dans un autre acte, en date du 5 Février 1550, avec le titre de noble homme. Cet acte est le dernier dans lequel on rencontre son nom comme agissant en personne.»[5]

«Marié en 1519 avec Catherine des Granches, fille de Jacques des Granches, connétable de la ville et cité de Saint-

---

[1] Roberval était encore en France le 1 Mars 1542, puisque à cette date il comparut devant le Parlement de Rouen afin de réclamer certains criminels qui devaient faire partie de son expédition.

[2] *Principall navigations* London, 1599—1600, vol. III, pp. 232—242.

[3] Lescarbot, *loc. cit.* p. 416.

[4] «Et en ce qui est du tiers navire, mettre pour dix-sept mois qu'il a été au dit voyage [troisième voyage] du dit Cartier; et pour huit mois qu'il a été pour retourner quérir le dit Roberval au dit Canada.» (*Règlement des comptes entre Roberval et Cartier, fait au parlement de Rouen, le 21 Juin* 1544). L'abbé Ferland pense (loc. cit., p. 45), que parti dans l'automne de 1543 pour son quatrième voyage, Cartier aura hiverné au Canada, et l'aurait quitté à la fin d'Avril ou au commencement de mai 1544.

[5] Guérin, *Les navigateurs français*. Paris, 1847, in-8, p. 102. M. d'Avezac dit qu'on perd sa trace après 1552.

1559. Malo, il n'en eut point de postérité.»[1] On ne sait quand, comment, ni où il mourut.

2. Les‖Voyages auantureux‖dv capitaine‖Ian Alfonce, ‖ sainctongeois. ‖ Auec Priuilege ‖ du Roy. ‖ — A Poitiers, au Pelican, par Ian de Marnef.

Fin du feuillet 68: Fin du present liure, composé & ordoné par Ian Alfonce pilote experimenté es choses narrees en ce liure, natif du pays de Xainctonge, pres la ville de Cognac. Fait a la requeste de Vincent Aymard, marchant du pays de Piedmont, escriuant pour lui Maugis Vumenot, marchant d'Honfleur.

In fine: Ce Liure ha este ainsi ordonné par Oliuier‖ Bisselin,[2] homme tres-expert a la Mer. Et acheue d'imprimer a la fin du mois d'Auril, en l'An mil cinq cens cinquante neuf.

> *⁎⁎⁎* In -4. Titre 1 feuillet dont le verso contient l'avis de *Ian Marnef au Lecteur* + une page pour : *A l'ombre de Saingelais,* signée Se, de S. M. + pièce de vers de 2 pages + Sonnet d'Alfonce 1 page, table 2 pages, texte 68 ff. chiffrés au recto. (Voir le feuillet 27 pour description des côtes de Labrador, Norembergue, Terre-Neuve etc.)

La pièce de vers qui précède cet ouvrage est de Mellin de Saint Gelais, poëte Angoumois célèbre en son temps. C'est dans ces vers qu'il faut puiser à peu près les seuls renseignements connus sur Jean Alfonce.

Jean Alfonce est né *«au pays de Xainctonge, près la ville de*

---

[1] d'Avezac, *loc. cit.*
[2] L'ouvrage de Bisselin est un appendix qui porte le titre de *Table de la declinaison ou éloignement que fait le soleil de la ligne equinoctiale.*

Cognac.»[1] Thevet le qualifie[2] de *Capitaine et Pilote du Roy Francoys Premier*. Il navigua dans toutes les parties du monde et 1559.

... ayant suivi plus de vingt et vingt ans
Par mille et mille mers, l'un et l'autre Neptune,

est un des premiers qui explorèrent avec soin les côtes du Brésil et l'embouchure de l'Amazone. Ses voyages ont été consignés dans une Cosmographie, rédigée par Alfonce de concert avec un pilote, son ancien compagnon, nommé Paullin Secalar. L'ouvrage que nous décrivons n'est qu'un abrégé de cette Cosmographie, fait comme le dit le colophon «à la requeste de Vincent Aymard, marchant du pays de Piedmont, escriuant pour luy Maugis Vumenot, marchant d'Honfleur.»

La Cosmographie dont le manuscrit original se trouve à la Bibliothèque Nationale de Paris,[3] semble avoir été composée à la Rochelle *«pour faire service au Roy.»* Le feuillet qui contenait sans doute le titre, manque, mais il peut être remplacé[4] par les lignes qui se trouvent à la fin du ms., et dont les deux premières sont : *Cosmographie auec espere et regime du Soleil et du Nord, en notre langue francoyse.*

Commencé en 1544, cet ouvrage fut achevé le 24 Novembre 1545.

Jean Alfonce fut le pilote chargé de diriger l'expédition qui sous le commandement de Roberval partit de la Rochelle, le 16 Avril 1542, pour la Nouvelle-France. Là, il entreprit une exploration des côtes du Saguenay, mais revint en France avant Roberval.

«Ce fut Roberval, dit Hakluyt, qui envoya Alfonce, pilote très-expert, Xaintongeois de nation, vers le Labrador, afin de trouver un passage aux Indes-Orientales, mais n'ayant pu

---

[1] Et non en Portugal ou en Galice, comme le dit Charlevoix (*Hist. de la Nouvelle France*, vol. I, p. 21).

[2] *Cosmographie*. Paris, 1575, vol. II, f. 1021.

[3] Fonds Baluze, $\frac{7125}{a}$.

[4] Comme le dit Mr. Margry, qui a publié de ce manuscrit l'analyse la plus exacte et la plus étendue. *Les Navigations françaises*, Paris, 1867, in-8, p. 228. Guérin dans ses *Navigateurs français*, p. 109, en a donné aussi un bon résumé.

1559. réussir dans son dessein à cause de la glace, fut obligé de retourner avec le seul avantage d'avoir découvert le passage qui est entre l'île de Terre-Neuve et la grande terre du Nord.[1]

Plus tard Jean Alfonce fut emprisonné :

> Fortune lors, qui ses faits valeureux
> Avoit conduit au temps de sa jeunesse
> L'abandonna et en lieu malheureux [2]
> Le rend captif en sa foyble vieillesse.

Il semble avoir été tué dans un combat naval :

> La mort aussi n'a point craint son effroy,
> Ses gros canons, ses darts, son feu, sa fouldre,
> Mais l'assaillant l'a mis en tel desroy
> Que rien de luy ne reste plus que poudre.

Jean Alfonce a dû mourir avant le 7 Mars 1547, date du permis d'imprimer des *Voyages auentureux,* qui contiennent ces vers de Mellin de Saint Gelays.

3. —.—. Les Voyages auantureux dv Capitaine Ian Alfonse Xainctongeois, contenant les reigles et enseignemens necessaires a la bonne et seure nauigation. Poitiers, — 1559.

*** In-4. Identique à l'édition ci-dessus, avec ces seules différences : «Derrière le frontispice se lit le privilège en date du 7 Mars 1547, suivi des mots : *acheué d'imprimer le 2 mai* 1559. L'avis de Jean de Marnef est reporté au recto du 2e f. et on a ajouté au verso du 4e f. une planche représentant la rose des vents.»

(Brunet.)

---

[1] Voir le routier : *Course from Belle Ysle, Carpont, and the Grand Bay in Newfoundland up the River of Canada for the space of* 230 *leagues, observed by John Alphonse of Xainctoigne chiefe Pilote to Monsieur Roberval,* 1542. *Principall navigations.* London, 1599–1600, vol. III, p. 237. Champlain dit que ce voyage fut entrepris par l'ordre du Roi.

[2] «Par exprès commandement du roy dans les prisons de la ville de Poitiers.» Thevet dit en outre que c'est pour avoir fait la course aux Espagnols.

4. Les ‖ Voyages Avan ‖ tvreux dv Capitaine‖Iean 1578. Alfonce, Sainctongeois. ‖ Contenant les Reigles & enseignemens necessaires à‖la bonne & seure Nauigation. ‖ Plus le moyen de se gouuerner, tant enuers les Barbares qu'au-‖tres nations d'vne chacune contrée, les sortes de marchan ‖ dises qui se trouuent abondamment en icelles; ‖ Ensemble, ce qu'on doit porter de petit prix pour troc-‖quer auec iceux, afin d'en tirer grand profit. ‖ — A Rouen, ‖ chez Thomas Mallard, libraire; pres le Palais, ‖ deuant l'hostel de ville. ‖ 1578. ‖

⁎ In-4. Titre 1 feuillet. Texte 64 ff. chiffrés + 1 feuillet non chiffré pour la rose des vents + Tables de la déclinaison 20 ff. non chiffr. (Ne contient pas les pièces de vers.)

5. A short and ‖ briefe narration of the two‖ Navi- 1580. gations and Discoueries ‖ to the Northweast partes called‖Newe Fravnce:‖First translated out of French into Italian by that famous ‖ learned man Gio: Bapt: Ramutius, and now turned ‖ into English by John Florio: worthy the rea-‖ ding of all Venturers, Trauellers‖ and Discouuerers. ‖ — Imprinted at Lon-‖don, by H. Bynneman dwelling‖in Thames Streate, neere vnto‖Baynardes Castell. ‖ Anno Domini 1580.

⁎ In-4. Titre un feuillet + trois ff. préliminaires et 80 pages. Caractères gothiques.

Traduction en anglais des voyages de Cartier, d'après Ramusio. C'est dans la traduction de ce même Florio que Shakespeare lisait Montaigne.

1586. 6. Acoubar, ou *la Loyauté trahie.* Tragédie tirée des amours de Pistion & de Fortunie en leur voyage de Canada, avec des chœurs, dediée à Philippes Desportes, Abbé de Tyron. — 1586.

⁂ In-12.

Nous empruntons ce titre à la *Bibliothèque du Théâtre françois*[1] (de La Vallière), où se trouvent aussi mentionnées deux autres éditions publiées in-12. à Rouen en 1603 et 1611.

L'auteur de cette pièce est Jacques Du Hamel, Avocat au Parlement de Normandie; elle est des plus médiocres, et si nous la citons, c'est parce qu'elle semble reproduire assez fidèlement l'idée absurde que les poëtes se faisaient du Canada dans les premiers temps de la colonisation de ce pays.

Acoubar, Roi de Guylan, envoyant Pistion, gentilhomme français, amant de Fortunie, Infante d'Astracan et protégée de Castio, Roi de Canada, s'écrie :

> Quel sauvage voicy ? ô qu'il a bien appris
> Les traverses de Mars, & les mots de Cypris !
> Je doute ..... j'ay grand peur ..... je crains
> bien, ... je pantelle ......
> Que je ne sois trahi d'une Dame infidelle.

Analysée dans l'ouvrage des frères Parfaict,[2] cette comédie fait partie du recueil intitulé *Théâtre des tragédies françoises.*[3]

1598. 7. Discovrs ‖ dv ‖ voyage ‖ fait par le capi- ‖ taine Iaqves Cartier ‖ aux Terres-neufues de Canadas, No- ‖ rembergue, Hochelage, Labrador, & ‖ pays adiacens, dite nouuelle France, ‖ auec particulieres mœurs, langage et ‖ ceremonies des habitans d'icelle ‖. — A Roven, ‖ de l'imprimerie ‖ de Raphaël du Petit Val, Libraire et Imprimeur du Roy, à l'Ange Raphaël. ‖ M.D.XCVIII. Avec Permission.

---

[1] Paris, 1768, in-12, vol. I, p. 279.
[2] *Histoire du Théâtre françois*, Paris, 1745, in-12, vol. III, p. 481.
[3] Rouen, Du Petit-Val, 1615, in-12.

₊ Pet. in-8. Titre un feuillet + trois ff. pour avertisse- 1598. ment et poésies signées C. B. + six ff. pour «*le langage des pays et royaumes de Hochelage et Canadas*» + Avis et privilége, sign. A. et B, pp. 1 à 16 + texte pp. 17 à 64 + 1 f. blanc.¹

Cette relation du premier voyage de Cartier, d'après un discours «escrit en langue étrangère² que j'ai fait traduire en la nostre par un de mes amis» n'est pas, comme on le pensait généralement une traduction d'après Ramusio, mais une version prise sur un texte aujourd'hui perdu.³

Elle a été réimprimée à Quebec,⁴ et à Paris⁵ avec beaucoup de soin et des pièces inédites, par MM. Michelant et Ramé.

8. Edict contenant le pouvoir donné au marquis de Cottenmael et de la Roche pour la conqueste des 1598. terres Canada, Labrador, isle de Sable, Noremberg et pays adiacents. — Rouen, Raph. du Petit-Val, 1598.

₊ Pet. in-8. de 24 pages.

(*Brunet*, n°. 28509.)

Les priviléges accordés par François Ier à François de la Roque, Sieur de Roberval, par lettres-patentes du 15 Janvier 1540, ne semblent pas lui avoir survécu.

«Il paroit que M. de Roberval fit encore quelques autres voyages au Canada.... tous conviennent au moins qu'il fit un nouvel embarquement en 1549, avec son frère, qui passoit

---

¹ Il y a deux exemplaires de cet ouvrage à la Bibliothèque Ste Geneviève et un à la Bibliothèque Nationale de Paris.
² L'imprimeur au lecteur, f. 1.
³ Voyez *supra*, p. 2.
⁴ *Voyages de découvertes en Canada, entre les années* 1534 *et* 1542, *publiés sous la direction de la Société Historique et Littéraire de Québec*. Québec, chez W. Cowan, 1833, gr. in-8.
⁵ Tross, 1865, pet. in-8.

1598. pour un des plus braves hommes de la France…. Ils périrent dans ce voyage avec tous ceux qui les accompagnoient, et on n'a jamais bien sçu par quel accident ce malheur étoit arrivé.»[1]

Thevet affirme que Roberval fut assassiné la nuit près le Charnier des Innocents. C'était un homme cruel. «Si quelqu'un defailloit (dit Thevet, qui l'avait beaucoup connu) soigneusement il le fesoit punir. En ung jour, il en fit pendre six encore qu'ils fussent de ses favoris, entre autres un nommé Galloys, puis Jehan de Nantes. Il y en eut d'autres qu'il fit exiler ayant les fers aux pieds pour avoir été trouvés en larcin d'objets qui vaudroient cinq sols Tournois; d'autres furent fustigés pour le mesme fait, tant hommes que femmes, pour s'estre simplement battus and injuriés.»[2]

En mars 1577, Henri III. donna une commission au Marquis de la Roche pour coloniser le Canada. Le 3 Janvier 1578 cette commission fut renouvelée, et le 12 Janvier 1598 il reçut des lettres-patentes qui lui transféraient des priviléges et des titres aussi importants que ceux autrefois concédés à Roberval. Ce fut en vertu de ces lettres-patentes que le Marquis de la Roche entreprit sa seule expédition. Parti sur un navire armé à ses frais et commandé par Chefdhotel,[3] habile pilote normand, il aborda à l'île de Sable, où il débarqua la majeure partie de ses colons, tous pris dans les géoles et les prisons, puis partit dans une petite barque, pour aller explorer les côtes de l'Acadie. Un vent furieux le ramena en France, évidemment malgré lui, après une traversée d'une dizaine de jours seulement.

Entre les dates de ces commissions, par suite probablement de l'abandon tacite des priviléges conférés au Marquis de la Roche, puisque ce dernier ne se décida à tenter une expédition

---

[1] Charlevoix, I, p. 22. — E. de Fréville, *Mémoire sur le commerce maritime* de Rouen. Paris, 1857, 2 vol. in-8.

[2] *Grand Insulaire*, ms. Voir aussi l'histoire de sa nièce Marguerite qu'il abandonna sur une île déserte.

[3] Champlain et Charlevoix écrivent Chedotel, et le P. le Clercq donne Chidotel. Dans Lescarbot on lit Chef d'hostel, orthographe qui semble la plus correcte, car dans les Registres d'audience du Parlement de Rouen, à la date du 27 Novembre 1603, nous lisons Chefdhostel et Chefdostel.

qu'en 1598, Henri III avait accordé le 14 Janvier 1588 à Jacques Noel et au Sieur de la Jaunaye[1] le monopole du trafic des pelleteries «au pays de Canada, Conjugon (sic) et autres,» pour douze années.

Ce privilége fut révoqué le 9 Juillet 1588[2] sur la requête présentée par des marchands de Saint-Malo au conseil privé du roi par l'entremise du Parlement de Bretagne.

Il paraît que dans la suite on accorda le même privilége à d'autres personnes.[3]

---

[1] Estienne Chatton, sieur de la Jaunaye, natif de Saint Malo, fut nommé capitaine de marine le 29 Août 1575, pour avoir «faitz sur la mer pepuis dix-huit ans…. mesmes pendant le siége de la Rochelle, reprise de Belleisle que depuis à l'armement de six navires qui furent admis et mis en mer au mois de mars dernier passé…. pour aller contre les Rochellois…. dans l'un desquels ledict de la Jaunaye commandoit.» (Ramé, 1865, p. 32.)

Dans les considérants des lettres-patentes du 14 Janvier 1588, accordées à Noël et à de la Jaunaye pour les mettre à même de payer les dettes que Jacques Cartier avait laissées, ils sont désignés sous le titre de «*maistres pillotes de nostre ville de Saint Malo…. nepveux et heritiers de deffunct Jacques Cartier.*» L'exemplaire qui a servi à M. Ramé contient de curieuses annotations, dues probablement à l'avocat des marchands malouins qui plus tard obtinrent la révocation de ce privilége. Une de ces notes porte que «*le dict Nouel en quelques volages a faict office de pillote et le dict Jaunaie* nullement, et aussi le dict Jaunaye n'est nepveu ny heritier.» Une autre dit «Pour le regard du dict Jaunaie, n'a jamais esté audict Canada. Vray est que le dict Nouel y a esté comme y ont esté plusieurs autres mariniers mersennaires, et toutefois a esté les deux dernières années sans y aller, et aultres de la ville de Sainct Malo ont tousiours continué d'y aller.»

Quant à Jacques Nouel ou Noël, il était effectivement petit-neveu de Jacques Cartier. C'est à lui que Hakluyt s'adressa pour obtenir la relation du troisième voyage de son grand-oncle. Hakluyt a publié en anglais la réponse de Noël, datée du 19 Juin 1587 et un fragment d'une seconde lettre du même (*Principall navigations*, III, p. 242).

C'est dans une de ces lettres que Noël parle de son exploration du St. Laurent jusqu'aux sauts les plus éloignés, et d'un livre qu'il aurait rédigé en forme de carte marine, et laissé en 1587 à ses deux fils Michel et Jean qui étaient alors au Canada. Ce précieux ms. se retrouvera peut-être un jour.

[2] C'est par erreur que les historiens donnent à cette révocation la date du 5 Mai.

[3] Dans les *Mémoires de la Société historique de Montréal* (1859) on

1598. Le livre ci-dessus donne le texte de la commission de 1598, tel que nous le retrouvons dans Lescarbot,[1] qui dans un autre passage lui assigne la date de 1596.

C'est à tort que l'abbé Faillon et M. Poirson[2] considèrent cette commission comme la première qui ait été accordée au Marquis de la Roche, puisque MM. Michelant et Ramé ont depuis donné le texte de celles de 1577 et 1578.

Troïlus de Mesgouez, sieur de Kermoalec, de Trévarez et de Coetarmoal, baron du Laz, marquis de la Roche Helgomare'h, en Bretagne, était depuis 1568 gouverneur de Morlaix, poste qu'il occupa jusqu'en 1586. Il présida les Etats de Nantes en 1574, et obtint en 1597 le vicomté de Carentan et le poste de gouverneur de St. Lô. Nous pensons que ce fut avant son départ pour la Nouvelle-France, pendant qu'il était gouverneur de cette ville, et non à son retour, comme le dit Lescarbot, que le Marquis de la Roche fut fait prisonnier par le duc de Mercœur, le chef de la Ligue dans la Bretagne, et probablement mis en liberté peu de temps après, lorsque Mercœur se repliait sur Nantes, avant de se soumettre définitivement à Henri IV, le 20 Mars 1598.

De la Roche revint de son expédition au Canada dans le courant de l'année 1598. Champlain et Charlevoix disent que ruiné, il en mourut de chagrin. Ce ne fut en tout cas que huit années après, en 1606.[3]

1598. 9. Les voyages aventureux de Iean Alfonse Sainctongeois. Paris, 1598.

*** In -8.

(*Brunet.*)

---

cite à la page 101, un nommé Ravaillon, qui aurait succédé à Noël en 1591.

[1] Liv. III, chap. XXXII.
[2] *Histoire de Henri IV.*
[3] Lescarbot dit que «le Marquis décéda peu après» (*loc. cit.*), mais M. Ramé donne bien la date de 1606, en ajoutant qu'il mourut sans postérité.

10. Des‖Savvages,‖ov,‖voyage de Samvel‖Cham- 1603.
plain, de Brovage, ‖ fait en la France nouuelle, ‖ l'an
mil six cens trois: ‖ Contenant ‖ Les mœurs, façon de
viure, mariages, guerres, & habi-‖tations des Sauuages de Canadas. ‖ De la descouuerte de plus quatre
cens cinquante ‖ lieuës dans le païs des Sauuages.
Quels peuples y ha-‖bitent, des animaux qui si trouuent, des rivieres, ‖ lacs, isles & terres, & quels arbres & quels fruicts elles pro-‖duisent.‖ De la coste
d'Arcadie, des terres que l'on y a descouuer-‖tes, &
de plusieurs mines qui y sont, selon le rapport ‖ des
Sauuages. ‖ — A Paris, ‖ chez Claude de Monstr'œil,
tenant sa ‖ boutique en la Cour du Palais, au nom de
Iesus, ‖ Avec Privilege dv Roy. ‖

∗ In- 8. Titre 1 feuillet avec privilége, daté du 15 Novembre 1603 + 1 f. pour dédicace à Charles de Montmorency + 1 f. pour épître en vers du Sieur de la
Franchise + 1 f. et demi de Tables + Texte de 36 ff.
chiffrés au recto.

«Quelques recherches que nous ayons pu faire, il nous a été
impossible de trouver l'acte de naissance de Samuel Champlain,
ni à Brouage, ni à Marennes ni à Saintes; de sorte que nous
ne pouvons en préciser la date, que les uns mettent à l'année
1567 et d'autres à l'année 1570. Son extraction ne nous est
pas plus connue. Dans la *Biographie Saintongeoise*[1] on assure
qu'il naquit d'une famille de pêcheurs; mais si cette assertion
que nous n'osons garantir, était vraie, il faudrait en conclure
que, par leur mérite personnel et leur industrie, ses parents
surent s'élever au-dessus de leur profession, puisque son père
devint capitaine et fut anobli.»[2]

---

[1] Saintes, 1852, p. 140.
[2] Faillon. *Histoire de la Colonie française en Canada* I, p. 550;

1603. Son oncle était pilote général des armées navales du roi d'Espagne. Quant à Samuel il s'exerça de bonne heure au métier des armes, et obtint le grade de maréchal des logis dans l'armée de Henri IV, en Bretagne. L'armée ayant été licenciée en 1598, il fit un voyage aux Antilles et au Mexique, dont le récit n'a été publié qu'en anglais.[1] A son retour Henri lui donna le titre de Géographe du Roi.[2]

Aymard de Chastes ou des Chattes,[3] chevalier de Malte, ambassadeur en Angleterre et gouverneur de Dieppe ayant obtenu des lettres-patentes de Henri IV, après la mort de Chauvin,[4] organisa une expédition dont le commandement fut confié à Dupont-Gravé, marchand malouin, ancien compagnon de Chauvin dans un voyage au Canada, et à qui fut adjoint Champlain, après que ce dernier eût reçu une commission du Roi.

L'expédition partit de Honfleur le 15 Mars 1603, toucha à Tadousac, s'arrêta au lieu où devait être la ville de Québec, reconnut l'île de Montréal, poursuivit ses navigations jusqu'au saut Saint-Louis, et repartit de Tadousac pour Honfleur.

Le present No. 10 est le compte-rendu de cette expédition, la première de Champlain à la Nouvelle-France.

---

d'après M. P. Margry, *Recueil des actes de la commission des arts et monuments de la Charente Inférieure* Marennes, in-8, vol. I, n°. 9.

[1] *Voyage to the West Indies, 1599—1602, translated by A. Vilmere, edited by N. Shaw, for the Hakluyt Society.* London, 1857, in-8, planche et fac-simile. L'original se trouve maintenant dans la bibliothèque de la ville de Dieppe. C'est un très-beau manuscrit in-4, de 115 pp., qui porte le titre de *Brief Discours des Choses plus Remarquables que Samuel Champlain de Brouage a recognues aux Indes Occidentales, au voyage qu'il y a fait.*

[2] *Le Clercq, Premier Etablissement de la Foy,* vol. I, p. 22.

[3] *Le Clercq, Etablissement de la Foy,* I, p. 22, l'appelle de la Chatte.

[4] Nous n'avons pu nous procurer la date de ces lettres-patentes, mais elles doivent être postérieures au 3 Janvier 1603, puisque la lettre du duc de Montmorency (Ramé, 1867, p. 20) datée de ce jour ordonne à Chauvin de se rendre à Rouen pour s'entendre avec les habitants de cette ville au sujet de son privilége.

11. Idem opus. 1603.

Même format, texte et pagination. Dans cette édition les 6e, 7e et dernières lignes du titre sont en italiques; et l'avant-dernière ligne porte la date de 1604. La souscription de l'épître à Ch. de Montmorency est en caractères différents. Le feuillet 3 porte la signature A iij, et la 1re ligne du feuillet 33 donne le mot *Lees* au lieu de *les* comme dans l'autre.

12. Acoubar, tragédie, tirée des amours de Pistion et Fortunie, en leur voyage de Canada, par maistre Du Hamel, advocat en la Cour de Parlement. Rouen, Raphaël du Petit-Val, 1603.

*** Pet. in 12, de 71 pp.

Nous empruntons ce titre au *Manuel* de Brunet, au Catalogue de Soleinne et à celui de Potier. Voyez *supra* N°. 6.

13. Les voyages auentureux de Jean Alfonse Sainc- 1605. tongeois. La Rochelle, chez les héritiers de Hierosme Haultin, 1605.

*** In 4. Deux ff. préliminaires + 93 pp. + 18 ff. non chiffrés pour table. L'avis de J. de Marnef ne s'y trouve pas. (Brunet.)

14. Commissions dv‖Roy & de Monseigneur l'ad-miral‖au Sieur de Monts, pour l'habi-‖tation ès terres de Lacadie,‖Canada, & autres en-droits en la nouuelle‖France.‖ Ensemble les defenses premieres et secon-‖des à tous autres de trafiquer auec ‖ les sauuages desdites terres ‖ auec la verification en la Cour de Parlement à Paris. ‖ — A Paris. ‖ Par Philippes Patisson. ‖ 1605. ‖ Auec Permission. ‖

1605. *** In-8. Titre 1 feuillet. Texte pp. 3 à 39.

Pierre du Gua ou du Guast, Sieur de Monts, gentilhomme protestant de la Saintonge, mais d'origine italienne, s'était attaché à la fortune de Henri IV, qui lui avait conféré en récompense de ses services, le gouvernement de Pons, dans le Languedoc. Il faisait partie d'une des expéditions que Chauvin,[1] en vertu de son privilège de 1599 avait conduites à Tadousac. Après la mort de De Chattes[2] de Monts reçut deux

---

[1] Dans la protestation adressée par Jean Gouverneur au Parlement de Bretagne (Ramé, 1865, p. 51), Chauvin est nommé «Jan Chauvin habitant de Honnefleur.» Nous n'avons pu nous procurer le texte ni la date des lettres-patentes que Henri IV lui avait accordées par l'entremise indirecte de Dupont-Gravé, mais l'opposition formée par la ville de St. Malo contre le privilège de Chauvin est datée du 3 Janvier 1600. (Ramé, 1867, p. 12). Une lettre missive de Henri IV, du 28 décembre 1602 (*loc. cit.* p. 15) ordonne de terminer un procès au sujet des droits de la ville de Rouen à la navigation au Canada entre les Rouennais et Chauvin, et parle du «desseing de la descouuerte et habitation des terres et contrees de Canada dont nous avons cy davent donné et *réitéré* notre pouvoir et commission au capitaine Chauvin.» Dans une lettre du duc de Montmorency du 3 Janvier 1603 il est fait mention de l'ordre donné à Chauvin de se rendre à Rouen pour s'entendre avec les habitants de cette ville et les députés de St. Malo.
Chauvin fit deux voyages au Canada. «Il se preparoit à un troisième lorsque la mort mit fin à ses projects» (*Charlevoix* I, p. 111). Il faudrait alors fixer cet événement avant le 15 Mars 1603, date du départ de l'expédition envoyée par De Chattes en vertu des lettres-patentes accordées à ce dernier après la mort supposée de Chauvin. Il était Calviniste. Nous ne savons pas si son homonyme, qui, dans les actes du procès intenté devant les Parlements de Rouen et de Rennes au sujet d'une prise faite au Canada de certaines marchandises, porte à la date du 23 Fevrier 1600 le titre de «Pierre de Chauvin, sieur du Tontuit, Lieutenant pour le Roy en l'absence du Marquis de la Roche au pays de Canada», était son parent, ou le même Pierre Chauvin qui en 1610 representait Champlain et Dupont-Gravé à Québec pendant leur absence en France, ou si il y a confusion entre ces homonymes, ou si dans la protestation citée par M. Ramé, il faut lire «Pierre», au lieu de «Jan».

[2] Il mourut quelques mois après avoir reçu son privilège, car le 15 Mai 1603 le Prévôt de Paris rendit une ordonnance contre certains

commissions, l'une donnée à Fontainebleau le 8 Novembre et l'autre à Paris le 18 Décembre 1603.¹

1605.

Le privilége accordé à de Monts souleva une vive opposition. Sully protesta avec énergie.² Henry IV passa outre, mais ayant demandé au Parlement de Rouen d'enrégistrer ses lettres-patentes, il essuya un refus formel, suivi de Remontrances lesquelles furent expédiées à Paris le 18 Janvier 1604. Henry IV y répondit immédiatement par des lettres péremptoires, en date du 17 du même mois. Le Parlement refusa encore de s'incliner. Enfin une nouvelle missive royale du 25 Janvier 1604,³ expédiée malgré les efforts de l'avocat-général Duviquet qui s'était rendu expressément à Paris, brisa cette résistance, dont les motifs ne sont pas encore complétement éclaircis.

Sous les Nos. 15 et 27 nous résumons la suite des aventures du Sieur de Monts.

15. Adiev à la France par Marc Lescarbot. — La Rochelle, 1606.

1606.

«Lequel je fis imprimer en la dite ville de la Rochelle le lendemain qui fut le troisième jour d'Avril mil six cens six et fut receu avec tant d'applaudissemens du peuple que je ne dedaigneray point de le coucher ici.»⁴

---

individus accusés de s'être approprié une somme d'argent provenant de *sa succession*.

¹ Elles ont été publiées *in extenso* avec les défenses du Roi de cette dernière date, mais sans celles du 22 Janvier 1605, par Lescarbot. *Hist. de la Nouvelle France*, liv. IV, ch. I.

² «Nous joindrons à ces faits quelques autres choses du dehors royaume, comme la navigation du Sieur de Monts pour aller faire des peuplades en Canada, du tout *contraire à nostre advis*.» *Oeconomies royales*, Paris, 1664, in-fol. vol. II, ch. 26.

³ Nous publions toutes ces pièces dans la seconde partie de cet ouvrage.

⁴ Lescarbot, *Hist. de la Nouvelle France*, liv. IV, chap. IX.

Le privilége de de Monts était attaqué par les marchands dont il avait saisi les navires. Il résolut de rester en France, et fit don en 1605 à Poutraincourt[1] de la propriété de Port-Royal, mais à la condition qu'il irait immédiatement coloniser cette partie de l'Acadie.

De Poutraincourt vint d'abord à Paris, et, dit Lescarbot,[2] «ayant eu l'honneur de le conoitre quelques années auparavant, il me demanda si je voulois estre de la partie. A quoy je demanday un jour de terme pour lui répondre. Apres avoir bien consulté en moy-même, desireux non tant de voir le pays que de reconoitre la terre oculairement, à la quelle j'avoy ma volontée portée, et fuir un monde corrompu, je lui donnay parole.»

De l'auteur de ces paroles, on ne sait que ce qu'il a bien voulu nous dire dans ses ouvrages, et c'est bien peu.

Par approximation on fixe la date de la naissance de Marc Lescarbot de 1560 à 1570, et le lieu, par sa dédicace au roy, à Vervins. Il se qualifie de Seigneur de Saint-Aubert,[3] et sur le titre de ses ouvrages, d'avocat au Parlement.

En 1599 il publia une traduction de Baronius,[4] et déjà il prenait le titre d'avocat. En 1617 il fit un voyage en Suisse[5] à la suite de Pierre de Castille, fils du Président Jeannin, et

---

[1] Jean de Biencourt, Sieur de Poutraincourt, Baron de Saint-Just en Champagne, qui l'avait accompagné avec Champlain et Dupont-Gravé lors du voyage de 1603. Le nom de Jean de Biencourt a été aussi porté par son fils, qui très-jeune encore remplit jouait un certain rôle à Port-Royal en 1610. Cf. *Relation* de 1616, par le P. Biard. La famille de Poutraincourt est aujourd'hui représentée par le Marquis de Biencourt.

[2] *Hist. de la Nouvelle France*, 1612, liv. IV, chap. IX.

[3] «Hameau annexe de la commune de Presles et Boves, canton de Braine, arrondissement de Soissons.» Préface de Tross.

[4] *Discours de l'origine des Russiens.* Paris, Morel, 1599, in-8.

[5] *Le Tableau de la Suisse.* (en vers). Paris, Ad. Périer, 1618, in-4. La *Bibliotheca Barlowiana* renferme un exemplaire qui contient un sonnet inédit, écrit de la main de Lescarbot.

devint Commissaire de la Marine sous Louis XIII. On ignore 1606.
la date de sa mort qui est postérieure à 1628, puisqu'on a de
lui un ouvrage daté de cette année : *La chasse aux Anglais
dans l'île de Rhé et au siège de la Rochelle et la réduction de cette
ville en 1628.* (en vers.) Paris, Jacquin, 1629, in-8.

Le petit poëme que nous décrivons ici, et que Lescarbot composa un mois environ avant de partir définitivement de la Rochelle sur le *Jonas* avec Poutraincourt, n'est pas sans charme. Il y a même des vers harmonieux:

> «De Monts, tu es celui de qui le haut courage
> A tracé un chemin à un si grand ouvrage :
> Et pour ce de ton nom malgré l'effort des ans
> La feuille verdoira d'un eternel printemps.»

L'*Adieu* n'est pas compris dans les *Muses de la Nouvelle France*, mais se trouve dans le livre IV de l'*Histoire de la Nouvelle France*.

16. Histoire‖de la Novvelle‖France‖Contenant les 1609.
navigations, découvertes, & habi-‖tations faites par
les François ès Indes Occiden-‖tales & Nouvelle-
France souz l'avoeu & autho-‖rité de noz Rois Tres-
Chrétiens, & les diverses ‖ fortunes d'iceux en l'execution de ces choses,‖depuis cent ans jusques à hui.‖
En quoy est comprise l'Histoire Morale, Naturele, &
Geo-‖graphique de ladite province : Avec les Tables
& ‖ Figures d'icelle. ‖ Par Marc Lescarbot Advocat
en Parlement, ‖ Témoin oculaire d'vne partie des
choses ici recitées.‖ *Multa renascentur quæ iam cecidere cadentque.* ‖ — A Paris‖chez Iean Milot, tenant
sa boutique sur les degrez ‖ de la grand'salle du Palais. ‖ M.DC.IX. ‖ Avec Privilege dv Roy. ‖

1609.

₊ In-8. Titre un feuillet + Dédicace à Henry IV un feuillet + à la Reine un feuillet + au Dauphin un feuillet + à la Reine Marguerite un feuillet et demi + à la France quatre feuillets et demi + quatorze ff. non chiffr. pour sommaires, adresse au lecteur et privilége daté du 27 novembre 1608 + 888 pp. Cartes: à la page 207 : *Figvre dv port de Ganabara av Brisil*; à la page 236 : *Figvre de la terre nevve, Grande Riviere de Canada, et côtes de l'Ocean en la Novvelle France;* à la page 480 : *Figvre dv Port Royal en la Novvelle France.* Par Marc Lescarbot. 1609. (*Jan Swelinck sculp. J. Millot excudit.*)[1] + 1 feuillet pour titre de

17. Les Muses || de la Novvelle || France. || A Monseigneur || le Chancellier. || *Avia Pieridum peragro loca nullius ante* || *Trita solo*..... || A Paris || Chez Iean Millot, sur les degrez de || la grand'salle du Palais. || M.DC.IX. || Avec privilege du Roy.

₊ In-8. Titre ci-dessus un feuillet + deux feuillets pour épitre à Nicolas Brulart + soixante-six pages.

Parti définitivement de la Rochelle avec Pourtraincourt sur le *Jonas* le 13 Mai, Lescarbot arriva à Port Royal le 27 Juillet 1606. Mais après une année de déboires, le privilége du Sieur de Monts ayant été révoqué, il fallut abandonner la colonie, et Lescarbot était de retour à Saint-Malo vers le 2 Octobre 1607.

Le premier livre décrit les voyages de Verrezano, de Laudonnière et de de Gourgues; le second ceux de Villegagnon;

---

[1] La Bibliothèque Nationale de Paris renferme un superbe exemplaire de dédicace, aux armes de Henri IV.

le troisième les voyages de Jacques Cartier; le quatrième et le 1609.
cinquième ceux de de Monts, de Poutraincourt et les premiers
voyages de Champlain; le sixième livre donne une description
étendue des mœurs des sauvages.

18. La Defaite‖des Savvages Armov-‖chiqvois par
le Sagamos‖Membertou & ses alliez sauuages, en‖la
Nouvelle France, au mois de Juillet ‖ dernier, 1607.‖
Où se peuvent recognoistre les ruses de guerre‖des-
dits Sauvages, leurs actes funebres,‖ les noms de
plusieurs d'entre eux,‖ & la maniere de guerir‖ leurs
blessez: ‖ — A Paris,‖chez Jeremie Perier, tenant sa
boutique ‖ sur les petits degrez de la grand'Salle du
Palais. ‖ Avec Permission.

⁎ Petit in-8. Un feuillet pour titre et avis au lecteur
+ douze feuillets chiffrés. Le pièce de vers qui suit les
deux feuillets en prose, est signée Lescarbot.

Les *Souriquois* ou *Micmacks*, rameau de la grande nation
des *Abénaquis*, et habitants naturels de l'Acadie, avaient en
1606 pour chef ou grand *Sagamo*, un indien centenaire appelé
Membertou. Il avait appris un peu de français, et si l'on s'en
rapporte à Lescarbot[1] et au P. Biard,[2] Membertou était non
seulement «le plus grand *Sagamo*, le plus suiuy et le plus re-
douté qu'il y ait eu depuis plusieurs siècles,» mais «veritable-
ment un homme d'esprit.»[3] On dit même qu'il avait de la

---

[1] Poëme ci-dessus.
[2] Relation de 1616, chap. VI.
[3] Charlevoix I, p. 129.

1609. barbe.[1] Il régnait entre les Souriquois et les Armouchiquois «une antique discorde». Ces derniers, qui habitaient entre Pentagoet et le Kinibequi «étaient traitres et voleurs, et les Français ne purent jamais les apprivoiser.»[2] Ils devinrent plus tard les Algonquins de la Nouvelle-Angleterre où ils émigrèrent.

Panoniac, chef Souriquois, ayant été pillé et assassiné dans l'automne de 1606 par les Armouchiquois. Membertou, résolut d'en tirer vengeance. Se liguant avec les Gaspeïquois et les Etchemins, il attaqua ces féroces ennemis et les défit en Juillet 1607.

Dans ces vers, Lescarbot, s'inspirant de l'Iliade, chante les prouesses des Souriquois et de Membertou.

Bien que ce poëme se trouve compris dans les *Muses de la Nouvelle France*, dont la première édition accompagne *l'Histoire* de Lescarbot, publiée pour la première fois en 1609, ce n'est pas un tirage à part mais une édition spéciale. Les *Muses* sortent de l'imprimerie de Jean Millot ou Milot, tandis que la *Defaite* a été imprimée par Jérémie Perier. Cependant ce nom est peut-être un indice qu'il y a des exemplaires de l'édition de 1609 de *l'Histoire* avec la marque et l'adresse de Périer.

19. Nova Francia:‖Or the‖Description‖of that part of‖ New France,‖ which is one continent with‖ Virginia.‖ Described in the three late Voyages and Plantation made by‖ Monsieur de Monts, Monsieur du Pont-Graué, and‖ Monsieur de Poutrincourt, into the countries‖called by the Frenchmen La Cadie,‖lying to the Southwest of‖ Cape Breton. ‖ Together with

---

[1] «Il n'y a que les Sagomos qui portent barbe.» Lescarbot, *Muses*, p. 62. Doit-on supposer que les Indiens choisissaient leurs chefs parmi les hommes barbus? C'est un fait que généralement les Indiens du Nouveau Monde ont la peau du visage absolument lisse.

[2] Charlevoix, I, p. 134.

an excellent generall Treatrie of all the commodities || of the said countries, and maners of the naturall || inhabitants of the same. || Translated out of French into English by || P. E. || — Londini, || impensis Georgii Bishop. || 1609. ||

> *** In -4. Titre un feuillet + Lettre au Prince Henry un feuillet + Epitre au lecteur 1 feuillet + Table six feuillets + 307 pages de texte et une carte (d'après Lowndes) qui manque à notre exemplaire.[1]

Cette paraphrase de la première édition de *l'Histoire de la Nouvelle France* de Lescarbot est l'œuvre de Pierre Erondelle, ministre protestant, d'origine française, qui l'entreprit à la demande de Richard Hakluyt.[2] Le nom de Lescarbot ne se trouve pas mentionné dans l'ouvrage.

20. Coppie d'une lettre envoyée de Nouvelle France ou Canada, par le Sier Cōbes, gentilhomme poictevin, à un sien amy, en laquelle sont briefvement descrites les merveilles, excellences et richesses du pays, ensemble la façon et mœurs de ceux qui l'habitent, la gloire des François et l'esperance qu'il y a de rendre l'Amerique Chretienne. — Lyon, Leon Savine, 1609.

> *** Pet. in -8. de 15 pages.

Cette pièce rare est écrite de *Brest en Canada*, 13 Février 1608. Vendue (annoncée sous la date de 1619) à la vente Coste et achetée pour une bibliothèque en Amérique.

(Brunet).

---

[1] Bibliothèque Nationale LK 12 725.
[2] «Was brought to mee, to be translated by Mr. R. Hakluyt.» Epitre au lecteur, p. 1.

1610. 21. La‖Conversion‖des Savvages‖qvi ont esté ba-‖tizés en la Novvelle‖France, cette année 1610.‖ Avec vn bref recit‖du voyage du Sieur de‖Povtrincovrt.‖ — A Paris,‖ chez Jean Millot, tenant sa boutique sur les degrez de la grand'salle du Palais.‖ Avec Priuilege du Roy.

⁎ In -8. Titre un feuillet + 1 feuillet et demi pour lettre à la Royne, signée Marc Lescarbot, privilége au verso + Texte 44 pages chiffr. + un feuillet pour extrait du Registre de Baptême de l'Eglise de Port-Royal en la Nouvelle-France.

Il paraît que la révocation du privilége de de Monts avait pour prétexte la plainte portée contre lui, que, calviniste, il ne s'était pas soucié de convertir les sauvages à la foi catholique. Poutraincourt craignait le même sort, et cependant ne voulait à aucun prix introduire les PP. Jésuites dans la colonie, comme le désirait Henri IV. Il choisit un moyen terme, en emmenant avec lui le P. Fleché, du diocèse de Langres. Ce dernier, muni de pouvoirs conférés par le Nonce du Pape, Robert Ubaldini, se mit immédiatement à l'œuvre, et baptisa en un seul jour, le 24 Juin 1610, vingt-et-un Indiens. La liste des néophytes qui est donnée en détail dans l'opuscule ci-dessus, ne comprend que le grand *Sagamo* Membertou et sa famille.

L'effet de ce baptême sur Membertou fut de l'engager à déclarer immédiatement la guerre à tous ceux qui refuserait de suivre son exemple. Plus de cent s'empressèrent d'obéir.

La nouvelle de ces conversions fut apportée à Paris par le fils de Poutraincourt, qui connaissant la langue des indiens avait instruit plusieurs de ces sauvages dans les dogmes de la foi. C'est à ce propos que l'opuscule de Lescarbot fut imprimé et distribué à Paris.

L'extrait du registre des Baptêmes, où l'on remarque que tous les nouveaux convertis portent les prénoms de la famille royale de France, se retrouve dans le chapitre III, du livre V, de l'édition de 1611, de *l'Histoire de la Nouvelle France* de 1610. Lescarbot.

22. Lettre missi-‖ve, tovchant la‖conversion et bap-‖tesme du grand Sagamos de ‖ la nouuelle Frāce, qui estoit‖ auparavant l'arriuée des Fran-‖çois le chef & souuerain. ‖ Contenant sa promesse d'amener ses subiets ‖ à la mesme Conuersion, ou les y contrain-‖dre par la force des armes.‖ Enuoyée du Port Royal de la nouuelle France au Sr. de la Tronchaie, dattée‖ du 28 Juin 1610. ‖ —— A Paris, ‖ chez Iean Regnovl, ruë du Foin, ‖ pres sainct Yues. ‖ 1610. ‖ Auec permission. ‖

⁎ Petit in-8. Un feuillet pour titre + texte, pp. 3 à 6, signé Bertrand.

23. Histoire‖de la Novvelle-‖France‖Contenant les 1611. navigations, découvertes et habi-‖ tations faites par les François és Indes Occiden-‖ tales et Nouvelle-France souz l'aveu et autho-‖rité de noz Roys Très-Chrétiens, et les diverses ‖ fortunes d'iceux en l'execution de ces choses,‖depuis cent ans jusques à hui.‖ En quoy est comprise l'Histoire Morale, Naturele et Geo-‖graphique de ladite province; avec les Tables‖ et Figures d'icelles. ‖ Par Marc Lescarbot, Advocat en Parlement,‖Temoin oculaire d'vne partie des choses ici recitées. ‖ *Multa renascentur quæ jam cecidere cadentque.*‖ —— A Paris‖Chez Iean Millot, devant St. Barthelemi aux trois ‖Couronnes: Et en sa boutique sur les degrez de la‖grand'Salle du Palais.‖M.DC.XI.‖ Avec privilege.‖

1611. ∗₊∗ Petit in-8. Titre un feuillet + quatre pages pour l'épitre au roi + quatre pages pour épitre à Messire Pierre Jeannin + huit pages pour épitre à la France + une page pour épitre au lecteur + une page pour privilége daté du 2 Novembre 1608. Texte 877 pages + quatorze ff. non ch. pour sommaire + un feuillet pour titre de :

24. Les Mvses‖de la Novvelle-‖France.‖A Monseigneur‖le Chancellier.‖ *Avia Pieridvm peragro loca nullius ante*‖ *Trita solo*...... — A Paris‖ Chez Iean Millot, devant S. Barthelemy, aux trois ‖ Coronnes: Et en sa boutique sur les degrez de la ‖ grand'salle du Palais. ‖ M.DC.XII. ‖ Avec privilege dv Roy. ‖

∗₊∗ + quatre pages pour épitre à Nicolas Brulart + 77 pp. + cartes : à la p. 428 : *Figvre dv Port Royal en la Novvelle France. Par Marc Lescarbot* 1609; à la page 62 : *Figvre et description de la terre reconue et habitée par les François en la Floride et au deça, gisante par les 30, 31 et 32 degrez. De la main de M. Marc Lescarbot;* à la page 182 : *Figvre du port de Ganabara au Brisil;* à la page 208 : *Figvre de la terre nevve, grand riviere de Canada et cotes de l'Ocean en la Novvelle France.* — Au verso du dernier feuillet des *Muses de la Nouvelle France,* une table de 45 *errata* commençant par ces mots : «L'avteur n'ayant pas esté present au commencement de l'impression quelques fautes sont survenues en icelle, telles qui s'ensuit.»

Henri IV. désireux de former un établissement en Acadie, confirma le don de Port-Royal fait par de Monts à Poutraincourt, mais en l'obligeant à partir immédiatement pour le Canada. Par l'ordre du roi, des PP. Jésuites devaient l'accompagner, et c'est à cette occasion que fut écrite la lettre au

Pape Paul V, datée du mois d'Octobre 1608, mais Poutrain- 1611.
court s'y refusa, n'emmenant avec lui que le P. Jessé Fléché.

Cette expédition partit de Dieppe le 25 Février 1610, et fut plus de trois mois avant d'arriver à Port-Royal. Le récit de Lescarbot s'arrête au départ de Biencourt, fils de Poutraincourt, qui portait déjà le nom de Baron de Saint Just,[1] et que l'auteur décrit comme «un jeune Gentil-homme de grande esperance, et qui s'adonne du tout à la navigation, en laquelle il a en deux voyages acquis vne grande experience.»

Cette traversée de retour se fit en quinze jours seulement. Nous n'avons pu découvrir si Lescarbot fesait partie de ce deuxième voyage. A en juger par la publication de son opuscule de 1610, il semble s'être trouvé à Paris, lors de l'arrivée de Biencourt.

25. Histoire‖de la Novvelle-‖France‖Contenant les 1612.
navigations, decouvertes et habi-‖tations faites par
les François és Indes Occiden-‖tales et Nouvelle-
France souz l'avœu et autho-‖rité de noz Roys Tres-
Chrétiens, et les diverses‖fortunes d'iceux en l'execution de ces choses,‖depuis cent ans jusques à hui.‖
En quoy est comprise l'Histoire Morale, Naturele et
Geo-‖graphique de ladite province: avec les Tables‖
et Figures d'icelle.‖ Par Marc Lescarbot, Advocat
en Parlement.‖ Témoin oculaire d'vne partie des
choses ici recitées.‖ *Multa renascentur quæ jam
cecidere cadentque.*‖ Seconde Edition, revuë, corrigée

---

[1] «Depuis quelques annees une succession luy est escheve (à Poutraincourt) à cause de dame Jehanne de Salazar sa mère, qui est la baronnie de Sainct-Just en Champagne. Les rivières de Seine et d'Aulbe rendent le lieu de cette baronnie autant agreable que fort.» (Lescarbot, *Relation dernière*). Biencourt devint l'année suivante «Vice-admiral en la mer du Ponant és costes delà.»

1612. et augmentée par l'Autheur.‖ — A Paris‖ Chez Iean Millot, devant S. Barthelemi aux trois‖Coronnes: Et en sa boutique sur les degrez de la‖ grand'salle du Palais.‖ M.DC.XII.‖ Avec privilege du Roy.

   ⁎ Pet. in -8. Collation sauf la date, comme l'édition de 1611. La table d'errata manque, et les errata ont été corrigés.

   Cette édition a été republiée par Tross en 1866.

26. Relation ‖ derniere ‖ de ce qvi s'est ‖ passé av voyage ‖ du Sievr de Povtrincovrt ‖ en la Nouuelle-France ‖ depuis 20 mois ença. ‖ Par Marc Lescarbot Aduocat ‖ en Parlement. ‖ — A Paris ‖ chez Iean Millot, deuant ‖ S. Barthelemy aux trois Couronnes.‖ M.DC.XII. ‖ Avec privilege dv Roy. ‖

   ⁎ In -18. Titre un feuillet, texte pp. 3—39. Au verso de la page 39 se trouve le privilége. A la page 21, la liste des parrains et marraines; à la page 25, Exercises Religieux de Poutraincourt; et à la p. 30 récit du retour en France.

Ce petit ouvrage contient la suite des aventures de Poutraincourt, et les détails des fameux baptêmes accomplis par «Messire Jesse Fleuche, natif de Lantage, diocèse de Langres, homme de bonnes lettres,» que Poutraincourt avait emmené au lieu et place des PP. Jésuites que Henri IV voulait qu'il conduisit au Canada.

La nouvelle de ces nombreux baptêmes engagea les Jésuites à obtenir de Marie de Medicis l'accomplissement de la promesse que leur avait faite son mari Henri IV, qui dans l'inter-

valle était mort assassiné. Elle y consentit, et les PP. Biard et 1612.
Massé furent désignés.[1]

Partis de Dieppe le 26 Janvier 1611, ils furent obligés de relâcher en Angleterre, d'où ils mirent à la voile, pour arriver à Port-Royal le 21 Mai. Ce livre décrit le voyage. Il a été réimprimé, presque en fac-simile, dans un recueil dont nous ne pouvons fixer la date ni le lieu d'impression. Cette réimpression est in-8, et chiffrée 379—406.

27. Les Voyages || dv Sievr de Champlain || Xainton- 1613.
geois, Capitaine || ordinaire pour le Roy, || en la marine ||
Divisez en deux livres. || Ou, || Journal tres-fidele des
observa- || tions faites ès descouuertes de la Nouuelle
rance: tant eu la descri- || ptiō des terres, costes,
riuieres, ports, haures, leurs hauteurs, & plusieurs ||
déclinaisons de la guide-aymant; qu'en la creāce des
peuples, leur super- || stition, façon de viure & de
guerroyer: enrichi de quantité de figures. || Ensemble
deux cartes geographiques: la premiere seruant à la
na- || uigation, dressée selon les compas qui nordestent,
sur lesquels les mariniers nauiguent: l'autre en son
vrai Méridien, auec ses || longitudes & latitudes; à la
quelle est adiousté le voyage du destroict qu'ont
trouué les Anglois, au dessus de Labrador, || depuis le
53° degré de latitude, iusques au 63° en l'an 1612. ||
cerchans vn chemin par le Nord, pour aller à la
Chine. || — A Paris, || chez Iean Berjon, rue St. Iean
de Beauuais, au Cheual || volant, & en sa boutique au
Palais, à la gallerie || des prisonniers. || M.DC.XIII. ||
Avec privilege dv Roy.

[1] Cf. Biard Epistola ad R. P. Praepositum generalem et Port. Regali in Nova Francia, data ultimo die Januarii anni 1611. (Litterae annuae Soc. Jesu).

1613. *** In-4. Titre un feuillet; Epître un feuillet; à la Reine Régente un feuillet; trois ff. et demi de vers; sommaires deux ff. et demi; privilége un f.; texte 325 pages chiff.; table deux ff. et demi et un f. pour titre de :

> *Qvatriesme* || *Voyage dv* || *Sr de Champlain* || *capitaine ordinaire povr* || *le Roy en la marine, et* || *lieutenant de Monseigneur le Prince* || *de Condé en la Nouuelle France,* || *fait en l'année* 1613. ||

pagination séparée 3—52. Cinq cartes, 16×11, intercalées dans le texte + six cartes (25×15) + trois planches + une grande *«carte geographique de la Nouelle France faictte par le Sieur de Champlain Sainctongeois cappittaine ordinaire pour le Roy en la Marine, faictte l'an* 1612.*»* (74×43) + *Carte geographique de la* || *Nouelle France en son vray meridien,* 1613 (34×25).

Il y a des exemplaires de cette édition où la page 1 du texte est différente. Tout le reste est semblable.

Malgré Sully, de Monts, par lettres-patentes du 6 ou du 8 Novembre 1603, avait obtenu les priviléges précédemment octroyés à de Chastes, mort au mois de Mai de cette année pendant que Champlain revenait en France.

Champlain, à la requête du Roi qui avait pris un vif intérêt à la relation du voyage de 1603 (*Supra* No. 12) fit partie de cette nouvelle expédition de de Monts, en compagnie de Dupont-Gravé et de Poutraincourt. De Monts mit à la voile au Hâvre le 7 Mars 1604, et arriva sur les côtes d'Acadie le 6 Mai suivant.

Champlain resta trois années au Canada, aidant de son mieux à établir la colonie de de Monts, qui ne put prospérer. Le privilége ayant été révoqué, il partit le 3 Septembre 1607 pour Saint Malo où il débarqua après une courte traversée.

De Monts obtint un nouveau privilége, mais pour une année seulement. Deux navires furent équipés à Honfleur, non plus pour coloniser l'Acadie, œuvre qui dévolut à Poutraincourt, mais «afin de pénétrer dans les terres, jusqu'à la mer occidentale et parvenir quelque jour à la Chine.»[1] Champlain 1613. avec le titre de «géographe et capitaine pour le Roy en la marine,» eut le commandement de cette troisième expédition.

Partis de Honfleur le 13 Avril 1608, les deux navires mouillèrent devant Tadousac le 3 Juin. Le 3 Juillet Champlain commença l'établissement qui devint la ville de Québec. Au printemps de 1609 il remonta le Saint-Laurent, et à la tête des Algonquins, battit les Iroquois près du lac qui aujourd'hui dans l'Etat de New-York porte son nom. C'est de ce jour que date la haine des Iroquois contre les Français, haine qui amena trente ans plus tard de si terribles désastres sur la colonie.

L'été suivant Champlain retourna en France, où il arriva en Octobre 1609. En 1610 il revint à la Nouvelle-France, mais le 11 Août 1611 il était de retour à la Rochelle. Champlain fit encore un voyage au Canada où il demeura environ une année.

Ici nous trouvons une certaine contradiction entre les historiens. Champlain dit (p. 211) qu'ayant résolu de former une nouvelle compagnie, il revint en France en 1612, qu'aussitôt arrivé, il alla trouver de Monts, à Pons en Saintonge, où il était toujours gouverneur, lequel approuva son projet, et qu'étant revenu à Paris, le Président Jeannin, convaincu que de Monts, malgré son titre de Lieutenant-général dans la Nouvelle France, et en dépit de ses priviléges ne pouvait empêcher les entreprises irrégulières des coureurs de castors, conseilla à Champlain de mettre la nouvelle compagnie sous la protection de quelque prince. Ce conseil fut suivi, et le comte de Soissons étendit son patronage sur la colonie. Quelque temps après, le 15 Octobre 1612, il nomma Champlain son lieutenant.

D'un autre côté nous avons l'assertion du P. Biard[2] que la

---

[1] Lescarbot, p. 601.
[2] Charlevoix dit (I, p. 132) que «Champlain avoit fait inutilement tous ses efforts, pour engager Mme. de Guercheville à se lier avec M. de Monts, dont il lui garantissoit la droiture; mais par la seule raison que de Monts étoit Calviniste, elle n'y vouloit jamais entendre,

1613. Marquise de Guercheville avait acheté à de Monts ses droits sur le Canada. Cette cession a dû être faite avant 1612, puisque l'expédition qui en fut la suite partit de Dieppe le 31 Décembre 1611.

Si le P. Biard est dans le vrai, on ne s'explique la visite de Champlain à de Monts, que pour solliciter un simple conseil ou une souscription en faveur de son projet, puisqu'en 1612 de Monts ne possédait plus rien dans la Nouvelle-France.[1]

Le comte de Soissons étant mort soudainement le 1ᵉʳ Novembre, le protectorat passa à Henri de Bourbon, Prince de Condé. De nouvelles difficultés s'élevèrent, l'association tentée par Champlain ne put aboutir, et il repartit, vers le 6 Mars, de son chef pour Québec, où il arriva le 7 Mai 1613.

Le présent N°. 27 raconte les péripéties de ces diverses expéditions.

---

et elle eut dans la suite tout lieu de s'en repentir, car il est certain que si elle lui eut donné les trois mille six cents livres, qu'il demandoit, pour faire un Etablissement dans le fleuve St. Laurent, elle eut évité les malheurs que nous verrons bientôt».

Le P. Biard au contraire affirme (Relation de 1616, ch. XIX) que la Marquise de Guercheville «fit avec le Sieur Pierre du Gua dit de Monts, qu'il luy retrocedast tous ses droicts, actions et pretentions qu'il auoit, et auoit oncques eu en la Nouvelle-France à cause de la donation à luy faicte par Henry le Grand. Item d'autre part, elle impetra lettres de Sa Majesté à present regnante, par lesquelles donation luy est faicte de nouveau de toutes les terres, ports et haures de la Nouvelle France dès la grande riuiere iusques à la Floride, hormis seulement Port Royal.»

[1] La *Biographie Générale* dit que de Monts mourut à Paris en 1611. C'est une erreur. Non seulement notre N°. 38 contient une lettre de lui adressée de Pons à Louis Hébert, à la date du 7 Février 1617, mais lors de la formation de la Compagnie, dite de Montmorency, en 1622 «un des cinq douzièmes fut reservé au Sieur de Monts, qui vivait alors retiré à son château d'Ardennes, dans la Saintonge.» Ferland, *Cours d'Histoire*, p. 201. Il semblerait même qu'il vivait encore en 1628, puisque Charlevoix attribue le voyage fait en cette année au Canada par Champlain «à quelques intérêts de M. de Monts».

28. Contract‖d'association‖des Iesuites‖au Trafique 1613. de Canada‖Pour apprendre à Paul de Gimont, l'un‖ des donneurs d'advis pour les Iesvites contre‖ le Recteur & Université de Paris, & à ses‖semblables, pourquoy les Iesvites ‖ sont depuis peu arrivez en‖ Canada.‖***‖ M.DC.XIII.‖

In fine: Collation de la presente copie a esté faicte à son original escripte en parchemin sein et entier. Ce fait rendu par les Notaires gardenottes des Roy nostre Sire en son chastelet de Paris soubs signez, ce seiziesme Apuril mil six cents treize. Ainsi signé, Le Moyne et Grillard.

*** Petit 8°, Titre un feuillet + pages chiffrées 3—8.

Le contrat, passé devant Levasseur, notaire à Dieppe le 20 Janvier 1611, par lequel Madame de Guercheville constituait les PP. Jésuites associés de Poutraincourt, fut l'objet des plus vives attaques de la part des Calvinistes qui seuls, jusqu'alors, avaient régenté la colonie. C'est à propos de cette polémique que le P. Biard parle non sans énergie[1] de ce «*Factum* escrit et publié contre les Jesuites: or d'autant que ce diffamateur et factieux (ainsi le nommeray-ie d'ores-en-auant) commençant dès l'embarquement des Jesuites, les poursuit, comme en la trace, en Canada par boys et riuieres, mer et terres, de iour et de nuict, en tous leurs voyages et demeures, espiant partout de tirer sur eux à couuert.»

Aux termes de ce contrat l'argent donné par la Marquise devenait «vn bon fonds pour y perpetuellement entretenir les Jesuites, sans qu'ils fussent à charge au sieur de Potrincourt, et que pour ainsi le profit des pelleteries et pesche que ce nauire

---

[1] Relation de 1616, ch. XI.

1613. rapporteroit ne reviendroit point en France pour se perdre entre les mains des Marchands.»

L'opuscule ci-dessus est une des pièces de cette controverse, adressée à Jean Boucher, qui écrivit souvent en faveur de l'Ordre, sous le pseudonyme de Paul de Gimont, Sieur d'Esclavolles.

Le contrat original a été publié *in extenso* par Lescarbot[1] qui en fait une critique très-vive. Tross l'a réimprimé presque en facsimile sur vélin, tiré à 12 exemplaires. Quant au *factum* auquel le P. Biard fait allusion, nous n'avons pu le trouver.

29. Lecarbot, Marc. Nova Francia. Gründliche History von Erfindung der grossen Landschafft Nova Francia oder New Franckreich genannt. Ausz einem zu Parisz gedruckten Französischen Buch .... ins Teutsch gebracht. — Augspurg, Chrysostomus Dabertzhofer, 1613.

*** In-4, quatre ff. préliminaires + 86 pages de texte.

1616. 30. Relation || de la || Novvelle || France, de ses || terres, naturel dv || Païs, & de ses Habitans, || Item, || du voyage des Peres Iesuites ausdictes || contrées, & de ce qu'ils y ont faict || iusques à leur prinse par || les Anglois. || Faicte || Par le P. Pierre Biard, Grenoblois || de la Compagnie de Iesvs. || — A Lyon, || chez Lovys Mvgvet, en || rue Merciere. || M.DCXVI. || Auec Priuilege du Roy.

---

[1] Edit. de 1618, p. 665, et discuté, à l'avantage des PP. Jésuites par Champlain (édit. de 1632, p. 100).

∗ Pet. in-8. Six ff. préliminaires non chiffrés dont un 1616.
pour titre, un f. et demi pour dédicace au Roy, signée
Pierre Biard; et 3 ff. et demi pour avant-propos. Texte
338 pages chiffr. + 17 ff. non chiffr. pour table (qui
est en même temps un index très-bien fait) + 1 f. non
chiffr. pour privilége. Les huit premiers chapitres décrivent le pays et les habitants. Le chapitre XII traite
de la première arrivée des Jésuites en la Nouvelle-
France l'an 1611, et semble être une réponse au *Factum
escrit et publié contre les Jésuites.*

Les baptêmes et conversions opérés par le prêtre champe-
nois Jessé Fléché, dit le Patriarche, lors du second voyage de
Poutraincourt, ne purent qu'augmenter le désir qu'avaient
les PP. Jésuites de se rendre en Acadie pour en convertir les
sauvages à la foi chrétienne et y fonder un établissement. In-
voquant la promesse que Henri IV leur avait faite, ils en
firent la demande à la Reine Régente, Marie de Medicis, qui
s'empressa de l'agréer.

Les PP. Pierre Biard et Ennemond Massé furent désignés,
mais au moment de s'embarquer à Dieppe le 24 Octobre 1610,
deux marchands ou armateurs de cette ville, Dujardin et Duchesne, chargés de l'expédition, et qui étaient créanciers de
Thomas Robin, Sieur de Coloignes, jeune gentilhomme nouvellement associé à Poutraincourt, ne voulurent pas (probablement à l'instigation de ce dernier) les admettre à bord.
Les armateurs étaient protestants, et craignaient l'influence que
les PP. Jésuites ne pouvaient manquer d'exercer au Canada.

Une femme pieuse et belle,[1] Antoinette de Pons, qui portait le titre de marquise de Guercheville,[2] fit une quête à la
cour, remboursa les deux marchands dieppois, et par contrat

---

[1] L'Abbé de Choisy, *Mémoires*, liv. XII. Collection Petitot, 2ᵉ série, vol. LXIII, p. 515.

[2] Parceque le nom de son second mari, encore vivant, Charles du Plessis, Seigneur de Liancourt, rappelait celui de Gabrielle d'Estrées, la maîtresse de Henri IV. Elle mourut à Paris en 1632.

1616. passé à Dieppe devant notaire[1] le 20 Janvier 1611, adjoignit les deux PP. Jésuites à Poutraincourt comme associés.

Ils s'embarquèrent enfin sur la *Grâce-de-Dieu*, que commandait Biencourt «jeune seigneur fort accompli et expert en la marine.» Partis de St. Malo le 26 Janvier, ils arrivèrent à Port-Royal le 22 Mai 1611[2] après une traversée de quatre mois.

Il paraît que jusqu'alors il suffisait qu'un sauvage en exprimât le désir pour être baptisé. Les PP. Jésuites voulaient qu'il eût d'abord été instruit dans les dogmes de la foi. De là une nécessité absolue d'apprendre le langage des indigènes.[3] Ce fut dans ce but que le P. Massé alla vivre avec Membertou, le grand Sagamo, qui naturellement ne put que lui enseigner la langue qu'il parlait; et comme chaque tribu de sauvages avait un langage propre et absolument différent des autres, l'œuvre de l'évangélisation était difficile. Le P. Massé finit néanmoins par faire une traduction de l'oraison dominicale dans le «langage des Montagnards» (*sic*).

La colonie loin de prospérer souffrait d'une affreuse disette. Poutraincourt, qui était en France, fit appel à Madame de Guercheville, qui y répondit en devenant son associé. Prudente et avisée, elle acheta même de de Monts tous les droits qu'il tenait de Henri IV, et fit confirmer cette cession par des lettres-patentes de Louis XIII. Ainsi, en 1612, si l'on excepte Port-Royal, qui restait la propriété de Poutraincourt, la Nouvelle-France tout entière appartenait à un seul propriétaire, qui était une femme.

Si cette association remédia à la disette, elle ne put empêcher les violentes discussions qui divisaient la colonie, et dont la cause était le zèle religieux des PP. Jésuites qui fut

---

[1] Supra, No. 28.

[2] Lettres du P. Biard au P. Aquaviva, *apud* Carayon. Champlain et Charlevoix, par erreur, donnent la date du 12 Juin.

[3] C'étaient les *Souriquois* depuis appelés *Micmacks* (Charlevoix, I, p. 124).

poussé jusqu'à excommunier tous les colons qui n'étaient pas de leur avis, y compris Biencourt.

Par l'ordre de Madame de Guercheville, les PP. Jésuites suivis de presque tous les habitants, quittèrent Port-Royal le 12 Mars 1612 pour aller fonder un nouvel établissement à l'embouchure du fleuve de Pentagoët ou de Norembègue.

En Juin 1613, Samuel Argall, fameux corsaire anglais,[1] qui s'était aventuré dans ces parages, se fondant sur les lettres-patentes de Jacques Ier, en date du 10 Avril 1606, attaqua la colonie malgré les traités. L'établissement fut pillé et détruit de fond en comble,[2] le frère Gilbert du Thet tué,[3] les PP. Biard et Quentin furent emmenés prisonniers deux fois en Virginie, puis conduits en Angleterre, d'où ils purent revenir facilement en France. Ils y débarquèrent au printemps de 1614. Le 26 Mai suivant le P. Biard était à Amiens.

Le P. Pierre Biard, né à Grenoble[4] en 1565, enseignait la Théologie à Lyon depuis neuf ans lorsqu'il fut désigné pour aller fonder la mission en Acadie. Il mourut à Avignon le 19 Novembre 1622.

La relation ci-dessus décrit les événements dont il a été témoin et donne une histoire bien écrite et très-intéressante de la fondation de Port-Royal et de St. Sauveur (ce qu'on appelle la colonie de Madame de Guercheville), et des cruautés exercées contre les Français par les colons de la Virginie. Mais il faut y ajouter les lettres envoyées de Port-Royal aux PP. Baltazar et Aquaviva, traduites des originaux que l'on conserve à Rome, et que le P. Carayon a publiées. Celle du 31 Janvier 1612 annonce l'envoi d'une carte qui n'a pu être retrouvée au Gésu.

---

[1] Belknap, *American Biography*, Parkman, *Pioneers*, p. 294.
[2] Lettres d'Argal à Nicolas Hawes, *apud* Purchas, *Pilgrims*, Vol. IV, p. 1764.
[3] du Thet et Jacques Quentin (qu'il ne faut pas confondre avec Claude Quentin) étaient les deux Jésuites qui vinrent rejoindre le P. Biard en 1612.
[4] Lescarbot en parle comme d'un «homme fort sçavant, Gascon de nation, duquel M. le premier President de Bordeaux m'a fait bon recit.» *Relation dernière*, p. 401 de la réimpression.

1616. Quelques bibliographes citent, mais sans l'avoir vue, une relation imprimée à Lyon en 1612, et qui serait la première édition de celle que nous décrivons ci-dessus; ce qui n'est guère possible puisque les événements décrits dans cette relation vont jusqu'à l'année 1614. Quant aux relations dont le titre est donné en latin, nous pensons que ce sont les lettres adressées par le P. Biard et que nous citons d'après le P. Carayon. Celle du 31 Janvier 1611 a été publiée dans les *Litterae annuae Societatis Jesu*, imprimées à Lyon par Claude Cayne, mais seulement en 1618. C'est probablement la même dont le P. Jouvenci donne le texte dans son *Histoire de la Société de Jésus*. Sotwell cite aussi[1] du P. Biard une *Relatio expeditionis Anglorum in Canadam*, qui n'est probablement que la lettre du P. Biard au P. Claude Aquaviva sur l'acte de piraterie commis à son égard par Argall. Il est possible qu'il y ait eu à cette époque des impressions tant en latin qu'en français de ces lettres, mais nous n'avons pu en trouver un seul exemplaire.

Quant au P. Ennemond Massé, il revint au Canada en 1625 avec les PP. Charles Lallemant et Jean de Brébeuf, et une fois encore avec ce dernier en 1633. Il mourut à Sillery, au commencement de 1646. Il était né à Lyon en 1574. Nous ne possédons qu'une lettre de lui, et de courtes traductions en langage canadien, publiées par Champlain.

Pour une biographie du P. Massé voir Creuxius, *Historia Canadiensis*.

1618. 31. Histoire||de la Novvelle-||France.||Contenant les navigations, découvertes, & ha-|| bitations faites par les François és Indes Occi-|| dentales & Nouvelle-France, par commission||de nos Roys Tres-Chrétiens, & les diverses||fortunes d'iceux en l'execution de ces choses|| depuis cent ans jusques à hui.|| En quoy est comprise l'histoire Morale, Naturelle, &|| Geogra-

---

[1] *Bibliotheca Script. Soc. Jesu.*

phique des provinces cy décrites: avec || les Tables 1618. & Figures necessaires.||Par Marc Lescarbot Advocat en Parlement || Témoin oculaire d'vne partie des choses ici recitées. || *(Petite vignette)*. — A Paris,|| Chez Adrian Perier, ruë saint || Iacques, au Compas d'or. || M.DC.XVIII.||

⁎⁎⁎ In-8. Titre un feuillet + trois ff. chiffrés pour Epître au Roy + deux ff. pour Epître au Président Jeannin + quatre ff. pour dédicace à la France + seize ff. pour sommaires + un f. pour avis au lecteur. Texte, pages 1—970 + un f. pour errata + un f. pour titre des:

Muses || de la Nouvelle- || France. || A Monseigneur || le Chancellier. || *Avia Pieridum peragro loca nullius antè* || *Trita solo* || (Vignette). A Paris || Chez Adrian Perier, ruë saint || Iacques, au Compas d'or. || M.DC.XVIII. || Texte pages 3—76 + les 4 cartes de l'édition de 1612.

Le récit, interrompu dans l'édition de 1611, reprend au second voyage de Poutraincourt, et finit à la mort de ce dernier, tué au siége de Mery-sur-Seine «Mense Decemb. M.DC.XV,» d'après les deux épitaphes qui à la page 695 terminent l'*Histoire* de Lescarbot. Comme dans l'édition de 1612 le VI° livre contient les mœurs et manière de vivre des sauvages. A la page 715 il y a un court vocabulaire comparé de l'ancien et du nouveau langage de Canada, et à la page 739 un autre dictionnaire de trois pages.

Le P. Le Long indique une édition de 1617.[1]

32. Voyages et découvertes faites en la Nouvelle-France, depuis l'année 1615 jusqu'à la fin de 1618, par le Sieur de Champlain. Paris, Cl. Collet, 1619.

---

[1] *Bibliothèque Historique*, Vol. III, n° 39654.

1619. *** Pet. in-8.

«On rencontre des exemplaires de cette même édition sous la date de 1620 mais il n'y a de changé que le titre. Le frontispice gravé y conserve sa première date.»

(Brunet).

1620. 33. Les‖Voyages‖du Sr. de Cha‖mplain Capita‖ine ordinaire‖pour le Roy‖en la nouuelle‖France es an-‖nees 1615.‖et 1618.‖dediées au Roy.‖-Chez C. Collet au‖Pallais a Paris‖ Auec preuilege du Roy.‖

(2° titre):

Voyages‖et descouvertures‖faites en la Nouvelle‖France, depuis l'année 1615. iusques‖à la fin de l'année 1618.‖Par le Sieur de Champlain, Cappitaine‖ordinaire pour le Roy en la Mer du Ponant.‖Où sont descrits les moeurs, coustumes, habits,‖façons de guerroyer, chasses, dances, festins, &‖enterrements de diuers peuples sauuages, & de‖plusieurs choses remarquables qui luy sont arri-‖uées audit païs, auec vne description de la beau-‖té, fertilité, & temperature d'iceluy.‖-A Paris,‖chez Clavde Collet, au Palais, en la‖gallerie des Prisonniers.‖ M.D.CXX.‖ Auec Priuilege du Roy.‖

*** In-8. Titres deux feuillets + quatre feuillets pour Lettre au Roy + deux ff. pour préface et privilége. Texte 1 à 158 ff. chiffr. Gravures au recto du f. 23, au verso du f. 87 et du f. 99 + deux grandes planches pliées (qui manquent à l'exemplaire que nous avons 1620 sous les yeux).

Lorsque Champlain revint au Canada en Mai 1613, il n'y resta que trois mois. De retour en France il reprit son projet d'association qui, après un ou deux autres voyages, réussit enfin, et fut établi par lettres-patentes.

Cette association était surtout composée de marchands de St. Malo, de Rouen et de la Rochelle. Un des navires de la Compagnie, le *Saint-Etienne*, parti de Honfleur le 24 Avril 1615,[1] emmena les premiers missionnaires.

Pendant l'année que Champlain passa dans la colonie il fit des découvertes importantes, vit le lac Huron, et entreprit une troisième guerre contre les Iroquois, où il fut blessé. Laissant la direction de la colonie à Dupont-Gravé, il retourna à Honfleur où il débarqua le 10 Septembre 1616, ramenant le P. Jamay ou Jamet. Champlain resta en France pendant près de quatre années. Ce fut pendant ce long séjour qu'il rédigea la relation que nous décrivons ici sous le n°. 33.

34. Avis au Roi sur les Affaires de la Nouvelle France en 1620.

*** In-8.

(Le Long[2]).

35. A Discourse containing a Loving Invitation both 1622 Honorable and profitable to all such as shall be Aduenturers, either in person, or purse, for the advancement of her Majesties most hopefull Plantation in the Newfound Land lately undertaken; by Richard Whitbourne. — London, Felix Kyngston, 1622.

---

[1] «Il s'est glissé ici une erreur de typographie dans l'édition du Voyage de Champlain de 1627, dans celles de 1632 et de 1640, où l'on a mis *Août* pour *Avril*.» Abbé Faillon. *Histoire de la Colonie française au Canada*, vol. I. p. 147.
[2] *Bibliothèque Historique*, Vol. III, n°. 39665.

1622.   *₊* In-4. Quatre ff. préliminaires. Texte 46 pages.

> 36. A Discourse of Discovery of New-Found-Land, with many reasons to provve how worthy and beneficiall a Plantation may there be made, after a far better manner than now it is. Together with the laying open of certaine enormities and abuses committed by some trade to that country, and the meanes laid down for the reformation thereof. By Richard Whitbourne. — London, Felix Kyngston, 1622.

>> *₊* In-4. Douze ff. préliminaires. Texte 107 pages, + lettres etc., dix ff.

1623.   37. A Discourse of Discovery of New-Found-Land etc., by Richard Whitbourne. — London, Felix Kyngston, 1623.

>> *₊* In-4. Neuf ff. préliminaires. Texte 107 pages, lettres etc. vingt pages.

1626.   38. Av Roy ‖ svr ‖ la Novvelle ‖ France. ‖ 1626.

>> *₊* Pet. in-8. Deux ff. préliminaires, un pour Titre, un pour lettre au Roy, non signée ni datée. Texte, pages 1—23.

> A la page 11 il y a «une lettre de Monsieur Montz Gentilhome d'honneur» addressée à «Louys Hebert, bourgeois de Paris, Appoticaire, et fils d'Appoticaire de la feue Royne Catherine de Medicis, lequel auec feu Mr. de Poitrincourt auoit despendu vne boñe partie de sõ biẽ, pour tascher à faire

quelque chose de genereux vers Lacadie.» Cette lettre est 1626.
datée «de Pons, ce 18 Feb. 1617.»

«Beaucoup de familles canadiennes ont le droit de compter
cet homme entreprenant (Louis Hébert) parmi leurs ancêtres;
car la nombreuse postérité de son fils Guillaume Hébert, et
de sa fille Guillemette, épouse de Guillaume Couillard, s'est
alliée avec un bon nombre de familles qui vinrent plus
tard s'établir dans le pays. Louis Hébert est né à Paris,
où il épousé Marie Rollet. En 1606 il passa à l'Acadie, et
Lescarbot en parle dans les termes suivants (liv. IV): «Poutrincourt fit cultiver un parc de terre pour y semer du blé à
l'aide de notre Apothicaire, Louis Hebert, homme qui outre
l'experience qu'il a en son art prend grand plaisir au labourage
de la terre. Arrivé à Québec en 1617, il commença aussitôt
à faire défricher le terrain sur lequel se trouvent la cathédrale,
le séminaire . . . . .» Louis Hébert mourut, à la suite d'une
chûte, au mois de Janvier 1627.[1]

39. Coppie de la lettre escripte par le R. P. Denys
Jamet, Commissaire des PP. Recollectz de Canada à
M. de Rancé, grand Vicaire de Pontoyse.

⁎ In-12. *Sine loco et anno* (Paris 1626), huit pages.[2]

Bien que dans différents passages de ses relations Cartier
parle de messes dites au Canada, il n'est pas certain qu'il eût
des prêtres avec lui. L'abbé Faillon remarque cependant que
dans la liste des Français que Cartier conduisit dans son
second voyage, on lit deux noms, Guillaume le Breton et Antoine, qui sont précédés de la qualification de Dom, titre qui
était donné aux religieux de l'ordre de St. Benoit.[3]

---

[1] Ferland. *Notes sur les régistres de N. D. de Québec*, p. 9.
[2] Nous empruntons ce titre à la Bibliotheca Browniana, No. 225.
[3] Cette liste se trouve parmi les documents publiés par M. Ramé
en 1865, (p. 10). Nous remarquerons toutefois que Dom peut aussi
être l'abréviation de Dominique, et qu'il est singulier que ces noms se
trouvent mêlés à ceux des hommes de l'équipage, sans autre désignation, quand nous voyons que depuis le capitaine, jusqu'au barbier,

1626. Les expéditions qui suivirent étant presque toutes formées et commandées par des Calvinistes, il est naturel de ne trouver nulle mention de l'embarquement de prêtres pour la colonie. Le premier semble avoir été Jessé Fléché que Poutraincourt amena lors de son second voyage.

Nous avons vu que le 22 Janvier 1611, les Jésuites purent enfin expédier deux des leurs, les PP. Biard et Massé, qui furent suivis l'année suivante de deux autres, les PP. Quentin et du Thet. Ce dernier fut tué lors de l'attaque de Samuel Argall. Quant aux trois autres, la colonie de Madame de Guercheville ayant été détruite, ils revinrent forcément en France en 1614.

D'après Charlevoix,[1] l'idée d'amener des missionnaires dans la Nouvelle-France, appartient à Champlain, qui augurant bien de l'avenir de sa colonie, désormais protégée par le Prince de Condé, ne voulut pas la priver des «secours spirituels, dont elle avoit été jusques là entièrement dépourvue.» Mais nous avons l'assertion du P. Sagard[2], que ce fut Hottel, secrétaire de Louis XIII, et compatriote de Champlain, qui étant entré dans la compagnie que ce dernier venait de fonder, proposa à ses associés d'envoyer des missionnaires au Canada. On choisit des religieux d'un ordre mendiant, des Recollets, espèces de Franciscains réformés, qui n'étaient établis à Paris que depuis 1603. La raison de ce choix fut «la mémoire encore toute recente des plus grands fruicts que les Recollects auoient opéré dans l'Amérique Orientale». Quatre d'entre

---

au trompette et à l'apothicaire, chaque homme à bord porte le titre qu'il peut avoir au-dessus de simple matelot.

D'un autre côté, le P. Sagard en parlant des premières expéditions au Canada, (*Histoire du Canada*, p. 9) raconte que «En ces commencemens que les François furent vers l'Acadie; il arriua qu'un Prestre et un Ministre moururent presque en mesme temps, les matelots qui les enterrèrent, les mirent tous deux dans une mesme fosse, pour veoir si morts ils demeureroient en paix; puisque uiuants ils ne s'estoient pû accorder.»

[1] *Hist. de la Nouvelle-France* I, p. 152.
[2] *Histoire du Canada*, p. 10.

eux furent désignés. «Le R. P. Denis Jamet[1], pour Commissaire, le P. Jean Dolbeau pour successeur en cas de mort, le P. Joseph le Caron et le P. F. Pacifique du Plessis, qui furent les quatre premiers[2] religieux qui passèrent la mer pour la conuersion du peuple du Canada.»

Ils partirent en même temps que Champlain, de Honfleur, le 24 Avril 1615, sans attendre le bref du pape qui ne leur fut donné que le 20 Mars 1618. Le P. Jamet revint en France l'été suivant. Nous le revoyons à Québec en 1620 et 1621, où il bénit le premier mariage qui fut célébré dans la colonie.[3]

Nous ne retrouvons plus le nom du P. Jamet dans les évènements qui suivirent et amenèrent l'abdication partielle des Recollets entre les mains des PP. Jésuites en 1626. N'ayant pas la lettre ci-dessus devant nous, nous ne pouvons dire à quelle occasion elle fut écrite, mais au lieu de *«Rancé»*, ne devons-nous pas lire *Charles de Ransay des Boues*, fondateur de la mission des Recollets à Québec, d'après qui fut nommée la rivière Saint Charles?

40. Voyages||et descovvertvres||faites en la Nov-velle || France, depuis l'année 1615 iusques || a la fin de l'année 1618.||Par le Sieur de Champlain...... A Paris, chez Clavde Collet, au Palais, en la || gallerie des Prisonniers. || M.D.C.XXVII. ||

1626.

1627.

---

[1] «Occupé à différens emplois, à Châlons en Champagne pour le bien de la province, et à St. Denis en France en qualité de Supérieur et de Prédicateur.» (Le Clercq, I, p. 150).

[2] On ne saurait cependant nier aux PP. Biard et Massé la qualité de missionnaires.

[3] Le 21 Août entre Guillaume Couillard et Guillemette Hébert. L'abbé Ferland remarque à cette occasion que deux mois et demi auparavant, le 12 Mai, avait eu lieu le premier mariage célébré dans la Nouvelle-Angleterre, celui d'Edward Winslow et de Susannah White.

1627. *** In-8. Identique, sauf la date, à l'édition de 1620.

41. Lettre || dv Pere || Charles || l'Allemant || Svperievr de la Mis- || sion de Canadas; de la Com- || pagnie de Iesus. || Enuoyee au Pere Hierosme l'Allemant || son frere, de la mesme Compagnie. || Où sont contenus les mœurs & façons de vi- || ure des Sauuages habitans de ce païs là; || & comme ils se comportent auec || les Chrestiens François qui y || demeurent. || Ensemble la description des villes de ceste contree. || — A Paris, || Par Iean Bovcher, ruë des Amandiers || à la Verité Royale. || 1627. ||

*** In-8. Un f. pour titre, texte pages 1 à 16, en petits caractères. La lettre est datée de Québec le 1er d'Août 1626, et dit qu' «il ne faut pas attendre des nouvelles de nous que d'année en année, parce que les vaisseaux n'abordent icy qu'une fois l'an.»

C'était par compulsion que les Recollets envoyés au Canada en 1615 étaient tolérés par les chefs de la colonie, presque tous Calvinistes; et comme les religieux étaient très-pauvres, dans un pays plus pauvre encore, ils ne pouvaient se faire bien venir ni des sauvages ni des autorités. Un premier obstacle à leur succès était le refus des associés de chercher à rendre les Indiens sédentaires; et les différents voyages faits à Paris par plusieurs des Recollets, avaient pour but d'obtenir qu'aux termes de son privilége la Compagnie aidât les religieux à établir des missions permanentes à Québec, aux Trois Rivières et à Tadousac. Leurs représentants en France ne furent pas écoutés.

Malgré les efforts de Champlain, qui lors de son voyage de 1620 s'était déclaré pour les missionnaires, ils ne purent pros-

spérer. Ils réussirent cependant, grâce aux aumônes reçues de 1627.
France, à achever le 25 Mai 1621 l'église de N. D. des Anges,
qui fut le premier édifice construit en maçonnerie à Québec.
Les premiers régistres de baptêmes, de mariage et de sépulture
datent de cette année; ainsi que la pétition au Roi, demandant «que défences seront faictes à tous sujects de S. M., faisant profession de la Religion prétendue Réformee d'habiter au Canada.» Louis XIII refusa de s'associer à cet acte d'intolérance.

Les choses ne faisaient qu'empirer, les sauvages s'étaient revoltés et massacraient les colons. Champlain était parti; laissés à eux-mêmes, craignant la famine, mais non découragés, les Recollets résolurent de faire appel à la Compagnie de Jésus, qui accepta sans hésiter. Cette union des Recollets avec les Jésuites se fit en 1625, par l'entremise de Henri de Levy, duc de Ventadour, qui venait de succéder dans la charge de Vice-Roi de la Nouvelle-France à son oncle, le duc de Montmorency.

Les PP. Jésuites désignés pour cette mission furent Charles Lallemant, principal du collége de Paris, Ennemond Massé, l'ancien compagnon du P. Biard, et les FF. François Charton et Gilbert Duret. Un seul Recollet, Joseph de la Roche d'Allion les accompagna.

Les successeurs de la Compagnie étaient encore des Calvinistes, Emery et Guillaume de Caen, oncle et neveu, marchands normands, qui frétèrent l'expédition dont les Jésuites devaient faire partie. Ils s'embarquèrent en effet avec Guillaume de Caen, le 19 Juin 1625.

Une fois arrivés, de nouvelles dissensions ne tardèrent pas à s'élever entre les catholiques et les protestants. Elles ne cessèrent qu'après l'arrivée de Champlain en 1626.

La relation ci-dessus ne donne qu'une brève description du Canada, et un récit très-intéressant mais succinct des premiers travaux des PP. Jésuites. Le P. Lallemant n'y semble pas enthousiaste des sauvages qu'il avait pour mission de convertir: «Depuis le matin iusques au soir, ils n'ont d'autre soucy que de se remplir le ventre…. Ce sont de vrais gueux…. Les vices de la chair sont fréquents chez eux. Il y en a un icy qui

1627. a espousé sa propre fille .... La coustume de ces nations est de tuer leurs pères et mères, lorsqu'ils sont si vieux qu'ils ne peuvent marcher ......»

Cette relation a d'abord été publiée dans le *Mercure Français*.[1] La lettre adressée par le P. Ch. Lallemant à son frère Jerôme «l'an passé (1625) la my Juillet», n'a pu être retrouvée, mais le P. Carayon a traduit de l'original latin conservé au *Gésu*, à Rome, celle du 1er Août 1626, envoyée au P. Vitelleschi.

Ces deux lettres ne traitent que des efforts des PP. Jésuites pendant la première année de leur séjour au Canada. C'est dans Champlain, Sagard et Le Clercq qu'il faut chercher la suite de leurs aventures.

Craignant la famine et les attaques incessantes des sauvages qui avaient déjà précipité et noyé dans la rivière des Prairies le P. Nicolas Viel, Recollet, et compagnon de Sagard, les PP. Jésuites étaient décidés à abandonner la colonie. Les ouvriers amenés par le P. Noyrot en 1626, furent d'abord renvoyés en France peu de temps après par Champlain. Les PP. Lallemant, Massé, Brebeuf et de la Noue s'embarquèrent quelques mois plus tard.

En 1629 les PP. Lallemant et Noyrot voulurent retourner au Canada sur une barque frétée à leurs frais, et qui fit naufrage le 24 Août sur les côtes des îles de Canseau. Noyrot périt. Le P. Lallemant fut recueilli par un navire basque qui fit naufrage à son tour sur les côtes d'Espagne, près de St. Sébastien. Le P. Lallemant fut encore sauvé.

Il était à Québec, où il administra Champlain au moment de sa mort le jour de Noël de l'année 1635.

Il revint définitivement en France en 1638, et mourut à Paris le 18 Novembre 1674, dans un âge très-avancé, puisqu'il était entré dans la Compagnie de Jésus le 27 Juillet 1607,[2] et avait fait partie de l'expédition envoyée le 12 Mars 1613

---

[1] Vol. XIII, p. 1.
[2] Catalogue *apud* Carayon, *Bannissement des Jésuites de la Louisiane*, p. 131.

à Pentagoët par Madame de Guercheville sous les ordres de de la Saussaye.[1]

42. Plainte‖de la Novvelle France‖dicte Canada,‖a la France sa Germaine.‖ Pour seruir de Factum en vne cause pandante‖au Conseil.‖

₊ Pet. in-8. *Sine anno aut loco*, quinze pages.

Cet opuscule ne contient ni un nom ni une date qui puisse nous fixer sur son origine. C'est une objurgation de quelque catholique zélé à l'adresse d'un des chefs de la colonie naissante, peut-être de de Monts, mais plus probablement d'Emery de Caen. «A peine eut-il (cet «insolent» ce «pirate») mouillé l'ancre en mon port de Tadousac, qu'il se moqua de tes autels, empescha que l'on ne me benist par la plantation des croix.» (page 6.)

Ces paroles ne pourraient s'adresser à Poutraincourt qui lors de l'expédition de 1610 avait fait opérer un si grand nombre de conversions par le P. Fléché, et s'était associé en 1611 avec les PP. Biard et Massé. Il serait possible que ces plaintes eussent trait au peu d'encouragement que recevaient les Recollets de la part des Associés, qui loin de les aider dans la conversion des sauvages travaillaient, disaient ces derniers, à détruire leur œuvre. On retrouve ces objurgations dans le Clercq[2] et Sagard. Il faudrait dans ce cas avancer la date de ce pamphlet à 1616, année où les PP. Jamet et Joseph Le Caron se rendirent en France pour solliciter l'intervention du Prince de Condé en faveur de leurs missions. Si au contraire ces plaintes sont dirigées contre les de Caën, il faut placer ce mystérieux pamphlet sous l'année 1628, époque où leur monopole souleva les plus vifs reproches, mais était tellement puissant

---

[1] *Notice biographique* dans la réimpression de Québec des *Relations*, p. vi.
[2] *Etablissement de la Foy.* I, p. 144.

1628. que Champlain dût faire des concessions même en matière de culte et de religion.[1]

43. Articles‖accordez par‖le Roy.‖A la Compagnie de la ‖ Nouuelle France. ‖

₊ Grand in-4, 1 — 23 pages. Daté du Camp devant la Rochelle, le 18º jour de May, 1628, et signé Armand, Cardinal de Richelieu.

Jusqu'alors tous les individus qui avaient obtenu des priviléges pour faire le trafic dans la Nouvelle-France et la coloniser, et toutes les compagnies qui s'étaient formées sous Henri IV et Louis XIII pour les exploiter, n'avaient eu évidemment d'autre but que de s'enrichir sans se soucier aucunement des conditions qui les obligeaient à amener au Canada des colons et à les y maintenir. Chaque expédition, il est vrai, débarquait un certain nombre de personnes, mais c'étaient plutôt des auxiliaires pour la traite des pelleteries ou la pêche, que des colons. Il est aussi à remarquer que si ces tentatives ne tournèrent pas à l'avantage de la France, elles n'enrichirent pas non plus les détenteurs de priviléges, qui semblent presque tous s'être ruinés dans ces expéditions. Quelques-uns, comme les de Caën, ne pouvaient se décider à abandonner leurs droits, mais c'était plutôt dans l'espérance de regagner ce qu'ils avaient perdu, que pour continuer à réaliser des profits.

Sully voyait avec indifférence l'insuccès des entreprises de Chauvin, de de Monts et de Poutraincourt, car il ne croyait pas qu'il fut dans le génie de la France de coloniser les pays d'outremer[2], mais le Cardinal de Richelieu, qui considérait avec raison l'établissement des colonies comme un moyen assuré de développer le commerce et la marine, se préoccupait de ces priviléges qui ne profitaient ni à l'Etat ni à ses posses-

---

[1] Champlain, éd. de 1632, IIº part. p. 108.
[2] *Supra*, page 19.

sions lointaines. Décidé à faire une tentative sérieuse, se rappelant le mémoire qu' Isaac de Rasilli lui avait fait parvenir dès 1626, il provoqua en 1627 la formation d'une nouvelle compagnie qui devait être composée d'au moins cent associés, au capital de 300,000 livres. D'immenses priviléges lui furent accordés, mais à la condition expresse de faire passer au Canada, en quinze années, quatre mille Francais, de les y nourrir pendant trois ans, et ensuite leur octroyer des terres, non seulement labourables, mais ensemencées.

Malheureusement cette nouvelle charte avait pour base deux principes absolument contraires au succès de toute colonie: le monopole, et l'intolérance en matière de religion. La Compagnie possédait le droit exclusif au trafic[1] et à la pêche; et il fallait être catholique, apostolique et romain, pour pouvoir s'établir dans la colonie.

D'un autre côté, le Cardinal de Richelieu avait fait une concession qui dénote un véritable progrès dans les mœurs politiques. Non seulement les colons d'origine française conservaient les droits et immunités des regnicoles, mais les sauvages qui consentaient à embrasser la religion catholique, devenaient à tous égards les égaux des français.

On remboursa le duc de Ventadour qui se démit de sa charge de Vice-Roi, et le Cardinal de Richelieu devint le protecteur en titre de la société, appelée dès lors *Compagnie de la Nouvelle France*, mais qui est plus connue sous le nom de *Compagnie des Cent Associés*.[2]

La pièce ci-dessus est le complément et la ratification des lettres-patentes des 29 Avril et 7 Mai 1627.

Le texte de ce volume diffère de celui qui sous le titre d'*Acte*

---

[1] De Caën eut néanmoins le monopole des pelleteries pour une année encore, afin de l'indemniser de la révocation de son privilége.

[2] «La compagnie monta bientôt au nombre de cent-sept associés» (Charlevoix I, p. 165). M. Chéruel (*Dictionnaire historique*, p. 832), lui donne le nom de *Compagnie du Morbihan*, parce que «le gouvernement lui avait cédé le pays de Morbihan en même temps que la Nouvelle France.» La charte de la Compagnie lui concède la Floride, mais elle ne fait pas mention de cette partie de la Bretagne.

1628. *pour l'Etablissement de la Compagnie des Cent Associés*, fut publié dans le *Mercure François*, vol. XIV, part. II, p. 232.

44. Noms ‖ Svrnoms ‖ et Qualitez ‖ des Associez ‖ En la Compagnie de la Nouuelle France, ‖ suyuant les iours & dates de leurs signatures. ‖

₌ In-4, huit pages.

Bien que la formation de cette Compagnie soit l'œuvre du Cardinal de Richelieu, elle est due en partie à l'initiative de de Roquemont, qui conduisit la première escadre et attaqua malheureusement Kertk près la rade de Gaspé, de MM. de Lattaignant, Dablon, du Chesne, Castillon, et de Houël, le secrétaire de Louis XIII, qui s'était déjà si fort intéressé au succès de la colonie en y envoyant les Recollets en 1615. Ce fut en partie sur un mémoire présenté en 1626 par le Commandeur de Razilli[1] que Richelieu rédigea la charte de la nouvelle Compagnie.

On lit sur cette liste les noms de Henri Cavellier, oncle de Robert Cavellier de la Salle.

1630. 45. La prise d'vn ‖ Seigneur ecossois ‖ et de ses gens qui pilloient ‖ les Nauires pescheurs de France ‖ ensemble du Razement de leur Fort, & l'establissement d'un autre pour le service du Roy, & l'assurance ‖ des Pescheurs François en la Nouuelle France ‖ Par Monsieur Daniel de Dieppe, Capitaine pour le Roy en la Marine, & General de ‖ la Flotte en la Nouuelle France. ‖ Dedié à Monsieur le President de Lauzon,

---

[1] Ce mémoire, encore inédit, ne traite pas spécialement de la formation d'une Compagnie, mais des colonies en général, en vue de l'accroissement de la puissance maritime de la France.

Intendant‖de la Compagnie dudit Païs.‖ Par le Sieur 1630.
Malapart Parisien, soldat du dit Sieur Daniel.‖ — A
Rouen, chez Jean le Boullenger, rue‖des PP. Jesuites.‖
M.D.C.XXX.‖ Auec permission. ‖

*** In-12. Titre un feuillet, + vingt-deux pages pour le texte.

Au commencement de l'année 1629 quatre expéditions partirent de France pour le Canada; une commandée par le capitaine Joubert, une autre frétée par les Jésuites et conduisant les PP. Lallemant, Noyrot et Vieuxpont, une troisième envoyée par les de Caën à leurs frais et commandée par Emery, une quatrième[1] enfin, composée de cinq navires, sous les ordres de Daniel, capitaine Dieppois, employé de la Compagnie, et qui devait ravitailler Québec. Sur le banc de Terreneuve, Daniel apprit qu'un Seigneur écossais, appelé Jacques Stuart, et se disant parent du roi d'Angleterre, avait construit un fort dans l'île du cap Breton, d'où il s'élançait sur les pêcheurs français et les rançonnait. Daniel alla l'attaquer, le fit prisonnier, et détruisit le repaire des pirates. Stuart fut amené en France au mois de Décembre 1629 et remis entre les mains de Richelieu.

L'opuscule ci-dessus donne un récit circonstancié de cette expédition qui se trouve aussi relatée dans les *Voyages* de Champlain.[2]

---

[1] Celle du Commandeur de Razilli fut dirigée sur le Maroc lorsqu'on apprit que la paix avait été signée à Suze le 24 Avril 1629. Plusieurs historiens le qualifient de «Chevalier»; mais il se nommait lui-même; «le très-illustre commandeur de Razilli, premier capitaine de l'Amirauté de France, chef d'escadre des vaisseaux du roi très chrestien dans la province de Bretagne, et amiral de la flotte qui est à present à Salé.» *Voyage d'Afrique sous la conduite, du commandeur de Razilli*. Paris, 1631, in-8. Voir Guérin, les *Navigateurs français*, p. 337.

[2] Edit. de 1632, pp. 272 et suiv.

1630. **46.** Doctrine Chrestienne du R. P. Ledesme de la Compagnie de Jèsus. Traduite en Langage Canadois, pour la Conversion des habitans dudit pays. Par un Père de la mesme Compagnie. — Rouen, Richard L'Allement, 1630.

₊ In-12, vingt-six pages.¹

C'est la traduction du P. Brébeuf qui se trouve aussi à la suite du Champlain de 1632.

1632. **47.** Traicté ‖ entre‖ le Roy Lovis XIII,‖et‖Charles Roy‖ de la Grand'Bretagne,‖ Pour la Restitution de la Nouuelle‖ France, la Cadie, & Canada, & de‖ plusieurs Nauires, & Marchan ‖ dises prises de part & d'autre.‖ — A Saint Germain en Laye, l'an 1632, le 29 Mars.‖

₊ In-4. Titre un feuillet. Texte 3—11 pages chiffrées.

Champlain attaqué par des forces supérieures fut enfin obligé de se rendre aux Anglais, et le 20 Juillet 1629, Louis Kertk prit possession du fort de Québec. Toute la colonie des de Caën fut transportée en France, et les Anglais restèrent maîtres du pays.

Par le traité de Suze la paix avait été rétablie entre la France et l'Angleterre. Ce traité portait la date du 24 Avril 1629, tandis que les Kertk avaient pris Québec au mois de Juillet suivant. Il était donc de toute justice que cette ville et les autres parties du Canada qu'occupaient les Anglais par suite de cette reddition fussent restituées à la France. L'Angleterre rendit Québec, mais comme elle semblait hésiter pour le reste de la Nouvelle-France, l'expédition du Commandeur de Rasilli fut décidée. Près de trois années cependant s'écou-

---

¹ Bibliotheca Browniana, No. 265.

lèrent[1] avant que le Canada put être restitué à la France. 1632. L'opuscule ci-dessus est le traité définitif, signé pour l'Angleterre par Isaac Wake et pour la France par Bullion et Bouthilier.

Ce traité se trouve dans le *Recueil de Traités de Paix*, de Léonard. Paris, 1692, in-4, vol. V.

48. Furent presens en leurs personnes par deuant le No‖taire..... A Sanjon ce 2 jour de Décembre, 1632 ... Signé le Cardinal de Richelieu.

** In fol. sept pages.

Aussitôt que le traité de St. Germain eut été signé, Richelieu envoya au Canada une expédition importante sous les ordres du Commandeur de Razilli[2] mais en réservant à Guillaume

---

[1] Il faut consulter au sujet des causes supposées de ce long délai le P. Le Clercq (*Etablissement de la Foy*, vol. I, p. 419) et l'excellente note de l'abbé Faillon (*Histoire de la Colonie Française*, I, p. 256).

[2] Les Razilli appartenaient à une famille de Touraine. Le chef au XVI° siècle, était François, Gouverneur de Loudun, qui eut quatre fils: Gabriel, chevalier de Malte dès 1591; François II, gentilhomme de la Chambre de Louis XIII, connu par la part qu'il prit à l'expédition de La Ravardière au Brésil en 1612; Isaac, chevalier de Malte; et Claude, Seigneur de Launay. Ces deux derniers étaient d'habiles et intrépides marins.

Celui des Razilli qui commandait l'expédition pour l'Acadie en 1629, et qu'on envoya au Maroc, en apprenant que la paix avait été signée à Suze, était Isaac, appelé le Commandeur ou Chevalier, qui obtint plus tard de son frère Claude la concession d'un tiers de l'Acadie, pour y fonder une colonie. Isaac mourut, dit-on, à la Hève, lieu de son établissement, en 1635. Quant à Claude, appelé dès lors de Launay-Razilli, il fut nommé lieutenant-général pour le roi aux côtes d'Acadie, et semble être mort dans la pauvreté, vers l'année 1666. C'est du moins ce que l'on doit supposer d'après le placet en vers adressé au Roi en 1667, par sa sœur Marie, femme poëte célèbre surnommée Calliope, et à qui Louis XIV accorda une pension de 2000 livres en considération de l'état de gêne où par suite de la perte de son frère elle se trouvait réduite. (Titon du Tillet, *Parnasse François*. Paris, 1732, in-fol., p. 487.)

1632. de Caën de prendre possession de Québec au nom de la Compagnie et d'y conduire des colons. Ce fut Emery qui y alla à la place de son oncle, et l'opuscule ci-dessus donne (autant que nous pouvons nous le rappeler) le texte des articles en vertu desquels de Caën fut autorisé à occuper le fort et la ville de Québec.

Ici nous trouvons une contradiction. Louis Kertk après bien des difficultés permit à de Caën de remplir sa mission et lui remit le fort le 13 *Juillet* 1632. Or le document ci-dessus est daté du 2 *Décembre* 1632. A cette époque la colonie était partagée entre les partisans de de Caën et ceux de Champlain. Richelieu aplanit ces différends, mais ce ne fut qu'en 1633[1]; et lorsque Champlain prit à son tour possession du fort de Québec, le 24 Mai[2] suivant, de Caën était en possession depuis près d'une année.

49. Brieve||Relation||dv Voyage|| de la ||Novvelle France,||fait au mois d'Auril dernier par le||P. Paul le Ieune de la Compagnie || de Iesvs. || Enuoyée au R. P. Bartelemy Iacquinet||Prouincial de la mesme Compagnie en la Prouince de France.||— A Paris, || chez Sebastien Cramoisy,||ruë S. Iacques, aux Cicognes.|| M.DC.XXXII. || Auec Priuilege dv Roy. ||

** In-8. Titre un feuillet, texte 3—68 pages + un feuillet pour privilége, verso blanc.

Sur la demande expresse du Cardinal de Richelieu, trois Jésuites, les PP. Paul Le Jeune, de Nolle ou de la Nolle, et le F. Gilbert, furent embarqués à bord du navire que comman-

---

[1] *Relation du P. Le Jeune adressée au P. Jaquinot, infra* N°. 55.
[2] *Mercure François*, vol. XIX, p. 816. L'abbé Faillon signale ici une erreur de date entre la relation du P. Le Jeune qui donne le 22 Mai pour l'arrivée de Champlain à Québec, et le *Mercure* qui marque le 23.

dait Emery de Caën, et qui, parti de Honfleur le 18 Avril 1632, arriva à Tadousac le 18 Juin. Le 13 Juillet ils étaient installés à Québec dans la maison même que le P. Lalemant avait fait construire.

Le 28 Août 1632, «du milieu d'un bois de plus de 800 lieues d'estendue, à Kébec,» le P. Le Jeune écrivit cette lettre, la première d'une longue série qui compose la collection si connue et aujourd'hui si fort recherchée des *Relations des Jésuites en la Nouvelle-France*, dont la publication fut interrompue en 1673, bien que les successeurs du P. Le Jeune continuassent pendant plusieurs années encore à les envoyer au Général de l'ordre à Rome et au Provincial de la Compagnie à Paris.[1]

On a longtemps ignoré la cause de cette interruption. Arnauld n'était pas éloigné de croire que c'était par l'ordre de la Congrégation de la Propagation de la Foi que les relations avaient cessé de paraître.[2]

Mais nous avons le témoignage de M. D'Allet,[3] que ce fut

---

[1] Plusieurs de ces relations après être restées enfouies dans les archives des PP. Jésuites pendant près de deux siècles, ont été publiées dans ces dernières années par les soins du P. Carayon et de M. Shea. Nous les citons dans la partie documentaire de cet ouvrage sous leurs dates respectives.

[2] «Mais ce que j'aurois voulu savoir, est s'il est vrai, ce qu'on a dit autrefois que la Compagnie de la *Propaganda fide* ayant reconnu que les lettres annuelles de ces Pères étaient pleines de faussetés, elle leur avoit défendu d'en plus donner au public.» *Lettres de Messire Antoine Arnauld*, Paris, 1775, in-4, vol. II, p. 619. (Lettres à M. Du Vaucel).

[3] «Dès que ces relations étoient imprimées en France, on avoit soin de les envoyer aux Ecclésiastiques qui étoient à Montreal, et ils gémissoient de voir que les choses étoient rapportées tout autrement qu'elles n'étoient dans la vérité. M. de Courcelles en ayant donné avis à la Cour, on donna ordre aux Pères Jésuites de ne plus faire de Relations.» *Mémoire de M. D'Allet*, dans les Oeuvres d'Arnauld, vol. 34, p. 732.

M. D'Allet, ecclésiastique de St. Sulpice, né à Paris, était regardé comme un saint par M. Olier, qui l'envoya au Canada lorsqu'il n'avait que vingt-deux ans. Il y passa une seconde fois avec M. de Queylus, et vécut quinze années dans la Nouvelle-France. De retour à Paris, il donna de 1685 à 1689 des renseignements sur la colonie et les agissements des PP. Jésuites, et en 1690 rédigea un premier mémoire,

1632. le Gouvernement, sur les instances de M. de Courcelles, Gouverneur de la Nouvelle-France, qui défendit dorénavant la publication de ces rapports annuels, source aujourd'hui de tant de faits intéressants sur l'histoire, la géographie et l'ethnographie du Canada au XVII° siècle.

Ces impressions successives furent faites «suivant le Privilége octroyé par les Roys très-Chrestiens Henri III, le 10 May 1583; Henry IV, le 20 Décembre 1606 et Louis XIII, le 14 Février 1612.» Nous n'avons pu nous procurer le texte de ces priviléges, qui ne sont pas des permis d'imprimer, mais des défenses à l'adresse de tous les imprimeurs de ne rien publier ou reproduire des œuvres des membres de la Compagnie de Jésus sans sa permission.

Les Cramoisy furent les imprimeurs invariablement chargés par la Compagnie, à partir de 1632, de publier ces relations. Sébastien Cramoisy, né à Paris en 1585, y mourut en Janvier 1669. Lorsque Louis XIII établit l'Imprimerie Royale au

---

qui fut communiqué, par un de ses amis à Antoine Arnauld. Le second mémoire a été composé, probablement par cet ami, d'après ses conversations. Ces deux écrits qui ne sont pas sans intérêt, furent publiés dans la *Morale Pratique des Jésuites*.

Dans l'espérance d'obtenir des renseignements plus circonstanciés sur cette suppression, qui n'est pas sans importance pour l'histoire de la colonie, en ce sens qu'elle dénote et sert à préciser le caractère de la lutte qui se préparait entre le clergé et le Gouverneur de la Nouvelle-France, et dont le Comte de Frontenac devait être cinquante ans après l'agent le plus actif, nous avons compulsé les archives de la Marine. Les dépêches de M. de Courcelles sont muettes sur ce sujet, et nous pensons que c'est lors de son retour avec M. Talon, que de vive voix il obtint de Colbert que les Jésuites sentissent la main de l'autorité civile.

L'abbé Faillon avait cité, comme pièce à l'appui, des documents qui d'après lui devaient se trouver aux Archives Nationales, sous la rubrique de «K 1286.» Cette cote (actuellement K 1232) désigne un carton rempli de pièces sur le Canada, lequel est suivi de cinq autres, contenant tout ce que les Archives possèdent de documents sur la colonie. Nous y avons trouvé les chartes accordées à Roberval, des lettres inédites de M. de Montmagny, et même plusieurs parties d'un ouvrage du P. Labat sur les Isles d'Amérique, mais ces cartons ne contiennent pas de mémoires de M. D'Allet, ni aucune pièce se rapportant aux *Relations*.

Louvre en 1640, Sébastien fut chargé de la diriger. Cependant dès l'année 1635, il prenait le titre *d'Imprimeur ordinaire du Roy*.[1] En 1645 il prit pour associé son frère Gabriel, mais en 1660 on ne trouve que le nom de Sébastien au-dessous de la marque si connue des Cicognes. A partir de 1663, nous y voyons ajouté celui de Sébastien-Mabre Cramoisy, fils, croyons-nous, de son autre frère Claude, qui avait été aussi un imprimeur de réputation.

En 1670, par suite de la mort de Sébastien, arrivée l'année précédente, on ne voit que le nom de son neveu, Sébastien-Mabre, qui continua à imprimer les trois relations des années suivantes, et à prendre jusqu'en 1687 la désignation d'Imprimeur du Roi. Frédéric Léonard portait ce titre en 1689. L'un des Cramoisy finit par une faillite.

Les *Relations* sont assez mal imprimées, mais l'on doit aux Cramoisy, à Sébastien surtout, de très-belles éditions.[2]

Ces relations bien que publiées dans un but de propagande ne furent pas tirées à un grand nombre d'exemplaires, et comme elles étaient peu recherchées, elles sont devenues si rares de nos jours qu'aucune bibliothèque n'en possède la série complète. Il y a des années dont on ne connaît qu'un ou deux exemplaires.[3]

D'après les données que nous avons aujourd'hui, une série

---

[1] Antoine Vitré avait été nommé en 1630 *imprimeur du Roy*, mais seulement pour les langues orientales. Il fut aussi appelé à la direction de l'Imprimerie Royale, par Colbert, du vivant de Sébastien Cramoisy.

[2] Par exemple le texte grec de l'Histoire Ecclésiastique ce Nicephore Calliste (1630, in-fol.), l'*Historiae Francorum Scriptores* de Duchesne (1639—1649, 5 vol. in-fol.) etc.

[3] On croyait même que depuis l'incendie de la Bibliothèque du Parlement à Québec en 1854, il n'en existait plus un seul de la relation imprimée en 1660, mais nous l'avons retrouvée en duplicata à la Bibliothèque Nationale de Paris (L K^{12} 739 et 741). L'exemplaire de la relation de 1656 de la Lenoxiana qu'on supposait unique, se trouve aussi à la Bibliothèque St. Geneviève de Paris (H. 425).

Ces publications qui sont aujourd'hui si recherchées n'avaient presque aucune valeur il y a quelques années. A la vente Courtanveaux on ne réalisa que vingt francs pour une série de quarante-trois volumes; à la vente Boulard vingt-quatre se vendirent quatre-vingts francs; et en 1851, à Québec même, trente relations ne rapportèrent que cent dollars.

1632. complète, si on y ajoute la relation du P. Biard de 1616, et celle du P. Lalemant de 1627 (et en excluant la lettre de M. de St. Vallier[1] ainsi que la version latine de la relation de 1638 qui se trouve dans le recueil du P. Trigaut[2]), doit être composée de cinquante-quatre volumes dont neuf réimpressions ou nouvelles éditions *de l'époque*, et une traduction en latin. Sauf une, nous décrivons toutes ces publications *de visu*.

La découverte d'éditions d'Avignon et de Lille nous porte à croire que ce chiffre n'est pas définitif.

Toutes ces relations furent réunies et réimprimées sous les auspices du Gouvernement Canadien, à Québec en 1858.[3]

50. Les‖Voyages‖de la Novvelle France‖Occidentale, dicte‖Canada,‖faits par le Sr. de Champlain‖Xainctongeois, Capitaine pour le Roy en la Marine du‖Ponant, & toutes les Descouuertes qu'il a faites en‖ce païs depuis l'an 1603, iusques en l'an 1629.‖ Où se voit comme ce pays a esté premierement descouuert par les François,‖sous l'authorité de nos Roys tres-Chrestiens, iusques au regne‖de sa Majesté à present regnante Lovis XIII.‖Roy de France & de Nauarre.‖Auec vn traitté des qualitez & conditions requises à vn bon parfaict Nauigateur‖pour cognoistre la diuersité des Estimes qui se font en la Nauigation; Les‖Marques&enseignements que la prouidence de Dieu a mises dans les Mers‖pour redresser les Mariniers en leur routte, sans lesquelles il tomberoient en‖de grands dangers, Et la maniere

---

[1] *Infra*, sous la date de 1688.
[2] Cologne, 1653, in-12.
[3] 3 vols. gr. in-8. Vol. I, 1611 à 1626, Vol. II, 1632 à 1641, Vol. III, 1656 à 1672, avec une bonne table analytique. Chaque relation a une pagination séparée. La préface de la relation de 1611, n'ayant été imprimée qu'après, ne se trouve pas dans tous les exemplaires.

de bien dresser Cartes marines auec leurs ‖ Ports, Rades, Isles, Sondes, & autre chose necessaire à la Nauigation.‖ Ensemble vne Carte generalle de la description dudit pays faicte en son Meridien selon‖ la declinaison de la guide Aymant, & vn Catechisme ou Instruction traduicte‖du François au langage des peuples Sauuages de quelque contrée, auec‖ ce qui s'est passé en la dite Nouuelle France en l'année 1631. ‖ A Monseignevr le Cardinal Dvc de Richeliev.‖— A Paris.‖ Chez Lovis Sevestre Imprimeur-Librare ruë du Murier prés la Porte.‖S. Victor & en sa Boutique de la Cour du Palais. ‖ M.DC.XXXIII.‖ Auec Priuilege du Roy.‖

1632.

⁎   In-4. Titre un feuillet + quatorze pages préliminaires et texte en 308 pp. pour la première partie. Seconde partie 310 pp. + 1 f. blanc. De la page 290 à 297, *Abrégé des Descouuertures en la Nouuelle France.* De 267 à 310, *Relation de ce qui s'est passé dans l'année* 1631. Ces deux chapitres ne semblent pas être de Champlain. Viennent maintenant avec une pagination séparée et après un f. blanc *Table pour cognoistre les lieux remarquable de cette carte,* en 8 pp. *Traité de la marine et du deuoir d'un bon marinier* etc. en 54 pp. + un f. blanc, et *La Doctrine de Ledesme,* traduite en Canadien par le P. Brébeuf et l'oraison dominicale traduite en «Montagnard» par Massé, 20 pp. Grande carte pliée portant pour titre: *Carte de la nouuelle France, augmentée depuis la derniere, servant à la nauigation faicte en son vray Meridien, par le sr. de Champlain Capitaine pour le Roy en la Marine; lequel depuis l'an* 1603 *jusques en l'année* 1629; *a descouuert plusieurs costes, terres, lacs, riuieres, et Nations de sauuages, par cy deuant incognuës, comme il se uoit en ses relations quil a faict imprimer en* 1632. *Ou il se uoit cette marque ce sont habitations qu'ont faict les*

1632.

françois. Ce titre est en neuf lignes. Une autre rubrique porte: *Faicte l'an 1632 par le sieur de Champlain.*

Il y a des exemplaires dont les deux ff. Dij et Diij ont été cartonnés. Le premier tirage du premier paragraphe de la page 27 se termine par la phrase «telles descouuertes; ce que n'ont pas les grands hommes d'estat, qui scavent mieux manier & conduire le gouvernement & l'administration d'vn Royaume, que celle de la nauigation, des expeditions d'outremer, & des pays loingtains, pour ne l'avoir iamais practiquée.» Cette critique à l'adresse du Cardinal de Richelieu, à qui l'ouvrage est dédié, parut malsonnante, et la phrase fut tronquée. Dans les tirages subséquents, le paragraphe s'arrête après les mots: «telles descouuertes.»

Cette édition a été réimprimée en deux volumes in-8, sans les figures ni les cartes, à l'Imprimerie Royale en 1830, pour donner de l'occupation aux ouvriers laissés sans ouvrage par suite de la Révolution de Juillet.

Tross a publié en fac-simile très-exact, à 36 exemplaires, la grande carte qui est d'une excessive rareté. Dans l'exemplaire de la Bibliothèque Nationale (relié aux armes de Gaston d'Orléans), elle manque mais on en a ajouté une plus petite, manuscrite, qui semble être de la main de D'Anville.

51. *Idem opus.* — A Paris chez Pierre le Mur dans la Grand' Salle du Palais 1632.

** In-4. En tout semblable, sauf le nom du libraire, à l'édition de Claude Collet et à celle de Sevestre, sous la même date.

A la suite d'un procès intenté par Henri de Condé, pour revendiquer ses droits qui avaient été illégalement transférés au Maréchal Pons de Lausière-Thémines-Cardaillac, pendant l'emprisonnement du prince à la Bastille, le Duc de Montmorency fut nommé Vice-roi de la Nouvelle-France.

Champlain au nom des associés fit des propositions pour établir la colonie sur des bases nouvelles. Elles furent agréées par la Cour et le Duc de Montmorency qui le confirma dans les fonctions de lieutenant par une lettre du roi Louis XIII, datée du 7 Mai 1620.

Une nouvelle expédition fut immédiatement envoyée sous les ordres de Champlain. Il s'était marié, par l'entremise de de Monts, le 30 Décembre 1610 à Paris avec une toute-jeune protestante nommée Marie Helène Boullé[1] «avant même quelle eut atteint l'age de douze ans.[2]» Champlain emmena sa femme, et arriva à Tadousac le 7 Juillet 1620. Le Père Denis Jamet fut aussi de ce voyage.

Le premier acte de Champlain fut d'établir pour la première fois des officiers de justice, qui siégèrent sous la direction de Louis Hébert, et de commencer à fortifier Québec. Les agents laissés en France ne remplissant pas les conditions de l'acte d'association, les priviléges de la Compagnie furent transférés à Guillaume et Emery de Caën, oncle et neveu, en 1621. Cette mesure amena des troubles dans la colonie, auxquels Champlain essaya de remédier en réunissant le 18 Août 1621 la première Assemblée Générale. La nouvelle Compagnie laissant le pays sans défense et sans vivres, Champlain repassa en France avec sa femme le 21 Août 1624.

Ce fut alors que les Recollets, avec l'autorisation du duc de Ventadour nommé Vice-roi en 1625, appelèrent à leur aide les PP. Jésuites.

Le 15 Avril 1626 Champlain s'embarqua à Dieppe pour le Canada, en même temps, mais non sur le même navire, que trois Jésuites dont deux PP. (Noyrot et de la Noue) allaient retrouver le P. Lalemant qui était au Canada avec trois autres depuis 1625.

La Compagnie n'ayant jamais rempli ses engagements fut enfin supprimée, et le 29 Avril 1627, le Cardinal de Richelieu

---

[1] Fille de Nicolas Boullé ou Boulay, secrétaire de la Chambre du Roi, *Régistres de St. Germain l'Auxerrois*, Faillon, I, p. 551.

[2] Ferland. *Noté sur les Régistres de N. D. de Québec*, 1863, in-8, p. 11. Madame de Champlain, ayant abjuré deux ans après son mariage, devint religieuse le 7 Novembre 1645, sous le nons de Helène de Saint-Augustin, et fonda le couvent des Ursulines de Meaux. Elle mourut sans postérité le 20 Décembre 1654.

1632. établit une nouvelle association devenue plus tard célèbre sous le nom de la *Compagnie des Cent Associés*. Une des conditions imposées était l'exclusion des protestants.

Champlain de retour depuis une année, fut sommé au nom de l'Angleterre le 18/8 Juillet 1628 par David Kertk et ses deux frères, Louis et Thomas,[1] de livrer Québec. Sur la réponse digne et énergique de Champlain, Kertk se retira, mais ayant rencontré la flotille commandée par le Sieur de Roquemont qui apportait des secours à la colonie, il la battit à l'embouchure du St. Laurent et s'en empara. Le 19 Juillet 1629 les Kertk revinrent à Québec, et cette fois Champlain, obligé de se rendre, s'embarqua le 24 Juillet sur la flotte anglaise. Il se rendit à Londres d'où il put repasser en France par l'entremise de l'Ambassadeur.

En conséquence du traité de St. Germain-en-Laye, le Canada ayant été restitué à la France, Champlain reçut de nouveau le titre de gouverneur de la colonie, mais ce ne fut que le 8 Mars 1633 qu'il put y retourner. Il mourut à Québec le 25 Décembre 1635, sans laisser de postérité.

Si l'édition de 1632 est mieux écrite que les précédentes et ne contient pas les contes ridicules qui les déparent, elle ne donne aussi qu'un récit plus succint des premiers voyages; aussi celle-ci ne peut-elle tenir lieu de l'édition de 1620.

Si l'on compare attentivement toutes les éditions des voyages de Champlain que nous avons citées, il est difficile de ne pas conclure de cet examen que l'édition de 1632 ne peut être l'œuvre de Champlain. Le style, les erreurs, les omissions, tout tend à démontrer que cette dernière publication, livrée au public pendant que Champlain était au Canada, est une compilation faite par les soins de son libraire Claude Collet, et complétée très-probablement à l'aide de notes fournies par Champlain avant son départ définitif pour la Nouvelle-France, où il devait mourir trois ans après, sans avoir revu sa patrie.

---

[1] Ces Kertk ou Kirk étaient des calvinistes, d'origine Ecossaise, mais nés à Dieppe, et entrés au service de la Grande-Bretagne.

52. Le grand Voyage‖dv Pays des Hvrons,‖situé en 1632. l'Amérique vers la Mer‖douce, és derniers confins‖de la nouuelle France,‖dite Canada.‖Où il est amplement traité de tout ce qui est du pays, des‖mœurs & du naturel des Sauuages, de leurs gouuernement‖& façons de faire, tant dedans leur pays qu'allants en voya‖ges: De leur foy & croyance: De leurs conseils & guerres, &‖de quel genre de tourmens il font mourir leurs prisonniers.‖Comme ils se marient et esleuent leurs enfans: De leurs Medecins, & des remedes dont ils vsent dans leurs maladies: De‖leurs dances & chansons: De la chasse, de la pesche et des‖oyseaux & animaux terrestres & aquatiques qu'ils ont. Des‖richesses du pays. Comme ils cultiuent les terres & accom‖modent leur Menestre. De leur deüil, pleurs lamenta‖tions, & comme ils enseuelissent & enterrent leurs morts.‖Auec un Dictionnaire de la langue Huronne, pour la commodi‖té de ceux qui ont à voyager dans le pays, et n'ont‖l'intelligence d'icelle langue.‖Par F. Gabriel Sagard Theodat, Recollet de‖S. François, de la Prouince de S. Denys en France.‖— A Paris‖Chez Denys Moreav, ruë S. Iacques, à‖la Salamandre d'Argent.‖M.DC.XXXII.‖Auec Priuilege du Roy.‖

> *_{*}* In-8. Titre gravé un feuillet + un feuillet pour titre ci-dessus + deux feuillets pour épître au Roy + trois feuillets pour épître au lecteur + deux feuillets pour épître à Henry de Lorraine + trois feuillets pour table des chapitres et privilège + 380 pages suivies de:

53. Dictionnaire‖de la Langve‖Hvronne,‖Necessaire à ceux qui n'ont l'intelligence d'icelle,‖& ont à traiter

1632. auec les Sauuages du pays.‖ Par Fr. Gabriel Sagard, Recollet de‖S. François, de la Prouince de S. Denys.‖ — A Paris,‖ chez Denys Moreav, ruë S. Iacques, à la‖Salamandre d'Argent.‖M.DCXXXII.‖ Auec Priuilege du Roy.‖

₊ In-8. Titre un feuillet + 12 pages + soixante-quatre ff. non chiffr. pour Dictionnaire + 6 ff. non chiffr. pour table des matières.

«L'auteur de cet ouvrage, dit Charlevoix,[1] avoit demeuré quelque tems parmi les Hurons, et raconte naïvement tout ce qu'il a vû, et ouï dire sur les lieux, mais il n'a pas eu le tems de voir assez bien les choses, encore moins de vérifier tout ce qu'on lui avoit dit. Le Vocabulaire Huron, qu'il nous a laissé, prouve que ni lui, ni aucun de ceux, qu'il a pu consulter, ne sçavoient bien cette langue, la quelle est très-difficile; par conséquent que les conversions des Sauvages n'ont pas été en grand nombre de son tems. D'ailleurs il paroit homme fort licieux, et très-zélé, non seulement pour le salut des âmes, mais encore pour les progrès d'une Colonie, qu'il avoit presque vû naître, et qu'il a vuë presque étouffée dans son berceau, par l'invasion des Anglois. Du reste il nous apprend peu de choses intéressantes.»

Cet ouvrage a été republié par Tross en 1866 (2 vol. in-8). A la vente Barré l'original fut vendu vingt-cinq sols et chez Courtanvaux deux francs cinquante. Ce n'est guère qu'à partir de la vente Solar, où il atteignit 320 francs, que le *Voyage de Sagard* a été véritablement recherché des amateurs.

Tout ce que nous avons pu apprendre sur l'auteur, c'est qu'il était déjà Mineur Recollet, mais de la Province de S. Denis, lorsqu'en 1615, Houël, Secrétaire de Louis XIII, obtint que la Compagnie demandât au P. Chapoin d'envoyer plusieurs religieux au Canada.[2] Sagard désirait vivement faire

---

[1] *Examen des auteurs*, p. XLIX.
[2] Sagard. *Histoire du Canada*, p. 11.

partie de cette première mission, qui fut confiée, comme nous 1632.
l'avons dit précédemment[1] aux PP. Jamet, Dolbeau, le Caron
et du Plessis. Le zélé Recollet ne put mettre son projet à exécution que huit ans après; lorsque en compagnie du P. Nicolas
Viel, il partit, dit-il «de nostre Couuent de Paris le 18 iour de
Mars 1623, à l'Apostolique, à pied et sans argent selon la
coustume des pauures Mineurs Recollects, et arriuasmes à
Dieppe en bonne santé, où à peine pûmes nous prendre quelque repos qu'il nous fallut embarquer le mesme iour.»

54. Edict‖ du Roy ‖ pour ‖ l'establissement ‖ de la 1633.
Compagnie de la‖Nouuelle France‖Auec l'Arrest de
verification de la Cour‖des Aydes de Rouën.‖ — A
Paris. ‖ Chez Sebastien Cramoisy Imprimeur ‖ ordi-
naire de la Marine, ruë sainct Iacqves, aux Cicognes.‖
M.DC.XXXIII. ‖ Auec priuilege dv Roy. ‖

₊ In-8. Titre un feuillet + vingt-six pages chiffrées et une
planche.

Il est à remarquer que cet édit, qui malgré la date de l'impression, n'est autre que celui qui fut donné au Camp de la
Rochelle en 1628 (*Supra*, n°. 43) n'a pas été vérifié et enré-
gistré au Parlement de Paris, mais à la Cour des Aides de
Rouen. La raison en est que dès les premiers temps de la
colonisation, à commencer même par les lettres-patentes de
François Ier (du 3 Novembre 1540), la Nouvelle-France avait
été mise dans le ressort du Parlement de Normandie pour
toutes les affaires religieuses et criminelles, ce qui ne laissa
pas plus tard, lorsqu'il s'agit d'ériger l'évêché de Québec, de
créer de grandes difficultés.

Quant à la Compagnie citée dans l'édit, et qui est surtout
connue sous le nom de la Compagnie des Cent Associés, elle
avait son siége principal à Paris. Plus tard elle choisit les

---

[1] *Supra*, page 68.

1633. membres qui étaient engagés dans le commerce à Dieppe, à Rouen, et même à Paris, et en composa une espèce de délégation ou d'association particulière, qui eut la véritable gérance des affaires. Cette dernière payait les appointements des employés, procurait les vivres pour la colonie, entretenait la garnison, etc., mais rendait compte de ses profits à la Compagnie de Paris. C'est Jean de Lauson, Seigneur de l'Ile de Montréal, avant qu'il ne la cédât aux Sulpiciens, qui était le surintendant général de cette succursale, dont Rosée, marchand Rouennais, et Cheffault, avocat à Paris, étaient les membres les plus actifs.[1]

1634. 55. Relation || de ce qvi s'est passé en || la Novvelle France || en l'année 1633. || Enuoyée || av R. P. Barth. Iacqvinot || Prouincial de la Compagnie de || Iesvs en la prouince de || France. || ar *(sic)* le P. Paul le Ieune de la mesme Compa-||gnie, Superieur de la residence de Kebec. || — A Paris, || chez Sebastien Cramoisy, || ruë S. Iacques, aux Cicognes. || M.DC.XXXIV. || Avec Privilege dv Roy. ||

⁎ In-8. Titre un feuillet. Texte page 3—216, finissant par le privilége. La page 122 est numérotée 121, et à partir de la page 115, il y a un 2 à la place du premier chiffre. A compter de la page 177 la pagination redevient correcte, mais pour recommencer de nouvelles erreurs à la page 193 (marquée 293), à la page 211 (marquée 111) &c.

Cette relation annonce l'arrivée de Champlain et des PP. Brébeuf et Massé à Québec sous la date du 22 Mai 1633. Le *Mercure François* qui décrit le voyage de Champlain,[2] assigne

---

[1] Ferland, *Cours d'Histoire du Canada*, p. 259, d'après un *Mémoire sur le commerce du Canada*, manuscrit attribué au sieur Hubert de la Chesnaye.
[2] Vol. XIX, p. 816.

celle du 23. On y relate aussi la construction de la Chapelle de *N. D. de Recouvrance*, à la suite d'un vœu fait par lui après la prise du Canada par les Anglais.

Nous lisons sur Pierre-Pastedechouan, naturel du pays, dont on avait tenté de faire un interprète, les détails suivants: «Ce ieune homme a esté conduit en France en son bas age par les RR. PP. Recollects, il a été baptisé à Angers, Mr. de Guéménée estoit son parrain. Il parle fort bien François et fort bon Sauuage; ayant esté ramené en son pays on le remit entre les mains de ses frères pour reprendre les idées de sa langue qu'il avoit presque oubliées: ce pauvre miserable est devenu barbare comme les autres, et a tousiours continué dans ses barbaries.»

L'ouvrage contient aussi des détails intéressants sur la langue des sauvages et les difficultés que le P. Le Jeune eut à l'apprendre.

56. Relation||de ce qvi s'est passé||en la||Novvelle France || en l'année 1633.|| Enuoyée au R. P. Barth. Iacqvinot||Prouincial de la Compagnie de || Iesvs en la Prouince de||de *(sic)* France.||Par le P. Paul le Ieune de la mesme Compagnie, || Superieur de la residence de Kebec.||— A Paris.||Chez Sebastien Cramoisy, ruë sainct Iacques, aux Cicognes.|| M.DC.XXXIV. || Avec Privilege dv Roy. ||

*** Ne diffère de la précédente que par l'arrangement du titre, la vignette de la page 1 (une tête de bouc au lieu d'un Cupidon), et d'autres erreurs dans la pagination, *savoir:* page 67 marquée 97, 91 marquée 61.

57. Extraordinaire du 20 décembre 1634. Contenant: la prise de Minden sur l'Empereur par les Suédois;

1634. et le rabais des Castors, avec autres particularitez de la Nouvelle France. *In fine:* A Paris, du Bureau d'Adresse, aux Galleries du Louvre, devant la ruë S. Thomas.

** In-4. Quatre pages chiffr. 573—576. Extrait du *Mercure de France.*

58. Relation du cap Breton dans la Nouvelle France, par Julien Perrault, de Nantes.—Paris, 1634.

** In-12.

Cette relation du Cap Breton, qui comprenait alors la Mission appelée plus tard Mission de l'Isle Royale, est l'œuvre du P. Julien Perrault, S. J., qui chercha vainement à convertir les naturels de la Gaspésie.

Jöcher dit:[1] «Julianus Perrault, ein Frantzose von Nantes, war beyder Rechten Licentiat, trat 1633 in seinem 25 Jahre in die Jesuiter-Societät, ward Coadjutor Spiritualis, schrieb im Frantzösischen Relationem de insula capitis Britonum in nova Francia, und starb zu Orleans den 24 Nov. 1647.»

Malgré nos efforts nous n'avons pu trouver ailleurs que dans Le Long et Ternaux une mention de cette relation, que les bibliographes donnent comme une édition spéciale, à plus forte raison n'avons-nous réussi à nous procurer l'ouvrage. Dans la relation de l'année 1635, imprimée en 1636 (*infra*, nº 75) il y a une partie qui porte le titre *Relation de qvelqves particularitez dv lieu et des habitans de l'isle du Cap Breton. Enuoyée par le P. Julien Perrault, de la Compagnie de Jésus, à son Prouincial, en France, l'an* 1634 *et* 1635.

Il est à remarquer que 1634, que l'on donne comme date d'impression, est celle de l'arrivée de Perrault au Canada.

---

[1] *Allgemeines Gelehrten Lexicon.* Cf. aussi Alégambe.

59. Jac. Cornvti‖Doctoris Medici‖Parisiensis‖Cana- 1635.
densivm Plantarvm,‖aliarumque nondum editarum‖
Historia.‖Cui adiectum est ad calcem‖Enchiridion‖
Botanicvm Parisiense, Continens‖Indicem Plantarum,
quae in Pagis, Siluis, Pratis, &‖Montosis iuxta Pari
sios locis nascuntur.‖ — Parisiis,‖Venundantur apud
Simonem Le Moyne, viâ Jacobeâ.‖ M.DC.XXXV.‖
Cvm Privilegio Regis.‖

₊ In-4. Titre un feuillet, Epître à Carolo Bowardo deux
ff., au lecteur deux ff., index deux ff; un feuillet pour
quatre pièces de vers. Texte 1--238 pages, avec planches en taille-douce, et un f. pour privilége.

60. Relation‖de ce qvi s'est passé‖en la‖Novvelle
France,‖en l'année 1634.‖Enuoyée au‖R. Pere Provincial‖de la Compagnie de Iesvs‖en la Prouince de
France.‖Par le P. Paul le Ieune de la mesme Compagnie,‖Superieur de la residence de Kebec.‖ — A
Paris,‖chez Sebastien Cramoisy, Imprimeur‖ordinaire
du Roy, rue S. Iacques, aux Cicognes.‖M.DC.XXXV.‖
Avec Privilege dv Roy.‖

₊ In-8. Deux ff. préliminaires non chiffrés, dont un pour
titre et un pour privilége. Texte 1—344 pages (dernière page marquée par erreur 342, parce que à partir
de la page 321, marquée 323, il y a deux unités en
moins). Le chapitre XI contient une dissertation sur
la langue des Sauuages Montagnais.

61. *Idem opus.*

₊ Réimpression ligne pour ligne et mot à mot jusqu'à la page
341 de l'édition ci-dessus. Elle diffère en ce que la première

1635.

ligne du titre est imprimée en caractère moins gros et l'erreur dans la pagination à partir de la page 321 n'existe pas et ne commence qu'à la signature Y, qui devrait porter le chiffre 339, au lieu de 337. Mais à partir de la page 341, si la pagination est la même, dans le présent il y a une ligne de plus, et le privilége est à la fin, au lieu d'être au commencement.

1636.

62. Histoire|| dv Canada|| et|| voyages qve les Freres|| Mineurs Recollects y ont faicts pour|| la conuersion des Infidelles. || Divisez en qvatre livres. || Où est amplement traicté des choses principales ar-|| riuées dans le pays depuis l'an 1615 iusques à la pri-|| se qui en a esté faicte par les Anglois. Des biens &|| commoditez qu'on en peut esperer. Des mœurs|| ceremonies, creance, loix, & coustumes merueil-|| leuses de ses habitans. De la conuersion, & baptes-|| me de plusieurs, & des moyés necessaires pour les|| amener à la cognoissance de Dieu. L'entretien or-|| dinaire de nos Mariniers, & autres particularitez || qui se remarquent en la suite de l'histoire. || Fait & composé par le F. Gabriel Sagard,|| Theodat, Mineur Recollect de la Prouince de Paris. ||— A Paris,|| chez Clavde Sonnivs, ruë S. Iacques, à l'Escu|| de Basle, & au Compas d'or.|| M.DC.XXXVI. || Auec Priuilege & Approbation. ||

₊ In-8. Titre un feuillet + neuf ff. non chiffr. + 380 pages + un f. pour titre du *Dictionnaire de la Langue Huronne* + onze ff. pour l'introduction, + 66 ff. non chiffr. pour le dictionnaire et 7 ff. pour la table.

L'exemplaire de la Bibliothèque du Jardin des Plantes contient en outre quatre pages de musique à quatre

voix,[1] qui ont été ajoutées à la réimpression que Tross
a donnée de cet ouvrage en 1866 (4 vol. in-8).

1636

Cette histoire est d'une lecture aussi difficile qu'ingrate, et
on s'explique le peu d'usage qu'en ont fait les historiens du
Canada.

63. Relation‖de ce qvi s'est passé‖en la‖Novvelle
France‖en l'année 1635.‖Enuoyée au‖R. Pere Provin-
cial‖de la Compagnie de Iesus‖en la Prouince de
France.‖ Par le P. Paul le Ieune, de la mesme Com-
pagnie,‖ Superieur de la residence de Kebec.‖— A
Paris.‖ Chez Sebastien Cramoisy, Imprimeur‖ordi-
naire du Roy, ruë sainct Iacques,‖ aux Cicognes.‖
M.DC.XXXVI.‖ Avec Privilege dv Roy.‖

₊ In-8. Deux ff. prélim. non chiffr. (dont un pour titre
et un pour table). Texte pages 1—246 + un feuillet
pour privilége et approbation.

Il y a dans ce volume, sous la même pagination, *trois relations:* la première qui finit à la page 112, est signée des PP.
Paul le Jeune, Charles l'Allemant, Jean Brébeuf, Jean Daniel,
Ambroise d'Aoust, Anne de Notte, Ennemond Massé, Antoine
Richard, François Mercier, Charles Turgis, Charles du Burel,
JeanLiegeois, Pierre le Tellier et Pierre Feauté; et est datée de la
résidence de N. D. des Anges, proche Kebec, le 28 d'Aoust
1635. La seconde est la *Relation de ce qui s'est passé aux Hurons,
en l'année* 1635, *Enuoyée à Kebec au Père le Jeune, par le P.
Brebeuf.* Cette relation est suivie des *Divers sentimens et advis
des Pères qui sont en la Novvelle-France.* La troisième est la
*Relation de quelques particularitez, du lieu et des habitans de l'Isle
du Cap Breton. Enuoyée par le F. Julien Perrault.*

---

[1] Cette musique est le chant noté d'une chanson huronne et d'un
autre chant «qui se disoit un jour en la cabane du grand Sagamo des
Souriquois, à la loüange du Diable.» (Sagard, *Histoire,* p. 311).

1636. 64. Relation‖de ce qvi s'est passé‖en la Nouuelle France‖en l'année 1634.‖Enuoyée au R. Père Provincial de la Compagnie de Iesvs en la‖Prouince de France.‖Par le Pere le Ievne de la Compagnie, Superieur de la‖Residence de Kebec.‖—En Avignon‖ de l'Imprimerie de Iaqves Bramereav, ‖ Imprimeur de sa Saincteté, de la Ville &‖Vniversité. Auec permission des Superieurs.‖ M.DC.XXXVI.

>   *_{*}* In-8. Titre un feuillet + quatre ff. préliminaires non chiffr. Texte 1—416 pages, dont 45 pour la Relation du P. Le Jeune de 1635, 55 pour celle des Hurons par le P. Brébeuf, 10 pour la Relation du Cap Breton par le P. Perrault, et 15 pour Divers Sentiments.

1637. 65. Relation‖de ce qvi s'est passé‖en la‖Novvelle France‖en l'année 1636.‖Enuoyée au‖R. Pere Provincial‖de la Compagnie de Iesvs‖ en la Prouince de France.‖Par le P. Paul le Ieune de la mesme Compagnie,‖ Superieur de la Residence de Kebec.‖—A Paris,‖chez Sebastien Cramoisy Imprimeur‖ordinaire du Roy, rüe saint Iacques,‖aux Cicognes.‖ M.DC.XXXVII.‖ Avec Privilege dv Roy.‖

>   *_{*}* In-8. Quatre ff. prélim. dont 1 pour titre, 1 pour privilége et approbation et 2 pour table. Texte pp. 1—172 et pages 1—223 pour *Relation de ce qui s'est passé dans le pays des Hvrons en l'année 1636*, signée Jean de Brébeuf, tandis que la première relation porte le nom de Paul le Jeune, avec la curieuse note : «J'ai tracé fort à la haste cette Relation, tantost en un endroit, tantost en vn autre ; quelquefois sur les eaux, d'autrefois sur la terre ; enfin ie la concluds en la Residence de Nostre

Dame des Anges, proche de Kebec en la Nouvelle 1637.
France, ce 28 d'Aoust 1636.» La Relation des Hurons
est en deux parties; la première se termine par une
dissertation sur la langue des Hurons, la seconde commence à la page 85.

66. *Idem opus.*

*** Deux ff. préliminaires seulement, dont un pour le titre qui est en tout semblable au précédent, et 1 f. pour la table qui indique les deux parties de la Relation des Hurons, bien que ces deux parties manquent. Le texte est de 199 pages imprimées en petits caractères, finissant par la note du 28 Août 1636, donnée ci-dessus. Le verso du dernier feuillet est blanc, ce qui porterait à supposer que la relation des Hurons n'a pas été réimprimée.

67. Relation||de ce qvi s'est passé||en la||Novvelle 1638.
France||en l'année 1637.||Envoyée au||R. Pere Provincial de la Compagnie de Iesvs || en la Prouince de France. || Par le P. Paul le Ieune de la mesme Compagnie, || Superieur de la Residence de Kebec.|| — A Rouen,||chez Iean le Bovllenger, prés le||College des PP. Jesuites. || M.DC.XXXVIII. || Avec Privilege dv Roy.||

*** In-8. Cinq ff. préliminaires non chiffrés, dont 1 pour Titre, 1 pour privilége et approbation signée E. Binet, 1 pour table et 2 pour lettre non signée. Texte 1—336 pages + 1—256 pages pour *Relation de ce qvi s'est passé en la Compagnie de Jesus, au pays des Hvrons en l'année* 1637. Cette dernière Relation n'a pas de titre séparé, et est signée François Joseph le Mercier. Entre les pages 18 et 19, gravure sur bois représentant un feu d'artifice, avec le mot «*S. Joseph.*»

1638. 68. *Idem opus.*

⁎⁎ La seule différence est dans la vignette du titre qui ici représente le monogramme du Christ entouré d'un rayon de flammes, tandis que dans l'autre il est supporté par deux anges, et dans la souscription qui dans cet exemplaire est ainsi :

A Roven, || *chez Iean le Bovlenger. Et se vendent à Paris,* || *Chez Pierre de Bresche, ruë St. Estienne* || *des Grecs à l'Image Sainct Ioseph.* || *M.DC.XXXVIII.* || *Avec Privilege dv Roy.* ||

69. Relation||de ce qvi s'est passé||en la||Novvelle France||en l'année 1638,|| Enuoyée au|| R. Pere Provincial||de la Compagnie de Iesvs en||la Prouince de France.||Par le P. Pavle *(sic)* le Ieune de la mesme Compagnie,||Superieur de la Residence de Kébec.|| — A Paris, || chez Sebastien Cramoisy, Imprimeur || ordinaire du Roy, ruë sainct Iacques, aux Cicognes.|| M.DC.XXXVIII. || Avec Priuilege dv Roy. ||

⁎⁎ In-8. Deux ff. préliminaires non chiffr., dont 1 pour titre et 1 pour table. Texte 1—78 pages; + un feuillet pour titre de *Relation* || *de ce qui s'est passé* || *dans le pays* || *des Hvrons* || *ès années* 1637 & 1638, et 1—67 pages (dernière marquée 76) pour texte et 1 pour privilége et permission.

La première Relation est signée du P. Paul le Jeune, datée des «Trois Rivieres en la Residence de la Conception ce 25 d'Aoust 1638», la seconde par le Père François Joseph Le Mercier de la Residence de la Conception au pays des Hurons, au bourg d'Ossosane le 9 Juin 1638. La Permission est signée Bstienne Einet. *(sic.)*

Bibliographie.

70. *Idem opus.*   1638.
Relation ‖ de ce qvi s'est passé‖en la‖Novvelle France‖en l'année 1638. ‖ Enuoyée au‖R. Pere Provincial‖de la Compagnie de Iesvs‖en la Prouince de France. ‖ Par le P. Pavl le Ieune de la mesme Compagnie,‖Superieur de la Residence de Kébec. ‖

*** Quant au reste ce tirage est semblable au précédent, excepté qu'au bas de la page 39 de la Relation des Hurons le mot «fidele» est ici répété «fidelle», la page 67 est marquée «67» au lieu de 76, et la permission est signée «Estienne Binet», à la place de «Bstienne Einet.»

71. Extraordinaire du Ier Juin 1639. Contenant .... 1639. *la sortie de la flotte Française, pour Canada*, etc. *In fine:* A Paris, du Bureau d'Adresse, aux Galleries du Louvre, devant la ruë S. Thomas.

*** In-4. Quatre pages chiffr. 285—288. Extrait du *Mercure de France.*

72. Les ‖ voyages ‖ de la Novvelle France ‖ Occi- 1640. dentale, dicte‖Canada,‖faicts par le Sr. de Champlain ..... A Paris.‖Chez Clavde Collet..... M.DC.XL.

*** In-4. Identique à l'édition de 1632, sauf le titre.
                                             (Brunet.)

73. Au Roy‖Raisons qui font voir combien il est important ‖ au Roy & à son Estat, de deffendre ses sujets de la nouuelle France, ‖ dite Canada, contre

1640. les inuasions des Iroquois & d'esten- ‖ dre sa protection sur ce nouueau Monde.‖

₊ In-fol. *Sine anno et loco.* Trois pages.

Les Iroquois étaient de beaucoup les Indiens les plus intelligents[1] et les plus féroces du Nouveau-Monde. Leur défaite par Champlain en 1609 était pour eux un souvenir poignant, et ils attendaient sans cesse l'occasion de prendre leur revanche. Ayant reçu des armes des Hollandais du Fort Orange, en 1641, ils déclarèrent la guerre à la colonie du Canada. Peut-être est-ce en prévision de cette révolte que la pétition ci-dessus fut envoyée à Louis XIV.[2]

74. Relation ‖ de ce qvi s'est passé‖en la‖Novvelle France‖en l'Année 1639.‖ Enuoyée au‖R. Pere Provincial‖de la Compagnie de Iesvs‖ en la Prouince de France. ‖ Par le P. Paul le Ieune, de la mesme Compagnie,‖Superieur de la Residence de Kébec. ‖— A Paris,‖chez Sebastien Cramoisy, Imprimeur‖ordinaire du Roy, ruë S. Iacques,‖ aux Cicognes. ‖ M.DC.XL.‖ Avec Privilege dv Roy. ‖

₊ In-8. Quatre feuillets préliminaires non chiffrés, dont 1 pour titre, 1 pour privilége et permission, et 2 pour tables. Texte 1—166 pages suivies d'un feuillet portant le titre de: *Relation ‖ de ce qvi s'est passé ‖ dans le pays des Hvrons, ‖ Pays de la Nouvelle France ‖* , et pages 1—174. Le chapitre I décrit le conseil tenu par les sauvages à l'occasion de la naissance du Dauphin.

75. *Idem opus.*

₊ Titre en tout semblable au précédent et même nombre de pages; mais le Privilége finit par ces mot «Par le

---

[1] Morton, *Crania Americana* Philadelphia, 1839, in-fol. p. 195.
[2] Cf. Parkman, *The Jesuits in North America.* Boston, 1867, in-8, p. 211.

Roy en son Conseil,» au lieu de «Par le Roy en Con- 1640
seil», et la dernière page de la première Relation est
marquée 166 au lieu de 116. L'arrangement des lignes
du feuillet contenant le privilége et la permission est
différent, ainsi que la ligne ornementée qui est en tête
de la première table. Il y a aussi une petite variation
au dernier mot de la dernière ligne de la page 85.

76. Relation || de ce qvi s'est passé || en la Novvelle 1641
France || en l'année M.DC.XL. || Enuoyée au R. P.
Prouincial de la Com-||pagnie de Iesvs de la Prouince ||
de France.||Par le P. Barthelemy Vimont de la||mesme
Compagnie, Superieur de la||Residence de Kébec.||
— A Paris, || chez Sebastien Cramoisy || Imprimeur
ordinaire du Roy, ruë || S. Iacques, aux Cicognes.||
M.DC.XLI.|| Auec Priuilege du Roy.||

*** In-8. Quatre feuillets préliminaires non chiffrés, dont
1 pour titre, 1 pour privilége et permission, et 2 pour
tables. Texte 1—197 pages, signé Pavl le Ievne, + 1
feuillet pour titre de: *Relation* || *de ce qvi s'est passé* ||
dans le pays || *des Hvrons* || *Pays de la Novvelle* || *France.* ||
et 1—196 pages pour texte, signé Hierosme Lalemant.
La page 80 est marquée 74.

77. Relation||de ce qvi s'est passé || en la||Novvelle 1642
France, || es années 1640. et 1641. || Enuoyée au R.
Pere Prouincial de la || Compagnie de Iesus, de la||
Prouince de France. || Par le P. Barthelemy Vimont
de la mesme||Compagnie, Superieur de la Residence
de Kebec.||—A Paris,||chés *(sic)* Sebastien Cramoisy,
Imprimeur ordinaire || du Roy, Ruë S. Iacques, aux
Cicognes. || M.DC.XLII. || Auec Privilege dv Roy. ||

1642.   *⁎* In-8. Quatre ff. prélim. non chiffr., dont 1 pour titre, 2½ pour tables et ½ pour permission donnée par le P. Jacques Dinet en vertu d'un privilége qui date de Henri III. Texte 1—216 pages, suivi d'un feuillet portant le titre de: *Relation* || *de ce qvi s'est* || *passé de plus remarquable en* || *la Mission des Peres de la* || *Compagnie de Iesvs.* || *Avx Hvrons* || *Pays de la Nouuelle France,* || *Depuis le mois de Iuin de l'année mil six cens* || *quarante, iusques au mois de Iuin de l'année* 1641. || *Addressée au P. Jacques Dinet Prouincial de la* || *Comp. de Iesvs, en la Prouince* || *de France.* || *M.DC.XLII.* || + 2 pages conterant une lettre de *H. L'Allemant*, datée de Ste. Marie aux Hurons, 19 de mai 1641; et texte 5—104 pages. De la page 96 à la page 104, se trouve «*un des entretiēs des plus ordinaires qu'eut avec Dieu*» un sauvage, en langue huronne, accompagné de la traduction en français.

78. Estat General || des debtes passives || de la Compagnie generale || de la Nouuelle France. ||

⁎ In-fol. Trente-deux ff. Daté de Paris, — 1642.

1643.   79. Les || Veritables Motifs || de || Messievrs et Dames || de la Societé || de Nostre Dame || de Monreal. || Pour la Conuersion des Sauuages de la || nouuelle France. || M.DC.XXXXIII. ||

⁎ In-4. *S. l.*, mais imprimé à Paris. Un feuillet pour titre + texte 3—127 pages.

L'idée première de l'établissement d'une colonie et mission libre à Montréal remonte à M. Olier, fondateur du Séminaire de St. Sulpice. «Il conçut le dessein de bâtir dans l'île de Montréal, une ville qui serait tout à la fois le siége des missions, une barrière aux incursions des sauvages, un centre 1643. de commerce pour les peuples voisins, et serait consacré à la très-sainte Vierge, et appelée pour cela Ville-Marie[1]»

En même temps que le digne ecclésiastique méditait ce projet, un gentilhomme Angevin, M. Jérôme Le Royer de la Dauversière, tentait de son côté, et sans connaître M. Olier, de le mettre à exécution. Ils se rencontrèrent à Paris, dans des circonstances que les admirateurs de ces deux hommes bienfaisants ne sont pas éloignés de qualifier de miraculeuses, et formèrent immédiatement l'association comme depuis sous le nom de Société de Nôtre-Dame-de-Montréal.

Dans les articles additionnels de la charte octroyée à la Compagnie de la Nouvelle-France, ou des Cent Associés, et datée du 7 Mai 1627, nous y lisons (art. 26.) «Le Cardinal de Richelieu sera supplié de donner l'intendance des affaires du pays de la Nouvelle-France et de la dite Compagnie au Sieur de Lauson.» Ce préféré de la Compagnie était Jean de Lauson,[2] ancien intendant de Guyenne, qui en 1633, étant au Canada, avait eu occasion de rendre service à Champlain.

Le 15 Janvier 1636, M. de Lauson, homme ambitieux, qui semble avoir poussé à l'extrême le désir d'enrichir sa nombreuse famille, n'osant se concéder à lui-même les terres

---

[1] Faillon. *Vie de M. Olier*. Paris, 1853, vol. II, p. 495.

[2] Jean de Lauson fut, sur sa demande, nommé Gouverneur de la Nouvelle-France, le 17 Janvier 1651, et se rendit immédiatement au Canada. Mais son impopularité devint telle, que sans attendre la fin de son second terme (les gouverneurs étaient nommés pour trois ans), pendant l'été de 1656, il revint à Paris, où il mourut le 16 Février 1666, âgé de 82 ans.

Avant de quitter la colonie, il nomma pour remplir ses fonctions *ad interim*, son second fils, Charles de Lauson-Charny, qui après la mort de sa femme embrassa l'état ecclésiastique et devint Grand Vicaire de Québec.

Le 26 Janvier 1657, le Vte. d'Argenson fut nommé Gouverneur. Lauson-Charny quitta alors la colonie, sans attendre son successeur, et désigna M. d'Ailleboust gouverneur, lequel administra la colonie jusqu'à l'arrivée de M. d'Argenson le 11 Juillet 1658.

Jean de Lauson, fils aîné du gouverneur, ne fut jamais que Grand Sénéchal.

643. dont il avait alors la gérance pour la Compagnie, s'était fait adjuger sous le nom de différentes personnes un territoire immense. La Seigneurie plus tard appelée de Lauson, eut pour prête-nom Simon Le Maître; et une partie de l'île d'Orléans celui de Jacques Castillon. Les soixante lieues de terres situées sur les bords du St. Laurent, appelées la Citière, furent mis sous le nom de Charny, l'un de ses fils; enfin l'île de Montréal fut concédée à M. de la Chaussée, mais au profit de l'audacieux intendant. Aussi lorsque ce dernier donna sa démission M. de la Chaussée, par acte du 13 Avril 1638, lui rétrocéda cette île de Montréal, en avouant les motifs qui l'avaient poussé à la solliciter en son nom.[1]

Jean de Lauson était en France, lorsque M. de la Dauversière alla le trouver en compagnie du P. Charles Lallemant, afin d'obtenir de lui la cession de ses droits sur cette île. Après des démarches réitérées, M. de Lauson, par contrat passé le 17 Août 1640, et approuvé par la Compagnie en Décembre suivant, le substitua en son lieu et place, c'est-à-dire, avec la condition qui lui avait été primitivement imposée d'y établir une colonie. Puis, M. de la Dauversière, à son tour, signa une déclaration attestant qu'il n'était que fidéicommis pour la *Société de N. D. de Montréal*.

L'année suivante la Société fréta une expédition d'environ trente familles auxquelles vint se joindre Mlle Manse, célèbre dans les annales de Montréal. Paul de Chomedey, sieur de Maisonneuve, nommé par la Compagnie des Cent Associés premier gouverneur de Montréal, conduisait l'expédition, qui partit de la Rochelle, sur deux vaisseaux, vers la fin du mois de Juin 1644. Ils furent tous cordialement accueillis à Québec par les PP. Jésuites, comme en témoigne le P. Vimont,[2]

---

[1] Nous suivons ici l'abbé Faillon (*Hist. de la Colonie*, III, p. 349) qui s'appuie sur les archives du Séminaire de Villemarie et d'autres documents. Un travail intéressant sur la famille de Lauson, publié par la Société Historique de Montréal en 1859, donne de nombreux détails sur toutes ces concessions qu'aujourd'hui on n'hésiterait pas à qualifier de scandaleuses.

[2] Relation de 1642.

Le 17 Mai 1642, la colonie arrivait à Montréal, et jetait les fondations d'un établissement, qui après des fortunes diverses est devenu une ville de plus de 50000 habitants.

D'après les *Annales des Hospitaliers*, citées par l'abbé Faillon, «une chapelle construite avec des écorces fut d'abord le lieu où l'on déposa le T. S. Sacrement, qui depuis ce moment a toujours été conservé à Ville-Marie; et comme le pays ne fournissait ni huile ni cire, on mit devant le tabernacle qu'on avait apporté de France, au lieu de lampe, une fiole de verre, où l'on avait renfermé plusieurs mouches à feu, insectes, qui, lorsqu'on les multiplie, jettent une lumière semblable à celle de plusieurs bougies réunies.»[1].

La fondation de la Société de N. D. de Montréal ne fut pas sans étonner bien du monde à Paris. On ne s'expliquait pas les motifs qui poussaient de simples particuliers à tenter à grands frais une colonisation dont les profits étaient nuls, et le but un mystère. C'est pour répondre à cette préoccupation du public que fut composé l'ouvrage dont nous donnons la description. Il explique en termes un peu mystiques que la Canada n'a pas été découvert «pour en rapporter seulement des castors et des pelleteries», que la Société se propose d'établir à Montréal une colonie dans le seul but de procurer la gloire du Très-Haut, et qu'en fin de compte «la dépense de ce grand œuvre est assignée sur le trésor de l'épargne celeste, sans qu'il soit à charge au roi, au clergé, ni au peuple». En effet M. de Bretonvilliers seul fournit près de 400,000 livres.[2]

---

[1] *Vie de M. Olier*, II, p. 502.

[2] Consulter pour l'histoire de cette colonie: *Histoire du Canada par M. de Belmont*, ms. (Bibliothèque Nationale de Paris, supplément français, no. 1265).

Histoire de Montréal, par M. Dollier de Casson, ms. (Bibliothèque Mazarine, H. 2706, In-fol.). On nous assure que cet ouvrage a été tout dernièrement publié au Canada.

Mémoires particuliers pour servir à l'histoire de l'Eglise de l'Amérique du Nord. Par l'abbé Faillon. Paris, 1852, 4 vol. in-8, vol. I et II,
Vie de la Sœur Bourgeois.
Vie de M. Olier, par le même.

1643.

80. Relation‖de ce qvi s'est passé‖en la‖Novvelle France ‖ en l'année 1642. ‖ Enuoyée au R. P. Iean Filleav ‖ Prouincial de la Compagnie de Iesvs ‖ en la Prouince de France.‖Par le R. P. Barthelemy Vimont de‖la mesme Compagnie, Superieur de la‖Residence de Kebec. ‖ — A Paris, ‖ chez Sebastien Cramoisy, Imprimeur ordinaire‖ du Roy, ruë S. Iacques, aux Cicognes.‖M.DC.XLIII.‖Auec Priuilege du Roy.‖

*** In-8. Quatre feuillets préliminaires, dont 1 pour titre, 2 pour tables et 1 pour privilége et permission. Texte 1—191 pages + 1 feuillet pour titre de: *Relation ‖ de ce qvi s'est ‖ passé en la Mission des ‖ Hurons ‖ Depuis le mois de Juin de l'année ‖ 1641. jusques au mois de Iuin de l'année 1642. ‖ Enuoyeé au R. Pere Iean Filleav ‖ Prouincial de la Compagnie de Iesvs, ‖ en la Prouince de France. ‖ M.DC.XLIII. ‖* + pages 3—170.
Cette dernière relation est signée Hier. Lallemant.

1644.

81. Relation‖de ce qvi s'est passé‖en la‖Novvelle France‖en l'année 1642. & 1643.‖Enuoyée au R. P. Iean Filleav ‖ Prouincial de la Compagnie de Iesvs,‖ en la Province de France.‖Par le R. P. Barthelemy Vimont, de ‖ la mesme Compagnie, Superieur de‖ toute la Mission. ‖— A Paris, ‖ chez Sebastien Cramoisy,‖Imprimeur ordinaire du Roy‖et‖Gabriel Cramoisy. ‖ ruë S. Iac ‖ ques aux ‖ Cicoignes. *(sic)* ‖ M.DC.XLIV.‖Auec Priuilege du Roy.‖

*** In-8. Quatre feuillets préliminaires non chiffrés, dont 1 pour titre, 1½ pour tables et 1½ pour privilége et permission. Texte 1—309 pages + 1½ pour *Declaration de ‖ Messieurs les Directeurs & As ‖ sociez en la Compagnie de la ‖ Nouuelle France. ‖* Cette déclaration a pour but de démentir le bruit alors assez répandu que les

PP. Jésuites étaient intéressés dans le commerce des 1644
pelleteries qui se faisait au Canada. A partir de la
page 284, on lit les lettres curieuses du P. Isaac Jogues,
décrivant sa captivité et ses souffrances au milieu des
Iroquois. La page 306 est marquée 326, et la page
307 est chiffrée 327.

C'est dans cette relation qu'il est question du voyage de
Jean Nicolet, Normand de naissance, qui envoyé en 1635
pour négocier la paix entre les Hurons et les nations de l'Ouest
(*Ouipigons* ou Puans) trouva la route qui devait conduire
Jolliet et le P. Marquette au Mississipi, s'il n'a pas, comme
plusieurs écrivains le croient, découvert ce grand fleuve bien
avant l'année 1671. D'autres attribuent la priorité de cette
découverte au colonel Wood en 1654, au docteur Coxe du
New Jersey et à un autre Anglais du nom de Dermer.

Jean Nicollet mourut le 27 Octobre 1642, dans un naufrage
en allant des Trois-Rivières délivrer un prisonnier Abenaqui.[1]

82. Articles || accordez || entre || les Directevrs et 1645
Associez||en la Compagnie||de la Novvelle France;||
et les Depvtez des habitans||dvdit pays: ||Agreez et
confirmez||par le Roy.||—A Paris,||chez Sebastien Cra-
moisy, Imprimeur||ordinaire du Roy, & de la Reyne
Regente.||M.DC.XLV.||Auec Priuilege de sa Maiesté.||

** In-fol. Un feuillet pour titre, texte 3—14 pages.

Cette pièce est datée du 6 Mars 1645, et signée de Loménie.

83. Relation||de ce qvi s'est passé||en la||Novvelle
France||és années 1643. & 1644.|| Enuoyée au R. P.
Iean Filleav, || Prouincial de la Compagnie de Iesvs, ||

---

[1] Cf. Margry, *Les Normands dans l'Ohio et le Mississipi*, dans le *Journal Général de l'Instruction publique*; N°. du 30 Juillet 1862.

1645. en la Prouince de France. ‖ Par le R. P. Barthelemy Vimont, de ‖ la mesme Compagnie, Superieur de ‖ toute la Mission. ‖ — A Paris, ‖ chez ‖ Sebastien Cramoisy, ‖ Imprimeur du Roy, & de ‖ la Reyne Regente, ‖ et ‖ Gabriel Cramoisy, ‖ ruë S. Iac- ‖ ques aux ‖ Cicognes. ‖ M.DC.XLV. ‖ Auec Priuilege du Roy. ‖

₊ In-8. Quatre feuillets préliminaires, dont 1 pour titre, 1½ pour épitre, 1 pour table et ½ pour privilége et Permission. Texte 1-256 pages + 1 feuillet pour titre de: *Relation ‖ de ce qvi s'est passé ‖ dans le pays ‖ des Hurons ‖ Pays de la ‖ Novvelle France ‖* + ½ feuillet pour lettre du P. Vimont, datée de Kebec, le 1ᵉʳ de Septembre, 1644, annonçant que «la première coppie de la Relation de nos Peres des Hurons de l'an passé, avoit esté surprise par les Iroquois....» + ½ f. pour table + texte (signé Hierosme Lalemant) 1—147 pages. La page 147 est marquée 174.

1646. 84. Relation ‖ de ce qvi s'est passé ‖ en la ‖ Novvelle France, ‖ ès années 1644. & 1645. ‖ Enuoyee av R. Pere Prouincial de la Compagnie de ‖ Iesvs en la Prouince de France. ‖ Par le P. Barthelemy Vimont de ‖ la mesme Compagnie, Superieur de la ‖ Residence de Kebec. ‖ — A Paris, ‖ chez Sebastien Cramoisy, ‖ Imprimeur ordinaire du Roy, ‖ & de la Reyne Regente. ‖ et ‖ Gabriel Cramoisy, ‖ ruë S. Iac- ‖ ques, aux ‖ Cicognes. ‖ M.DC.XLVI. ‖ Avec Privilege dv Roy. ‖

₊ In-8. Quatre ff. préliminaires, dont 1 pour titre, 1 pour table, 1 pour privilége et 1 blanc. Texte 1-183 pages. A la page 136 commence la: *Lettre du P. Hierosme Lalemant, escrite ‖ des Hurons au R. P. Prouincial de la ‖ Compagnie de Iesvs.* ‖ La page 180 est marquée 80 seulement.

85. Le Roy estant en son Conseil, la Reyne || 16.
. . . . Paris, 27 Mars 1647.

‖ In-4. Quatre pages.

Réglement pour établir un bon ordre de police au Canada.

86. Relation || de ce qvi s'est passé || de plvs remarqvable || ès Missions des Peres de la || Compagnie de Iesvs, || en la || Novvelle France, || ès années 1645. & 1646. || Enuoyée au R. P. Prouincial de la Prouince || de France. || Par le Superieur des Missions de la mesme || Compagnie. || — A Paris, || chez Sebastien Cramoisy, || Imprimeur ordinaire du Roy, || & de la Reyne Regente, || et || Gabriel Cramoisy. || rüe S. Iacques, || aux Ci- || cognes. || M.DC.XLVII. || Avec Privilege dv Roy. ||

‖ In-8. Trois ff. préliminaires, dont 1 pour titre, 1 pour table, 1 pour privilége et permission. Texte 1—184 pages + 1 feuillet pour titre de: *Relation* || *de ce qvi s'est passé* || *de plus remarquable* || *en la Mission des Peres de la* || *Compagnie de Iesvs.* || *Avx Hurons,* || *Païs de la Novvelle France, depuis le mois* || *de May de l'année* 1645 || *iusqu'au mois de May de l'année* 1646. || + texte 3—128 pages.

La première Relation porte le titre de: *Relation* || *de ce qvi s'est* || *passé en la Novvelle* || *France sur le grand* || *fleuue de S. Laurens, en l'année* || *mil six cens quarante-six.* || *Av R. P. Charlet* || *Prouincial de la Compagnie de Iesvs,* || *en la Prouince de France.* || , et est signée Hierosme Lalemant. La seconde, adressée aussi au P. Charlet, porte la signature de Paul Ragueneau.

87. Relation || de ce qvi s'est passé || de plvs 16. remarqvable || és Missions des Peres de la || Compagnie de Iesvs, || en la || Novvelle France, || svr le grand

1648. flevve‖de S. Lavrens en l'année 1647.‖ Enuoyée au R. P. Prouincial de la Prouince‖de France,‖Par le Superieur des Missions de la mesme Compagnie.‖—A Paris,‖chez Sebastien Cramoisy,‖Imprimeur ordinaire du Roy,‖ & de la Reyne Regente,‖ et ‖ Gabriel Cramoisy.‖ rüe S.‖ Iacques,‖ aux Ci-‖cognes.‖ M.DC.XLVIII.‖ Avec Privilege dv Roy.‖

> *₊* In-8. Quatre ff. préliminaires, dont 1 pour titre, 1½ pour table, 1½ pour privilége et ½ pour permission. Texte 1-276 pages Cette relation est signeé par le P. Hierosme Lalemant, et décrit à la page 124 la mort tragique du P. Isaac Jogues.

1649. 88. Extraordinaire du 4 Novembre 1649. Contenant . . . . . *le martyre de trois Pères Jésuites au pays des Hurons dans le Canada*, etc. *A la fin*: A Paris, du Bureau d'Adresse, aux Galleries du Lovvre, devant la rüe S. Thomas.

> *₊* In-4. Douze pages chiffr. 997-1008. Extrait du *Mercure de France*. Ces PP. Jésuites sont le P. A. Daniel, le célèbre P. Jean de Brébeuf et le P. Gabriel Lallemant, tous trois martyrisés par les Iroquois.

89. Relation ‖ de ce qvi s'est passé ‖ de plvs remarqvable‖ ès Missions des Pères de la‖Compagnie de Iesvs,‖en la‖Novvelle France,‖ès années 1647. & 1648.‖ Enuoyée au R. P. Prouincial de la Prouince‖ de France.‖ Par le Superieur des Missions de la mesme‖Compagnie.‖—A Paris,‖chez Sebastien Cramoisy,‖Imprimeur ordinaire du Roy,‖& de la Reyne Regente,‖et‖Gabriel Cramoisy,‖rüe S.‖Iacques,‖aux Ci-‖cognes.‖M.DC.XLIX.‖Avec Privilege dv Roy.‖

₊ In-8. Quatre ff. préliminaires, dont 1 pour titre, 2 pour tables, 1 pour privilége et permission. Texte 1—158 pages + 1 f. blanc + 1 f. de titre pour: *Relation* ‖ *de ce qvi s'est passé* ‖ *dans le pays* ‖ *des Hurons,* ‖ *Pays de la Nouuelle France,* ‖ *ès années* 1647. & 1648. ‖ + pages 3—135 pour texte. La première Relation est signée Hierosme Lalemant, la seconde Paul Ragueneau.

90. Relation‖de ce‖qvi s'est passé‖en la Mission des Pères de la Com-‖pagnie de Iesvs aux Hurons, pays‖de la Nouelle France, ès années‖1648. & 1649.‖ Enuoyée ‖ av R. P. Hierosme Lalemant, ‖ Superieur des Missions de la Compagnie de‖Iesvs, en la Nouuelle France. ‖ Par le P. Pavl Ragveneav, de la ‖ mesme Compagnie. ‖ Pour la faire tenir au R. P. Prouincial de la‖mesme Compagnie.‖— A Paris,‖chez Sebastien Cramoisy,‖Imprimeur ordinaire du Roy,‖ & de la Reyne Regente, ‖ et‖Gabriel Cramoisy,‖ruë sainct‖Iacques,‖ aux Cico-‖gnes. ‖ M.DC.L. ‖ Avec Privilege dv Roy.‖

1650.

₊ In-8. Trois ff. préliminaires, dont 1 pour titre, 1 pour table, 1 pour privilége avec permission au verso. Texte 1—103 pages, signées à la dernière «J. M. Chaumonot», et datée de «l'Isle de S. Joseph, ce 1 Juin 1649.» Aux chapitres IV et V, il y a une biographie des PP. Jean de Brébeuf et Gabriel Lalemant, tous deux morts martyrisés par les Hurons.

91. *Idem opus.*

₊ L'arrangement du titre est absolument le même, sauf le fleuron, qui est ici composé de simples ornements d'imprimeur superposés, au lieu d'une vignette. L'arrangement des lignes du feuillet de table est le même, mais il porte ici la signature a ij au lieu de a iij, et ne finit pas au verso par un cul-de-lampe comme dans

1650.

l'autre. Le texte et la disposition des lignes, jusqu'à la signature du P. Chaumonot page 103, est en tout semblable à l'édition précédente, mais au verso de la page 103 commence le texte de: *Depvis que cette || Relation a paru au iour, un vaisseau || nouuellement arrivé de ce nouueau Mon || de, nous a rendu quelques lettres assez || amples. qui parlent de ce qui s'est passé || aux Hurons, nous n'en mettons icy || qu'un petit échantillon, reservant le reste en son temps.* || Cette lettre supplémentaire se continue jusqu'à la page 114, laquelle est suivie d'une page (115) pour le privilége et d'une autre page (116) pour la permission. Ces deux pages dans l'édition précédente ne sont pas chiffrées et se trouvent au commencement.

92. Relation de ce qui s'est passé en la mission des Pères de la C. de Jésus en la nouvelle France ès Années 1648 & 1649. — Par le Père Ragueneau. — *A Lille*, de l'imprimerie de la Vefve de Pierre de Rache à la Bible d'or 1650.

*̩ *̩ * Texte 110 pages, plus pages 111—121 pour le passage ajouté à l'édition précédente «Depuis que cette relation etc.,» + 3 pages pour table et approbation.[1]

93. Narratio || historica || eorvm, qvæ So- || cietas Iesv in || Nova Francia || Fortiter egit & passa est, || Annis M.DC.XLIIX & XLIX. || à Gallico in latinum translata || à P. Georgio Gobat || eiusdem Societatis Iesv. || — Oeniponti. || Typis Hieronymi Agricolæ, || Anno 1650. || Cum facultate Superiorum. ||

*̩ *̩ * In-18. Titre 1 feuillet + 6 ff. pour épître dédicatoire + 5 ff. pour préface. Texte 1—232 pages + 1 f. pour Elenchus + 1 f. pour Emendata.

---

[1] Nous empruntons ce titre aux *Livres Curieux*. No 86.

94. Lovis par la Grace de Dieu, roy de France 1651, et de Navarre: A nostre amé & feal Conseiller..... le Sieur de la Fosse, — Donné à Paris le vingt-quatriesme iour de Iuin l'an de grace mil six cens cinquante-vn.

⁎ In-fol. Un feuillet, verso blanc.

Lettre de Louis XIV (sous la Régence d'Anne d'Autriche), établissant de La Fosse Intendant, Directeur et Administrateur en la Nouvelle-France, jusqu'à la majorité du fils du Sieur d'Aunay, décédé en la fonction et exercice du gouvernement de ce pays.

95. Relation‖de ce‖qvi s'est passé‖en la Mission des Pères de la Com-‖pagnie de Iesvs, aux Hurōs, & aux‖païs plus bas de la Nouvelle Fran-‖ce depuis l'Esté de l'année 1649.‖jusques à l'Esté de l'année 1650.‖ Enuoyée‖ av R. P. Clavde de Lingendes‖ Prouincial de la Compagnie de Iesvs‖en la Prouince de France.‖Par le R. P. Pavl Ragveneav, Su-‖perieur des Missions de la Compagnie‖ de Iesvs en la Nouuelle France.‖— A Paris,‖chez Sebastien Cramoisy,‖ Imprimeur ordinaire du Roy,‖ & de la Reyne Regente,‖ et‖ Gabriel Cramoisy,‖ ruë sainct‖ Iacques,‖ aux Cico-‖gnes.‖M.D.LI.‖Avec Privilege dv Roy.‖

⁎ In-8. Deux ff. préliminaires non chiffrés, dont 1 pour Titre et 1 pour table. Texte 1 à 178 pages (la dernière marquée par erreur 187) + 1 f. pour privilége et permission. A la page 1 commence la lettre du P. Paul Ragueneau adressée au Père de Lingendes, et à la page 172 celle du P. Hierosme Lallemant. A la page 171 on remarque un cul-de-lampe qui manque à la page 171 de l'édition suivante.

1651. 96. *Idem opus.*

Relation‖de ce‖qvi s'est passé‖en la Mission des Pères de la Com-‖pagnie de Iesvs, aux Hurons, & aux païs plus bas de la Nouuelle Fran-‖ce, depuis l'Esté de l'année 1649.‖jusques à l'Esté de l'année 1650.‖Enuoyée‖av R. P. Clavde de Lingendes‖Prouincial de la Compagnie de Iesvs,‖en la Prouince de France.‖Par le R. P. Pavl Ragveneav, Superieur‖des Missions de la Compagnie de Iesvs‖en la Nouuelle France.‖—A Paris,‖chez Sebastien Cramoisy,‖Imprimeur ordinaire du Roy,‖& de la Reyne Regente,‖et‖Gabriel Cramoisy,‖rüe sainct‖Iacques,‖aux Cico-‖gnes.‖M.DC.LI.‖Avec Privilege dv Roy.‖

** In-8. Deux ff. préliminaires, dont 1 pour titre et 1 pour table. Texte 1—179 pages et une page pour privilége et permission. A la page 178 commence la *Lettre de R. M.‖ Superieure de l'Hospital de la Misericorde‖ de Kebec en la Nouuelle France, à Mon‖ sieur N. Bourgeois de Paris.‖* laquelle ne se trouve pas dans l'édition précédente. Les vignettes, têtes de page et autres ornements sont différents, l'arrangement des lignes présente aussi des différences. Dans l'exemplaire que nous examinons, et qui après avoir appartenu au Couvent des Recollets de Paris est aujourd'hui à la Bibliothèque Nationale, nous trouvons une page manuscrite d'une écriture de l'époque, reliée avec l'ouvrage et qui contient les mentions suivantes :

«Le Bienheureux père Charles Garnier Jésuite a esté tué par les Iroquois et est mort martyr en la mission pour les Hurons pour la foy de Jésus Christ le sept Décembre 1649.

«Le Révérend Joseph Cappucin est mort à Meudon près Paris en 1653.

Bibliographie. 95

«Le Révérend père Henry de Sainct Joseph, Carme, 1651, est mort aux Carmes des Billetes à Paris en Septembre 1667.

«Tous trois étoient frères et enfans de Monsieur Garnier, Maistre des Comptes.»

97. Relation ‖ de ce qvi s'est passé ‖ de plvs re- 1652. marqvable ‖ ès Missions des Pères de la ‖ Compagnie de Iesvs, ‖ en la ‖ Novvelle France, ‖ es années 1650. & 1651. ‖ Enuoyée au R. P. Prouincial de la Prouince ‖ de France. ‖ Par le P. Pavl Ragveneav, Superieur des ‖ Missions de la mesme Compagnie. ‖—A Paris, ‖ chez Sebastien Cramoisy, ‖ Imprimeur ordinaire du ‖ Roy & de la Reyne, ‖ et ‖ Gabriel Cramvisy, ‖ rüe S. ‖ Iacques, ‖ aux Ci- ‖ cognes. ‖ M.DC.LII. ‖ Avec Privilege dv Roy. ‖

⁎ In-8. Deux feuillets préliminaires non chiffrés, dont 1 pour titre et 1 pour table et privilége. Texte 1—146 pages + un f. pour permission signée C. Lalemant, verso blanc. L'ouvrage commence par une lettre adressée au P. Claude de Lingendes par le P. Ragueneau, datée de «Quebec ce 28 Octobre 1651.» A la page 126 il y en a une du P. Jacques Buteux, suivie d'une autre lettre intéressante, écrite de la Rochelle, par le P. Martin Lyonne.

98. Relation ‖ de ce qvi s'est passé ‖ en la Mission 1653. des Peres ‖ de la Compagnie de Iesvs, ‖ av pays de la ‖ Novvelle France, ‖ depuis l'Eté de l'année 1651. jusques à ‖ l'Eté de l'année 1652. ‖ Enuoyée au R. P.

1653. Prouincial de la Prouince||de France.||Par le Superieur des Missions de la mesme||Compagnie.||—A Paris,|| chez Sebastien Cramoisy,||Imprimeur ordinaire du Roy,||& de la Reyne,||et || Gabriel Cramoisy.||rüe S.||Iacques||aux Ci-||cognes.||M.DC.LIII.||Avec Privilege dv Roy.||

⁎ In-8. Quatre ff. préliminaires non chiffrés, dont 1 pour titre, 1½ pour tables, ½ pour privilége et permission, verso blanc. Texte 1—200 pp. Le chapitre I, qui raconte la mort du P. Buteux, est signé Paul Ragueneau, et daté de Québec le 4 Octobre 1652. Le chapitre X contient un abrégé de la biographie de la Mère Marie de Saint Joseph, écrite par la Supérieure des Ursulines de Québec.

99. Progressus fidei Catholicæ in Novo Orbe. 1. In Canada, sive Nova Francia. 2. In Cochin China. 3. In Magno Chinensi Regno. De quo R. P. Nicolaus Trigautius, Soc. Jesu, libris V. copiosè et accuratè scripsit, etc. — Coloniæ Agrippinæ, apud Joannem Kinchium, 1653.

⁎ In-12. 60 pp.

100. Le Roy Estant informé par les remonstrances des Directeurs de la Compagnie generalle de la Nouuelle France . . . .

⁎ In-4. *Sine anno et loco* (mais Paris, vers 1653). Quatre pages, divisées en six paragraphes (ne semble pas complet). C'est au sujet du Gouverneur de Lauzon et du commerce des pelleteries.

101. Relation||de ce qvi s'est passé||en la Mission 1654. des Pères||de la Compagnie de Iesvs,||av pays de la||Novvelle France,||Depuis l'Eté de l'Année 1652.||iusques à l'Eté de l'Année 1653.||Enuoyée au R. P. Prouincial de la||Prouince de France.||Par le Superieur des Missions de la mesme||Compagnie.||—A Paris,||chez Sebastien Cramoisy, Imprimeur||ordinaire du Roy & de la Reyne,||et Gabriel Cramoisy, rüe S. Iacques||aux Cicognes.||M.DC.LIV.||Avec Privilege dv Roy.||

₊ In-8. Deux ff. préliminaires, dont 1 pour titre et 1 pour table. Texte 1—184 pp. + 1 f. pour privilége + 1 pour permission. La Relation est signée à la page 4 par le P. François Le Mercier, Québec, le 29 Octobre 1653. Le chapitre I raconte la prise par les Anglais du vaisseau portant le Père chargé du manuscrit.

102. Louis par la grace de Dieu Roy de France et de Navarre.||

₊ In-fol. Un feuillet. Lettres-patentes du Roi au Gouverneur Denys, en date du 30 Janvier 1654.

103. Relation||de ce qvi s'est passé||en la Mission 1655. des Pères||de la Compagnie de Iesvs,||en la||Novvelle France,||es années 1653. & 1654.||Enuoyée au R. P. Nicolas Royon,||Prouincial de la Prouince de France.||Par le R. P. François Le Mercier,||Superieur des Missions de la mesme||Compagnie.||—A Paris,||chez Sebastien Cramoisy,||Imprimeur ordinaire du Roy,||& de la Reyne,||et Gabriel Cramoisy.||M.DC.LV.||Auec Priuilège du Roy.||

1655.

₊ In-8. Deux ff. préliminaires, dont 1 pour titre et 1 pour table, privilége et permission. Texte 1—176 pages.

104. Extraict des Registres ǁ du Conseil Priué du Roy. ǁ

₊ In-4. Quatre pages.

Arrêt en faveur de Nicolas Denys, en date du 5 Octobre 1655.

105. Lettres de provision ǁ de la charge de Viceroy, & Lieutenant gene ǁ ral pour le Roy, representant sa personne dans ǁ tous les ports, haures, isles, costes, riuieres ǁ & terres fermes de l'Amerique, données à ǁ Monsieur le Duc Dampuille,[1] verifiées au ǁ Parlement le 27 (*sic pro* 21) Januier 1658. ǁ —Donné à La Fère au mois de Juillet, l'an de grace 1655.

₊ In-4. Quatorze pages.

1656.

106. La ǁ Gloire ǁ de S. Vrsvle ǁ divisee en devx parties. ǁ La premiere contient l'Histoire & Martyre des onze ǁ mille Vierges, avec quelques considerations la ǁ dessus. ǁ La deuxieme est vn abrégé de la vie d'aucunes filles ǁ de S. Vrsvle, Signalées en sainteté. ǁ Recueillie par un Pere de la Compagnie de Jesus, ǁ —A Valentiennes, ǁ De l'Imprimerie de Iean Bovcher, au nom de Iesvs ǁ M.DC.LVI. ǁ

---

[1] Henri 1, Duc de Montmorency, mort en 1614, avait porté le titre de Damville du vivant de son père, le célèbre connétable. La terre de Damville passa dans la maison de Lévis. Le personnage mentionné dans ce document, porte comme second titre celui du Comte de Biron.

** In-4. Titre un feuillet, + sept feuillets préliminaires, + 1656.
1—367 pages de texte + trois pages non chiffrées.

Voyez le «Livre troisieme des Religieuses Vrsvlines de Canada, ou de la Nouvelle France», pages 229—315.

107. Extrait des Registres du Conseil d'Estat.|| Sur la Requeste preventée au Roy en son Conseil par les Directeurs et Associez de la Compagnie de la Nouvelle France . . . . . . *A la fin.* Le Quinzieme Iour de Mars 1656.

** In-fol. *Sine loco.* Deux feuillets.

108. Copie de devx || Lettres || envoiées de la || Novvelle France || Au Pere Procureur des Missions|| de la Compagnie de Iesvs || en ces contrées. || — A A Paris||chez||Sebastien Cramoisy.|| Imprimeur ordinaire du Roy||et Gabriel Cramoisy.||rüe S.||Iacques|| aux Ci-||cognes.||M.DC.LVI.||Avec Priuilege du Roy.||

** In-8. Un feuillet pour titre, 3—28 pages de texte. (Relié avec une Relation de 1667 qui a aussi la lettre de la Mère Supérieure du 3 Oct. 1666 en 16 pages.)

Cette relation est avec celle imprimée en 1660 (*infra* N°. 113) la plus rare de toutes. On n'en connaît qu'un autre exemplaire qui se trouve dans la Lenoxiana, et que le possesseur a republié, presque en fac-simile. L'exemplaire que nous décrivons se trouve à la Bibliothèque St. Geneviève, H. 425.

109. Relation|| de ce qvi s'est passé||en la Mission 1657. des Peres || de la Compagnie de Iesvs, || au pays || de la Novvelle France, || es Années 1655. & 1656.|| Enuoyée au R. P. Lovys Cellot, || Prouincial de la Compagnie de Iesvs, || en la Prouince de France.|| —

7*

1657. A Paris,||chez Sebastien Cramoisy, Imprimeur||ordinaire du Roy, & de la Reyne,||et||Gabriel Cramoisy, ruë S. Iacques, || aux Cicognes. || M.DC.LVII. || Auec Priuilege du Roy.||

> *₊* In-8. Quatre ff. préliminaires non chiffrés, dont un blanc, un pour titre, un pour table, et un pour privilége et permission. Texte 1—168 pages. Le volume commence par une lettre adressée au P. Cellot par le P. Jean de Quens, datée de Kebec le 7 Septembre 1656.

1658. 110. Relation || de ce qvi s'est passé || de plvs remarqvable||avx Missions des Peres||de la Compagnie de Iesvs, en la || Novvelle France, || ès années mil six cens cinquante six||& mil six cens cinquante-sept.||— A Paris, || Sebastien Cramoisy, || Imprimeur ordinaire du||Roy & de la Reyne.||Et|| Gabriel Cramoisy,||ruë S. || Iacques, || aux Cicognes. || M.DC.LVIII. || Avec Privilege dv Roy. ||

> *₊* In-8. Six f. préliminaires non chiffrés, dont 1 pour titre, 3 pour la lettre adressée au P. Louis Cellot par le P. Paul Le Jeune datée du «Collége de Clermont ce 1 de Décembre 1657», 1 pour la table et 1 pour le priviége et la permission. Texte 1—211 pages (verso de la dernière blanc). Le chapitre XXI contient une lettre adressée au P. Louis Cellot par le P. François Le Mercier, datée de «Monreal ce 6 Juin 1656.»

1659. 111. Extrait des Registres du Conseil d'Estat|| ..... Le Roy s'estant fait representée en son Conseil, l'arrest rendu en iceluy le 7 mars 1657, portant

réglement de la conduite qui doit être tenuë en la 1659
Traitte des Peleteries.... *A la fin:* Paris le 13 May
1659. Signé DE LOMÉNIE.

> *⁎⁎* In-4. Quatre pages non chiffrées, la dernière blanche.[1]

112. Relation || de ce qvi s'est passé || de plvs re-
marqvable || aux Missions des PP. || de la Compagnie
de Iesvs || en || la Novvelle France. || ès années 1657. &
1658. || — A Paris, || chez Sebastien Cramoisy, Im- ||
primeur du Roy & de la Reine. || M.DC.LIX. || Avec
Privilege dv Roy. ||

> *⁎⁎* In-8. Quatre ff. préliminaires, dont 1 pour titre, 1½ pour avant-propos, 1½ pour table et permission, ½ pour privilége. Texte 1—336 pages. Aux pages 6 et 22 il y a deux lettres du P. Paul Ragueneau au P. Jacques Renault. Au chapitre III est un journal commençant à l'année 1655, daté de la Nouvelle Hollande, 25 Mars 1658, et signé Simon Le Moine.

113. Lettres || envoiées || de la || Novvelle France || 1660
Au R. P. Iacqves Renavlt || Provincial de la Com-
pagnie de || Iesvs en la Province de la France, || Par le
R. P. Hier. Lallemant || Superieur des Missions de la
dite Com- || pagnie en ce nouueau Monde. || — A Paris, ||
chez Sebastien Cramoisy, || Imprimeur ordinaire du
Roy. || M.DC.LX. || Auec Priuilege du Roy. ||

> *⁎⁎* In-8. Titre un feuillet dont le verso est blanc + pages 3—49, + une page pour extrait du privilége, une page pour permission du R. P. Provincial et une page blanche. Cette relation contient trois lettres. La 1ère traite de l'arrivée de l'évêque de Pétrée au Canada; la 2de des Eglises algonquines et huronnes; la 3ème de la mission de l'Acadie.

---

[1] Détruit avec la Bibliothèque du Louvre.

1660. Cette relation est, avec celle imprimée en 1656 (*Supra*, N° 108), la plus rare de toutes. On croyait même qu'elle n'existait plus depuis l'incendie de la Bibliothèque du Parlement de Québec en 1854 où fut détruit l'exemplaire alors considéré comme unique. Mais nous en avons trouvé deux exemplaires dans la Réserve de la Bibliothèque Nationale de Paris. (LK¹² 741).

Mr. James Lenox de New-York a republié ces trois lettres presque en fac-simile, d'après l'exemplaire de Québec. Nous y trouvons les différences suivantes: Ici, dans le titre, la 6ème ligne finit par les mots Compagnie de ‖

la 9ème . . . . . de la dite Com- ‖

à la 7ème ligne le mot Jesus est épelé Iesvs

à la 13ème ligne, Imprimeur ordinaire du Roy, n'est pas en caractères italiques mais romains.

Il y a aussi d'autres différences dans le corps de l'ouvrage. Ces différences sont de très-peu d'importance, et si nous les relevons c'est parce qu'elles peuvent indiquer deux tirages de cet ouvrage.

114. Extrait des Registres ‖ du Conseil Priué du Roy. ‖ — Sur la requeste présentée au Roy en son Conseil par René Robineau. Sieur de Bethencourt, Habitant de la Nouvelle France, demeurant à Quebecq et l'vn des associez de la Compagnée *(sic)* generalle . . . . . . Donné à Paris le vingtieme iour de Feurier l'an de Grace mil six cens soixante . . . . . . ; Signé DEMONS.

⁂ In-fol., un feuillet.[1]

1661. 115. Relation ‖ de ce qvi s'est passé ‖ de plvs remarqvable‖avx Missions des Pères‖de la Compagnie de Iesvs, ‖ en la ‖ Novvelle France, ‖ es années mil six

---

[1] Détruit avec tous les papiers de d'Argenson lors de l'incendie de la Bibliothèque du Louvre par la Commune.

cent cinquante neuf || & mil six cent soixante. || Enuoyée 1661
au R. P. Clavde Boveher || Prouincial de la Prouince
de France. || — A Paris, || chez Sebastien Cramoisy,
Impri- || meur ordinaire du Roy & de la Reyne: || ruë
sainct Iacques, aux Cicognes. || M.DC.LXI. || Auec
Priuilege du Roy. ||

> *⁎* In-8. Trois feuillets préliminaires, dont 1 pour titre,
> 1 pour privilége et permission et 1 pour table. Texte
> 1—202 pages.
> A la page 152 il y a une Lettre du R. P. Menard,
> datée des Trois Rivières, 27 Aoust 1660, mais la
> Relation n'est pas signée.

116. Arrêt du Conseil de l'Etat portant révocation des concessions faites antérieurement des terres et pays de l'Amérique, de l'Afrique et des Indes Orientales et qui ne se trouvaient pas établis. — Donné à Fontainebleau, le 16 Août, l'an de grace mil six cent soixante et un.

> *⁎*
> Cette révocation concerne Isaac de Pas, Marquis de Feuquières, successeur du Duc de Damville, et porte qu'elle sera publiée et affichée dans tous les Ports et Hâvres.

117. Relation || de ce qvi s'est passé || de plvs re- 1662
marqvable || avx Missions des Peres || de la Compagnie
de Iesvs, || en la || Novvelle France, || ès années 1660. &
1661. || Enuoyée au R. P. Prouincial de la Prouince de
France. || — A Paris, || chez Sebastien Cramoisy, Impri-
meur || ordinaire du Roy, & de la Reine, || ruë S.
Iacques, aux Cicognes. || M.DC.LXII. || Auec Priuilege
du Roy. ||

1662.
*** In-8. Quatre ff. préliminaires, dont 1 pour titre et 3 pour épître au Roi, signée Paul Le Jeune. Texte 1—213 pages + 2 pages pour table + 1 pour privilége et permission.

À la page 62 commence le *Iournal du premier Voyage fait vers* ‖ *la Mer du Nort.* ‖ . . . . «écrit tantost sur le dos d'un rocher au bruit des saults; tantost au pied d'un arbre, quand il s'en trouvoit d'assez gros pour nous deffendre par l'ombre de son tronc, des rayons du Soleil.» A la page 158 il y a une lettre du P. Simon Le Moine.

1663.
118. La Relation de ce qvi‖s'est passé en l'Améri-que dite la nouuelle Fran-‖ce contenant le tremble-ment de Terre épouuen-‖table qui y est arriué, & autres particula-‖ritez.‖

*** In-4. *Sine anno et loco* («ce troisieme iour de Feurier dernier»). Deux ff. non chiffrés.

Il s'agit du célèbre tremblement de terre de 1663 dont les effets se firent sentir jusque dans la Nouvelle Belgique, qui dura six mois, où personne cependant ne périt mais qui «amena partout de grandes conversions.»[1].

119. Relation‖de ce qvi s'est passé‖de plvs re-marqvable‖avx Missions des Peres‖de la Compagnie de Iesvs,‖en la‖Novvelle France,‖ès années 1661. & 1662.‖Enuoyée au R. P. André Castillon, Pro-‖uincial de la Prouince de France.‖— A Paris,‖chez Sebastien, et Sebast.‖Mabre-Cramoisy, Imprimeurs ordinaires‖du Roy & de la Reine, ruë S. Iacques‖Aux Cicognes.‖M.DC.LXIII.‖Avec Privilege dv Roy.‖

---

[1]. Charlevoix. *Histoire de la Nouvelle France*, I, p. 368. *Lettres de Marie de l'Incarnation.*

₊ In-8. Quatre ff. préliminaires, dont 1 pour titre, 2   1663.
pour lettre signée Hierosme Lalemant, et 1 pour table
et privilége. Texte 1—118 pages + 1 f. pour permission.
Le chapitre VI renferme l'histoire de la *délivrance de
dix-huit Captifs Francois.*

120. Historiæ || Canadensis, || seu || Novæ Franciæ || 1664.
Libri Decem, || ad annum usque Christi M.DC.LVI. ||
Auctore P. Francisco Creuxio, é Societate Iesv. ||
— Parisiis, || apud Sebastianum Cramoisy & Sebast. ||
Mabre-Cramoisy, Typographos Regis, || viâ Iacobæa,
sub Ciconijs. || M.DC.LXIV. || Cum privilegio Regis. ||

₊ In-4. Titre un feuillet + un f. blanc + trois ff. non
chiffr. pour dédicace à Louis XIV + deux ff. n.
chiffr. pour épître *à Societati Indiæ Occidentalis* + trois
ff. non chiffr. pour liste des premiers Missionnaires au
Canada + quatre ff. pour préface + un f. pour privilége + texte 1—810 pages + cinq pp. d'index +
1 p. d'errata, douze planches et une grande carte.[1]

«Cet ouvrage extrêmement diffus a été composé presque
uniquement sur les relations des Jésuites. Le P. du Creux
n'a pas fait assez d'attention, que des détails, qu'on voit
avec plaisir dans une lettre, ne sont point supportables dans
une Histoire suivie, surtout quand ils ont perdu l'agrément
de la nouveauté.»

(Charlevoix, II, p. ij.)

121. Relation || de ce qvi s'est passé || de plvs remarqvable || avx Missions des Peres || de la Compagnie
de Iesvs, || en la || Novvelle France, || és années 1662.
& 1663. || Enuoyée au R. P. Castillon Pro- || uincial

---

[1] L'exemplaire de la Bibliothèque du Jardin du Plantes, contient
une très-grande estampe pliée, représentant le martyr des P. P. Jésuites
au Canada.

1664. de la Prouince de France.‖ —A Paris,‖chez Sebastien Cramoisy, et Sebast. ‖ Mabre-Cramoisy,‖Imprimeurs ordinaires‖du Roy & de la Reine, ruë S. Iacques,‖aux Cicognes.‖M.DC.LXIV.‖Avec Privilege dv Roy.‖

> *₊* In-8. Huit ff. préliminaires dont un pour faux-titre: *Relation‖de la Novvelle France,‖es anneés 1662. et 1663.‖*, 1 pour titre, 4 pour lettre de Hierosme Lallemant, 1 pour table et 1 pour privilége et permission. Texte 1—169 pages. Dans la lettre au P. Castillon il est question d'«un tremblement de terre de plus de cent lieuës en longueur, et de cent lieuës en largeur, qui font en tout vingt mille lieuës». Cf. *supra*, n°. 118.

122. Histoire‖Veritable‖et‖Natvrelle‖des‖Moevrs et Prodvctions‖dv Pays‖de la‖Novvelle France,‖vvlgairement dite‖le Canada.‖—A Paris,‖chez Florentin Lambert, ruë‖Saint Iacques, vis à vis Saint Yves,‖à l'Image Saint Paul.‖M.DC.LXIV.‖Auec Permission.‖

> *₊* In-12. Titre un feuillet + dix ff. non chiffr. pour table, avant-propos et épître à Colbert (signée Pierre Boucher, De la ville des Trois-Riuières, en la Nouvelle France, le 8 Octob. 1663) + 168 pages.

«L'auteur de ce petit ouvrage n'est pas le P. Pierre Boucher, Jésuite, comme l'a cru M. l'Abbé Lenglet du Fresnoy, mais le Sieur Pierre Boucher, Gouverneur des Trois-Rivières, un des premiers Habitans de Nouvelle France. Il est mort agé de près de cent ans».

(Charlevoix, II, p. ij.)

1665. 123. Relation ‖ de ce qvi s'est passé ‖ de plvs remarqvable ‖ avx Missions des Péres ‖ de la Compagnie de Iesvs,‖en la‖ Novvelle France,‖és années 1663. & 1664.‖Enuoyée au R. P. Prouincial de la

Prouince||de France.||—A Paris,||chez Sebastien Cra- 1665.
moisy, & Sebast.||Mabre-Cramoisy, Imprimeurs ordi-
naires||du Roy & de la Reyne, ruë S. Iacques||aux
Cicognes.||M.DC.LXV.||Avec Privilege dv Roy.||

   ** In-8. Quatre feuillets préliminaires, dont 1 pour titre,
      2 pour lettre du P. Hierosme Lalemant, et 1 pour
      table et privilége. Texte 1—176 pages.

   124. Relation || de ce || qvi s'est passé || en la || Nov- 1666.
velle France,||és années 1664. & 1665.||Enuoyée au
R. P. Provincial de la Province||de France.||—A Paris,||
chez Sebastien Cramoisy, & Sebast.||Mabre-Cramoisy,
Imprimeurs ordinaires||du Roy, ruë S. Iacques aux
Cicognes.||M.DC.LXVI.||Avec Privilege dv Roy.||

   ** In-8. Six ff. préliminaires non chiffrés, dont 1 pour
      titre, 3 pour la lettre adresseé au P. Jacques Bordier
      par le P. François Le Mercier, datée de «Kebec le
      3 Novembre 1665», 1 pour privilége et 1 pour table.
      Texte 1—128 pages. Grande carte pliée portant le titre
      de: *Plans des forts faicts par le Regiment Carignan Salieres
      sur la Riuiere de Richelieu dicte autrement des Iroquois dans
      la Nouuelle France.* Ces forts furent construits par
      Messieurs de Chamblay, Sorel et de Salieres. Le chapitre
      I décrit le voyage de M. de Tracy et son arrivée à
      Québec.
        Dans les deux exemplaires de la Bibliothèque Natio-
      nale (LK[12] 742. Réserve.) il y a sous une pagination et
      des signatures spéciales, une *Lettre || de la R. Mere ||
      Superieure || des Religieuses Hospitalieres || de Kebec en la
      Nouuelle || France. || Du 23 Octobre 1665.* ||, 16 pages
      adressées à «Monsieur **** Bourgeois de Paris», signées
      à la page 19 «S. Marie de Sainte Bonnaventure de
      Iesvs, Sup. Ind. de l'Hospital de Kebec en la Nouuelle

1666.
France», et finissant par un appel ainsi conçu: *Messievrs et Dames qui auront la bonté de faires quelques charitez & aumosnes des Drogues & autres choses specificées au Memoire cy-dessus ecrit, sont priez de les enuoyer chez Monsieur Cramoisy Imprimeur ordinaire du Roy, ruë S. Iacques, ou de l'en faire avertir, & il ne manquera pas de les enuoyer querir.* Il n'est pas fait mention de cet appel dans la table des matières.

1667.   125. Journal de la marche du Marquis de Tracy contre les Iroquois de la Nouuelle France. — Paris, 1667.

. In-4.

Alexandre de Prouville, Marquis de Tracy, reçut le 19 Novembre 1663 la commission de Lieutenant-Général des Armées du Roi, et les fonctions et pouvoirs de Vice-Roi en Amérique, titre dont le comte d'Estrades était titulaire depuis au moins 1661, et que ce dernier semble avoir conservé jusqu'à sa mort, arrivée en 1686[1].

Partant de la Rochelle à bord du *Brésé* le 26 Février 1664, le Marquis de Tracy se rendit d'abord à Cayenne, puis à St. Domigue et à la Guadeloupe, et arriva en rade de Québec le 30 Juin 1665. A peine débarqué il commanda «sans delay quatre compagnies du Regiment de Carignan-Salliere, qui estoient arrivées les premieres, d'aller au plus tost se saisir des postes les plus avantageux, pour avoir le passage libre dans le païs des Iroquois».[2] De là l'origine du Fort Richelieu. Après deux expéditions malheureuses contre les Iroquois, la première sous le commandement de M. de Sorel, le Marquis de Tracy, malgré son âge avancé,[3] se mit à la

---

[1] Le comte d'Estrades était alors Ambassadeur en Hollande, où il résida en cette qualité jusqu'en 1668. Il eut pour successeur dans sa Vice-Royauté d'Amérique le comte d'Estrées, dont le fils, Marie-Victor, fut le dernier titulaire.

[2] Relation 1664—1665, p. 7.

[3] Charlevoix dit (1, p. 385) qu'il était «plus que septuagenaire»; mais c'est une erreur, M. de Tracy n'avait que soixante-deux ans. (*Lettres Historiques de la M. Marie de l'Incarnation,* lettre 70, p. 601.)

tête d'une troisième expédition, le 4 Septembre 1666. Elle dura près de deux mois, et M. de Tracy revint à Québec le 5 Novembre suivant; mais il ne repassa en France que le 28 Août 1667. A son retour il obtint le gouvernement de Dunkerque et du Château Trompette[1], où il mourut le 28 Avril 1670.[2]

Cette campagne dont il fut beaucoup parlé, coûta bien des hommes qui périrent de froid ou de faim, et sans amener d'autre résultat que la destruction de quelques cahuttes que les Iroquois avaient abandonnées. L'ouvrage ci-dessus semble devoir donner un Journal de la troisième expédition. Nous n'avons pu nous le procurer. Il est cité par Faribault (N°. 808), qui n'a fait que copier le P. Lelong, lequel n'avait peut-être en vue que la Relation des Jésuites ès années 1666.

126. Relation || de ce qvi s'est passé || de plvs remarqvable || avx Missions des Pères || de la Compagnie de Iesvs, || en la || Novvelle France, || aux années mil six cent soixante cinq, || & mil six cent soixante six. || Enuoyée au R. P. Iacqves Bordier || Provincial de la Province de France. || — A Paris || chez Sebastien Cramoisy & Sebastien Mabre-Cramoisy, Imprimeurs ordinai-||res du Roy, ruë S. Iacques, aux Cicognes. || M.DC.LXVII. || Avec Privilege du Roy.

∗ In-8. Quatre ff. préliminaires non chiffrés, dont 1 pour titre et 3 pour la lettre de François Le Mercier datée de «Kebec le 12 de Novembre 1666.» La table et le privilége sont au verso du dernier feuillet préliminaire. Texte pages 1—47, finissant par le mot Fin. Le verso de la page 47 est complètement blanc.

Le 3° chapitre décrit l'entrevue du fameux chef Indien Garacontié avec M. de Tracy, et donne le discours

---

[1] Lettre de Colbert à M. de Montdevergue, *apud* Joubleau, p. 409.
[2] Clément, *Correspondance de Colbert*, 1, p. 5 (note).

1667.

éloquent qu'il prononça à cette occasion. L'exemplaire de la Bibliothèque Nationale et celui de la Bibliothèque S^{te}. Geneviève contiennent la lettre annoncée à la fin de la table et qui commence par un feuillet portant le titre suivant: *Lettre* || *de la* || *Reverende Mere* || *Superieure* || *des Religieuses Hospitalieres de* || *Kebec en la Nouuelle France.* || *Du 3 Octobre* 1666, || 16 pages.

1668.

127. Relation || de ce qvi s'est passé || de plvs remarqvable || avx Missions des Peres || de la Compagnie de Iesvs. || En la || Novvelle France, || les années mil six cens soixante six, || & mil six cens soixante sept. || Enuoyée au R. P. Iacqves Bordier || Provincial de la Province de France. || — A Paris, || Chez Sebastien Cramoisy, || et Sebast. Mabre-Cramoisy, || Imprimeurs ordinaires du Roy, || ruë S. Iacques aux Cicognes. || M.DC.LXVIII. || Auec Priuilege du Roy. ||

₊ In-8. Quatre ff. préliminaires non chiffrés, dont 1 pour titre, 1 pour table et privilége et 2 pour lettre du P. François Le Mercier datée de «Kebec le 10 Novembre 1667.» Texte 1—160 pages. Le chapitre II contient le Journal du Voyage du P. Claude Allouëz dans le pays des Outvüacs (au Lac Supérieur dont le nom venait d'être changé en celui de Lac de Tracy). On trouve ici le: *Recit des merueilles arriuées en l'Eglise de sainte Anne du petit Cap, Coste de Beaupray, en la Nouuelle France, par M. Thomas Morel.*

Dans les deux exemplaires de la Bibliothèque Nationale il y a en plus: *Lettre* || *de la* || *Reverende Mere* || *Superieure* || *des Religieuses Hospitalieres* || *de Kebec en la Nouvelle France.* || *Du 20 Octobre* 1667, || 14 pages. Cette lettre n'est pas mentionnée dans la table des matières.

Bibliographie. III

128. Relation ‖ de ce qvi s'est passé ‖ de plvs re- 1669. marqvable‖aux Missions des Peres‖de la Compagnie de Iesvs, ‖ en la ‖ Novvelle France, ‖ aux années mil six cens soixante sept.‖ & mil six cens soixante huit.‖ Enuoyée au R. P. Estienne Dechamps‖Provincial de la Province de France. ‖ — A Paris, ‖ chez Sebastien Mabre-Cramoisy,‖Imprimeur du Roy,‖ruë S. Iacques aux Cicognes. ‖ M.DC.LXIX. ‖ Avec Privilege de sa Majesté. ‖

∗∗* In-8. Quatre ff. préliminaires non chiffrés, dont 1 pour titre, 2 pour lettre au P. Dechamps par le P. François Le Mercier et 1 pour table. Texte 1—219 pages. A la page 25 il y a la description du premier baptême conféré à une Iroquoise; et à la page 168 une lettre au sujet de la mort de la R. Mère Catherine de St. Augustin, Religieuse Hospitalière de Québec.

129. Relation ‖ de ce qvi s'est passé ‖ de plvs re- 1670. marqvable‖aux Missions des Pères‖de la Compagnie de Iesvs ‖ en la Novvelle France,‖les années 1668. & 1669. ‖ Enuoyée au R. P. Estienne Dechamps ‖ Provincial de la Province de France. ‖ — A Paris, ‖ chez Sebast. Mabre-Cramoisy, ‖ Imprimeur du Roy, ruë S. Iacques‖aux Cicognes.‖ M.DC.LXX.‖Avec Privilege de sa Majesté.‖

∗∗* In-8. Titre un feuillet. Texte 1—150 pages (la page 150 est marquée 140). Le format est un peu plus grand, et la vignette du titre représente des fleurs à la place des cicognes que l'on voit dans les Relations publiées avant celle-ci. Le chapitre II décrit la Mission dans le pays des Onnejoüts, tribu la plus guerrière des Iroquois.

1670. 130. De par le Roy. ‖ Extrait des Registres du Conseil d'Estat. ‖ — Paris, le 2. Iour de Iuin l'an de grace 1670.

₊ In-fol. Un feuillet, blanc au verso. «Arrest qui defend la fabrication des prétendus chapeaux appelez demy-Castors.» Signé FOUCAULT.

131. Arrest ‖ du Conseil d'Estat: ‖ qvi permet aux habitans ‖ de Canada, d'apporter en France des ‖ Moruës de la pesche dudit Païs, & du ‖ Charbon de Terre. ‖ *A la fin:* A Paris, ‖ Par Sebastien Mabre-Cramoisy, Imprimeur ‖ du Roy 1670. ‖

₊ In-4. Quatre pages. L'arrêt est daté du 16 Avril 1669.

132. Abrégé de la Requeste presentée au Roy ‖ Par Jeanne François, veuve du Sieur Emanuel Le Borgne, vivant chevalier de Saint Michel, ‖ & leurs enfans, Seigneurs & propriétaires de la meilleure partie de Laccadie & forts en dependans.

₊ In-fol. Un feuillet, *sine loco et anno* mais vers 1670.

1671. 133. La vie de la Mère Catherine de Saint Augustin, Religieuse Hospitaliere de la Miséricorde de Quebec en la Nouvelle France. — Paris, Florentin Lambert, 1671.

₊ In-8. Titre un feuillet + six ff. préliminaires. Texte 385 pages.

Bibliographie. 113

Cet ouvrage a été écrit par le P. Paul Ragueneau, et traduit en italien par le P. Benigno Pozzi, dont la traduction fut publiée à Naples en 1752, in-8.[1]

1671.*

134. Arrest ‖ du Conseil d'Estat ‖ du Roy. ‖ Du douzième Aoust 1671. ‖ Qui Ordonne que les Marchandises venant des Isles ‖ Françoises de l'Amérique & Canada, joüiront du benefice porté par l'Edit du mois de Feurier 1670. ‖ Et en consequence, qu'elles pouront sortir hors du ‖ Roïaume, sans païer aucuns Droits; Et que ceux qui ‖ auront esté païez à l'Entrée, seront rendus & resti- ‖ tuez, à l'exception neantmoins des Sucres Bruts, ‖ dont les droits seront restituez seulement après qu'ils ‖ auront esté rafinez. ‖ *A la fin.* A Paris, ‖ chez Guillaume Saugrain, à l'entrée du Quay de Gévres, ‖ du costé du Pont au Change, au Paradis. ‖

*** In-4. Quatre pages chiffrés.

135. Relation ‖ de ce qvi s'est passé ‖ de plvs remarqvable ‖ avx Missions des Peres ‖ de la Compagnie de Iesvs. ‖ En la ‖ Novvelle France, ‖ les années 1669. & 1670. ‖ Enuoyée au R. P. Estienne Dechamps ‖ Provincial de la Province de France. ‖ — A Paris, ‖ chez Sebast. Mabre-Cramoisy, ‖ Imprimeur du Roy, ruë S. Iacques ‖ aux Cicognes. ‖ M.DC.LXXI. ‖ Avec Privilege de sa Majesté. ‖

---

* *Histoire de l'Hotel-Dieu de Quebec.* — Paris, 1671, in-12.
(Catalogue Raetzel, N°. 1356.)
Nous pensons que se titre est erroné et que Ternaux, qui a rédigé ce catalogue, a voulu décrire *l'Histoire de l'Hotel-Dieu de Quebec, de 1639 à 1716*, par la Mère Juchereau de St. Ignace; imprimée à Paris en 1751, in-12.

[1] Leclerc. *Bibliotheca Americana*, N°. 1226.

8

1671. *₊* In-8. Cinq ff. préliminaires non chiffrés, dont 1 pour titre et 4 pour épître de François Le Mercier au P. Estienne Dechamps (privilége au verso). Texte pages 3—108 pour la première partie; faux-titre et pages 111—318 pour la seconde; feuillet blanc et 1 feuillet pour faux-titre de la : *Relation* || *des* || *Missions* || *aux Ovtaovaks,* || dont le texte est de 3—102 pages. Cette dernière Relation est du P. Dablon. La première partie est imprimée en caractères beaucoup plus gros que le reste de l'ouvrage. A la page 145 il y a un chapitre sur le voisinage des Hollandais. A la page 26 de la seconde partie nous remarquons un chapitre sur les «Mines de cuivre qui se retrouvent dans le Lac Supérieur.»

1672. 136. Description || Geographique || et Historique || des Costes || de l'Ameriqve || Septentrionale. || Avec l'Histoire naturelle du Païs. || Par Monsieur Denys, Gouuerneur Lieutenant || General pour le Roy, & proprietaire || de toutes || les Terres & Isles qui sont depuis le Cap de || Campseaux, jusques au Cap des Roziers. || — A Paris, || chez Louïs Billaine, au second || pillier de la grand'Salle du Palais, || à la Palme & au grand Cesar. || M.DC.LXXII. || Avec Privilege du Roy. ||

₊ Pet. in-8. Vol. I. Titre un feuillet + quinze ff. préliminaires. Texte 267 pages. Vol. II. Titre un feuillet + 480 pages + trois ff. de table. Le titre de ce second volume est : *Histoire* || *Naturelle* || *des Peuples, des Animaux, des* || *Arbres & Plantes de l'Amerique* || *Septentrionale, & de ses* || *diuers Climats.* || *Avec une Description exacte de la* || *Pesche des Moluës* . . . . . La page 4 de l'avertissement au lecteur annonce une carte et «quelques figures des choses qui concernent la pesche», que nous n'avons pu trouver dans aucun des huit exemplaires de cet ouvrage que nous avons consultés.

137. *Idem opus.* 1672.

A Paris, || Chez Claude Barbin, au Palais, sur le Perron de la sainte Chapelle. || M.DC.LXXII. || Avec Privilege du Roy. ||

∗ Pet. in-8, deux volumes. En tout sauf le titre, comme l'édition de Billaine.

«L'auteur de cet ouvrage était un homme de mérite qui eut fait un très-bon établissement dans la Nouvelle France, s'il n'eût point été traversé dans ses entreprises, et qui ne dit rien qu'il n'ait vû par lui-même. Il nous donne dans son premier volume une description fort exacte de tout le pays, qui s'étend depuis la Rivière de Pantagoüt, en suivant la Côte, jusqu'au Cap des Rosiers, qui est la pointe méridionale de l'embouchure du fleuve St. Laurent. Le second volume comprend l'Histoire naturelle du même Pays, et en particulier tout ce qui regarde la pêche de la morüe. L'Historien y traite en peu de mots des Sauvages de ces Cantons, de la nature et des richesses du Pays, des Animaux, des Rivières, de la qualité des bois: et il y a ajouté quelques traits historiques touchant les établissements de ceux qui partageoient avec lui la propriété et le Gouvernement de l'Acadie et des environs.»

(Charlevoix.)

138. Relation || de ce qvi s'est passé || de plvs remarqvable || avx Missions des Pères || de la Compagnie de Iesvs || en la || Novvelle France, || les années 1670. & 1671. || Envoyée au R. P. Jean Pinette || Provincial de la Province de France. || —A Paris, || chez Sebastien Mabre-Cramoisy, || Imprimeur du Roy, ruë S. Iacques, || aux Cicognes. || M.DC.LXXII. || Avec Privilege du Roy. ||

∗ In-8. Huit ff. préliminaires non chiffrés, dont 1 pour titre, 4½ pour épître du P. Claude d'Ablon au P.

1672.

Pinette, et 2¹/₂ pour table. Texte 1—44 pages pour la première partie; 45—86 pour la deuxième partie (appelée par erreur à la page 86 Troisième partie); 87—189 pages pour la troisième partie, et 1 page pour privilége. A la page 148 il y a une description de parhélies parus en 1671, avec une planche à la page 154; et à la fin, page 175, il est question des Illinois. Cette Relation contient une grande carte, portant le titre de *Lac Svperievr* || *et avtres lievx ou sont* || *les Missions des Peres de* || *la Compagnie de Iesvs* || *comprises sovs le nom d'Ovtoavacs.* || A la partie supérieure grand écusson aux armes de Louis XIV.

1673.

139. Relation || de ce qvi s'est passé || de plus re-marquable||aux Missions des Peres||de la Compagnie de Jesus||en la||Nouvelle France,||les années 1671. & 1672.||Envoyée au R. P. Jean Pinette,||Provincial de la Province de France.||Par le R. P. Clavde Dablon Recteur || du College de Quebec, & Superieur || des Missions de la Compagnie de Jesus || en la Nouvelle France. ||—A Paris,||chez Sebastien Mabre-Cramoisy,|| Imprimeur du Roy, ruë S. Jacques||aux Cicognes.|| M.DC.LXXIII.||Avec Permission. ||

₊ In-8. Huit ff. préliminaires, dont 1 pour titre, 3¹/₂ pour Epitre de Claude Dablon, 3 pour tables et ¹/₂ pour permission en deux lignes, signée de La Reynie. Texte 1—264 pages. A la page 207 commence: *La sainte mort* || *de Madame* || *de La Peltrie,* || *Fondatrice des* || *Religieuses Ursulines en la nou-* || *velle France; & de la Reveren-* || *de Mere Marie de l'Incarnation* || *premiere Superieure de ce Mo-* || *nastere.* || Dans les deux exemplaires de la Bibliothèque Nationale il y a, à la page 110, la grande carte du Lac de Tracy ou Supérieur qui se trouve dans la Relation imprimée en 1672.

140. Edit du Roi, portant révocation de la Compagnie des Indes Occidentales, et union au domaine de la Couronne, des terres, isles, pays et droits de la dite Compagnie; avec permission à tous les sujets de Sa Majesté d'y trafiquer. Donné à Saint-Germain-en-Laye, au mois de decembre, l'an de grace mil six cent soixante quatorze. — Paris, chez Prault. 1674.

** Nous empruntons ce titre à Moreau de St. Mery[1] qui n'indique pas le format.

141. Arrest||du Conseil||d'estat:||pour faire rendre compte||à ceux qui ont levé le droit de dix pour||cent au Païs de Canada.|| Du 12 Juin 1675.|| — A Paris.||Par Sebastien Mabre-Cramoisy, Impri-|| meur du Roy.|| M.DC.LXXV. || de l'expres comandement de Sa Majesté.|| 1675.

** In-4. Quatre pages.

142. Resultat du Conseil||du 24 May.||Portant adjudication a Maistre Iean Oudiette|| des Droits cy-devant appartenant à la Com-|| pagnie des Indes d'Occident, & autres.||........St. Germain en laye, le 24 May 1675.

** In-4. Dix pages. C'est au sujet de l'impôt de 10% levé pour acquitter les dettes de la Nouvelle-France,

---

[1] *Lois et constitutions des Colonies françaises de l'Amérique*, Paris, 1784, 4to. Vol. I, p. 283.

1677. 143. La Vie de la vénérable Mère Marie de l'Incarnation, première Supérieure des Ursulines de la Nouvelle France, tirée de ses lettres et de ses écrits. — Paris, Louis Billaine, 1677.

*** In-4.

« L'Auteur est D. Claude-Martin, fils de la Mère Marie de l'Incarnation; son ouvrage n'a d'autre défaut que de contenir bien des choses étrangères au sujet. C'est ce qui m'a engagé en 1724 de publier une nouvelle vie de cette excellente Religieuse, qui fut nommée la sainte Thérèse de France, et dont nous avons plusieurs ouvrages. Cette nouvelle Vie fut imprimée à Paris chez Briasson in-octavo. »[1]

(Charlevoix.)

Nous décrivons, sous la date de 1681, l'édition des Lettres de cette femme exaltée, mais pieuse et très-pratique.

Marie Guyard, en religion Marie de l'Incarnation, est née à Tours le 18 Octobre 1599. Devenue veuve, elle s'embarqua à Dieppe le 4 Mai 1639, en compagnie de Madame de la Peltrie, dans le but d'aller fonder au Canada, avec l'aide de cette dame, et d'après les conseils des PP. Jésuites, le premier couvent d'Ursulines, dont elle devint Supérieure. Elle vécut dans la Nouvelle-France jusqu'à l'époque de sa mort, arrivée à Québec au printemps de l'année 1672.[2]

Son fils, Claude Martin, né à Tours le 2 Avril 1619, entra dans l'ordre des Bénédictins, et devint un théologien distingué. Il mourut dans cette ville le 9 Août 1696.[3]

Nous avons rapproché la date de sa naissance, et celle du départ de Marie de l'Incarnation, afin de faire justice

---

[1] Et aussi chez P. G. Le Mercier, en 1735, in-8. Il y aurait même eu, d'après la *Bibliotheca Americana* de Leclerc (p. 78) une édition in-4, publiée en 1725.
[2] Relation 1671-72, p. 57.
[3] Dom Martène. *La Vie du Vénérable P. D. Claude Martin.* Tours, 1697, in-8. *Histoire Littéraire de la Congrégation de Saint Maur.* Paris, 1770, in-4. p. 163.

de l'allégation souvent répétée que Claude Martin aurait été cruellement abandonné par sa mère lorsqu'il avait à peine atteint l'âge de douze ans, et élevé on ne sait ni par qui ni comment. Lorsque sa mère partit, Claude Martin avait près de vingt ans, et continuait son noviciat chez les Bénédictins de Vendôme.

144. Av Roy‖et a Nosseigneurs de son Conseil,‖ Sire.‖Supplient humblement les Habitans du Païs de Canada,‖dit la Nouuelle France; Durant, que Monsieur de Petrée estant venu en la Province. Demandant que les lettres patentes de confirmation du mois d'Avril 1663 seront rapportées . . . .

*** In-4. *Sine anno et loco* (vers 1677), sept pages.

François de Laval de Montmorency, abbé de Montigny, est né à Laval le 23 Mars 1622. Il fut ordonné prêtre à Paris le 23 Septembre 1645, et grand vicaire d'Evreux en 1653. Depuis longtemps les associés de Montréal désiraient ériger un évêché au Canada. En 1656 ils renouvelèrent leurs démarches et proposérent Gabriel de Thubière de Levy Queylus, abbé de Loc-Dieu. Les Jésuites insistèrent pour que M. de Laval fut nommé évêque, Louis XIV y consentit, mais après bien des difficultés au lieu d'un évêché on se contenta d'un Vicariat Apostolique, dont M. de Laval devint titulaire avec le titre d'évêque de Pétrée, *in partibus*, le 27 Mars 1659. Il arriva à Québec le 16 Juin suivant, y resta trois années, et ce fut pendant ce premier séjour, en 1659 et en 1661, qu' après un conflit d'autorité avec l'Archevêché de Rouen, il fit expulser de la colonie M. de Queylus, qui avait été nommé en 1657 Grand Vicaire pour le Canada. A la suite de complications, de négociations et de critiques, par une bulle du 1er Octobre 1674, M. de Laval fut nommé Evêque de Québec, évêché auquel furent ajoutés les revenus de l'abbaye de Maubec dans le Diocèse de Bourges.

1677. C'est à M. de Laval qu'on doit l'établissement du Séminaire de Québec par lettres-patentes de Louis XIV en date du 26 Mars 1663. Il se démit de ses fonctions le 24 Janvier 1688, en faveur de M. de St. Vallier, et mourut à Québec le 6 Mai 1708.

Consulter pour l'histoire des premiers temps de l'évêché de Québec, l'Abbé Faillon, *Histoire de la Colonie Française en Canada*, Vol. III, chap. XII.

145. Arrest || du Conseil d'estat || du Roy, || Qui exempte de tous droits de sortie, & autres || generalement quelconques, les Marchandises qui seront || chargées dans le Royaume, pour estre portées en Canada || à la charge par ceux qui les feront sortir, de faire leurs || soumissions de raporter || six mois après, un certificat de la || decharge d'icelles au dit Païs, etc. 10 May 1677. *A la fin:* A Paris, || Chez Joseph Saugrain, au milieu du Quay de || Gêvres, à la Croix Blanche. ||

*** In-4. Deux ff. chiffrés.

1678. 146. Catalogus || librorum || Sebastiani || Mabre-Cramoisy, || Typographi Regiis || sive qvos ipsemet edidit, || aut quorum ab avo suo Sebastiano Cramoisio || editorum copiam habet. || — Parisiis, || via Iacobæa, sub Cicogniis. || M.DC.LXXVIII. ||

*** In-12. Titre un feuillet + cent cinq pages chiffrées. *Index Auctorum*, sept feuillets.

A la page 15, nous remarquons: «*Diverses Relations de Canada, de la Chine, de la Cochinchine, des Indes Orientales, des Indes Occidentales, de la Martinique, d'Ethiopie.* 8.»

Une note manuscrite porte le prix des Relations à vingt sols, et le *Cluxius* (*supra*, No. 120) à cinq francs.

147. Recueil || de voyages || de Mr. || Thevenot. || 1681. Dedié av Roy. || — A Paris, || Chez Estienne Michallet || ruë S. Iaques à l'Image S. Paul. || M.DC.LXXXI. || Avec Privilege du Roy. ||

₊ In-8. Titre un feuillet + 16 pages pour avis et table des pièces qui composent en partie le grand Recueil in-fol., + 43 pages pour *Decouverte de quelques pays et Nations de l'Amerique* Septentrionale, + 18 pages pour voyage de l'Ambassadeur du Tzaar, + 1 f. blanc, + 32 pages pour Discours sur la Navigation, + 20 pages pour l'Ephémère, + 13 pages pour planches anatomiques, + 8 pages et 1 planche pour le Cancellus, + 16 pages pour le cabinet de Swammerdam. *Carte de la decouuerte* || *faite l'an* 1673 *dans l'Amérique* || *Septentrionale.* || *Liebaux fecit.* || + Carte de la route de Tasman, + planche pliée pour la terre d'Ielmer.

I.

Depuis l'année 1639 les colons du Canada avaient des indices sur l'existence d'un grand fleuve qu'ils pensaient devoir déboucher près du golfe du Mexique ou dans une mer située plus à l'Ouest. Les premières notions avaient été recueillies par Jean Nicolet, lors de son voyage à Green Bay et à la Rivière des Renards; et l'on doit reconnaître que l'idée d'explorer ces régions inconnues date non seulement de ces données, mais que les Jésuites furent les premiers à l'exprimer.[1]

---

[1] «Mais je diray en passant que nous avons de grandes probabilités, qu'on peut descendre par le second grand lac des Hurons, et par les peuples que nous auons nommés dans cette mer qu'il cherchoit (Dermer, l'Anglais, que M. de Montmagny renvoya du Canada en Juin 1640). Le Sieur Nicolet qui a le plus avant pénétré dedans ces pays si éloignés, m'a asseuré que s'il eust vogué trois jours plus auant sur un grand fleuve qui sort de ce lac qu'il auroit trouvé la mer qui respond au Nord de la nouvelle Mexique, et que de cette mer, on auroit entrée vers le

1681. D'autres rapports parvinrent plusieurs fois aux missionnaires, et nous voyons qu'en 1666 le P. Jean Alloüez pouvait parler du grand fleuve et le citer sous le nom qu'il porte encore aujourd'hui: le *Messipi*.[1]

Un Normand, René Robert Cavelier, Sieur de la Salle, devait tenter le premier d'arriver à cette rivière lointaine que beaucoup supposaient conduire à la Chine et au Japon.

Né à Rouen, où il fut baptisé le 22 Novembre 1643[2], de la Salle appartenait à une famille de marchands aisés. Elevé chez les Jésuites, mais ne se sentant pas la vocation pour entrer dans les ordres, il sortit du Séminaire en 1666. De l'héritage de son père, de la Salle n'obtint que le capital de 400 livres de rentes Muni de cette somme modique, il s'embarqua pour aller tenter la fortune au Canada, idée qui peut-être lui était venue en voyant que son oncle avait figuré parmi les cent-sept associés fondateurs de la fameuse Com-

---

Japon et vers la Chine; néantmoins comme on ne scait pas où tire ce grand lac, ou cette mer douce, *ce seroit une entreprise généreuse d'aller descouvrir ces contrées.*» (Relation de l'année 1640, chap. X, p. 36).

«Les Sauvages qui habitent la pointe de ce lac la plus éloignée de nous ont donné des lumières toutes fraisches qui ne deplairont point aux curieux, touchant le chemin du Japon et de la Chine, dont on a fait tant la recherche. Car nous apprenons de ces peuples, qu'ils trouvent la mer de trois costez; du costé du Sud, du costé du Couchant, et du costé du Nord... et de la mesme extrémité du lac Supérieur, tirant au Suoüest, il y a environ deux cent lieuës iusqu'à vn autre lac qui a sa décharge dans la mer Vermeille, coste de la grande Mer du Sud; et c'est de l'vn de ces deux costés que les Sauvages qui sont à quelques soixante lieuës plus à l'Occident de nostre lac Supérieur, ont des marchandises d'Europe, et mesme disent avoir vu les Européens. *Si l'Iroquois le permet nous pourrons bien nous aller éclairer plus nettement.*» (Relation de 1660, chap. III, p. 9.

[1] «Les Illounouëe parlent Algonquin; mais beaucoup différent de celuy de tous les autres peuples. Ils ne demeurent pas dans ces quartiers, leur païs est à plus de soixante lieuës d'icy, du costé du Midy, au delà d'une grande reviere qui se décharge, autant que je puis coniecturer, en la Mer, vers la Virginie.»

«Les Nadouessionek. Ce sont peuples qui habitent au couchant d'icy, vers la grande rivière, nommée *Messipi*». (Relation de 1667, chap. XI et XII, pp. 21—23.)

[2] M. Margry.

pagnie de la Nouvelle-France, et que son frère, l'abbé Jean Cavelier, Sulpicien, habitait ce pays.

Pionnier d'abord, au lieu appelé aujourd'hui La Chine, il vendit la concession qu'il avait obtenue gratuitement de l'abbé de Queylus, et à l'instigation de M. de Courcelles et de M. Talon[1] commença la carrière qui devait l'illustrer. S'associant avec deux Sulpiciens, François Dollier de Casson, ancien officier de cavalerie, prêtre du Diocèse de Nantes qui avait été envoyé au Canada en 1666 par M. de Bretonvilliers, et René Brehan de Galinée, diacre du Diocèse de Rennes, il se mit bravement en leur compagnie à la recherche des régions inconnues. Le but de cette première expédition était d'arriver à l'Ohio, grand fleuve non encore exploré et qu'on confondait peut-être alors avec le Mississipi. Partis des environs de Montréal le 16 Juillet 1669, les trois voyageurs et leur escorte remontèrent le St. Laurent, côtoyèrent la rive sud du lac Ontario, et arrivèrent le 24 Septembre suivant au village de Tenaoutoua, où ils rencontrèrent deux compatriotes qui y étaient depuis la veille. Un de ces Français était Louis Jolliet[2], que M. de Courcelles avait envoyé à la

---

[1] «C'est aux premières de ces découvertes que nous avons envoyé Monsieur de Courcelles et moyle Sr. de la Salle qui a bien de la chaleur pour ces entreprises.» *Mémoire adressé au Roi par M. Talon*, de Québec le 10 Novembre 1670. — Archives du Ministère de la Marine, Ms. Voir aussi Brodhead, vol. IX. p. 64. — Dans ce dernier mémoire, en date du 10 Octobre 1670, le nom de de la Salle n'est pas mentionné parmi les «aduanturiers en Campagne qui sont en la decouverte de pays inconnus.»

Jean Talon, ancien Intendant du Hainaut, l'administrateur le plus éminent que Louis XIV ait envoyé au Canada, et à qui la France est redevable des premières découvertes de de la Salle, de Daumont de St. Lusson, de Denys de Saint Simon et de Jolliet, reçut sa commission d'Intendant du Canada le 23 Mars 1665, et débarqua à Québec en compagnie de M. de Courcelles le 12 Septembre suivant. M. Talon retourna en France en 1668, revint au Canada en 1670, fut anobli en 1671, sous le titre de Baron des Islets, et repassa définitivement en France en 1672. En 1675 il obtint pour lui et ses héritiers la baronnie d'Ormale. Il semble avoir été un descendant d'Artus Talon, frère du premier Omer Talon, et originaire de la Champagne.

[2] Louis Jolliet est né à Québec, où il fut baptisé le 21 Septembre 1645. Il était fils de Jean Jolliet, natif de la Brie, charron de la com-

1681. découverte d'une mine de cuivre au Lac Supérieur. Il revenait sans avoir réussi, mais après s'être rendu compte des magnifiques pays qui avoisinent les grands lacs. Par ses descriptions, Jolliet dissuada les Sulpiciens de poursuivre la route qu'ils s'étaient tracée, et le 1er Octobre ils partirent dans la direction du lac Erié. M. M. Dollier et de Galinée arrivèrent effectivement aux rives de ce lac, le 14 Octobre, y hivernèrent, et le 23 Mars 1670 prirent possession au nom du Roi de France des régions environnantes, qu'ils qualifiaient de «Paradis Terrestre du Canada».

Malade, de la Salle s'était refusé à les suivre, mais aussitôt les Sulpiciens partis, il continua sa route, suivi de ses quatorze engagés. Après avoir passé Onondaga, le courageux voyageur toucha à quelque distance du lac une petite rivière qui le conduisit à l'Ohio, fleuve qu'il descendit. Jusqu'où? Atteignit-il le Mississipi?

C'est ici que surgissent un doute et une question de priorité.

Doit-on admettre que Jolliet lors de son entrevue avec de la Salle à Tenaoutoua en 1669, ou en conséquence des renseignements fournis à Jolliet par de la Salle ou par les confidences de ce dernier, avant l'année 1673, conçut l'idée de l'exploration que lui, Jolliet, devait tenter plus tard avec le P. Marquette; ou doit-on croire que c'est de la Salle qui emprunta à Jolliet[1] lors du retour de ce dernier en 1674,

---

pagnie des Cent Associés. Il reçut la tonsure et les ordres mineurs le 10 Août 1662, termina avec distinction sa philosophie au Collége des Jésuites en 1666, et abandonna l'état ecclésiastique vers 1668, pour se livrer aux explorations et à la traite des pelleteries. (Ferland, *Notes sur les Régistres de N. D. de Québec*, 1863, in-8, p. 51).

[1] «When Jolliet passed down Lake Ontario, in 1674, he stopped at Fort Frontenac where La Salle was then commander under Frontenac. He was thus one of the first to know the result of Jolliet's voyage, and, perhaps, was one of the few that saw his maps and journal which were lost before he reached the next French post.» Shea, *loc. cit.*, p. XXXIV.

Il est évident que Jolliet qui se rendit en canot à Montréal lorsqu'il fit naufrage sur le St. Laurent le 14 Août 1674, dut passer par le Fort Frontenac, mais il n'est pas prouvé que de la Salle y fut alors. Par sa pétition adressée au Roi en 1674 pour obtenir la concession et la les renseignements qui devaient lui permettre d'accomplir son grand voyage de 1679—1682?

Enfin de la Salle a-t-il découvert le Mississipi en 1669, ou en 1671, c'est-à-dire, plusieurs années avant Jolliet et Marquette?

Charlevoix[1], Jared Sparks[2], M. J. Gilmary Shea[3] et le P. Tailhan[4] décident en faveur de Jolliet et du P. Marquette. Les Recollets[5], M. Margry[6], M. Gravier[7], au contraire déclarent que c'est à Cavelier de la Salle que revient l'honneur de la découverte du grand fleuve. Mr. Parkman,[8] avec son grand sens historique, ne croit pas que le fait soit prouvé.

Les Recollets se contentent d'affirmer. M. Margry et M. Gravier, d'après lui, s'appuient sur des documents. Nous nous proposons de les examiner.

Ce serait d'abord des faits signalés « d'après un mémoire de René Brehan de Galineé. »[9] Nous n'avons pu nous le procurer; mais il est certain que lorsque l'abbé de Galinée se sépara de de la Salle à Tenaoutoua, personne de l'expédition n'avait encore vu le Mississipi; et comme les deux Sulpiciens

---

Seigneurie du Fort de Frontenac ou Kaharakouy (Brodhead, IX, p. 122). — de la Salle dit bien qu'il y avait commandé quelque temps, mais il était en France en 1674. « L'année suivante, 1674, M. de la Salle passa en France afin de demander la propriété du Fort de Kaharakouy au Roi. » *(Hist. de la Colonie Francaise en Canada,* vol. III, p. 472.) Comme nous n'avons pas la date précise du voyage de de la Salle en France, on peut à la rigueur supposer qu'il était au fort en Août 1674, mais le fait de rapports personnels ou d'une communication de la découverte faite par Jolliet et des documents qui en témoignent, ne peut être ici qu'une simple conjecture.

[1] *Histoire de la Nouvelle France,* I, p. 454.
[2] *Library of American Biography,* 2d series, vol. 1.
[3] *Discovery and exploration of the Mississipi Valley.*
[4] *Mémoires sur les mœurs des Sauvages, par Nicolas Perrot.* Paris 1864, in-8, notes, p. 280.
[5] Le P. Douay, *ap.* Le Clercq, *Etablissement de la Foy,* II, p. 300.
[6] *Journal de l'Instruction Publique,* 30 Juillet — 17 Septembre 1862.
[7] *Découvertes et Etablissement de Cavelier de la Salle.* Paris, 1870, in-8.
[8] *Discovery of the Great West,* p. 25.
[9] *Journal de l'Instruction Publique,* 1862, p. 625.

1681. s'en allèrent dans une autre direction, et ne purent revoir de la Salle que deux ans plus tard, le témoignage de Gallinée ne saurait être ici d'une incontestable valeur. Mais nous croyons que cette désignation est erronée, et qu'il s'agit d'un mémoire que M. Margry attribue *à un ami de Gallineé*, et que M. Parkman[1] suppose avoir été rédigé par Louis-Armand de Bourbon, second prince de Conti, protecteur ardent de Cavelier de la Salle.

D'après M. Parkman, qui a réussi à en obtenir une copie, c'est un écrit anonyme, non daté, rempli d'erreurs de noms et de latitudes, extrêmement partial à l'égard de de la Salle, et dont on ignore la provenance. Le manuscrit est divisé en deux parties; la première porte le titre de *Mémoire sur Mr. de la Salle*, et semble être un factum de quelque Janséniste contre les Jésuites, l'autre est intitulé *Histoire de Mr. de la Salle*, et serait le résumé de plusieurs conversations tenues par l'auteur avec de la Salle, à Paris, dans l'été de 1678. Nous ignorons, si la rédaction définitive est de cette année ou d'une époque postérieure.

Avec des données aussi limitées, il est difficile de juger de l'authenticité de cet écrit, et nous en sommes réduits à porter notre examen sur quelques fragments que M. Parkman a eu la prévoyance d'ajouter en note à son excellent ouvrage: *The Discovery of the Great West*.

Nous prenons notre premier extrait au moment, où après s'être séparé des Sulpiciens à Tenaoutoua, le 1er Octobre 1669, de la Salle avec ses quatorze engagés reprend sa course vers l'Ouest.

«Cependant M. de la Salle continua son chemin par une rivière qui va de l'est à l'ouest... et estant parvenu jusqu'au 280me ou 83me dégré de longitude, et jusqu'au 41me dégré de latitude, trouva un sault qui tombe vers l'ouest dans un pays bas.... il trouva quelques sauvages qui lui dirent *que fort loin de là* le mesme fleuve qui se perdoit dans cette terre basse et vaste se reunissoit dans un lit. Il continua

---

[1] *The Great West*, p. 101.

donc son chemin, mais comme la fatigue estoit grande, 23 ou 24 hommes qu'il avoit menez jusque là le quittèrent tous en une nuit, regagnèrent le fleuve et se sauvèrent..... Il se vit donc seul à 400 lieues de chez luy, où il ne laisse pas de revenir, remontant la rivière.....»

1681.

D'après ce récit, arrivé au Saut, de la Salle apprend par des sauvages qu'au delà, « fort loin », ce même fleuve (l'Ohio nécessairement), « se réunissait dans un lit »; mais il n'est nullement question de large rivière descendant du Nord au Sud, et allant se perdre dans le golfe du Mexique; et encore moins d'une expédition dans le but de vérifier l'assertion des sauvages. Il continue son chemin, il est vrai, mais abandonné par ses hommes qui regagnent la rivière (par laquelle ils étaient venus), lui-même revient à cette même rivière, qu'il remonte.

C'est au critique à décider, si la phrase « il continue donc son chemin » implique qu'il a franchi ainsi seul, malgré la fuite de ses compagnons, en dépit de la fatigue et des obstacles, à travers « une terre basse et vaste », les 380 milles qui le séparaient encore du Mississipi. Nous ne croyons pas que le ton et l'ensemble du passage cité se prêtent à une semblable interprétation.

C'est donc dans un autre extrait, qu'il faut chercher la découverte du Mississipi par de la Salle. Le mémoire, racontant une seconde expédition dit que ce hardi voyageur, s'embarquant sur le lac Érié, entra par le détroit dans le lac Huron, lequel il remonta jusqu'à la péninsule de Michigan, et passant la Baie des Puants, « Il reconnut une large baye incomparablement plus large; au fond de laquelle vers l'ouest, il trouva un très beau hâvre, et au fond de ce hâvre un fleuve qui va de l'est à l'ouest. Il suivit ce fleuve[1] et estant parvenu jusqu'environ le 280me dégré de longitude et le 39me latitude, il trouva un autre fleuve qui se joignant au premier couloit du nord

---

[1] Si c'est l'Illinois, il peut y être entré par la rivière Chicago, après avoir porté son canot par terre jusqu'à la rivière des Plaines qui se jette dans l'Illinois.

1681. ouest, et il suivit ce fleuve jusqu'au 36ᵉ degré de latitude.»[1] Mais quelle est l'époque précise de ce second voyage? Est-elle antérieure ou postérieure à 1674? C'est ce que le mémoire passe sous silence. N'a-t-on pas aussi lieu de s'étonner que de la Salle soit allé au Mississipi par cette route? A en juger par la description du voyage de 1669 telle que le mémoire anonyme nous la donne, lorsque de la Salle s'arrête au saut de l'Ohio et revient à Québec, ce n'est pas parce qu'il croit la route impraticable. Il est au contraire persuadé que c'est le chemin du Mississipi; malheureusement se voyant abandonné par son équipe, il retourne sur ses pas, le cœur navré, mais décidé à revenir. On croirait que lorsque dans l'automne de 1670, par l'ordre de M. Talon, il se remet de nouveau en route pour continuer ses explorations «au costé du Sud de ce païs»,[2] il va tout naturellement reprendre cette route, qu'il connaît, dans laquelle il croit, et qu'il n'a quittée la première fois qu'à son corps défendant. Comment se fait-il que ce ne soit pas par le Sud, mais par le Nord-Ouest, à une distance si considérable, qu'il tente de nouveau cette découverte?

Les partisans de de la Salle trouvent une confirmation du mémoire anonyme dans les cartes de Jolliet que nous décrivons plus loin, mais ces cartes ne donnent pas comme route suivie par de La Salle l'extrême nord des grands lacs et de la rivière des Illinois; elles précisent *la ligne de l'Ohio*, ce qui est bien différent. Le tracé de Jolliet se rapporte donc forcément à la première expédition de 1669, laquelle d'après le mémoire même qu'on invoque eut pour limite extrême les environs du saut de Louisville.

Mais il y a un autre témoignage qui est autrement important, c'est celui que nous donne Cavelier de la Salle lui-même, à une époque qui est presque celle du mémoire anonyme, et en tout cas, postérieure de trois ans au retour de

---

[1] Quoi de plus erroné que ces chiffres? En les appliquant aux cartes de l'époque, celle de Coronelli par exemple, 280 long. × 39 lat. reportés sur une carte actuelle nous donne la rivière de l'Illinois à plus de trois dégrés du Mississipi.

[2] Talon. *Mémoire au Roy*, 2 Novembre 1671.

Jolliet, et à sept ans de ce second voyage de Cavelier de la 1681. Salle, qu'on représente comme décisif.

Dans un Mémoire adressé par de la Salle au Comte de Frontenac, en date du —— 1677[1], parlant à la troisième personne, de la Salle dit que «l'année 1667 *et les suivantes,* il fit divers voyages avec beaucoup de dépenses, dans lesquels il découvrit le premier beaucoup de pays, au sud des grands lacs, entre autres, la grande rivière d'Ohio. Il la suivit *jusqu'à un endroit où elle tombe,* de fort haut, dans de vastes marais, à la hauteur de 37 degrés, *après avoir été grossie par une autre rivière fort large,* qui vient du nord; et toutes ces eaux se déchargent, selon toutes les apparences, dans le golfe du Mexique, et lui font espérer de trouver une nouvelle communication avec la mer . . . . . . »

Voici donc, de l'aveu de de la Salle lui-même, le bilan de ses découvertes dans ces régions jusqu'à l'année 1677.

La première phrase, à laquelle le critique s'arrête dans cet extrait, c'est celle où de la Salle dit avoir le premier découvert beaucoup de pays au Sud des grands lacs, « entre autres la grande rivière d'Ohio.»

Que signifient ces mots, impliquent-ils la découverte du Mississipi?

A l'époque où de la Salle se livrait tout entier à l'exploration de ces régions inconnues, il était possédé d'une idée fixe, idée que tout le monde à la Nouvelle-France depuis le gouverneur et l'intendant jusqu'aux missionnaires et aux coureurs de bois, partageait et rêvait de voir se réaliser.

Cette idée était la découverte d'un fleuve immense, que des traditions et de vagues rapports disaient conduire à la mer Vermeille ou dans le golfe du Mexique, à proximité des mines de S^te. Barbe où l'imagination et la convoitise voyaient miroiter des richesses incalculables, qu'il eut été de bonne guerre de ravir aux Espagnols.

Est-il probable que si de la Salle eut découvert ce fleuve tant désiré, cette route du nouveau Pactole, et que s'adressant

---

[1] Cité par M. Margry. *Journal de l'Instruction Publique,* 1862, p. 625.

1681. au Gouverneur Général du Canada; dont il sollicitait l'appui, il se fut contenté de cette piètre expression «entre autres», pour s'étendre avec complaisance sur la découverte de l'Ohio, dont le principal mérite était justement d'être un des affluents supposés de ce fleuve fameux?

Maintenant doit-on supposer que la «rivière fort large» dont il parle est le Mississipi même? Mais de la Salle déclare qu'elle se jette dans l'Ohio avant d'arriver au Saut. Or, le Mississipi n'a aucun Saut au sud des chûtes de St. Antoine (qui ne furent découvertes que plusieurs années après)[1], tandis que l'Ohio dans tout son parcours n'en a qu'un seul, lequel se trouve à 38 dégrés et quelques minutes de latitude nord. De la Salle dit n'être allé que jusqu'à ce saut. Mais de ce saut au Mississipi il y a une distance de plus de 300 milles, alors couverte, paraît-il, en partie «de vastes marais»; et rien dans son mémoire n'indique qu'il ait franchi une distance aussi considérable et si difficile à parcourir.

Si au contraire on veut supposer que de la Salle s'est trompé et a voulu dire que c'est *après* et non avant le Saut que cette large rivière vient grossir l'Ohio, on n'a pas encore démontré que ce serait le Mississipi, car avant d'arriver au grand fleuve il y a une autre «large riviere», venant du Nord, qui se jette dans l'Ohio: la Wabash.

Il reste donc acquis que les détails donnés par de la Salle dans son Mémoire au Cte. de Frontenac sur la route qu'il a suivie dans cette découverte, loin de confirmer le mémoire anonyme y contredisent.

Il y a encore d'autres faits qui militent contre l'opinion que de la Salle aurait découvert le Mississipi en 1670 ou avant Jolliet. Dans aucun écrit contemporain ou pendant un siècle après, on ne trouve de la part de de la Salle ou de celle de ses héritiers, une revendication de la découverte du Mississipi. Et cependant, lorsqu'il écrivait le mémoire adressé à Frontenac et tenait les conversations que l'auteur du mémoire anonyme lui attribue, la découverte de ce grand fleuve était ouvertement et hautement attribuée à Jolliet et

---

[1] Par Greysolon Du l'hut ou par le P. Hennepin en 1682.

à Marquette, tant au Canada qu'en France, depuis plus de trois ans. Et lorsqu'on songe qu'à cette époque de la Salle et Jolliet étaient rivaux dans des démarches auprès du Gouvernement pour obtenir la concession du lac Erié, et que les passages que nous avons cités proviennent de mémoires rédigés dans le but de faire prévaloir les droits de Cavelier de la Salle sur ceux de son concurrent, on est étonné de l'absence de toute réclamation.

Il y a une négation cependant qui émane du Cte. de Frontenac. Elle se trouve dans une lettre où il est dit que: «Sur l'avis qu'ont eu les Jésuites du dessein de M. de la Salle de demander la concession du lac Erié, ils ont résolu de faire demander eux-mêmes cette concession pour les Sieurs Jolliet et Lébert, gens qui leur sont tout dévoués, et le premier desquels il ont tant vanté, par avance, *quoiqu'il n'ait voyagé qu'après le Sieur de la Salle,* lequel mesme vous temoignera que la relation de M. Jolliet est fausse en beaucoup de choses.»[1]

De quelle relation est-il ici question? C'est ce qu'on ignore, cependant nous pouvons affirmer qu'il ne s'agit ni des cartes ni des lettres de 1674,[2] mais d'une relation et de cartes de Jolliet produites probablement en France vers l'année 1680, et aujourd'hui perdues.

Quant au témoignage de de la Salle que le Cte. de Frontenac invoque, nous le possédons, et il est loin d'être concluant. Il se trouve consigné dans un mémoire adressé par de la Salle à Frontenac, le 9 Novembre 1680.[3]

Cette pièce rédigée dans le seul but de démontrer «la nécessité de poursuivre la découverte du Mississipi,» ne contient que quelques lignes à l'adresse de Jolliet et de ses decouvertes; les voici:

«Il n'y a pas d'European à l'embouchure de la grande riviere Colbert, et le monstre, dont le Sr. Jolliet a apporté la figure, est un grotesque peint par quelque Sauvage de

---

[1] Margry. *Journal de l'Instruction publique,* 1862. p. 659.
[2] Cf. *infra,* page 132, note 1.
[3] Archives scientifiques de la Marine, Carton 67^2. N°. 15, publié par Thomassy, *De la Salle,* page 18.

1681. cette riuiere dont personne n'a veu l'original. Il est à une Journée et demie de Crevecoeur et si le Sr. Jolliet *eust descendu un peu plus bas*, il en eust veu vn plus affreux. Il n'a pas fait reflexion que les Mosopolea qu'il marque dans sa carte, étoient entièrement détruits *auant son voiage*.»

«Il marque dans cette même carte quantité de nations qui ne sont que les noms des familles qui composent celle des Ilinois : les Prouerea, Carcarchias, Tamaroa, Korakoenitanon, Chinko, Caokia, Chepoussea, Amanakoa, Ooukia, Acansa[1] et plusieurs autres formant le village des Ilinois.»

Les critiques de de la Salle ne s'appliquent ici qu'à des erreurs de détails, et il est à remarquer que loin de contredire au voyage de Jolliet, elles le confirment. Maintenant comment se fait-il que de la Salle ayant connaissance et du voyage et des prétentions de Jolliet à la découverte du Mississipi, ne profite pas de l'occasion pour nier cette découverte? Dans ce mémoire, où il ne s'agit absolument que du grand fleuve, de la Salle n'élève pas une seule fois la voix pour en revendiquer la découverte; et lorsque le nom de son rival se présente à sa pensée, il ne songe qu'à lui reprocher d'avoir pris une espèce pour un genre, et un monstre peint sur une falaise pour un être vivant, quand il devrait accuser Jolliet de lui dérober une gloire conquise au prix de tant d'efforts.

Si malgré notre interprétation de ce passage on persiste à dire que Frontenac maintient les droits de de la Salle sur les prétentions de Jolliet, le critique se trouve en présence d'une difficulté insurmontable. Il se voit obligé d'accuser le Cte. de Frontenac de se contredire.

Dans sa lettre du 14 Novembre 1674, lettre qui accompagnait une des cartes que nous citons plus loin, Frontenac revendique hautement pour Louis Jolliet l'honneur d'avoir accompli la découverte du Mississipi: «Le Sr. Jolliet que M. Talon m'a conseillé d'envoyer à la decouuerte de la mer du Sud lorsque j'arriuay de France, en est de retour depuis

---

[1] Pas un seul de ces noms ne se trouve dans les cartes ou les lettres de Jolliet de 1674, ni dans la carte ou la relation du P. Marquette. Ces critiques s'adressent donc à des documents d'une date postérieure.

trois mois et a decouuert des Païs admirables et une nauigation si aysée par les belles riuieres qu'il a trouuées, que du lac Ontario, et du fort Frontenac, on pourroit aller jusques dans le golphe du Mexique.... Il a esté jusques a dix journées près du golphe de Mexique et croit que par les Riuieres qui du costé de l'ouest tombent dans la *grande Riuiere qu'il a trouuée qui va du Nord au Sud*, et qui est aussy large quest celle de St. Laurens vis à vis de Quebec on trouueroit des Communications deaux....... Il auoit laissé dans le lac Superieur au Saut de Ste Marie chez les Peres, des copies de ses journeaux que nous ne sceaurions auoir que lannée prochaine, par ou vous apprendrez plus de particularitez de cette decouuerte, dont il s'est très bien acquité.»

Nous laissons au lecteur la tâche de concilier l'opinion émise par Frontenac sur Jolliet en 1674, lorsqu'il voyageait d'après ses ordres, et celle qu'il exprime sur ce même Jolliet six ans plus tard lorsqu'il est persuadé que Jolliet voyage de compte à demi avec les Jésuites dont lui, Frontenac, est, et avec raison, l'adversaire déclaré.[1]

Mais il y a d'autres documents. Ce sont précisément les cartes dont une accompagnait la lettre de Frontenac de 1674.

Ces deux cartes donnent la route suivie par Jolliet et Marquette lors de leur voyage au Mississipi, et marquent le débouché de l'Ohio dans le grand fleuve. L'une porte au dessous du tracé de l'Ohio ces mots: *Route du Sieur de la Salle pour aller dans le Mexique*; l'autre donne au même endroit la légende suivante: *Riviere par ou descendit le Sieur de la Salle, au sortir du lac Erié, pour aller dans le Mexique.*

C'est au critique de démontrer que ces légendes veulent dire que de la Salle descendit l'Ohio dans l'espérance d'atteindre le golfe du Mexique par cette rivière; ou qu'ayant connais-

---

[1] Plus tard le Cte. de Frontenac semble être revenu à une opinion plus flatteuse de Jolliet. «M. de Champigny, dit-il, n'est pas moins disposé que je le suis à ayder Jolliet en tout ce qui se pourra, et il le mérite assurément.» Lettre du Cte. de Frontenac à M. de Lagny, en date du 2 Novembre 1695. Ms. aux Archives du Ministère de la Marine.

Le fait est que Louis Jolliet était un très-honnête homme, aussi zélé qu'instruit.

1681. sance du fait que l'Ohio se jette dans le Mississipi, il était convaincu de la possibilité d'arriver au golfe du Mexique par ce grand fleuve; et qu'en réalité il avait descendu l'Ohio non seulement jusqu'au Saut, mais assez au-delà pour avoir pu apercevoir le Mississipi et même y entrer.

Si l'on admet cette dernière interprétation, de l'aveu même de Jolliet, Cavelier de la Salle aurait découvert le Mississipi avant Jolliet et Marquette, puisque ces légendes se rapportent forcément à l'expédition de de la Salle en 1669,[1] tandisque Jolliet et Marquette n'ont fait leur remarquable voyage qu'en 1673.

Mais alors pourquoi Jolliet intitule-t-il sa carte «*Carte de la descouuerte du Sr Jolliet*», et comment peut-il écrire au comte de Frontenac à la date du 10 Novembre 1674. «Je descendis jusqu'au 33me degré, entre la Floride et le Mexique par une riuiere sans portage ni rapides, aussi grande que le fleuve Saint-Laurent, devant Sillery, laquelle va se décharger dans le golfe de Mexique»? Pourquoi dans la lettre qui accompagne cette fameuse carte, dit-il au Cte. de Frontenac en parlant du Mississipi, «cette grande riuiere qui porte le nom de Colbert pour avoir esté *découverte* ces dernières années 1673 et 1674, *par les premiers ordres que vous me donnastes*»; et comment Frontenac, lui, l'ami, l'associé, le protecteur zélé de de la Salle, se rend-il responsable de ces assertions en les transmettant à Colbert? Ces assertions Frontenac les répète, les approuve, il les revêt de son propre langage et de sa haute autorité, en disant que Jolliet vient de découvrir «*la grande riviere qui va du Nord au Sud*»; et dans quel document? Dans la lettre même où il témoigne de sa vive sollicitude pour Cavelier de la Salle et espère par ses recommandations

---

[1] Ces légendes ne peuvent se rapporter à l'expédition supposée de 1670-71, puisque la seule description que nous ayons de cette seconde exploration, c'est-à-dire, le mémoire de l'ami de Galinée, déclare explicitement que c'est par les grands lacs et la rivière des Illinois que de la Salle serait entré dans le Mississipi, tandis que dans les cartes de Jolliet, on ne donne comme tracé du voyage de de la Salle que l'Ohio. Or la seule tentative par cette route, dont nous ayons connaissance, est justement celle qui fut faite par ce dernier en 1669.

faire obtenir à ce dernier la concession d'un fort, des terres et une seigneurie!

Non, il n'est pas prouvé que Cavelier de la Salle soit allé jusqu'au Mississipi entre les années 1669 et 1672, ni même avant le retour de Jolliet à Québec en 1674. Dans l'état actuel de la question, la priorité — non de la découverte du grand fleuve, laquelle appartient à Hernando de Soto —, mais de la première vue, description et exploration de ses rives par des Français, revient à Louis Jolliet et au Père Marquette.

II.

Jolliet ne devait pas accomplir seul cette entreprise hardie. Les Jésuites, de leur côté, n'avaient cessé de s'enquérir de cette grande rivière, et dès 1670, le P. Dablon[1] informait le Supérieur Général du résultat de ses investigations, qui lui semblaient assez positives pour tenter le voyage l'année suivante.

Le P. Allouëz à son tour, donnait, de sa mission de la Baie des Puants des détails dans un style[2] qui laisse supposer que c'est de *visu* qu'il décrivait le grand fleuve.

---

[1] «Ce qui a été remarqué dans quelques unes des relations précédentes touchant cette matière, s'est confirmé de plus en plus par le rapport des Sauvages, et des instructions que nous en avons tirées, à scavoir: qu'à quelques journées de la Mission de saint François Xavier, qui est la Baye des Puans, se trouve une grande riviere large d'une lieue et davantage, qui venant des quartiers du Nord, coule vers le Sud, et si loin que les Sauvages qui ont navigué sur cette Riviere, allant chercher des ennemis à combattre, après quantité de journées de navigation, n'en ont point trouvé l'embouchure, qui ne peut estre que vers la Mer de Floride, ou celle de Californie. Il sera parlé ci-après d'une Nation bien considérable, qui habite vers cette riviere et du voyage que nous espérons y faire cette année» Relation de 1669-1670, p. 80.

[2] «Ces peuples sont establis en un très-beau lieu, où l'on voit de belles Plaines et Campagnes à perte de veüe; leur Riviere conduit dans la grande Riviere nommée Messi-Sipi; il n'y a que six jours de Navigation. C'est le long de cette Riviere où sont les autres nombreuses Nations.» Relation de 1669-1670, p. 100.

1681. Toutes ces suppositions devaient trois années plus tard se trouver confirmées par suite des efforts de Jolliet et d'un des plus jeunes pères de la Compagnie de Jésus, Jacques Marquette.

Marquette est né à Laon, en 1637, d'une des plus anciennes familles du Soissonnais. Il entra dans l'ordre des Jésuites en 1654. Le 20 Septembre 1666, il débarquait au Canada, et commençait son œuvre de missionnaire. Après deux années passées aux Trois Rivières avec le P. Gabriel Dreuilletes, il fut envoyé le 21 Avril 1668, au lac Supérieur, chargé de diriger une des missions dépendantes de celle des Outaouaks, et qu'il établit au saut Ste. Marie, avec l'aide du P. Dablon en 1669. L'automne suivant il alla remplacer le P. Allouëz à la Pointe du St. Esprit. C'est en ce lieu éloigné, de l'extrémité du lac des Ottowas, qu'il conçut l'idée d'explorer ce fleuve tant vanté, pour y convertir les peuplades indiennes qui en habitaient les rives.[1]

Marquette était nécessairement en rapport avec les trappeurs, les coureurs de bois et les agents que le gouvernement de la Nouvelle-France envoyait dans ces régions lointaines, ou qui de leur chef s'y livraient à la traite des pelleteries. C'est ainsi qu'il connut Louis Jolliet, avec qui il s'entretint souvent de ce projet de découverte que Jolliet de son côté avait peut-être déjà tenté, mais qui en tout cas par ses nombreux voyages, ses rapports journaliers avec les Indiens et sa connaissance du pays, devait posséder d'utiles informations.

Aussitôt que Jolliet eut reçu des instructions dans le courant d'Octobre 1672, il se mit en route pour Michillimakinak (*Mackinaw*), où il arriva un mois après. Marquette

---

[1] «Quand les Illinois viennent à la Pointe, ils passent une grande riviere qui a quasi une lieüe de large. Elle va du Nord au Sud, et si loin, que les Illinois qui ne sçavent ce que c'est que du Canot, n'ont point encore entendu parler de la sortie.... Il est dificille que cette grande Riviere se decharge dans la Virginie; et nous croyons plutost qu'elle a sa debouchure dans la Californie. Si les sauvages qui me promettent de faire un Canot, ne me manquent point de parole, nous irons dans cette Riviere tant que nous pourrons, avec un François.» *(loc cit.,* p. 91.)

l'y attendait.[1] Jolliet passa l'hiver à la mission, et au printemps de 1673 «vers le commencement de Juin»[2] ou le treize May[3] ou le 17ᵉ jour de May[4], Jolliet et le P. Marquette, accompagnés de cinq autres Français, partirent enfin de Mackinaw à la recherche du grand fleuve.

Suivant le détroit de Michillimackinak, les rives nord du lac des Illinois (*Michigan*), et de la Baie des Puans (*Green Bay*), ils naviguèrent jusqu'à la rivière de la Folle Avoine (*Ménomonie*), à l'embouchure de laquelle ils débarquèrent. Après un court séjour au milieu des sauvages de cette région qui cherchèrent à les dissuader d'aller plus loin, remontant dans leurs canots, ils descendirent jusqu'à l'extrémité sud de la Baie des Puants, où il trouvèrent une rivière (*Fox river* ou des Renards) qui s'y jette. Ils la remontèrent malgré les rapides jusque chez les Maskoutens, où ils arrivèrent le 7 Juin 1673. Tous ces pays avaient déjà été explorés par les PP. Dablon et Allouëz en 1670. Trois jours après, conduits par deux guides de race Miamie, ils reprirent leur voyage, en quête de la rivière «qu'ils savaient qu'à trois lieues de Maskoutens se décharge dans le Mississipi.»[5] Arrivés à un portage de 2700 pas, nos voyageurs transportèrent leurs canots par terre et entrèrent dans cette rivière que Marquette appelle «Meskousin,»[6] et qui est aujourd'hui connue sous le nom de Wisconsin.»[7]

---

[1] «Etant arrivé aux Outaouais, M. Jolliet se joignit au P. Marquette qui l'attendait pour cela, et qui depuis longtemps préméditait cette entreprise, l'ayant bien des fois concertée ensemble.» *Relation des années 1672—1673, envoyée par le P. Dablon*, édit. Douniol; vol. I. p. 194).

[2] *Collection Douniol* I. p. 194.

[3] *Recit de Marquette*, édit. de Thevenot, p. 1.

[4] Edit. de Shea, p. 233.

[5] Page 237 du texte de Ste. Marie, où nous prenons de même les extraits suivants.

[6] *Mescousin* (Thevenot).

[7] «Après 40 lieües sur cette mesme route nous arrivons, ajoute le Père, à l'embouchure de nostre riviere et nous trouvant à 42 degrez et demy d'eslevation, nous entrons heureusement dans Mississipi (*Mississipy*, édit. de Thevenot) le 17ᵉ Juin avec une joye que je ne peux pas expliquer.»

1681. Ils descendirent le grand fleuve, mais ce n'est que le 25 Juin « ayant fait deia plus de cent lieües, » qu'ils aperçurent, « sur le bord de l'eau des pistes d'homme. » Débarquant immédiatement, ils suivirent ces traces qui les conduisirent à des lieux habités. C'était un village d'Illinois, où ils restèrent jusqu'à la fin du mois.

Continuant à descendre le Mississipi, ils reconnurent la rivière Pekitanoüi (*Missouri*)[1], l'Ouaboukigon[2] (*Ohio*), pour s'arrêter à un village nommé Akamsea. Là, « après avoir attentivement considéré, dit Marquette, que nous n'estions pas loing du golphe mexique.... et nous trouvant à 33 degrez 40 minutes nous ne pouvions pas en estre eloignes plus de 2 ou 3 journées, que indubitablement la riviere Missisipi avoit sa decharge dans la floride ou golphe Mexique.... que nous nous exposions à perdre le fruict de ce voyage duquel nous ne pourrions pas donner aucune connoissance, si nous allions nous jetter entre les mains des Espagnols....», ils se décidèrent à revenir.

Ces détails et le mot Akamsea, Akamsca[3] ou Akensea, qui se retrouve sur la carte, en face d'une petite riviére située à l'Ouest du Missisipi, détermine l'opinion que Marquette et Jolliet sont descendus jusqu'à l'Arkansas.

Ils repartirent « sans autre guide que leur boussole »[4] le 17 Juillet du village d'Akensea, remontèrent le Missisipi malgré les courants, et le quittèrent « vers le 38° degré pour entrer dans une aultre riviere (celle des Illinois) qui nous abbrege de beaucoup le chemin et nous conduit avec peu de peine dans le lac des Ilinois. »[5]

Nos voyageurs étaient de retour à la Baie des Puants

---

[1] *Petikanoni* (Thevenot). Le récit ne mentionne pas la rivière des Illinois.
[2] *Ouabouskigon* (Thevenot).
[3] Edit. de Thevenot.
[4] *Dablon*, (dans la Collection Douniol, I, p. 199).
[5] C'est probablement de leur retour par cette voie que date la découverte de la rivière des Illinois, à laquelle Jolliet semble le premier avoir donné le nom de *la Divine*.

sur la fin de Septembre 1673, après une absence de quatre mois et une navigation de plus de 800 lieues.

Le P. Marquette resta à la mission de Saint François-Xavier, où il écrivit cette relation pendant les loisirs que lui laissait une maladie.

Après un autre voyage à Kaskaskia chez les Illinois, Jacques Marquette mourut sur les bords d'une petite rivière située près du promontoire appelé aujourd'hui *Sleeping Bear*, dans le lac Michigan, le 19 Mai 1675.[1]

Quant à Jolliet après avoir hiverné à la mission St. François-Xavier à Green Bay, il se mit en route pour Québec afin de rendre compte de son voyage au Cte. de Frontenac; mais vers le 15 Août 1674, près du Saut St. Louis et de Montréal, son canot chavira, il fut précipité dans le St. Laurent, faillit perdre la vie, et la cassette contenant ses cartes et ses papiers disparut au fond du fleuve.[2] On ne put la retrouver. C'est donc de mémoire que furent dressées les deux cartes signées de lui que nous avons mentionnées.[3] Quant aux doubles des

---

[1] *Etat présent des missions pendant l'année* 1675. Collection Douniol, II, p. 21, et Parkman, *Great West*, p. 71.

[2] Louis Jolliet se maria le 7 Octobre 1675 avec Claire Bissot, de Québec, mais fille de Normands de Pont-Audemer. Il partit le 13 Mai 1679 pour une expédition à la Baie d'Hudson, d'où il revint le 27 Octobre suivant. En mars 1680, il reçut la concession de l'île d'Anticosti et pendant plusieurs années s'y livra à la pêche et à des travaux hydrographiques. Ruiné par les Anglais lors de leur attaque en 1690, il recommença ses excursions dont une en 1693, fut au Labrador. En 1695 il alla pour la première fois en France, dont il revint avec l'emploi d'hydrographe du roi, vacant, paraît-il, par la mort de J. B. Franquelin. (*Liste des intéressés en la Compagnie du Canada, dressée en* 1708 *par M. Raudot, Intendant de la Nouvelle-France*. Ms. aux Archives du Ministère de la Marine). Il mourut très-pauvre dans une des îles Mingan, celle qui est située devant le Gros Mecatina.

Mais en quelle année? On a une carte de lui, adressée sous la date du 23 Octobre 1699, tandis qu'une pétition des Jésuites datée du 18 Octobre 1700 sollicite comme étant vacante la classe d'hydrographie dont il était titulaire. C'est donc entre ces deux dates qu'il faut placer l'époque précise de sa mort. Margry, *la France d'Outremer*. Ferland, *Registres de N. D. de Québec*.

[3] «Nous ne pouvons donner cette année tous les renseignements qu'on pourrait désirer sur une découverte si importante, parce que le sieur

1681. cartes originales et du journal perdus dans ce naufrage nul ne sait ce qu'ils sont devenus.

De ce mémorable voyage nous possédons trois ou quatre versions, émanant cependant d'une seule, qui est l'œuvre du P. Marquette.

La première fut publiée par Thevenot qui n'en indique pas la provenance. Il est probable cependant que son texte aura été copié sur celui qui fut envoyé par le P. Dablon pour le Provincial de France en 1678. Cela est d'autant plus admissible que ce dernier texte qui se trouve, dit-on, encore parmi les Archives des Jésuites à Paris, contient le passage et le chant du Calumet avec la musique notée qui manquent au Manuscrit de Ste. Marie; et non seulement le texte de Thevenot donne ce long passage, mais à la page 27 il y a un espace de plusieurs lignes, laissé avec intention, et qui indique la présence dans l'original d'un morceau que l'imprimeur ne pouvait intercaler faute de planche gravée ou de caractères de musique.

Cette version fait partie du recueil que nous décrivons ci-dessus sous le N°. 147, et a été reproduite avec la carte par M. Obadiah Rich.[1]

Le P. Claude Dablon avait préparé pour être publiée, la relation du voyage de Marquette. Ce Ms. resta pendant de longues années oublié dans les archives du Collége des Jésuites à Québec. Après la capitulation de Montréal en 1760, les ordres religieux furent à peu près supprimés au Canada par

---

Jolliet, qui nous en rapportait la relation avec une carte très-exacte de ces nouveaux pays, l'a perdue dans un naufrage ... Voici toutefois ce que nous en avons recueilli, d'après ce qu'il nous en a raconté. L'année prochaine nous en donnerons une pleine relation. Le P. Marquette ayant gardé une copie de celle qui a été perdue, on y verra bien des choses capables de contenter les envieux ..."

La copie gardée par le P. Marquette est évidemment l'original, mais le passage suivant ne laisse aucun doute sur l'existence d'un double de la relation écrite par Jolliet:

«En attendant *le journal de ce voyageur*, nous pouvons faire les remarques suivantes» etc. Dablon, Relation des années 1673—74, Collection Douniol, I, p. 199.

[1] Paris, chez Maulde et Renou, 1846, in-12, 43 pp. et carte.

le Gouvernement Anglais, qui ne permit plus aux PP. Jésuites de se recruter. Ceux qui restèrent ne tardèrent pas à s'éteindre, et à la fin du XVIIIe siècle, il n'en restait plus qu'un, le P. Jean Joseph Casot, qui vivait au Canada depuis 1757. Il mourut à Québec le 16 Mars 1800, mais avant de mourir, il déposa entre les mains des religieuses de l'Hôtel-Dieu de Québec un certain nombre de documents choisis à la hâte parmi les archives des Jésuites, dont il était le dernier dépositaire. Le voyage du P. Marquette se trouvait du nombre.

Les Jésuites revinrent au Canada en 1842. Les religieuses remirent alors ce Ms. au P. Félix Martin, des mains duquel il passa en dernier lieu à M. John Gilmary Shea. Ce document est, d'après M. Shea à qui nous empruntons la plupart de ces détails, un petit Ms. in-4, d'une écriture très-lisible, contenant avec le Journal du voyage du P. Marquette chez les Illinois en 1674--75, et le voyage du P. Allouëz, soixante pages. Le Ms. porte des corrections de l'écriture du P. Dablon. La carte primitive dressée par Marquette fait partie du Ms. original qui est aujourd'hui déposé au Collège Sainte-Marie à Montréal. Nous l'appellons Ms. de *Sainte-Marie* ou *texte de Shea*, à cause de son éditeur, M. J. Gilmary Shea qui l'a le premier publié,[1] en y ajoutant une histoire de la découverte du Mississipi, une biographie du P. Marquette et des notes qui témoignent de consciencieuses recherches.

Le premier paragraphe du texte de Shea ne se trouve pas dans le texte de Thevenot. On y parle du P. Marquette à la troisième personne, et le style dénote que ces remarques préliminaires ne sont pas de lui. Une partie de la première section est en abrégé dans Thevenot. Mais à partir de la seconde section, les deux textes se suivent, avec cette différence que dans Thevenot certaines phrases ont été retouchées, au point de vue du style seulement. Le texte de Thevenot est aussi le plus complet des deux, puisque M. Shea[2] a dû lui

---

[1] *Discovery and exploration of the Mississipi Valley*, New-York, 1852, in-8, carte et fac-simile d'une lettre de Marquette.

[2] La découverte du fleuve est ainsi annoncée dans Shea: «nous entrons heureusement dans Mississipi le 17e Juin avec une joye que je

1681. emprunter toute la description de la corémonie du Calumet, passage qui occupe 140 lignes dans Thevenot; mais les noms propres sont rendus avec moins d'exactitude[1] dans Thevenot que dans Shea.

Le texte de Shea fut ensuite publié à New-York.[2] Nous n'avons pu nous procurer cette édition, mais l'Avant-propos que nous trouvons dans la collection Douniol, dit que le long passage sur le *Calumet* que M. Shea avait précédemment emprunté au texte de Thevenot, et qui manque au texte de Sainte-Marie, est pris cette fois dans l'extrait qu'en avait fait le P. Lafiteau[3] et à un manuscrit conservé chez les Jésuites de Paris, où l'on voit le chant noté de la danse du Calumet et le commencement de la septième section.»[4]

C'est ainsi que nous aprenons l'existence d'un troisième manuscrit, envoyé, paraît-il, par le P. Dablon en 1678 et qui n'a pas été l'objet d'une publication spéciale.

Quant au quatrième manuscrit dont nous soupçonnions l'existence par la désignation de *manuscrit romain*, que portent deux variantes ajoutées aux pp. 256 et 270 de l'édition de Douniol, c'est celui du Gesù à Rome, où l'on envoyait toujours un double des pièces, lettres et relations adressées

---

ne peux pas expliquer.» Thevenot dit: «Nous entrons heureusement dans Mississipy le 17 Juin, avec une joye que je ne puis exprimer.» Cette dernière lecture est préférable, car Marquette n'a pas dû vouloir dire que sa joie était inexplicable.

[1] *Knilka* pour Kaskaskia; *Peroüacca* pour Pesarea etc.
[2] *Recit des voyages et découvertes du R. P. Jacques Marquette de la Compagnie de Jésus, en l'année 1673 et aux suivantes; la continuation de ses voyages par le R. P. Allouëz, et le journal autographe du P. Marquette en 1674 et 1675, avec la carte de son voyage tracée de sa main. Imprimé d'après le ms. original restant au Collège Ste Marie à Montréal.* New-York, Weed, Parson et C°., 1855, in-8. 5 ff. + 169 pages.
[3] *Mœurs des Sauvages*, II, p. 320.
[4] C'est cette édition de New-York qui est reproduite dans les *Relations inédites*, de Douniol. Paris, 1861, vol. II, p. 239, avec la carte de Marquette, à laquelle on a ajouté un petit croquis de hutte de sauvage qui ne se trouve pas dans l'édition de Shea. Cette publication qui ne donne qu'un texte tronqué et altéré, a été faite par les soins des PP. Félix Martin et de Montezan.

aux supérieurs provinciaux. Ce Ms. est aujourd'hui au Collége des Jésuites de la rue des Postes, à Paris.

A ces publications il convient d'ajouter le récit de la découverte, rédigé par le P. Dablon le 1er Août 1674, d'après ce que «le sieur Jolliet avait raconté.» Il se retrouve dans le recueil de Douniol,[1] qui l'a donné d'après le manuscrit original qui est conservé aux archives du Gesù. Le Ms. de cette relation du P. Dablon qui se trouve aux archives du séminaire de St. Sulpice à Paris, est écrit de la main de Louis Jolliet et suivi d'une lettre signée de ce dernier et adressée au Comte de Frontenac. Les Archives du Dépôt des Cartes de la Marine en possèdent aussi une copie de l'époque.

Quant aux cartes, celle qui accompagne l'édition de Thevenot, est l'œuvre d'un graveur de Paris appelé Liebaux, qui l'a copiée d'après un original que nous n'avons pu retrouver.[2] Ils ne faut la consulter qu'avec hésitation, car elle donne des parties et des légendes qui étaient absolument supposées en 1681, puisque nous y voyons que le Mississipi, ici appelé *Mitchisipi ou grande Rivière*, coule sans discontinuer jusqu'au Golfe du Mexique.

La carte qui accompagne l'édition de M. Shea au contraire, quoique d'un travail assez grossier, est de la main du P. Marquette, et authentique.

148. Lettres ‖ de la venerable ‖ Mere Marie ‖ de l'Incarnation‖première Superieure‖des Ursulines‖de la Nouvelle France. ‖ Divisées en deux parties. ‖ — A Paris, ‖ chez Louis Billaine, au Grand Pilier de la Grande Salle ‖ du Palais, au Grand Cesar. ‖ M.DC.LXXXI. ‖ Avec Approbation des Docteurs, & Privilege de Sa Majesté. ‖

---

[1] vol. I, p. 193.
[2] M. Parkman (*Great West*, p. 408) pense que c'est la carte (autrefois aux Estampes de la Bibliothèque Nationale, et aujourd'hui égarée), qui porte le titre de *Carte de la nouvelle decouverte que les pères Jesuites ont*

1681. *** In-4. Titre un feuillet; Avertissement 3½ ff. + ½ pour Approbations, texte 1—675 pages + 1 page pour Privilége; grand portrait gravé de la Mère Marie de l'Incarnation en costume de religieuse de son ordre.

«Ces lettres qui sont bien écrites ... contiennent plusieurs faits historiques, arrivés pendant les trente-deux années, qu'elle a vécu au Canada, où elle prit terre en 1640.»
(Charlevoix, II, liij.)

L'ouvrage est divisé en deux parties. La première contient les Lettres Spirituelles, et la seconde les Lettres Historiques. Il en a été publié un choix à Clermont Ferrand en 1857, in-18.

1682. 149. Arrest‖du Conseil d'Estat du Roy,‖Du Dix-huitième Juillet 1682. ‖ Portant que faute par les Marchands Negocians,‖qui feront porter des Marchandises ès Isles de l'Ame-‖rique & du Canada, pour y estre consommées, de‖raporter dans huit mois, Certificats de la Descente d'icelles, au bas des Acquits à Caution qui leur seront‖fournis, & de faire decharger leurs Soumissions sur‖les Registres; Ils demeureront exclus de la décharge ‖ des Droits d'Entrée, & contraints au payement du‖Quatruple. ‖

*** In-4. *Sine anno et loco.* Quatre pages chiffrées.

---

fait en l'année 1672, *et continuée par le P. Jacques Marquette de la mesme Compagnie accompagné de quelques françois en l'année* 1673, *qu'on pourra nommer en françois la Manitoumie*

150. Description || de la || Louisiane, || nouvellement 1683. decouverte || au Sud' Oüest de la Nouvelle France, || par ordre du Roy. || Avec la Carte du Pays: Les Mœurs || & la Maniere de vivre || des Sauvages. || Dediée a Sa Majesté || Par le R. P. Louis Hennepin, || Missionnaire Recollet & || Notaire Apostolique. || — A Paris, || Chez la Veuve Sebastien Huré, ruë || Saint Jacques, à l'Image S. Jerôme, || prés || S. Severin. || M.DC.LXXXIII. || Avec Privilege du Roy. ||

⁎ In-12. Titre un feuillet + epistre au Roy quatre ff., + 1 f. pour privilége daté du 3 Septembre 1682 + texte 312 pp. + 107 pages chiffrées séparément pour les *Mœurs des Sauvages*, + une carte portant dans un médaillon l'inscription: *Carte || de la || Nouvelle France || et de la || Louisiane || Nouuellement decouverte || dediée au Roy || l'an* 1683. || *Par le Reuerend Pere || Louis Hennepin, || Missionaire Recolect || et Notaire Apostolique. || N. Guerard. Inue. et fecit.* Le Mississipi y porte le nom de Riviere Colbert, mais n'est que ponctué dans la partie du Sud.

Louis Hennepin, né à Roy,[1] d'une famille originaire d'Ath en Hainaut vers l'année 1640, entra dans l'ordre des Recollets, devint prédicateur à Hall et assista en qualité d'Aumônier de régiment à la bataille de Senef (1674) où il put rencontrer son futur sauveur Greysolon du L'hut.

D'un caractère remuant et aventureux, pris du désir de voyager, Hennepin obtint facilement de ses supérieurs la permission de se rendre au Canada. Embarqué à la Rochelle en 1676, il fit la traversée sur le même navire que l'évêque Louis de Laval qui revenait à la Nouvelle-France, après avoir obtenu de Louis XIV l'argent nécessaire pour payer les bulles établissant d'une manière définitive l'évêché de Québec. Cavelier de la Salle, avec qui le Récollet eut maille

---

[1] Mss. de D. Garnier, compulsés par M. Margry.

1683. à partir, et M. de Barrois, Secrétaire du Comte de Frontenac, se trouvaient aussi à bord.

Aussitôt arrivé, Hennepin fut chargé de prêcher chez les religieuses de l'Hôpital de Québec; ensuite on l'envoya au fort Frontenac, où de la Salle, fidèle aux conditions qui lui avaient été imposées lorsqu'il obtint la concession et le domaine du Fort, et qui désirait d'ailleurs battre en brèche avec les Récollets l'influence des Jésuites, ses adversaires déclarés, avait richement doté une mission. Hennepin pendant son séjour ne cessa de faire des excursions dans les environs du Lac Ontario, chez les cinq nations Iroquoises, et surtout chez les Hollandais du fort de la Nouvelle Orange (Albany), dont il parlait la langue et vers lesquels il était très-porté.

En 1677 Cavelier de la Salle, sur les avis du Comte de Frontenac, fut envoyer en France tant pour obtenir la concession du lac Erié que les moyens d'explorer le Mississipi jusqu'à la mer, et même le Mexique. Chaudement appuyé par le Prince de Conti, il décide Colbert à seconder ses projets; et le 12 Mai 1778, le roi lui accorde des lettres-patentes. Le 28 Juin suivant il fait à Paris des achats considérables, et s'embarque enfin à la Rochelle le 14 Juillet 1678 en compagnie de Henri de Tonty, brave soldat, officier intelligent, ami dévoué, honnête homme, que le Prince de Conti avait engagé de la Salle à prendre comme lieutenant.[1]

---

[1] Henry de Tonty, *surnommé Main-de-fer*, était fils de Laurent de Tonty, l'inventeur des assurances sur la vie qui portent son nom. Quoiqu'Italien de naissance il entra dans l'armée française en qualité de cadet en 1668, et eut la main emportée par un éclat de grenade à Messine, au siège de cette ville par les Espagnols en 1677. Il était alors Capitaine-Lieutenant de la brigade de Vintimille, et ne semble jamais avoir été effectivement promu à un grade supérieur, puisque Bienville en annonçant la mort de ce brave officier, qui avait coopéré à l'établissement de la colonie de la Louisiane, le qualifie de « lieutenant d'infanterie. » Il mourut vers la fin de 1704, probablement de la fièvre jaune, au Fort Louis *(Mobile?)*. Il était frère d'Alphonse de Tonty qui commandait au Détroit en 1717, cousin des deux Greysolon (du L'hut et de la Tourette) et parent de Delietto qui avait commandé avec lui aux Illinois, et rendit de si grands services à Bienville chez les Natchez en 1722.

A peine arrivé à Québec, il se rend au fort Frontenac, 1683, emmenant les trente ouvriers et matelots qu'il avait embauchés en France, et le P. Hennepin qui était venu le trouver à Québec pour recevoir de ses mains une mission du P. Germain Allart, Supérieur de son ordre, qui l'engageait à accompagner de la Salle dans ses nouvelles expéditions.

Ayant établi un chantier à deux lieues en amont du Niagara sur une petite rivière, à peu de distance du lac Erié, de la Salle le 26 Janvier 1679, posa la première cheville du plus fort navire qu'on eut encore vu dans ces parages,[1] le *Griffon*, sur lequel il espérait tenter de nouvelles découvertes.

Au commencement de l'été suivant le navire était prêt, et le 7 Août 1679, de la Salle s'embarqua au lac Erié avec trente-deux hommes, y compris Hennepin et deux autres Récollets.

Entrant par le lac Saint Clair dans le lac Huron, d'où il passa dans le nord du lac Michigan, de la Salle arriva à Green Bay, où quittant le *Griffon*, il descendit en canot jusqu'à l'extrémité du grand lac, espérant trouver à l'embouchure de la rivière des Miamis son fidèle Tonty, qu'il avait envoyé de Mackinaw par l'autre rive.

Le 3 Décembre l'expédition remonta la rivière des Miamis jusqu'au portage qui devait la conduire à la rivière des Illinois. Le 14 Janvier 1680, de la Salle commençait sur cette dernière rivière le fort Crevecœur.

Hennepin, chargé par de la Salle d'accompagner un nommé Michel Accau ou Accault,[2] qui avait pour mission d'explorer l'embouchure des Illinois, et peut-être de remonter le Mississipi, descendit avec lui et un autre Français, du fort Crevecœur, le 28 Février 1680, sur un frêle canot.

Le 8 Mars ils entrèrent dans le Mississipi, mais ne purent commencer à le remonter que le 12 à cause des glaçons. Ils ramaient bravement, lorsque le 11 Avril, à la hauteur de la rivière Wisconsin, ils furent pris par les Sioux, conduits

---

[1] Il jaugeait quarante-cinq tonneaux.
[2] Le « Michel Ako, natif du Poitou » de Hennepin, édit. de 1697, p. 239.

1683. par le grand fleuve jusqu'au lieu où il se trouve entravé dans son cours par une chûte que Hennepin appela plus tard «Sault de St. Antoine de Padoue» (*Falls of St. Anthony*), et ensuite au lac de Buade, dans le pays des Issanti, tribu des Sioux, à laquelle appartenaient ceux qui entraînaient par les ronces et les marais les trois malheureux prisonniers.

Ils restèrent au milieu de ces sauvages environ deux mois, mais ayant obtenu la permission de les accompagner dans une de leurs grandes chasses, ils furent assez heureux pour rencontrer à la fin de Juin 1680, près du Saut St. Antoine, Daniel Greysolon du L'hut, qui explorant des affluents du haut-Mississipi, s'était courageusement mis à la recherche des Français dont il venait d'apprendre la captivité. Du L'hut ramena Hennepin par la rivière Wisconsin jusqu'à Green-Bay, où après avoir passé l'hiver, le malheureux Recollet se remit en route, pour rendre compte de ses aventures au Comte de Frontenac.

L'été suivant, Hennepin s'embarqua pour l'Europe et ne revint jamais au Canada, malgré ses efforts réitérés. Il fut nommé à son arrivée en France gardien du couvent de Renty, en Artois,[1] où il resta trois années et semble avoir écrit immédiatement[2] le volume que nous décrivons sous le N°. 150, et qui est le premier de ses ouvrages. Il devint ensuite Directeur des Récollectines de Gosselie proche Charleroi.

Nous ne savons pas à quelle occasion il se retira en Hollande,[3] où comme moine défroqué il vécut de 1697 à 1700. En Novembre ou Décembre 1699 sur la nouvelle qu'il voulait retourner au Canada, Louis XIV qui ne pouvait probablement lui pardonner ses dédicaces à Guillaume d'Orange, et n'était pas édifié sur l'orthodoxie de son catholicisme, donna ordre à M. de Callières, Gouverneur de la Nouvelle-France de l'arrêter et de l'envoyer à Rochefort, s'il osait débarquer dans la colonie.[4] «Une lettre de J. B.

---

[1] Paquot. *Mémoires*, vol. III, p. 625.
[2] Le privilége est du 3 Septembre 1682.
[3] Il prétend qu'ayant refusé d'obéir à ses supérieurs qui voulaient le renvoyer au Canada, il fut obligé de s'expatrier.
[4] Brodhead, IX, p. 701.

Dubos à Thoinard, en date de Rome, le 1er Mars 1701, 1683. nous apprend qu'alors notre religieux se trouvait dans cette ville au couvent de l'*Ara cœli*, et qu'il avait emberluquoqué le Cardinal Spada, lequel lui faisait les fonds d'une nouvelle mission pour le pays mississipien.»[1]

Nous ne savons quand ni où il mourut.

C'est dans l'édition de 1683 qu'il faut chercher ce que les relations postérieures de Hennepin peuvent contenir de vérité. La seule expédition à laquelle il ait pris part, semble couvrir le parcours du Fort Crevecœur à l'embouchure de la rivière des Illinois, de ce point par le Mississipi jusqu'au saut St. Antoine, et de cette chûte aux environs du lac des Issanti ou de Buade : voyage pénible, entreprise hardie, mais accomplie dans des pays qui avaient été déjà en grande partie explorés par Jolliet et le P. Marquette.[2] Il ne revient à Hennepin que l'honneur de s'être trouvé parmi ceux qui les premiers ont remonté le Mississipi de la rivière Wisconsin au saut St. Antoine, et traversé du saut au pays des Issenti, honneur dont il n'a pas su se contenter.

Longtemps après la mort de de la Salle, dans un ouvrage publié en 1697,[3] et qui n'est qu'une amplification maladroite de celui de 1683, Hennepin revendique la gloire d'avoir le premier descendu le Mississipi jusqu'à la mer. Il prétend que lorsque le 12 Mars 1680, il déboucha dans le Mississipi, au lieu de remonter seulement ce dernier fleuve comme il l'avait affirmé,[4] il le descendit d'abord jusqu'à l'embouchure, puis le remonta, et c'est au retour seulement qu'il fut fait prisonnier par les Sioux.

M. M. Jared Sparks,[5] J. Gilmary Shea[6] et Parkman[7] ont non seulement fait justice de cette prétention aussi impudente

---

[1] Brunet, *Manuel*, article Hennepin.
[2] Dans leur voyage de 1673, où ils étaient descendus du Wisconsin jusqu'au delà des Illinois, et remonté par cette dernière rivière.
[3] *Nouvelle découverte d'un tres grand pays*. Infra, N°. 175.
[4] Edition de 1683, p. 218.
[5] *Library of American Biography*, deuxième serie, vol. I.
[6] *Discovery of the Mississipi Valley*, p. 105.
[7] *Discovery of the Great West*, p. 228.

1683. que fausse, mais ils ont démontré la source des plagiats à l'aide desquels ce moine éhonté a si longtemps trompé la crédulité du public.[1]

Cette même édition parut à Paris en 1684 et en 1688.

C'est dans cet ouvrage que l'on trouve imprimé pour la première fois le nom de *Louisiane;* aussi attribue-t-on l'honneur de cette dénomination à Hennepin, d'autant plus que l'effronté Récollet dans son épître dédicatoire à Louis XIV dit: «Nous avons donné le nom de Louisiane à cette grande découverte estant persuadez que Votre Majesté ne desaprouveroit pas qu'une partie de la Terre arrosée d'un fleuve de plus de huit cent lieues .... fut dorénavant connue sous l'Auguste nom de Louis, afin qu'elle eût par là une espèce de droit de prétendre à l'honneur de la protection et espérer l'avantage de luy appartenir.»

L'acte de prise de possession de ces pays est daté du 9 Avril 1682, et le notaire, Jacques de la Métairie, s'y sert déjà de ce nom comme d'une désignation alors connue: «pendant le voyage de la Louisiane .... de la possession par lui prise du païs de Louisiane» etc.

La nouvelle de la découverte, accompagnée probablement d'un duplicata de l'acte rédigé par de la Métairie, fut envoyée par Tonty, qui la fit parvenir par une lettre «qu'il escrivit de Missilimakinac au Cte de Frontenac le 23 Juillet 1682.» Il est probable que Frontenac en apporta lui-même la nouvelle à Versailles lorsqu'il revint en France à la fin d'Octobre, bien que dans le mémoire où il résume ce qui s'est passé de plus remarquable sous son administration jusqu'au moment de son départ du Canada, il ne soit pas fait mention de la découverte.

Comment se fait-il que Hennepin, qui vivait alors en Artois, intitule un livre dont le privilége est daté du 3 Septembre 1682: *Description de la Louisiane?*

---

[1] Les détails es phrases même décrivant cette prétendue découverte, sont tous pris dans *l'Etablissement de la Foy*, du P. Christian Le Clercq, publié en 1691. Cette relation de 1683 n'est en réalité qu'une pâle copie d'un des mémoires de Cavelier de la Salle.

D'un autre côté on ne peut dire que de la Salle ait em- 1683.
prunté ce nom au livre de Hennepin, puisque de la Salle
s'en sert déjà d'une manière officielle au moins six mois avant
qu'il n'ait été imprimé, c'est-à-dire le 9 Avril 1682.

Le fait est que Hennepin n'est pour rien dans le choix de
ce nom de Louisiane, et que tout semble prouver que cette
désignation fut choisie par de la Salle de concert avec le
Comte de Frontenac, bien avant qu'on eut trouvé les pays
qui devaient le porter. Dans l'acte de concession de l'île de
Belle-Isle à François Daupin, Sieur de la Forest, Signé par Cavelier de la Salle, ce dernier lui impose l'obligation «de faire
travailler au deffrichement dicelle dans un an du jour de
nostre retour du voyage que nous allons faire pour la decouverte de la Louiziane».[1] Cet acte est daté du Fort Frontenac, le 10 Juin 1679.

151. Extrait des Registres du Conseil d'Estat. || 1684.
«Le Roy ayant par son Arrest du dernier Fevrier
1682, concédé aux Sieurs Bergier, Gaultier, Boucher
et autres les terres qu'ils trouveroient propres le long
de la coste de l'Acadie et de la Riviere St. Jean......»
Versailles 3 Mars 1684. *A la page* 3: Lettres Paten
tes Pour la confirmation de l'Establissement de la
Pesche sedentaire || de l'Acadie, & extention de la
Concession.||Versailles, Avril 1684.

⁎ In-4. Quatre pages chiffrées.

152. *Idem opus.*

⁎ In-fol. Quatre pages chiffrées.

---

[1] Ms. conservé au Ministère de la Marine.

1684. 153. Extrait des Registres ‖ du Conseil d'Estat. ‖

₊ In-fol. Deux feuillets.

Arrêt qui « accorde et concède à certains associez toutes les terres et isles qui sont en la coste de l'Acadie, depuis le Cap Canceaux jusqu'à la Baye », donné à Versailles, Avril 1684.

1685. 154. Arrest ‖ du Conseil ‖ d'Estat, ‖ Sa Majesté y estant, ‖ pour le rétablissement de la fabrique ‖ des purs Castors de Canada. ‖ Du 8 Fevrier 1685. ‖ — A Paris. ‖ Chez Sebastien Mabre-Cramoisy, Imprimeur ‖ du Roy. ‖ M.DC.LXXXV. ‖ De l'expres commandement de Sa Majesté. ‖

₊ In-4. Titre (aux armes de France) un feuillet + 1 feuillet chiffré de chaque côté.

155. Arrest ‖ du Conseil ‖ d'Estat, ‖ Sa Majesté y estant, ‖ pour le rétablissement de la fabrique ‖ des purs Castors de Canada. ‖ Du 12 Avril 1685. ‖ — A Paris, ‖ Par Sebastien Mabre-Cramoisy, Imprimeur ‖ du Roy. ‖ M.DC.LXXXV. ‖ De l'expres commandement de Sa Majesté. ‖

₊ In-4. Titre (aux armes de France) 1 feuillet + pages 3—8.

1686. 156. Ordonnance de Monseigneur ‖ l'Evesque de Quebec, ‖ Touchant la veneration deüe aux Eglises. ‖ Quebec 22 Octobre 1686.

₊ In-4. Quatre pages.

157. Descrizione ǁ della ǁ Lvigiana, ǁ Paese nuova- 1686.
mente scoperto nel-ǁl'America Settentrionale, ǁ sotto
gl'auspicij ǁ del Christianissimo ǁ Lvigi XIV. ǁ Con la
Carta Geografica del mede-ǁsimo, costumi, e maniere
diǁviuere di que' Seluaggi.ǁDel P. Lvigi Hennepinǁ
Francescano Recolletto, e Missionarioǁ Apostolico in
questa Scoperta.ǁ Tradotta dal Francese, e Dedicataǁ
al Reverendiss. P. D. Lodovicoǁ de' Conti Gverraǁ
Abbate Casinense di S. Procolo ǁ di Bologna. ǁ — In
Bologna, per Giacomo Monti, 1686.ǁCon licenza de'
Superiori. ǁ

₊ In-12. Titre et *imprimatur* un feuillet + 5 ff. non
chiffr. pour dédicace signée D. Casimiro Freschot, +
396 pages. L'exemplaire que nous avons sous les yeux,
n'a pas la carte annoncée sur le titre.

158. Recueil ǁ de voyages ǁ de Mr. ǁ Thevenot. ǁ 1687.
Dedié au Roy.ǁ — A Paris,ǁChez Thomas Moette, ruë
de la Bouclerie, prés le Pont S. Michel, à saint Alexis.ǁ
M.DC.LXXXVII.ǁAvec privilege de Sa Majesté. ǁ

₊ In-8. En tout le reste semblable à l'édition de 1681.

159. Estatǁ present ǁ de l'Eglise ǁ et de laǁColonie 1688.
Françoiseǁdans la NouvelleǁFrance.ǁPar M. l'Evêque
de Quebec. ǁ — A Paris, ǁ Chez Robert Pepie, ruë S.
Jacquesǁà l'image S. Basile, au dessus de la Fontaine
S. Severin. ǁ M.DC.LXXXVIII. ǁ Avec privilege du
Roy.ǁ *Fin de la page* 267: A Paris de l'imprimerie
de la veuve Denis Langlois 1688.

₊ In-8. Titre 1 f. Texte 1—267 pages + 1 page pour
privilége.

1688. C'est une longue lettre adressée par Jean Evêque de Québec à un de ses amis.

«M. de S. Valier, ayant été nommé à l'Evêché de Québec vacant par la démission de M. de Laval, voulut avant que d'être sacré, prendre connaissance de son diocèse, et s'embarqua en 1685 pour le Canada. L'année suivante il retourna en France, et composa en forme de lettre une relation de son voyage.» (Charlevoix.)

La *Gallia Christiania* donne la liste des évêques de Québec, de 1675 à 1714 et jusqu'en 1741.[1]

160. Description ‖ de la ‖ Louisiane ‖ nouvellement decouverte ‖ au Sud' Oüest de la Nouvelle France, ‖ Par ordre du Roy. ‖ Avec la Carte du Pays: Les Mœurs ‖ & la Maniere de vivre des Sauvages. ‖ Dediée à Sa Majesté ‖ Par le R. P. Louis Hennepin, ‖ Missionaire Recollet & ‖ Notaire Apostolique. ‖ — A Paris, ‖ Chez Amable Auroy, ruë Saint ‖ Saint *(sic)* Jacques à l'Image S. Jerôme, ‖ attenant la Fontaine S. Severin. ‖ M.DC.LXXXVIII. ‖ Avec Privilege du Roy. ‖

⁎ In-12. Titre un feuillet + 4 ff. non chiffr. pour épître au Roi + 1 f. pour privilége finissant par ces mots: Achevé d'imprimer pour la secon- ‖ de fois, le 10 Mars 1688, ‖ De l'Imprimerie de Laurent Rondet. ‖ + 1—312 + 1—107 pages. Dans l'exemplaire que nous décrivons la carte manque.

Réimpression textuelle de l'édition de 1683.

161. Ontdekking van ‖ Louisiana ‖ Door den Vader L. Hennepin. ‖ Benevens de Beschrijving van ‖ Noord-

---

[1] Edition de Paris, 1720. *Ecclesia Kebecensis*, vol. II, p. 170; *Episcopi Quebecenses, et Vicarii Apostolici in Canada   Nova Francia*, vol. VII, p. 1037.

America ‖ door den Heer Denys. ‖ — 't Amsterdam bij 1688. Jan ten Hoorn over het Oude Heeren Logement 1688. ‖ *La seconde partie a pour titre:* Geographische en Historische ‖ Beschrijving der Kusten ‖ van ‖ Noord-America, ‖ Met de Natuurlijke Historie des Landts: ‖ Door den Heer Denys, ‖ Gouverneur Lieutenant Generaal voor den Koning van ‖ Vrankrijk, en Eigegnaar van alle de Landen en Eilan- ‖ den welke gelegen zijn van Cap de Campseaux af ‖ tot aan Cap des Roziers. ‖ — t'Amsterdam, ‖ Bij Jan ten Hoorn, Boekverkooper over't Oude ‖ Heeren Logement, in de Histori-Schrijver. A. 1688. ‖

** In-4. *Première partie:* Titre gravé un feuillet + 1 f. pour deuxième titre + 2 ff. non chiffr. + 158 pages + 3 ff. non chiffr. pour index. Carte de la Louisiane et quatre planches. *Seconde partie:* Titre 1 f. + 1 f. préliminaire + 200 pages + 2 ff. non chiffr. pour index. Deux planches gravées.

162. Arrest ‖ du Conseil d'Estat ‖ du Roy, ‖ Qui 1689. ordonne que les Droits seront levez et perceus ‖ sur les Castors en Peau & en Poil qui viendront des ‖ Pays Estrangers dans les Ports du Royaume, permis ‖ par les Arrests des 24 Mars 1685. & 25 Janvier 1687. ‖ même dans les vaisseaux qui seront pris par les ‖ Armateurs François. ‖ Du treizième Décembre 1689. ‖ *A la fin:* De l'imprimerie de Frederic Leonard, Premier Imprimeur du ‖ Roy, & seul pour les Finances 1689. ‖

** In-4. Quatre pages chiffrées.

1689. 163. Beschreibung der Landschaft Louisiana welche auf Befehl des Königs in Frankreich neulich gegen Süd Westen New Frankreichs in America gefunden. — Nürnberg, Andreas Otto, 1689.

₁ In-18, 427 pages, avec une carte.
(*Bibliotheca Browniana*, N°. 994.)

Traduction du premier ouvrage de Hennepin.

1690. 164. Memoire||pour M.ʳ Charles de Saint Estienne Chevalier Seigneur de la||Tour & ses freres et sœurs, enfans & heritiers de Messire Charles de Saint Estienne||Seigneur de la Tour, Gouverneur et Lieutenant General pour le Roy en l'Acadie &||légataires universels de Dame Marie de Menou d'Aunay de Charnizay, Chanoinesse||de Poussay, leur sœur utérine, fille et seule héritiere bénéficiaire du sieur d'Aunay, de Charnizay||& de Dame Jeanne Motivé, Demandeurs & Deffendeurs.||

⁎ In-fol. Sans lieu ni date. (Paris, 1690?)

165. Hennepin. Neue Entdeckungen vieler sehr grossen Landschaften in America zwischen New Mexico und dem Eis-Meer gelegen, übersetzt v. J. G. Langen. — Bremen, 1690.

⁎ In-12, fig.
(Ternaux, N°. 1049.)

1691. 166. Relation de la levée du siége de Quebec, capitale de la Nouvelle France.|| *A la fin*: À Paris, du Bureau d'Adresse, aux Galleries du Louvre, devant la rüe S. Thomas le 7 Fevrier 1691.||

⁎ In-4. Six feuillets chiffrées 61—72. Extrait des *Extra-ordinaires* du *Mercure de France*.

1691.

167. Relation‖de la levée‖du siége‖de Quebec‖ Capitale de la Nouvelle France.‖ *A la fin:* À Tours, P. Gripon, sur la copie de Paris au Bureau d'Adresse. Avec Privilege.‖

⁎ In-4. Quatre pages chiffrées 1—4.

168. Relation de ce qui s'est passé en Canada, à la descente des Anglois à Quebec au mois d'Octobre 1690, faite par un officier qui s'est trouvé dans l'occasion, et passé de Quebec à Port-Louis, où a descendu Mr. de Vilbon Capitaine chargé des paquets du Roy, et depuis arrivé à la Rochelle le 21 Janvier 1691. dans le vaisseau la Fleur de May commandé par lé (sic) capitaine Javelan de la Tremblade.

⁎ In-4. Quatre ff. sans date ni lieu d'impression. Peut-être a-t-elle été imprimée à la Rochelle.

(Leclerc, *Bibliotheca Americana*, N°. 1286.)

169. Premier Etablissement‖ de la Foy‖ dans la Nouvelle France,‖contenant la Publication‖de l'Evangile, l'Histoire des Colonies Françoises, & les fameuses découvertes depuis‖ le Fleuve de Saint Laurent, la Loüisiane‖ & le fleuve Colbert jusqu'au Golphe‖ Mexique, achevées sous la conduite de‖feu Monsieur de la Salle.‖Par Ordre du Roy.‖Avec les victoires‖ remportées en Canada par les armes de Sa Majesté sur les Anglois & les Iroqvois‖ en 1690.‖ Dédié à Monsieur le Comte de Frontenac,‖ Gouverneur &

1691. Lieutenant General de la ‖ Nouvelle France. ‖ Par le Pere Chrestien Le Clercq, Missionnaire ‖ Recollet de la Province de Saint Antoine de Pade ‖ en Arthois, Gardien des Recollets de Lens. ‖ — A Paris, ‖ Chez Amable Auroy rüe Saint Jacques, ‖ attenant la Fontaine S. Severin à l'Image ‖ Saint Jerôme. ‖ M.DC.XCI. ‖ Avec Privilege du Roy. ‖

⁎ In-12, 2 vols. Titre un feuillet + 13 ff. non chiffr. pour épître, table et privilége + 559 pages. Le second volume contient en sus du titre 458 pages.

Chrétien Le Clercq est né dans la province d'Artois et entra de bonne heure chez les Recollets. Ces religieux ayant enfin obtenu en 1669, par les instances de M. Talon, un édit qui leur permettait de revenir dans la Nouvelle-France, ils y envoyérent, le 15 Juillet suivant, quatre d'entre eux qui par suite d'un naufrage sur les côtes de Portugal ne purent reprendre leur voyage qu'au mois de Mai de l'année suivante; mais ce ne fut qu'en 1675 que Le Clercq, alors jeune novice, partit pour le Canada. Il resta cinq ans dans la Gaspésie, dont il nous a laissé une description (voyez le n° suivant). Après un voyage en France il fut envoyé à Montréal en 1682, pour y diriger une mission et y établir une église. En 1690 Le Clercq revint en France, où il remplit jusqu'à sa mort les fonctions de Gardien du couvent de Lens ou de Supérieur de son ordre. Paquot dit[1] qu'il mourut en 1695, mais Hennepin dans la préface de son *Nouveau Voyage*, publié en 1699, le nomme «Difiniteur actuel de nos Recollets d'Artois.»

L'Etablissement de la Foy est un ouvrage complexe, dont le style empreint de scepticisme et d'amères critiques est si peu en harmonie avec le caractère qu'on attribue généralement aux ecclésiastiques, que plusieurs écrivains doutent que le P. Le Clercq en soit l'auteur. Charlevoix croit y découvrir la main du Comte de Frontenac, dont *l'Etablissement* chante les

---

[1] *Mémoires*, vol. III.

louanges et célèbre les hauts-faits; Hennepin n'hésite pas à l'attribuer au P. Valentin le Roux, commissaire Provincial des Recollets au Canada; Joutel se contente d'affirmer que le livre est une compilation de relations erronées.

Cet ouvrage qui est autant une œuvre de polémique[1] qu'une histoire, est divisé en plusieurs parties assez mal soudées ensemble, et dont les sujets ont été empruntés à des sources diverses. La première traite de l'histoire religieuse du Canada, mais n'est en réalité qu'un récit des efforts et des déboires des Recollets dans la Nouvelle-France, renouvelé du P. Sagard, et continué avec des emprunts faits aux mss. du P. Le Caron, le fondateur de la mission des Hurons. Dans la seconde partie l'auteur cherche à démontrer que les Relations des Jésuites et les missions dont ces rapports racontent l'établissement et les progrès, sont absolument imaginaires. La troisième partie est de valeur et nous donne une histoire aussi intéressante que détaillée des voyages de Cavelier de la Salle. A cette description viennent se joindre la narration des aventures de ce dernier au Fort Crevecœur, rédigée par le P. Zenobe Membré, mais que Hennepin prétend n'être qu'une copie de son propre journal; et celle du P. Anastase Douay, qui fit partie de l'expédition de de la Salle de 1684 à 1688. L'ouvrage se termine par une relation de la défaite des Anglais à Québec en 1690 par le Comte de Frontenac.

On croit généralement que ce livre fut supprimé peu de temps après sa publication.[2] C'est une erreur. Les Jésuites en effet firent des démarches pour que le gouvernement le supprimât, mais ne purent y réussir.[3] L'année suivante le

---

[1] Voir l'excellente analyse qu'en donne M. Shea, *Discovery of the Mississipi Valley*, p. 78.

[2] Coxe, *Description of the Province of Carolina*, London, 1722. — Jared Sparks, *History of Cavelier de la Salle*.

[3] « Les Jésuites ont traversé ce livre, et ont fait leurs efforts pour le supprimer. Les Recollets qui ont des amis en Cour, ont soutenu que le livre était bon, et qu'il n'y avait rien que de vrai. Pendant quelque temps le Libraire fut appréhendé pour son Livre, mais lors qu'on a fait voir qu'il n'y avait rien à redire, le Livre a passé, et il s'est toujours depuis vendu librement. » *Oeuvres de Messire Antoine Arnauld*. Paris, 1780, in-4, vol. 34, p. 720.

1691. *Journal des Sçavans*[1] en donne une analyse étendue qui servit de base au long factum publié par Arnauld dans sa *Morale Pratique des Jésuites*.

Hennepin a puisé à pleines mains dans le livre du P. Le Clercq pour les amplifications de la deuxième édition de son propre ouvrage.

Un des trois Recollets qui accompagnaient de la Salle dans cette malheureuse expédition, nommé Maxime Le Clercq, était parent de l'auteur de *l'Etablissement de la Foy*. Il avait composé des mémoires que Joutel détruisit.[2]

C'est dans cet ouvrage qu'il faut chercher la suite des aventures de Cavelier de la Salle, commencée dans notre examen de l'histoire de la découverte du Mississipi en 1669—1673 (*Supra*; N°. 147), et continuée dans la description du premier ouvrage de Hennepin (*Supra* N°. 150).

Le 2 Mars 1680,[3] quelques jours après le départ d'Accault et de Hennepin, Cavelier de la Salle avait quitté Crevecœur et son fidèle Tonty, pour revenir au Fort Frontenac. Malgré la glace qui obstruait les rivières, et le dégel de midi qui transformait les prairies en plaines liquides, malgré les Indiens, la faim, les ronces et les épines, de la Salle accomplit son pénible voyage. Remontant les Illinois jusqu'au lieu où est aujourd'hui la florissante petite ville de Jolliet, prenant par terre jusqu'au lac, dont il suivit les rives, puis traversant la péninsule du Michigan, le lac Erié et le Niagara, l'intrépide pionnier arriva enfin le 6 Mai au Fort Frontenac, après soixante-cinq jours d'épreuves et d'efforts dignes d'un héros.

---

[1] Pour Février 1692.

[2] « Le P. Maxime avoit écrit des memoires touchant la conduite de M. de la Salle, qu'il condamnoit en bien des endroits : j'en eus avis, je trouvay moyen d'avoir ces memoires, je les jettay au feu, et le P. en fut quitte pour cela. » (Joutel, p. 148.)

Les deux autres Recollets étaient Zénobe Membré, de Bapaume, chef de la Mission, et Anastase Douay, du Quesnoy. Denis Morquet, d'Arras, qui devait les accompagner, resta en France. Maxime était de Lille en Flandres, et avait déjà servi cinq ans aux Sept Iles et à Anticosti.

[3] Cette date est empruntée au récit du P. Membré. Tonty (*Mémoire*, édit. Margry, p. 8) donne celle du 22 ; M. Margry adopte la date du 10 Mars.

La nouvelle de la perte du *Giffron* et du navire qu'il attendait de France, loin de le décourager, ne fit que redoubler son ardeur. Il se rendit à Montréal, obtint du secours, et le 10 Août 1680 se mit en route pour rejoindre Tonty. Cette fois ce fut par les lacs du nord, Simcoe, Georgian Bay, Mackinaw et le Michigan, les rivières St. Joseph et Tiatiki (Kankakee), qu'il atteignit le Fort Crevecœur, mais pour le trouver abandonné par Tonty.

De la Salle revint hiverner au Fort des Miamis. Mûrissant un vaste et sage projet pour s'assimiler les tribus indiennes au sud-ouest des grands lacs, il se mit en rapport avec les principaux chefs qu'il alla trouver jusque dans leurs campements éloignés. A la fin de Mai 1681 il revint à Frontenac, passant par Mackinaw, où il retrouva son courageux lieutenant, Henry de Tonty, qui à la suite d'aventures inouïes avait réussi à s'échapper du pays des Illinois.

Le 11 Août ils étaient tous réunis une seconde fois au Fort des Miamis d'où Tonty partait le 21 Décembre 1681, et de la Salle le 27, pour arriver enfin par la rivière des Illinois à ce grand fleuve, objet de tous leurs efforts, le 6 Février 1682. Le 13 « au nombre de 22 françois portant armes, assistez du R. P. Membré et suivis de 18 Sauvages, » ils descendirent le Mississipi pour la première fois, en suivant la route déjà explorée par Jolliet et Marquette, jusqu'aux Kapahas, dans le pays des Arkansas, dont de la Salle prit possession au nom de la France et de Louis XIV le 14 Mars 1682.

Reprenant sa route le 17, de la Salle continua à descendre le fleuve, s'arrêta le 26 chez les Natchez, alla ensuite reconnaître trois des bras du Mississipi, et par celui de droite, arriva le 7 Avril 1682 au delta, à la mer même, à ce golfe de Mexique tant vanté, tant cherché, et non loin duquel il devait cinq ans plus tard périr assassiné.

Le 9 Avril de la Salle au nom du roi de France, « à environ 26 dégrés d'élévation du pôle septentrional, » prit possession du Mississipi « et de toutes les rivières qui y entrent et de tous les pays qu'elles arrosent. »[1]

---

[1] *Relation de la descouuerte de l'embouchure de la rivière Mississipi*

1691. Ce nouvel empire, qui s'étendait des monts Alleghanies aux Montagnes Rocheuses, et devait bientôt embrasser le cours entier des deux grands fleuves, le Missouri et le Mississipi, reçut le nom de *Louisiane*.

Le 10 Avril retournant la proue de son canot, il remonta le fleuve, malheureusement une maladie soudaine le retint au Fort Prud'homme jusqu'à la fin de Juillet 1682.[1] En Septembre de la Salle retrouva à Mackinaw Tonty qu'il avait envoyé lors des premières atteintes de sa maladie. L'infatigable pionnier se proposait de faire un voyage en France, lorsqu'il apprit que Louis XIV, loin d'encourager ses découvertes, avait laissé à M. de la Barre, son ennemi juré, la faculté d'y mettre fin, et que les Iroquois s'apprêtaient à attaquer ses alliés Indiens. De la Salle revint donc aux Illinois, au Rocher (Starved Rock)[2] où en Décembre 1682 il établit un camp retranché et passa l'hiver. C'est autour de cette fortification improvisée que vinrent se grouper les tribus d'Indiens désignées dans la carte de Franquelin de 1684, sous le nom pompeux de *Colonie du Sr. de la Salle*.

L'automne suivant de la Salle s'embarqua à Québec pour la France, afin de soumettre au Roi et à Seignelay un nouveau projet aussi vaste que hardi. Il s'agissait cette fois d'entrer dans le Mississipi par le golfe de Mexique, malgré les défenses expresses de l'Espagne, et y planter une colonie d'Européens,

---

dans le golfe de Mexique, faite par le Sieur de la Salle, l'année passée 1682. Publiée par R. Thomassy *(De la Salle et ses Relations inédites,* tirage à part de la *Géologie pratique de la Louisiane,* Paris, 1860, in-4) d'après le ms. original qui se trouve aux Archives Scientifiques de la Marine, à Paris; et *Procès verbal de la prise de possession de la Louisiane,* rédigé et certifié par Jacques de la Métairie, notaire du Fort Frontenac (Boimare, *loc. cit.)*

[1] Ce séjour forcé fut le prétexte des spoliations dont il devint la victime lorsque de la Barre fit saisir le Fort Frontenac et les terres qui en dépendaient.

[2] Cette haute place, appelé d'abord le Rocher, reçut, paraît-il, le nom de *Rocher de la Famine,* lorsque quelques années après la cession du Canada à l'Angleterre, les Illinois qui y avaient cherché un refuge, assaillis par les Pottawattamies, y furent tous exterminés par la faim. Parkman, *Great West,* p. 289.

qui pourrait maintenir ouvert ce débouché pour l'exportation 1691.
des pelleteries, et frayer un chemin pour les fameuses mines
de Sainte Barbe, l'Eldorado de tous les aventuriers de l'époque.

Louis XIV approuva le projet, et le seconda bien au delà des espérances de de la Salle. Au lieu de deux navires, il lui en donna trois,[1] cent soldats, trente volontaires, des femmes, des filles, des Recollets, des Sulpiciens.

L'expédition, composée de 280 personnes, parmi lesquelles se trouvaient l'abbé Jean Cavelier, frère aîné de la Salle, deux de ses neveux et un autre parent,[2] les PP. Zenobre Membré et Anastase Douay, qui avec Joutel devinrent les historiographes de cette malheureuse entreprise, et Minet, ingénieur hydrographe, dont la carte est aujourd'hui citée comme preuve de la trahison supposée de Beaujeu, capitaine des vaisseaux du roi, chargé de conduire l'expédition.

La petite escadre partit de la Rochelle le 24 Juillet 1684, revint à cause d'un accident survenu au *Joly*, et en repartit le 1er Août. Le 27 Septembre on fit escale à la côte occidentale de St. Domingue, où de la Salle apprit que le *Saint François*, par la faute de Beaujeu avait été pris par les Espagnols. Il tomba malade. A peine convalescent, il remit à la voile sur *l'Aimable* le 25 Novembre, et après avoir longé Cuba, le Cap St. Antoine, il entra en tâtonnant dans le golfe du Mexique le 12 Décembre, reconnut le 28 les côtes ouest de la Floride, et passa vers le 10 Janvier 1685, sans s'en apercevoir, l'embouchure du Mississipi. En proie à un triste pressentiment, il voulut revenir sur ses pas, mais Beaujeu s'y étant opposé, de la Salle vint attérir vers le 30 Janvier sur les côtes du Texas, à la Baie St. Bernard (Matagorda Bay), loin de ce delta qu'il était venu chercher au prix de tant de sacrifices et qu'il ne devait plus revoir.

---

[1] Le *Joly*, frégate de 36 canons, la *Belle*, frégate de 6 canons et le *Saint François*, transport. *L'Aimable*, flûte de 300 tonneaux appartenait à un nommé Massiot, bien que commandée par un officier de la marine royale.

[2] Chefdeville, Sulpicien. (Charlevoix II, p. 3.)

1691. L'orgueil de Beaujeu et le caractère atrabiliaire de la Salle[1] avaient amené dès l'embarquement à la Rochelle des dissentiments qui les tinrent toujours séparés. Enfin le 12 Mars 1685, Beaujeu l'abandonna et revint en France, mais non sans reconnaître avec soin la côte du golfe, et surtout l'embouchure du Mississipi, dont il fit relever la carte par Minet qui l'avait accompagné.

A partir de ce moment l'expédition ne fut plus qu'un long désastre. Après deux années de luttes contre les éléments, les sauvages, la lâcheté et la trahison des siens, de la Salle périt dans des broussailles entre les rivières San Jacinto et de la Trinité, le 19 Mars 1687, assassiné par quatre de ses compagnons révoltés.[2] « Ils accablèrent d'injures et de paroles de mépris ce pauvre cadavre, le Chirurgien Liotot luy dit bien souvent par dérision, *Te voilà grand Bacha, te voilà*, et enfin ils le traînèrent tout nud dans les hasiers, et l'exposèrent ainsi à la voracité des bestes sauvages. Bien loin, comme dit un Auteur, de l'avoir enterré, et mis une croix sur sa fosse. »[3]

Les détails de cette catastrophe sont relatés dans différents écrits que M. Parkman analyse ainsi. 1° La narration du P. Anastase Douay, qui fut témoin oculaire de l'assassinat de de la Salle; 2° celle de Henri Joutel, qui fit son récit d'après ce que le P. Douay et les autres lui en dirent lorsqu'ils revinrent au camp immédiatement après. 3° Un document conservé aux Archives de la Marine, et portant le titre de *Relation de la Mort du Sr. de la Salle suivant le rapport d'un nommé Couture à qui M. Cavelier*[4] *l'apprit en passant au pays des Akansa, avec toutes les circonstances que le dit Couture a apprises d'un Français*

---

[1] Le caractère de la Salle était d'une dureté extrême. Joutel, son ami et témoin irrécusable dit : « Le chagrin que M. de la Salle avoit de ne pas voir réussir les choses comme il s'estoit imaginé, et qui le portoit à *maltraiter ses gens souvent à contretemps*. Tout cela causa une tristesse à plusieurs. » (Page 109).

[2] Duhaut, l'aîné, Jean Larchevêque de Bordeaux, domestique de Duhaut, Liotot ou Lanquetot, chirurgien, et Hiens, le boucanier embauché au Petit Goave.

[3] Joutel, *Journal Historique* p. 403.

[4] L'abbé Jean Cavelier, frère de la victime.

que M. Cavelier avoit laissé aux dits pays des Akansa, crainte 1691. qu'il ne garda le secret.¹ 4° le Mémoire de Henri de Tonty. On pourrait y ajouter la relation de l'abbé Cavelier, bien que par suite d'une lacune dans le manuscrit elle s'arrête plusieurs semaines avant la mort de son frère.

Quant aux principaux personnages et historiens des dernières expéditions de la Salle, voici ce que nous avons pu recueillir.

Le P. Zenobre Membré, né à Bapaume, était cousin de Chrétien Le Clerq, et fut un des Récollets qui vinrent pour la première fois au Canada en 1675. Il fit partie de l'expédition de 1678. De la Salle le renvoya en France en 1682 pour rendre compte des résultats de l'entreprise. Il revint en Amérique avec de la Salle, qui le laissa en 1687 à St. Louis du Texas, où il périt lorsqu'à une époque qu'on ne peut préciser, probablement en 1688, la petite colonie fut exterminée par les Indiens.

Le P. Anastase Douay, né au Quesnoy, en Hainaut, fut constamment avec de la Salle depuis l'année 1684 jusqu'à sa mort à laquelle il eut la douleur d'assister. Le 20 Août 1688 il donnait au Marquis de Seignelay, à Versailles, les détails de cette malheureuse expédition. Il devint en 1697 vicaire des Récollets de Cambrai. On le retrouve en Amérique avec d'Iberville en 1699.

Henri Joutel, rouennais, fils d'un jardinier, revint en France avec le P. Douay. « J'ai vu M. Joutel à Rouen en 1723. C'étoit un fort honnête homme, et le seul de la troupe de M. de la Salle, sur qui le célèbre voyageur put compter » dit Charlevoix.²

L'abbé Jean Cavelier, Sulpicien, était établi au Canada, probablement à Montréal, avant que son frère cadet Robert n'y vint. Il l'accompagna lors de l'expédition de 1684; et de retour en France, au mois de Novembre 1688, il adressa à Seignelay un rapport, aujourd'hui perdu, mais dont le brouillon

---

¹ Ce Couture était Rouennais, et faisait partie de l'équipe de Tonty. Son récit, complété par les renseignements d'un gamin de Paris, nommé Barthélemy, un des survivants de l'expédition, est empreint d'une grande animosité à l'égard de la Salle, et mérite peu de confiance.

² *Liste des Auteurs*, p. lvj.

fut trouvé par hazard en Angleterre dans une liasse d'autographes, par M. Parkman. Il mourut en Normandie, après l'année 1717, dans un âge très-avancé et fort riche, par suite d'un héritage—non de son frère dont les dettes ne furent jamais payées—, mais de quelque parent éloigné. Esprit étroit, caractère pusillanime, être égoïste et homme de mauvaise foi, l'abbé Jean Cavelier n'avait de son frère que le nom.

Duhaut ou Du Hault, le chef des assassins de la Salle, était Normand, de bonne famille et un des associés. Sa part dans l'expédition se montait à la moitié de la cargaison d'un des quatre navires, probablement de *l'Aimable*, qui appartenait à à un armateur de la Rochelle. Il fut tué à son tour par Hiens, le 7 Mai 1687.

Il avait un jeune frère, Dominique, qui parti avec de la Salle lors de l'excursion chez les Cenis, ne reparut plus. Sa mort fut attribuée à de la Salle, mais sans preuves.

Liotot ou Lanquetot, chirurgien de l'expédition, était aussi un des associés. Il périt en même temps que Du Hault, de la main d'un matelot breton, nommé Ruter qu'on avait ramené chez les Cenis. «Au voyage que fit M. de la Salle le long de la mer, il obligea le frère de Lanquelot, qui ne pouvoit le suivre, de retourner au camp, et comme il s'en retournait seul, il fut massacré par les sauvages, ce qui fit jurer à Lanquetot qu'il ne pardonneroit jamais la mort de son frère.»[1]

Hiens était Wurtembergeois, et boucanier à St. Domingue, lorsque de la Salle l'embaucha au Petit Goave. C'est lui que Tonty désigne comme «un flibustier anglois que M. de la Salle avoit toujours aimé.» Assassin de Moranget, de la Salle et de Du Hault, il mourut aussi de mort violente, avec Ruter, tués tous deux dans une rixe par un de leurs complices.[2]

Lorsqu'en Janvier 1689, Alonso de Léon par l'ordre du Vice-Roi de la Nouvelle Biscaye, se mit à la recherche de la colonie que de la Salle passait pour avoir établie au Texas,[3]

---

[1] Mémoire de Tonty, édit. Margry, p. 32.
[2] Parkman, *Great West*, p. 401.
[3] Barcia, *Ensayo chronologico para la historia de la Florida*, Madrid, 1723, in-fol. p. 294.

et eut enfin découvert le Fort S. Louis, où il n'y avait plus que des os blanchis et des ruines, il vit arriver un homme, couvert d'oripeaux, le visage peint comme un sauvage. C'était Jean Larchevêque, qu'il envoya en Espagne, d'où on l'expédia au Mexique pour travailler avec les galériens dans les mines.

1691.

Quant au caractère de Robert Cavelier de la Salle, le passage suivant de Joutel nous paraît le résumer avec la plus grande impartialité: «Il avoit l'esprit et le talent pour faire réussir son entreprise; la fermeté, le courage, sa grande connoissance dans les arts et les sciences qui le rendoient capable de tout, et un travail infatigable qui luy faisoit tout surmonter, luy auroient enfin procuré un succès glorieux de sa grande entreprise, si toutes ses belles parties n'avoient pas esté balancées par des manières trop hautaines, qui le rendoient bien souvent insupportable, et par la dureté envers ceux qui luy estoient soûmis, qui luy attira enfin une haine implacable et qui fut la cause de sa mort.»[1]

170. Nouvelle‖relation‖de la‖Gaspesie,‖qui contient‖Les Mœurs & la Religion des Sau-‖vages Gaspesiens Porte-Croix,‖adorateurs du Soleil, & d'autres‖Peuples de l'Amerique Septen-‖trionale, dite Canada.‖Dediée à Madame la‖Princesse d'Epinoy,‖Par le Pere Chrestien Le Clercq,‖Missionnaire Recollect de la Province de‖Saint Antoine de Pade en Artois &‖Gardien du Couvent de Lens.‖— A Paris,‖Chez Amable Auroy, ruë Saint‖Jacques, à l'Image S. Jerôme, attenant‖la Fontaine S. Severin.‖M.DC.XCI.‖Avec Privilege du Roy.‖

⁎ In-12. Titre un feuillet, + 13 ff. non chiffrés pour épître et privilége + 572 pages.

---

[1] *Journal historique*, p. 202.

1691. «Une côte déserte, quelques petites Isles et des Havres, où l'on fait la pêche; des Sauvages, qui vont et viennent de l'Acadie et des environs; voilà ce que c'est que la Gaspesie, et les Gaspesiens, que l'Auteur appelle *Porte-Croix*, sur une fause tradition; et ce n'est pas de quoi remplir un volume de 600 pages de choses fort intéressantes.» (Charlevoix, p. lv.)

1693. 171. A‖Journal‖of the‖late Actions‖of the‖French at Canada. ‖ With ‖ The Manner of their being Repuls'd, by His‖Excellency, Benjamin Fletcher, Their Majesties‖Governour of New-York. ‖ Impartially Related by Coll. Nicholas Reyard [Beyard], and Lieutenant Coll.‖Charles Lodowick, who attented His Excellency, during the whole‖ Expedition. ‖ To which is added,‖ I. An Account of the present state and strength of Canada,‖given by Two Dutch Men, who have been a long Time Pri-‖soners there, and now made their Escape.‖ II. The Examination of a French Prisoner.‖ III. His Excellency Benjamin Fletcher's Speech to the Indians.‖IV. An Address from the Corporation of Albany, to his Excellen-‖cy, Returning Thanks for His Excellency's early Assistance for‖their Relief.‖ Licensed, Sept. IIth. 1693. Edward Cooke.‖--London, Printed for Richard Baldwin, in Warwick-Lane, 1693.‖

*** In-4. Titre un feuillet + 55 pages.

Réimprimé à New-York, par Joseph Sabin libraire, en 1868.

1695. 172. Reglement‖dv Roy‖Pour la Conduite, Police et Discipline des Compa-‖gnies que Sa Majesté entretient dans le Canada.‖Du 30 May 1695.‖— A

Paris, || Chez Estienne Michallet, premier || Imprimeur 1695.
du Roy, ruë S. Jacques, à l'Image S. Paul. || M.DC.XCV. ||
De l'exprès Commandement de Sa Majesté. ||

*** In-4. Titre un feuillet + pages 3—14.

173. Declaration || au Roy. || Du vingt-un May 1696. || 1696.
Qui supprime et declare nuls tous les || Congez et
Permissions qui ont esté et seront expediez pour aller
en traite chez les || Sauuages au Canada, ...

*** In-4. Quatre pages.

174. Dernieres || Decouvertes || dans || l'Amerique 1697.
Septentrionale || de M. de la Salle; || Mises au jour par
M. le Chevalier || Tonti, Gouverneur du Fort Saint ||
Loüis, aux Islinois. || — A Paris au Palais, || Chez Jean
Guignard, à l'entrée || de la Grand'Salle, à l'Image ||
saint Jean. || M.DC.LXXXXVII. || Avec Privilege du
Roy.

*** In-12. Titre un feuillet + privilége un feuillet + 333
pages + sept ff. et demi pour table. De Michel dans
sa préface au livre de Joutel[1] critique une carte qui
devrait se trouver dans le livre que nous décrivons.
Nous n'avons pu nous la procurer.

«Le Chevalier de Tonti arriva avec environ vingt Canadiens
établis chez les Illinois, et M. d'Iberville lui ayant parlé de la
Relation, qui courait sous son nom, il protesta qu'elle n'était
point de lui, mais d'un aventurier Parisien qui l'avoit composé
sur de mauvais Mémoires, et la lui avoit attribuée, pour lui
donner cours, et gagner de l'argent.» (Charlevoix).[2]

---

[1] *Journal historique*, page 8.
[2] *Histoire de la Nouvelle France*, vol. II, p. 260.

1697. Ce livre n'est pas l'œuvre du Chevalier de Tonty qui ne parlait qu'un français rempli d'italianismes, comme on peut en juger par la lettre évidemment écrite par lui (de la main gauche ou de la main artificielle qui remplaçait celle qu'il avait perdue au siége de Messine), et que nous publions plus loin.

L'ouvrage que nous décrivons a été, croyons-nous, injustement décrié. Il est bien écrit et ne s'éloigne pas des grandes lignes qui constituent un récit véridique des aventures de Cavelier de la Salle.[1] Le rédacteur a certainement en sous les yeux le mémoire de 1693 (publié par M. Margry), mais il l'a développé et même complété. Ainsi on y trouve en plus le récit des expéditions malheureuses de ce hardi pionnier à partir de 1684, donné comme venant de son frère, l'abbé Jean Cavelier, ce qui est possible, car ce dernier a laissé une relation qui nous est parvenue. Pour les détails de l'assassinat de la Salle le Mémoire de 1693 n'indique pas les sources, ici le récit est plus complet, mais il est attribué au nommé Couture. Or nous avons lu aux Archives du Ministère de la Marine une narration de cette mort lamentable, signée de ce même Couture.[2] Le rédacteur a donc pu puiser aux sources mêmes que nous consultons encore aujourd'hui. Il serait possible cependant que la trame de son récit fut empruntée à *l'Établissement de la Foy* du P. Le Clercq.

Le mémoire de 1693 n'est pas le seul de cette provenance qui existe encore. Les Archives du Ministère de la Marine en

---

[1] Ce mémoire contient, il est vrai, des erreurs de dates et de noms, mais celui de 1693, qui a trait aux mêmes aventures, en fourmille. Ce dernier donne le 3 Janvier 1679 comme date de l'établissement du Fort Crevecœur (*Peoria*), tandis que c'est le 14 Janvier 1680; le P. Allouëz y est appelé *Daloy*, la ville de Manhatte (*New-York*) *La Manade*, la somme empruntée à l'aide d'un faux par l'abbé Cavelier à Tonty y est fixée à 700 francs, au lieu de 7000; Joutel (p. 349) donne le chiffre de 4000 livres.

[2] *Relation de la mort du Sr. de la Salle suivant le rapport d'un nommé Couture à qui M. Cavelier l'apprit en passant au pays des Akansa avec toutes les circonstances que le dit Couture a apprises d'un François (Barthelemy) que M. Cavelier avait laissé aux dits pays des Akansa, crainte qu'il ne gardât le secret.*

recèlent un second «embrassant dans le plus grand détail l'expédition de 1678 à 1684.»[1] Tonty en avait dicté d'autres, car il dit en parlant du mémoire de 1693: «Si je n'avois pas été pressé de faire cette relation, j'y aurois mis plusieurs particularitez qui auroient fait plaisir au lecteur, mais la perte que j'ay faite de mes mémoires dans mes voyages fait que cette relation n'est pas accomplie comme je le souhaiterois.» Si ces mémoires sont perdus, peut-être retrouverons-nous un jour ceux dont nous trouvons l'indication dans les épures géographiques de Guillaume De L'Isle.[2]

1697.

La relation présente a été republiée dans le *Recueil des Voyages au Nord*, de Bernard,[3] et en anglais dans les *Collections of the New-York Historical Society*,[4] d'après une édition publiée à Londres, paraît-il, en 1698.[5]

La lettre suivante que nous avons eu grande peine à déchiffrer, car elle porte les traces de la main de fer de Tonty, provient des Archives du Dépôt des Cartes de la Marine,[6] et n'est pas sans intérêt. En la comparant avec le procès-verbal (ms.) qui l'accompagne sous le même pli, et le Mémoire de 1693, le lecteur pourra se rendre compte des modifications de style que les secrétaires ou les éditeurs ont dû introduire dans les récits qui portent le nom du Chevalier Henry de Tonty.

«Demont Real le 14 aoust 1686 en Canada.

«Monseigneur

«Sur les nouuelles que japris lautonne passé au fort St. Louis
«des Illinois que Mr. de La Salle estoit dessandue a la Coste de
«la Floride qui se battoit contre des sauuage et auoit dissette
«de viure je crus que dans vne telle circonstance il estoit du
«service du Roy et du Contentement de vostre Grandeur de

---

[1] Margry, *Relations et Mémoires Inédits*, p. 2.
[2] *Infra*, dans la Cartographie.
[3] Amsterdam, 1734, vol. V, p. 37, ainsi que dans le tirage à part de ce même volume.
[4] Vol. II, pp. 217—341.
[5] Leclerc, *Bibliotheca Americana*, p. 88.
[6] Carton 67², seconde pièce du recueil N°. 1.

1697. « Luy donner secour, sest pourquoy je party pour cette effet
« le 16me feurier 1686 et comme dans le procest verballe si join
« Je trait seullement de mon arriué a la merre du golfe mexique
« je continueé mon repour (rapport) dans lequelle je appris de
« nouvelles de Mr. de la Salle le 16me Avril ayant trouué les
« armes du Roy que Mr. de la Salle auoit arborré dans sont
« premier voyage, enportépar la marré jen fit pindre dautre auec
« Cette inscription Louis le grand Regne, les quinipisa nous de-
« mande la paix je leurs a accordé et donné une lettre[1] pour
« Mr. de la Salle en cas quil vin, a 150 lieu de la merre les
« Yazou ché les quels y liuoit (avait) deux illinois esclaue nous
« dirent que Mr. De la Salle auoit fait esgade (escale) a la Riuier
« des Moines (?) que des Yazou qui aloit chercher des Coquille
« Luy avoit veut (l'avaient vu) et que le printemps passé auoit
« mis a la voille lauroit relaché volontier pour laler chercher sur
« la Riuier des Moines (?) nest pas plus loin de quarante lieu de
« missisipy au nort est de manier si Mr. de la Salle auoit en core
« singlé dun iour du costé de pamico (?) il auroit trouué la
« Riuier ayant fait esgade a 40 lieu de la Riuier plus nort mais
« Mr. de denonuille maieu aprit qui soitoit de me voir pour
« conuenir ensemble des moiens de destruir liroquois lesnemis
« communs je continué ma Route jusque icy et je part demain
« pour aller au fort St. Louis et pour me mettre en marche le
« printemp prochain auec les Illinois contre les iroquois Cest
« vn voyage de 300. Lieus par terre pour moy mais comme il
« sagit du seruice et du Contentement de Vostre Grandeur je
« nenvisage poin les Rude fatigue de cest cartier mon buc
« n'estan que destre bon seruiteur de Sa Majesté et meriter
« l'honneur de vostre protectiont que supplye luy accorder celuy
« qui est auec toute les respectueuses soumissions de Vostre
« Grandeur
    « Monseigneur
            « Vostre tres humble et tres obeissant et tres
            « obligé seruiteur
                                TONTY. »

---

[1] C'est la lettre du 20 Avril 1686, qui fut remise à d'Iberville quinze années après et dont Charlevoix nous donne un extrait.

175. Nouvelle Decouverte‖d'un tres grand‖Pays‖ 1697. situé dans l'Amerique.‖ Par R. P. Louis de Henne‑pin.‖A Utrec‖Chez Guillaume Broedelet.‖ *Ce frontispice gravé précède le titre suivant:*

Nouvelle‖decouverte‖d'un tres grand‖pays‖Situé dans l'Amerique,‖ Avec les Cartes, et les Figures necessaires, et de plus‖l'Histoire Naturelle et Morale, et les avantages,‖qu'on en peut tirer par l'établissement des Colonies.‖ Le tout dedie‖ à ‖ Sa Majesté Britannique.‖Guillaume III.‖Par le‖R. P. Louis Hennepin,‖Missionnaire Recollect et Notaire Apostolique.‖ — A Utrecht,‖Chez Guillaume Broedelet,‖Marchand Libraire. MDCXCVII.‖

⁎ In-12. Titres deux ff. + *Epitre au Roy de la Grande Bretagne* 10¹/₂ ff. non chiffr. + *au Lecteur* vingt-six pages + table 19 pages. Texte 1—506 pages (la page 313 est répétée 11 fois. Deux cartes, dont l'une porte le titre suivant: *Carte d'un très-grand pays nouvellement decouvert dans l'Amerique Septentrionale, entre le Nouveau Mexique et la mer Glaciale, avec le cours du grand fleuve Mechasipi. — Dédiée à Guillaume III, Roi de la Grande Bretagne, par le R. P. Louis de Hennepin; chez Broedelet à Utreght.* + deux figures.

C'est dans cette amplification de l'édition de 1683, que Hennepin s'attribue pour la première fois l'honneur d'avoir fait tout le parcours depuis la rivière des Illinois jusqu'à l'embouchure du Mississipi, avant et malgré Cavelier de la Salle. Le Récollet semble oublier ce qu'il dit lui-même en 1683[1] de ce prétendu voyage. «Nous avions quelque dessein de nous rendre jusques à l'embouchure du Fleuve Colbert, qui probablement se decharge plutost dans le sein de Mexique, que dans la Mer Vermeille, mais ces nations qui se saisirent de nous,

---

[1] *Description de la Louisiane*, page 218.

ne nous donnèrent pas le temps de naviguer haut et bas de ce Fleuve.»

Cette narration est faite de pièces et de morceaux audacieusement pris à une relation de Cavelier de la Salle, au journal du P. Zenobre Membré et à la partie originale de *l'Etablissement de la Foy* du P. Le Clercq. Elle a été insérée dans le Recueil de Bernard.[1]

Hennepin était plus que plagiaire et menteur. Nous le taxons d'ingratitude.

Dès les premiers temps de la colonie, les missionnaires, puis les gouverneurs et les intendants, trouvèrent de précieux auxiliaires dans des Français, presque tous venus de Normandie, qui incapables de se plier aux exigences de la vie de colon, ou préférant mener une existence remplie d'aventures et de dangers, se livraient à des courses souvent indépendantes et à un commerce plus ou moins clandestin chez les sauvages. Ils revenaient de leurs expéditions lointaines avec une connaissance du pays et de la langue des indigènes; et comme messagers, comme interprètes, comme pionniers, ils rendirent des services que leur titre de simples agents, ou même l'épithète de *coureurs-de-bois* pour plusieurs a fait oublier. Dans le nombre cependant nous trouvons des hommes d'une énergie rare et d'une intelligence supérieure. Etienne Brulé, Guillaume Couture, Jean Nicollet, Louis Jolliet, François Hertel, Nicolas Perrot, Boisguillot, Peré Moreau dit la Taupine, figurent fréquemment dans les annales de la Nouvelle-France, et l'on doit reconnaître qu'à des titres divers ils ont frayé les voies de la civilisation dans ces contrées jusqu'alors inconnues.

Ces hardis aventuriers dont les traditions animent encore ceux qui de nos jours, sous le noms d'*engagés*, explorent pour les Compagnies Chouteau et de la Baie d'Hudson les limites extrêmes de l'Amérique Septentrionale, n'agissaient pas toujours seuls. Sous Louis XIV, un certain nombre de cadets de famille et d'aînés de petite noblesse, officiers pour la plupart, quittaient la France de leur libre arbitre ou munis d'une modeste com-

---

[1] Vol. IX, p. 1—464.

mission, pour aller tenter la fortune au Canada. Pauvres, ne 1697. recevant qu'un salaire insuffisant lorsque le gouvernement daignait les employer,[1] ils étaient sans cesse en quête d'occasions qui pouvaient leur permettre, souvent à leurs risques et périls, d'explorer des régions riches en mines ou peuplées de tribus habiles à la chasse des animaux dont on commençait en France à recherches les fourrures. Aussi demandaient-ils fréquemment à la traite des pelleteries les ressources que leur refusait le Gouvernement du Roi.[2] De là un commerce qui empiétait souvent sur des droits acquis ou des édits royaux qu'on s'efforçait de rendre très-sévères. Cela n'empêchait pas les représentants de la Couronne, à commencer par le Gouverneur lui-même,[3] et quelquefois les missionnaires, de se livrer à ce trafic clandestin et d'en tirer des profits.[4]

Ces officiers de fortune étaient les chefs naturels des coureurs de bois, et partageaient avec eux les fatigues, la faim et les dangers. Daumont de Saint Lusson, de Boisrondet, La Mothe Cadillac, les Tonty, de la Forest, Denys de St. Simon, les deux Greysolon (Du L'hut et de la Tourette) ont attaché ainsi leur nom à des découvertes et des expéditions, suivies d'établissements qui aujourd'hui sont des villes importantes dans le Nouveau-Monde. Ce fut Daniel Greysolon du L'hut[5] qui franchit

---

[1] Le Comte de Frontenac, malgré ses hautes fonctions de Gouverneur et Lieutenant Général, ne touchait que 12,000 livres.

[2] On est frappé en lisant la correspondance qui s'étend de la lettre de Talon au Roi du 2 Novembre 1671, aux réponses de Maurepas à M. de Beauharnois concernant les expéditions des Varennes de la Veranderye, en 1735, de la condition imposée aux découvreurs de se contenter comme mise de fonds des profits qu'ils étaient supposés devoir retirer des priviléges que le gouvernement leur accordait.

[3] Le Comte de Frontenac agissait ainsi sous le couvert de Cavelier de la Salle et de La Mothe Cadillac.

[4] Cette assertion se trouve confirmée par l'extrait d'une dépêche chiffrée que nous avons prise pour épigraphe.

[5] Daniel Greysolon Du L'hut, que Lahontan (vol. I, p. 103) qualifie de «Gentilhomme Lionnois,» est né à Saint Germain en Laye, et était frère de de la Porte de Louvigny (Brodhead, IX, p. 135), cousin des Tonty (Tonty, *Mémoire de* 1693, p. 26), et frère de Greysolon de la Tourette (Lahontan, I, p. 106), tous occupant des postes importants au Canada. L'Intendant Duchesneau seul qualifie Du L'hut de coureur-de-bois.

1697. presque seul, au milieu de tribus hostiles, une distance considérable, pour délivrer trois Français dont il venait d'apprendre la captivité.

Un de ces prisonniers fut Louis Hennepin, qui dans son récit des circonstances auxquelles il dut la liberté, se montra aussi peu soucieux de dire la vérité, qu'enclin à rendre justice à son libérateur.

Dans l'édition de 1683, sa rencontre avec Du L'hut est racontée en ces termes: «Le 25. Juillet 1680 comme nous remontions, après la chasse du Bœuf, le Fleuve Colbert, aux Villages de ces Sauvages, nous rencontrâmes le Sieur du Lhut, qui venait chez les Nadoussious accompagné de cinq Soldats François, ils nous joignirent à environ deux cent vingt lieues du Païs des Sauvages qui nous avoient pris, ils nous prièrent comme nous avions quelque connoissance de leur langage de les accompagner aux villages de ces Peuples, ce que je fis volontiers.»[1]

Ainsi dans ce récit, c'est Du L'hut qui est trop heureux d'avoir rencontré Hennepin pour en faire un interprète. Dans celui qui accompagne l'édition de 1697,[2] le Récollet ajoute un autre motif. Il craint pour le salut de l'âme de Du L'hut et de ses compagnons: «Je fis volontiers ce qu'ils souhaitoient, surtout ayant appris d'eux que depuis deux ans et demi, qu'ils étoient en voyage, ils n'avoient pas fréquenté les Sacremens.»

Il y a heureusement aux Archives du Ministère de la Marine[3] un Mémoire de Du L'hut lui-même qui présente les faits sous un jour tout différent. Il est des plus intéressants, et nous nous empressons de le publier.

Les historiens de la Nouvelle France sont tous d'accord pour parler de ce valeureux soldat avec éloge. M. Parkman qui lui rend justice, dit (*Discovery of the Great West*, p. 254) sur la foi d'une dépêche de Vaudreuil à Pontchartrain, qu'il mourut en 1710.

[1] Page 288.
[2] Page 408.
[3] *Mémoire du Sr. Daniel Greyselon du Luth sur la Découverte du pays des Nadouecioux dans le Canada, dont il fait une Relation tres detaillée.* 1685. In-fol.

Bibliographie.

«A Monseigneur Le Marquis de Seignelay.   1697.

«Monseigneur.

«Après auoir fait deux voyages d'icy a la nouvelle France, «où tout ce qu'il y auoit de gens ne croyoient pas qu'il fut «possible de pouuoir décourir le pays des Nadoucioux, n'y «auoir aucun commerce auec eux, tant à cause de leur Esloigne-«ment qui est de 800. Lieues de nos habitations que parce «qu'ils auoient la guerre generalement auec toutes sortes de «Nations.

«Cette Difficulté me fit prendre la resolution d'aller chez eux «ce que je ne pût mettre en execution pour lors, mes affaires «m'ayant obligé de repasser icy, ou apres auoir fait la Campagne «de la Franche Comté, et du combat de Senef, où j'auois l'hon-«neur d'estre gendarme de la garde de Sa Majesté, et Escuyer «de Monsieur Le Marquis de Lassay nostre enseigne, je repartis «pour m'en retourner à Quebec où je ne fut pas plustost arriué «que l'enuie que j'auois desja eu d'executer ce dessein s'aug-«mentast, et je commencay a prendre mes mesures pour me «faire connoistre des Sauuages, Lesquels m'ayant assuré de leur «amitié, et pour preuue de cela donné trois Esclaues que je «leur auoit seulement demandés pour venir auec moy, Je party «du Montreal auec eux et sept François le premier de Septembre «de l'année 1678. pour tacher de faire la decouuerte des Nadoue-«cioux et Assenipoualaks, qui nous estoient Inconnus [1] et leur

---

[1] Il est probable que Du L'hut a le premier exploré certaines parties du pays des Nadouessioux (qui sont les Dacotahs ou Sioux d'aujourd'hui), mais ils étaient connus depuis longtemps. Le P. Allouëz, dans la Relation de 1667, le P. Dablon dans celle de 1671, même les Relations de 1640 (p. 35), 1642 (p. 97), 1656 (p. 39) et 1665 (p. 8) donnent des détails sur les Nadouessioux nomades ou *Poualaks* et les Nadouessioux orientaux, qui cultivaient la terre, et sont ceux de Du L'hut. Peré, un célèbre coureur de bois, dans ses explorations au-delà du Lac Supérieur à la recherche de mines de cuivre, a dû parcourir les régions habitées par les Nadouessioux bien avant Du L'hut, et nous pouvons même remonter à une date antérieure aux expéditions de Peré, puisque nous lisons dans la Relation de 1660 (p. 27) le passage suivant : «vne grande Nation de 40. Bourgs nommée des Nadouechio . . . . , nous attend depuis l'alliance qu'elle a fait tout fraischement auec les deux François qui en sont retenus cet esté.»

1697.
« faire faire la paix auec toutes les Nations du tour du Lac
« superieur qui viuent sous la domination de nostre Inuincible
« Monarque.

« Je ne crois pas qu'vn tel depart puisse donner lieu a qui
« que ce soit de M'imputer destre contreuenu aux ordres du
« Roy de l'année 1676. puisqu'il deffendoit seulement à tous ses
« sujets d'aller dans la profondeur des bois pour y traiter auec
« les Sauuages. Ce que je n'ay jamais fait, n'y mesme voulu
« prendre aucuns presens d'eux, quoy qu'ils m'en ayent plusieurs
« fois jetté, lesquels j'ay toujours reffusé et laissé a fin qu'on ne
« put me taxer d'auoir fait aucune traite Indirecte.

« Le 2° Juillet 1679. j'eut l'honneur de faire planter les armes
« de Sa Majesté dans le grand village des Nadouecioux appellé
« Izatys, ou jamais francois nauoit esté, non plus qu'aux Songas-
« kitons, et Houetbatons distans de ses premiers de Six vingt
« Lieues, ou jay aussi fait arborer les armes de Sa Majesté dans
« la mesme année de 1679.

« Le 15ᵉ Septembre ayant fait donner tant aux Agrenipoualaks
« qu'à toutes les autres nations du Nord, vn Rendé Vous au fond
« du Lac superieur pour leur faire faire la Paix auec les Nadoue-
« cioux leur commun Ennemy. Ils s'y trouuerent tous, ou jeut
« asses de bonheur pour gaigner leur estime et leur amitié, de
« les reunir ensemble, et a fin que la paix fut plus de Durée
« parmy eux, Je Crû ne pouuoir mieux Cimenter qu'en faisant
« faire des mariages reciproques des nations les vnes auec les
« autres. Ce que je ne put Executer sans beaucoup de depense.
« Lhiver ensuite je leur fit faire des assemblées dans les bois ou
« je me trouuay afin qu'ils pussent chasser ensemble, se festiner,
« et par ce moyen nouer vne amitié plus Estroite.

« Les presens qu'il me fallut faire pour faire descendre les
« Sauuages au Montreal qui en estoient destournés par les opena-
« gaux et Abenakis a la suscitation des Anglois et des Flamens
« qui leur faisoient croire que la peste estoit dans les habitations
« des Francois, et qu'elle estoit montée jusques a Nipissingue,
« ou la pluspart des Nipissiriniens en estoient morts, ont encore
« esté d'vne plus grande depense.

« En Juin 1680. nestant pas satisfait d'auoir fait ma decouuerte
« par terre. Je pris deux Canots auec un sauuage qui estoit mon
« interprete, et quatre francois pour chercher les moyens de la
« faire par Eaue, Pour ce sujet jentray dans vne riuiere qui se
« decharge a 8 Lieues du fond du Lac superieur du costé du
« Sud, ou apres auoir fait couper quelques arbres, et rompre
« enuiron cent Chossez (chaussées) de Castor, Je me rendit en
« haut de ladite Riuiere, Et ensuite je fis vn portage d'vne demy
« Lieue pour gaigner vn Lac. La Decharge duquel tomboit
« dans vne assez belle Riuiere, et laquelle me conduisit jusques
« dans Mississipi, La ou estant j'appris par huit cabanes de
« Nadouecioux, que j'y rencontray que le Reuerend pere Louis
« Henpin Recollet de present au couuent de St. Germain, auec
« deux autres francois[1] auoient esté vollés et menés en Esclaues
« penant plus de 300 Lieues par les Nadouecioux mesme.

« Cette nouuelle me surprit si fort que sans hesiter, je laissay
« deux francois avec ces dites huit cabanes de Sauuages aussi
« bien que les Marchandises que j'auois pour faire des presens,
« et pris vn desdits Sauuages a qui je fis present pour me con-
« duire auec mon interprete, et deux Francois ou estoit Le dit
« Reuerend pere Louis, et comme il y auoit bien 80. Lieues, je
« marchay en Canot deux jours et deux Nuits, et le lendemain
« a dix heures au matin Je le rencontray auec enuiron 1000.
« ou 1100 ames, Le peu de cas qu'on faisoit dudit Reuerend
« pere me fachast, ce que je leur fis connoistre en leur disant
« que cestoit mon frere, et le fis mettre dans mon Canot pour
« venir auec moy dans les villages desdits Nadouecioux, ou je
« lamenay, dans lesquels, huit jours apres y estre arriué, je fis
« tenir un Conseil, en Exposant le mauuais traitement que l'on
« auoit fait tant au dit Reuerend pere qu'aux deux autres francois
« qui estoient auec luy. Les ayant vollé et mené en Esclaues,
« et mesme pris les habits Sacerdotaux dudit Reuerend pere, Je
« leur fis rendre deux Calumets qu'ils leur auoient dansé (sic),
« en reconnoissance de l'Insulte qu'ils leur auoient faite, Estant

---

[1] Antoine Augelle, d'Amiens, dit le Picard Dugay, et Michel Accault, natif de Poitiers, véritable chef de l'expédition dont Hennepin prétend avoir eu la direction.

1697. « ce qu'ils ont de plus cher parmi eux pour paciffier les choses,
« en leur disant que je ne prenois point de Calumets, des gens
« qui apres m'auoir veu, auoient receu mes presens de paix, et
« auoir esté depuis vn an, tonjours avec des francois, les voloient
« quand ils alloient pour les voir.

« Chacun taschat de se disculper dans le Conseil, Mais leur
« excuse ne m'empeschat point de dire au Reuerend pere Louis,
« qu'il falloit venir auec moy du costé des Outagamys ce qu'il
« fit, Luy faisant connoistre que ce seroit porter coup a la
« Nation Francoise dans une nouuelle descouuerte, de souffrir
« vne Insulte de cette nature sans en temoigner du ressentiment
« quoy que mon dessein fust de pousser jusques a la mer du
« costé de L'ouest nord ouest, qui est celle que l'on croit estre
« la mer vermeille, d'ou les Sauuages qui estoient allez en guerre
« de ce coste donnerent du sel a trois francois que j'avais
« envoyé a la Découuerte, et lesquels m'apporterent dudit sel
« m'ayant raporté que les sauuages leur auoient dit qu'il n'y
« auoit que 20. journees d'ou ils estoient pour trouuer le grand
« Lac, dou leau ne vaut rien a boire. C'est ce qui me fait croire
« qu'il ne seroit pas tout a fait difficile de la trouuer si l'on
« uouloit permettre d'y aller. Cependant jaymay mieux m'en
« Reuenir sur mes pas, en leur faisant connoistre la juste In-
« dignation que j'auois contre eux que de rester apres la violance
« qu'ils auoient faite au dit Reverend pere, et aux deux Francois
« qui estoient auec luy, lesquels je mis dans mes Canots, et les
« ramenay a Michelimakinak mission des Reuerends peres Je-
« suites, ou hiuernant ensemble, j'appris que bien loin destre
« approuué dans ce que je faisois consommant mon bien, et
« risquant ma vie tous les jours, L'on me traitoit de chef de
« party, quoy que je naye jamais eu plus de huit hommes auec
« moy. Il ne fallut pas m'en dire dauantage pour mobliger des
« le 29º Mars de l'année 1681, de partir sur les glaces auec le
« dit Reuerend pere et les deux autres francois, faisant trainer
« mon canot et nos viures, afin de me rendre plustost dans nos
« habitations et faire connoistre la droiture de ma conduite
« n'ayant jamais esté d'humeur a me vouloir soustraire de
« l'obeissance qui est delle aux ordres du Roy.

« Je me suis donc rendu dans nos habitations trois mois auant 1697.
« que L'amnistie qu'il a pleu a Sa Majesté accorder a ses sujets
« qui auoient contreuenu a ses ordres fut arriué, sans que Mr.
« L'Intendant m'aye voulu entendre quelle requeste que jaye pû
« presenter.

« Quand a la maniere dont jay vescu pendant mon voyage il
« seroit superflu de m'estendre sur ce sujet, et d'ennuyer par vn
« long discours, Vostre Grandeur, estant persuadé que treize
« lettres originalles des Reuerends — Nouuel superieur des mis-
« sions Outaouaises, Le Reuerend pere Enjalran missionnaire
« de St. Francois de Borgias, Le Reuerend pere Bailloquet,
« missionnaire de Ste Marie Du Sault, et le reuerend pere Pierson,
« missionnaire des Hurons a Saint Ignace, tous Jesuites, suffiront
« du reste pour en Informer fidellement et amplement Vostre
« Grandeur. »

« Les assertions de Du L'hut se trouvent confirmées par la
« légende suivante, qui se lit sur la carte du P. Raffeix que nous
« décrivons plus loin : [1] « Mr. du Lude qui le 1er a esté chez les
« Sious ou Nadouesiou en 1678, et qui a Esté proche la Source
« du Mississipi et qui ensuitte vint retirer Le p. Louis [Henne-
« pin] qui auoit Esté fait prisonnier chez les Sioux. »

176. Nouvelle Decouverte‖d'un tres grand‖Pays‖ 1698.
Situé dans l'Amerique‖Par R. P. Louis de Hennepin. ‖ *(Vignette représentant un sauvage nu tenant
le calumet).* — A Amsterdam. ‖ Chez Abraham van
Someren. 1698.‖ *Second titre :* Nouvelle‖Decouverte‖
d'un tres grand‖Pays‖Situé dans l'Amerique,‖entre‖
Le Nouveau Mexique,‖et La Mer Glaciale,‖Avec les
Cartes, et les Figures necessaires, et de plus‖
l'Histoire Naturelle et Morale, et les avantages‖
qu'on en peut tirer par l'etablissem. des Colon.‖Le
tout dedié‖à Sa Majesté Britannique.‖ Guillaume III‖

---

[1] *Infra,* dans la Cartographie inédité, N°. 238.

1698. par le ‖ R. P. Louis Hennepin ‖ Missiouaire (sic) Recollect & Notaire Apostolique. ‖ — A Amsterdam, ‖ Chez Abraham van Someren, ‖ Marchand Libraire. MDCXCVIII. ‖

₊ In-12. Titres deux ff. + 68 pages préliminaires non chiffrées, dont vingt-trois pour Epître au Roy, vingt-six pour Avis au lecteur et dix-neuf pour table + texte 1 — 506 pages, mais après la page 312 la signature O est répétée, afin de permettre l'introduction d'un carton de dix pages, toutes chiffrées 313.

Ce n'est qu'une reproduction littérale de l'édition donnée à Utrecht par Broedelet en 1697. L'exemplaire que nous décrivons n'a pas les cartes annoncées sur le titre.

177. Nouveau‖voyage‖d'un Païs plus grand que‖ l'Europe. ‖ Avec les reflections des entreprises du Sieur ‖ de la Salle, sur les Mines de St. Barbe, etc. ‖ Enrichi de la Carte, de figures expressives, des mœurs‖et manières de vivre des Sauvages du Nord,‖ & du Sud, de la prise de Quebec Ville Capital-‖le de la Nouvelle France, par les Anglois, & des‖avantages qu'on peut retirer du chemin racourci‖de la Chine et du Japon, par le moien de tant ‖ de Vastes Contrées & de Nouvelles Colonies.‖Avec approbation et dedié à Sa Majesté ‖ Guillaume III. ‖ Roy de la grande ‖ Bretagne‖par le R. P. Louis Hennepin, ‖ Missionnaire Recollect et Notaire Apostolique. ‖ — A Utrecht, ‖ Chez Antoine Schouten,‖Marchand Libraire. 1698. ‖

₊ In-12. Titre un feuillet + 34 ff. non chiffr. pour epître dédicatoire, préface et table + 1 f. blanc + 1 — 389 pages; quatre planches (aux pp. 19, 73, 204 et 343), et Carte ‖ du Nouveau ‖ Monde. ‖ Entre le Nouueau ‖

Mexique. || et la Mer Glacialle || Novellement decouvert 1698. par le || R. P. Louis de Hennepin || Missionaire Recollect natif d'Aht || en Hainaut || dédiée a Sa Majesté || Britanique le Roy || Guilaume Troisieme || Gasp. Bouttats fecit. ||

Cet ouvrage est une suite de celui publié en 1697. Les huit premiers chapitres décrivent les aventures de Cavelier de la Salle. M. Sparks a relevé des phrases entières qui prouvent que Hennepin n'a fait que copier *l'Etablissement de la Foy* du P. Le Clercq, et non les lettres du P. Anastase Douay, comme il l'assure.

178. An ||account || of || Monsieur de la Salles||last|| expedition and discoveries || in || North America. || Presented to the French King || and published by the || Chevalier Tonti, Governour of Fort St. Lo||uis, in the Province of the Illinois. || Made English from the Paris original. || Also || the adventures of the Sieur de || Montauban Captain of the French || Buccaneers on the coast of Guinea in the || year 1695. || — London, || printed for J. Tonson . . . . . . 1698. ||

⁂ In-8. Titre un feuillet + 211 pages + 44 pages pour le *Montauban*.

179. Aenmerckelijcke|| historische ||Reijs-Beschrijvinge||door verscheijde Landen veel groeter als die van geheel || Evropa || onlangs ontdeckt || Behelsende een nauwkeurige Beschrijvinge van de gelegentheijd, natuur, en || vrugtbaerheijd, van't Zuijder, en Norder gedeelte van America . . . . . . door Lodewijck Hennepin . . . . . . — Tot Utrecht, || Bij Anthony Schouten, 1698. ||

1698.

₊ In-4. Seize ff. n. chiffr. + 142 pages + 9 ff. n. chiffr. Carte et gravures. Deux titres, dont l'un gravé.

(Trömel, N°. 425.)

180. Neue Reise Beschreibung durch viele Länder weit grösser als gantz Europa..... durch L. Hennepin. Bremen, Phil. Gottfr. Saurmans, 1698.

₊ In-8. Vingt-deux ff. préliminaires. Texte 288 pages.
(Bibliotheca Brownlana, N°. 1094.)

Cette traduction est, croyons-nous, celle de J. G. Langen.

181. A New Discovery of a Vast Country in America, extending above 4,000 miles between New France and New Mexico. With a description of the Great Lakes, Cataracts, Rivers, Plants, and Animals, etc. With a continuation giving an account of the attempts of the Sieur de la Salle upon the mines of St. Barbe, etc. The taking of Quebec by the English; with the advantages of a shorter cut to China and Japon ...... etc. To which is added several new discoveries in North America not in the French ed. by Louis Hennepin. — London, for M. Bentley and others 1698.

₊ In-8, 2 vol. Premier vol. onze ff. prélim. + 299 pp. de texte. Vol. II, seize ff. prél. + 355 pages de texte. Deux cartes et sept planches.

(Loc. cit. N°. 1092.)

« Deux différentes traductions anglaises parurent cette même année à Londres, une troisième porte la date de 1699. Nous ignorons si c'est une nouvelle traduction ou la réimpression d'une des précédentes. » (Trömel).

182. Declaration‖du Roy,‖Portant Reglement de 1699. ce qui doit estre ‖ observé en la vente de la Poudre‖ & Plomb. ‖ Donnée à Fontainebleau le premier Octobre 1699.‖Registrée en Parlement en Vacations. ‖ — A Paris.‖Chez François Muguet, Premier Imprimeur du‖Roy, & de son Parlement, ruë de la Harpe,‖aux trois Rois.‖M.DC.XCIX. ‖

₊ In-4. Titre (aux armes de France) un feuillet + pages 3—8.
(Librairie de Maisonneuve.)

« . . . . . . déclarons & ordonnons, voulons et nous plaît, que celuy à qui Nous ferons Bail de la fabrique & vente des poudres dans Nostre Royaume, ne pouvra avoir en Magasin que de la Poudre à qu'ils vendra aux Marchands, & particuliers Revendeurs par luy establis, vingt-deux sols la livre, dans tous les Pays & Terres de nostre obéissance, Isles de l'Amérique et Canada. »

183. Nieuwe Ontdekkinge ‖ Van een groot Land, gelegen in‖America,‖tusschen nieuw‖Mexico‖en de‖Ys-Zee.‖Behelzende de gelegentheid der zelve nieuwe ontdekte Landen: de Rivieren en‖groote Meeren in 't zelve. En voor al van de groote Rivier Meschasipi genaand. ‖ . . . . . . Met goed-vindinge van den ‖ Koning van England ‖ Wilhelmus den III. ‖ In 't licht gegeeven: ‖ En aan dezelve zijne Majesteit opgedraagen, ‖ door ‖ Lodewyk Hennepin, ‖ Missionaris Recollect en Notaris Apostolick. ‖ — Tot Amsterdam,‖Bij Abraham van Someren, 1699. ‖

₊ In-4. Titre un feuillet + 12 ff. non chiffr. + 220 pages + sept ff. non chiffr. pour le Régistre. Vue des chutes du Niagara à la page 18, et d'un bison à la page 80.

1699.   184. Relacion de un pais que nuevamente se ha descubierto en la America Septentrional de mas estendido que es la Europa. — Tradusco en Castellano por D. Sebastian Fernandez de Medrano. — Brussels, Lamberto Marchant, 1699.

⁎ In-12. Six ff. prélim. + 86 pages. Carte et deux planches.

(Bibliotheca Browniana, N°. 1117.)

Traduction en espagnol de Hennepin, où dans la préface Fernandez de Medrano, le premier, révoque en doute les singulières assertions produites par le Récollet dans l'édition de 1697.

185. Neue Entdeckung vieler sehr grossen Landschaften in America zwischen New Mexico und dem Eysz Meer gelegen.... Uebersetzt durch M. J. G. Langen, etc.— Bremen, Philip Gottfr. Saurmans, 1699.

⁎ In-12. Vingt-trois ff. prélim. + 382 pages de texte. Carte et planches.

(Loc. cit. N°. 1118.)

186. Mercure de la Nouvelle France, ou Abregé de tout ce qui s'y est passé depuis que les François l'ont découverte par Gourdin. Paris, s. d.

⁎ In-8.

Nous empruntons ce titre au P. Le Long[1] et le classons d'après la place que ce bibliographe lui donne, parmi les livres publiés au XVIIᵉ siècle, mais sans avoir pu nous procurer de renseignements plus positifs.

---

[1] *Bibliothèque Historique*, III, N°. 39672.

187. Arrest || du Conseil d'Etat || du Roy. || Du 1700. 9 Fevrier 1700.||Qui permet à la Colonie du Canada de vendre, trafiquer || & negocier librement tant en France que dans les Païs||Etrangers, tous les Castors provenans||des Traites dudit Païs, ||à commencer par ceux de l'année 1699, le tout en payant le quart en espèce de tous lesdits Castors au Fermier du||Domaine d'Occident. ||

*** In-4. Huit pages chiffrées.

CARTOGRAPHIE

SUCCINTE

DE LA

NOUVELLE-FRANCE

ET DES

PAYS ADJACENTS

DEPUIS LA DÉCOUVERTE

JUSQU'EN

1700.

Abréviations:

B. D. C. M. Bibliothèque du Dépôt des Cartes de la Marine.
A. D. C. M. Archives du Dépôt des Cartes de la Marine.
A. d. 4º. Archives du quatrième étage du Dépôt des Cartes de la Marine.
D. F. C. Dépôt des Fortifications des Colonies.
D. C. B. N. Dépôt des Cartes de la Bibliothèque Nationale.

I.
CARTES INÉDITES.

188. Carte des côtes Nord-Est de l'Amérique 1545. du Nord, dans un atlas nautique, fait par un cosmographe inconnu, mais du milieu du XVIe siècle.
(Musée Correr à Venise.)

189. Carte des côtes de l'Amérique du Nord, N°s 5 et 6 du superbe atlas, dessiné par Baptiste Agnese, de Gênes, le 8 Mai 1545, à Venise.
(Marciana, Cl. IV, Cod. 499.)

Consulter sur les Portulans des bibliothèques de Venise: *Alte handschriftliche Schiffer-Karten in den Bibliotheken zu Venedig, von P. Matkovic.* Vienne, 1863, in-8; et *Portolani esistenti nelle principali biblioteche di Venetia.* Venise, Antonelli, 1866, in-8. (Par M. Gugl. Berchet).

Un grand nombre de portulans et d'atlas nautiques du XIVe siècle contiennent dans leurs mappemondes de curieuses délinations des côtes du Nouveau-Monde. Les atlas génois surtout sont remarquables. Voir Belgrano, *Rendiconto dei lavori d. Societ. Ligure.* Gênes, 1867, in-8.

190. Carte depuis Kebec ‖ jusques au Cap des 1641. Tourmentes. ‖ 1641. ‖ Signée *Jehan Bourdon.*
(D. C. B. N. Port. 200, N°. 5233.)

1641. Né à Rouen, Bourdon émigra au Canada en 1633 ou 1634, et devient bientôt un des habitants les plus estimés et des plus influents de Québec. En 1637 et 1639 il obtint la Seigneurie nommée par lui de Dombourg et ensuite de Neuville. Il remplissait les fonctions de Procureur-Général du Conseil Supérieur de la Nouvelle-France, lorsque M. de Mesy le fit embarquer pour la France. Ce fut lui qui en 1656 prit possession de la Baie d'Hudson au nom de Louis XIV.

191. Rivière St. Laurent depuis Montreal jusqu'à Tadoussac. (Par Jehan Bourdon, 1641?) 70 × 50.
(D. C. B. N. Port. 40, N°. 150.)

1660. 192. Vray plan du haut et bas de Quebec‖Comme il est en L'an 1660. (Par Jehan Bourdon?) 34 × 30.
(Loc. cit. N°. 341.)

1664. 193. Carte du plan et environs de Quebec ‖ 1664. 84 × 45.
(A. D. C. M. Port. 127, Div. 6, N°. 2.)

Semble être l'œuvre de Jean Bourdon.

194. L'Entrée de la Riuiere St. Laurent et la ville de Quebec dans le Canada. 44 × 32.
(Loc. cit. N°. 1.)

Vue à vol d'oiseau coloriée.

195. Veritable plan de Quebec‖Comme il est lan 1664 et la fortification que l'on ‖ y puise faire. ‖ 44 × 58.
(Loc. cit. N°. 342.)

1665. 196. Plan du fort de Richelieu, envoyé par M. Talon avec sa dépêche du 2 Novembre 1665. 20×31.
(Loc. cit. N°. 492.)

«C'est le plus ancien des forts du Canada dont le plan détaillé soit arrivé jusqu'à nous.» (Faillon.)

197. Carte sur parchemin de 90 × 61, richement 1665. enluminée, mais d'un travail primitif; représentant l'Est de l'Amérique Septentrionale, du Labrador à la Floride, y compris le golfe du Mexique. Les colonies de la Nouvelle Suède, de la Nouvelle Hollande et de la Nouvelle Angleterre y sont designées. — Un duplicata de cette même carte porte au verso les mots: *Carte* du pays des Hurons.

(B. D. C. M. *Amer. Sept.*, N°. 2.)

198. Plan de Pantagoet dans l'Acadie. 45 × 35. 1670.

(D. F. C. N°. 36.)

Ce plan accompagnait la lettre de Talon du 10 Novembre 1670.

199. La ville havte et basse de Qvebeck ∥ en la Novvelle France ∥ 1670. ∥ 125 × 97.

(*Ibid.* N°. 343.)

200. Carte du Canada et des Terres decouvertes vers le lac Derié ∥ (2° titre): Carte du Lac Ontario et des habitations qui l'enuironnent ensemble le pays que Messrs Dolier et Galinée, missionnaires du seminaire de St. Sulpice ont parcouru. ∥ S. l. n. d., mais 1670.

Cette carte importante qui se trouvait au Dépôt des Cartes de la Marine à Paris, n'a pu être retrouvée. L'abbé Faillon (*Histoire de la Colonie*, Vol. III, p. 305), en a donné une réduction qui ne contient pas toutes les légendes de l'original.

Dans cette carte les lacs Huron et Michigan ne forment qu'un, portant le nom de «Michigan ou Mer Douce des Hurons.»

Il y en a une copie dans la bibliothèque du Parlement Canadien, à Ottowa, faite en 1856.

1671. 201. Lac Tracy || ou Superieur || auec les dependances de la || Mission du Saint || Esprit || 34 × 38.

(B. D. C. M. *Amér. Sept. Canada*, N°. 66.)

1673. 202. Carte de la nouvelle decouverte que les pères Iésuites ont fait en l'année 1672, et continuée par le P. Iacques Marquette de la mesme Compagnie accompagné de quelques françois en l'année 1673, qu'on pourra nommer en françois la Manitoumie.

Cette Carte se trouvait aux Estampes de la Bibliothèque Nationale, et n'a pu être retrouvée.

Dans le tracé que nous avons vu, il y a au bas de l'angle gauche, un Jésuite en robe, instruisant des Indiens. Le grand fleuve y est nommé « Mitchisipi, ou grande Rivière. »

Ce nom de *Manitoumie* provient d'un important manitou, espèce de divinité, trouvé par le P. Marquette et Jolliet dans ces pays.

1674. 203. Carte de la decouuerte || du Sr. Jolliet ou l'on voit la communication || du Fleuve S. Laurens auec les Lacs Frontenac || Erié, Lac des Hurons, et Ilinois, Le Lac Frontenac est || séparé par vn sault de demye Lieue du Lac Erié, duquel on entre dans celuy des Hurons, et par vne mesme || Nauigation a celuy des Ilinois au bout duquel on || va joindre la Riuiere diuine par vn portage || de Mille pas qui tombe dans la Riuiere Colbert || et se descharge dans le sein Mexique. || 1 m. × 67 c.

(B. D. C. M. *Amér. Sept. Canada*, N°. 32.)

+ Une bande de 23 c. contenant une lettre de Jolliet au Cte. de Frontenac.

204. La même carte, avec quelques variantes. 49 × 37 c.

(*Ibid*, N°. 44.)

205. Carte de 28 × 40 qui semble être un frag- 1674.
ment de celle décrite par M. Parkman *(Great West*,
p. 23 et 406).

(*Ibid.*, N°. 45.)

Le lac Michigan est nommé *Mitchiganong ou des Illinois*, et c'est le seul qui soit représenté. L'Ohio et divisé en deux branches parallèles, au-dessous de celle le plus rapprochée du Sud on lit: «Pays des Kentayentouga.» A l'entrée de la baie des Puans ou lit: «Isles ou les Hurons se refugièrent après la destruction de leur nation par les Iroquois,»[1] et en face du lieu où est aujourd'hui Chicago. «Les plus grands nauires peuuent de la decharge du lac Erié dans le Frontenac jusques icy, et de ce marais ou ils peuuent entrer il n'y a que mille pas de distance jusqu'à la riuiere Colbert et de la au golfe de Mexique.»

Une carte qui ne donnerait que la partie parcourue au Sud des Lacs par Cavelier de la Salle serait d'un grand intérêt. Dans la donnée que ce hardi pionnier n'est pas allé au grand fleuve en 1669 — 72, on ne devrait voir sur cette carte que l'Ohio jusqu'au Saut, et sans traces aucunes du Mississipi.

M. Parkman décrit une carte semblable (*Discovery of the Great West*, p 23 note); c'est celle dont nous pensons avoir un fragment sous les yeux. «Cette carte a été faite (dit cet historien) avant le voyage de Jolliet et de Marquette, et apparemment dans l'année 1673. L'Ohio y est représenté jusques un peu au-dessous de Louisville, et porte l'inscription suivante: *Riviere Ohio, ainsy appellé par les Iroquois à cause de sa beauté, par où le sieur de la Salle est descendu*. Le Mississipi ne se trouve pas sur cette carte.»

Si les adhérents de Cavelier de la Salle, abandonnant l'opinion qu'il est allé au delà du Saut de l'Ohio lors du voyage commencé avec les Sulpiciens en 1669, et reportant la découverte du Mississipi au voyage entrepris l'année suivante,

---

[1] En 1649 les Hurons se retirèrent dans trois îles qui se trouvent à l'entrée de *Matchedash Bay*.

1674. représentaient cette carte comme ne donnant que des découvertes accomplies en 1669, ils viendraient se buter contre une nouvelle difficulté. M. Parkman ajoute à sa description la phrase suivante: « Le Mississipi n'est pas représenté sur cette carte; mais — ce qui est important, comme indiquant l'étendue des explorations faites par de la Salle l'année suivante — on y voit une petite partie du haut (de la Rivière) des Illinois. »

Etant admise la date de 1673, c'est la première fois que la rivière des Illinois ou un de ses affluents figure sur une carte, ou est mentionnée dans un document. On serait donc fondé à croire que la rivière des Plaines, ou de Chicago, ou de la Divine, a été découverte par de la Salle en 1670—1671, ce qui concorderait avec la lettre de M. Talon (*infra*), où cet intendant annonce à Colbert que de la Salle n'est pas encore de retour de son voyage au Sud. Et comme le Mississipi n'est pas tracé sur cette carte, on est obligé d'admettre que dans ce second voyage, dont l'indication de la rivière des Illinois est la confirmation, de la Salle n'a pas non plus atteint le grand fleuve.

Pour nous, ce document cartographique, tel que M. Parkman le décrit dans sa note de la page 23, serait conclusif. Aussi avons-nous fait d'actives recherches dans les grands dépôts de cartes et d'archives à Paris pour la retrouver. Nos efforts n'ont pas abouti. Nous n'avons trouvé qu'une petite carte de 40×28 cent. (N°. 45 du Recueil A, *Amérique Septentrionale, Canada*, à la Bibliothèque du Dépôt des Cartes de la Marine) qui semble être une section de la carte décrite par M. Parkman. C'est le présent numéro. Seulement nous devons dire que si l'Ohio s'arrête au Saut et si le Mississipi ne s'y trouve pas, c'est que la marge de la carte coupe l'Ohio à la longitude de Louisville.

Dans un appendice très-intéressant, M. Parkman donne une cartographie du Mississipi et des grands lacs. A la page 406 nous trouvons une description qui, si l'on s'en rapporte à son renvoi à la note de la page 23, ne serait qu'une explication plus étendue de la carte que nous étudions dans ce moment.

M. Parkman répète ici que ce document est antérieur au 1674. voyage de Jolliet et de Marquette, mais il donne aussi une légende dont voici la fin: « Il n'y a que mille pas de distance iusques à la riuiere de la Diuine qui les peut porter iusques a la riuiere Colbert et de la au golfe de Mexique. »

Ces mots « la riuière Colbert, » imposent à cette carte une date postérieure à 1674; et si celle que possède M. Parkman est du même cartographe que la section que nous avons trouvée (les noms et les légendes sont en tout semblables dans les deux), la carte est l'œuvre de Louis Jolliet lui-même, car la section que nous avons devant nous est tracée de sa main.

206. Carte || pour seruir a l'eclaircissement || du 1678. Papier Terrier || de la Nouvelle-France || 2ᵉ *cartouche*: A || Monseigneur || Monseigneur Colbert || Conseiller du Roy en son Con || seil Royal, || Ministre et secretaire d'Estat. || Commandeur et Grand Tresorier des || Orres de sa || Maiesté || Par || Son tres humble tres obeissant et tres fidele || seruiteur || Duchesneau: || Intendᵗ de Canada. || *Joannes Ludovicus Franquelin pinxit*, 1678. || 1 m. 67 × 1 m. 10 c.

(A. D. C. M. Port. 125. Div. I, p. 1.)

207. Cette carte montre le chemin que Louis Jolliet 1679. a fait || depuis Tadoussac iusqu'à la Mer du Nord dans || la Baye de Hudson, et marque la uraye situation de la Baye et du Detroit || Ce qui est marqué par des points est le chemin pour ou || il a esté || fait à Quebec en Canada || le 8ᵉ novembre 1679. L. Jolliet. || 70 × 48 c.

(*Ibid.* Port. 123, Div. 8, Nᵒ. 11.)

Cette carte existe en duplicata, mais 75 × 50 cent., dans le même portefeuille.

198   *Cartographie.*

1679.   208. Carte de 80 × 50 c., représente le « Messipi » du 49° au 42° d. où la riviere « Misconsing » vient aboutir. Le lac Superieur est nommé: *Almepigou.*

(B. D. C. M. *Am. Sept. Canada*, N°. 33.)

209. Carte de 68 × 43 cent. représentant tous les grands lacs. Le cartouche est vide, et on remarque à l'Ouest un grand nombre d'animaux tels que chameaux et rennes. La riviere des Illinois ne porte que la légende suivante: « Riuiere descendante dans le fleuve Mississipi. » (Semble être l'œuvre de Franquelin.)

(B. D. C. M. *Amér. Sept. Canada*, N°. 35.)

210. Quatre sections, de 40 × 27 c. chacune. 1 Le St. Laurent jusqu'au pays des Iroquois, 2 le lac Frontenac, 3 le lac Huron, 4 le lac Supérieur. (Semble être l'œuvre de Jolliet.)

(*Ibid.*, N°s. 38—41.)

211. Carte du « Lac Teiocha-Rontiong, dit communément Lac Erié. » 42 × 30 c.

(*Ibid.*, N°. 42.)

212. Carte de 42 × 30., représentant les lacs *Tracy*, des *Illinois*, et la rivière *Colbert* qui commence à un saut au 45° dégré.

(*Ibid.*, N°. 43.)

213. Carte du pays des Iroquois, Par I. B. L. F. Ydrographe du Roy. ‖ S. l. n. d. 45 × 32, cent.

(*Ibid.*, N°. 57.)

214. Carte gnlle ǁ de la ǁ France Septen. ǁ trion- 1681. nalle ǁ contenant la decouuerte du pays des ǁ Ilinois ǁ Faite par le Sieur Jolliet ǁ 2ᵉ *cartouche:* A Monseig. ǁ Monseigneur ǁ Colbert ǁ Conseiller du Roy en son Cõ ǁ seil Royal. ǁ Ministre et Secretaire d'Estat ǁ Commandeur et Grand Tresorier des ordres de sa ǁ Majesté ǁ Par son tres humble, tres obeissant et tres fidelle seruiteur ǁ Duchesneav ǁ Intendant de la nouᵛᵉ ǁ France. ǁ 1 m.×70 c.

(*Ibid.*, Nº. 9.)

Cette carte n'est pas l'œuvre de Jolliet, comme M. Parkman semble le croire (*Great-West*, p. 409), car elle porte dans l'angle droit, en bas, la signature suivante: *Joannes Ludouicus Franquelin pinxit.*

M. Duchesneau était encore au Canada en Juillet 1682 (Brodhead IX, p. 174), mais il avait virtuellement cessé d'être Intendant de la Nouvelle-France quelques mois avant, puisque la nomination de son successeur (M. de Meules) est de Mai 1682. Cette carte est donc antérieure à cette dernière date, et d'autant plus importante qu'elle a précédé les voyages authentiques de Cavelier de la Salle au Mississipi.

215. Carte ǁ contenant une partye de ǁ l'Amerique Septentrionale ǁ depuis 27 jusqu'à 44 degrez de lat. ǁ A Quebec par Jean Louis Franquelin 1681. ǁ 1 m. × 68 c.

(*Ibid.*, Nº. 5.)

216. (1ᵉʳ *cartouche*): Carte ǁ contenant une part ǁ du Canada et les terres ǁ qui s'estendent depuis ǁ 44 jusqu'a 61° de lattitude ǁ et de longitude, depuis 246 jusqu'a 297. ǁ (2ᵉ *cartouche*): Cette carte est une des quatre partie de la description generale du Canada

1681. et des terres qui s'estendent depuis 27 degrez jusqu'a 61 de lattitude Septentrionale, et depuis 246 degrez jusqu'a 338 de long. || A Quebec en la Nouvelle France le 10 Septembre 1681, par Jean Louis Franquelin. || 1 m. × 68 c.

(Ibid., N°. 2.)

217. Carte || de la Nouvelle France et des || Terres qui s'estendent depuis 44 jusqu'a 61 degrez de l'attitude etc. || A Quebec Par || I. L. F. 1681. || 1 m. × 68 c.

(Ibid., N°. 3.)

218. Partie de || l'Amerique Septentrio. || depuis 27 jusques a 44 degrez de l'att. || et depuis 269 degrez de longitude || jusqu'a 300. prenant le premier meridien aux || Isles Acores.... || A Quebec en la nouuelle France par Jean || Louis Franquelin 1681. || 1 m. × 68 c.

(Ibid., N°. 4.)

1682. 219. Carte || de l'Amerique || Septentrionale || et partie de la Meridionale || Depuis l'embouchure de la Riviere St. Laurens, || jusques à l'Isle de Cayenne, avec les nouvelles || decouvertes de la Riviere Mississipi, ou Colbert. || Chaque degré de latitude est de 20 lieues Francoises. || 1 m. 55×1 m. 71 c.

(Ibid., N°. 14.)

Cette carte est sans contredit la plus belle qu'on ait faite de l'Amérique. Elle ne porte ni date, ni nom d'auteur, mais est évidemment d'un artiste français, supérieur même à F. de la Croix, et d'une date antérieure à 1682, puisque le Mississipi n'est pas continué jusqu'à son embouchure. Ici ce grand fleuve part d'un endroit nommé «Tintonha», non loin duquel on

voit cette légende: «*Armes du Roy gravées sur cet arbre l'an 1682.
1679;*»[1] puis passe par le «Saut de St. Antoine de Padoue,»
pour s'arrêter à l'Ohio qui est donné dans tout son parcours,
ainsi que la «R. Seignelay» (Riv. des Illinois). Les forts Crevecœur et des Miamis sont désignés. Le lac Michigan est nommé:
«*Mitchiganong ou le Grand lac des Illinois dit Dauphin,*» le lac
Huron: «*Karegnon, Mer Douce des Hurons, dit d'Orleans.*» Le
cartouche qui est une miniature du plus beau travail, porte au
dessus de la Vierge portant une croix, la devise: *In hoc signo
vinces.*

Cette belle carte semble avoir été complétée sur les données
du P. Hennepin, ou plutôt de Du L'hut.

1683.

220. Carte ‖ du fort St. Louis ‖ de Quebec ‖ Par Jean
Baptiste Louis Franquelin ‖ 1683. ‖ 60×45 c.

(*Ibid.*, N°. 347.)

221. Plan ‖ Geometrique de la ‖ Basse ville de
Quebec ‖ avec partie de la haute ‖ ville. ‖ Par Jean
Baptiste ‖ Louis ‖ Franquelin ‖ 1683. ‖ 35×35 c.

(*Ibid.*, N°. 346.)

1684.

222. Carte de la Louisiane ou des Voyages du
Sr. de la Salle et des pays qu'il a découverts depuis
la Nouvelle France jusqu'au Golfe Mexique les années 1679, 80, 81 et 82. par Jean Baptiste Louis
Franquelin. l'an 1684. Paris.

Cette carte précieuse qui se trouvait autrefois aux Archives
du Dépôt de la Marine à Paris (N°. 2 de la boîte 29[b]), est aujourd'hui égarée. Nous sommes obligés de la décrire d'après
Thomassy (*Géologie pratique de la Louisiane*, p. 207) et M.
Parkman (*Great West*, p. 410).

---

[1] Par D. Greysolon Du L'hut, le 2 Juillet, «dans le grand village des
Nadouecioux appelé Ynlys.»

1684. C'est une carte de 1 m. 80 c. de long sur 1 m. 40 c. de large, et puisqu'elle est datée de Paris, nous pensons que c'est une copie faite par F. de la Croix, Franquelin ne semblant pas avoir été en France en cette année.

Elle doit porter un timbre rouge aux fleurs-de-lys, comme toutes les cartes provenant de Versailles.

On y remarque deux grandes divisions. L'une appelée *Nouvelle France*, l'autre *Louisiane*. Cette dernière couvre les vallées du Mississipi et de l'Ohio, ainsi que le Texas.

Le Mississipi est «Mississipi, ou Riviere Colbert»; le Missouri «Grande Riviere des Emissourittes ou Missourits»; les Illinois «Riviere des Illinois, ou Macopins»; l'Ohio «Fleuve St. Louis, ou Chucagoa, ou Cosquinampogamou,» la rivière rouge prend ici le nom autrefois donné aux Illinois «Riviere Seignelay.»

On voit autour du fort St. Louis des Illinois des chiffres représentant le nombre des guerriers ou des Indiens appartenant à des clans ou villages sur lesquels s'étalent pompeusement ces mots: *Colonie du Sr. de la Salle.* Cette partie de la carte a été reproduite par M. Parkman en tête de son *Great West;* et M. Thomassy dans sa *Géologie de la Louisiane* a donné celle qui représente l'embouchure du Mississipi.

Il en existe une copie dans la Bibliothèque du Parlement Canadien, à Ottowa, faite sur l'original à Paris en 1856.

223. Carte||de l'Amerique Septent[le]|| entre 27 et 64 degrez de Latitude et environ 250: et 340: de Longitude ou est compris les Pays || de la || Nouvelle France Nouvelle Angleterre, Virgi || nie Caroline. Floride, et tous les environs du || grand Fleuve Messipi etc.||Le tout tres correctement et tres exactement dresse sur ce qu'en a veu l'Auteur et sur les || justes et fidels memoires et relations qu'il a eu soin de

Cartographie. 203

recueillir depuis plus de douze ‖ Annees[1] de Gens 1684. experts qui ont voyagé dans toutes ces Contrées.‖ Par Jean Baptiste Louis Franquelin. ‖ *Dessignée et Ecrite par F. de la Croix.*‖Quatre feuilles de 87×50 c. chacune.

(*Ibid.*, N°. 8.)

224. Plan de la Ville‖ et Chasteav ‖ De Quebec,‖ 1685. Fait En 1685, ‖ Mezurée Exactement. ‖ par le Sr. deuilleneuve.‖50×25 c.

(*Ibid.*, N°. 353.)

C'est la carte qui fut envoyée par M. Denonville le 13 Novembre 1685. Elle est suivie de deux « Coupes » de 1 m. 25×18 chacune.

225. Carte ‖ de la Louisiane.‖ 35×24 c.
(B. D. C. M. *Etats-Unis, Cartes générales*, N°. 4.)

C'est la carte définitive de Minet. Nous n'y trouvons pas la date de *May 1685*, que lui donnent Messieurs Thomassy et Parkman. Peut-être se trouve-t-elle inscrite au verso, ce dont nous ne pouvons nous assurer, car elle est maintenant collée à plat sur une feuille dans l'Atlas ci-dessus.

Nous y trouvons deux légendes, au-dessous du titre, et formant avec ce dernier un petit cartouche: A. embouchure de la Riuiere comme monsieur ‖ de la Salle le marque dans sa carte.[2] ‖ B. coste et lacs par la hauteur de sa Riuiere, ‖ comme nous les avons trouuez. ‖

---

[1] Dans la carte datée de 1688, Franquelin parle d'observations faites pendant *plus de 16 années*; et comme ici le chiffre se réduit à douze, nous pensons que la carte que nous décrivons en ce moment est de 1684. Elle couvre le même espace que celle de 1688, aujourd'hui égarée, mais ne contient ni les légendes ni les noms, qui ont été préservés dans la description de cette dernière qui nous reste.

[2] Quelle est cette carte?

1685. Ces deux lettres correspondent à l'embouchure du Mississipi et à un béquet placé au-dessous de cette embouchure même. C'est-à-dire que Minet a découpé de trois quarts cette partie de la carte, sur une largeur d'environ trois centimètres, et collé au-dessous le fragment ci-dessus.

Cette carte a été évidemment faite au retour, sur une carte manuscrite, qui est probablement celle de Franquelin de 1684. On y lit au Fort St. Louis des Illinois: «Demeure du Sr. de la Salle.»

Il convient d'y ajouter les épures hydrographiques suivantes:

226. —.— Plan de l'entrée ‖ du lac ‖ ou L'on a Laissé mon^{gr} de la Salle ‖ 35×25 c.

(A. D. C. M. Port. 138bis, Div. I, N°. 1.)

On voit «le Jolly» à l'ancre.

227. —.— Plan‖de la coste‖de la‖Floride‖la plus occidentalle ‖ depuis le 27e degré de latitude ‖ nort jusqu'au 29e degré‖51×48 cent.

(*Ibid.*, N°. 3.)

Sous ce dernier titre, il y a deux autres cartes ou épures de Minet, mais celle-ci contient une légende se rapportant à la lettre D, qui se trouve à un point très à l'Est, et qu'elle désigne ainsi: *Riuiere que M. de la Salle dit avoir veu.*

Or, en comparant cette carte avec celle de l'hydrographie moderne, on voit que l'embouchure marquée D ne peut être que celle du Mississipi. Et cependant, comment faire accorder cette supposition avec l'assertion de Delisle, qui dans sa lettre à Cassini (*Recueil de Voyages au Nord*, vol. IV, p. 563). après avoir mentionné la carte des côtes qui lui venait de M. de Beaujeu, dit que «ni lui, ni M. de la Salle ne trouvèrent point l'embouchure du Mississipi»?

228. Plan de l'entr- || ee du lac ou on a laissé M. 1685. de la || Salle. || *Minuty deli.* 38×28 c.

(A. d. 4e. Port. 75, pièce 258.)

Cette carte que nous avons trouvée parmi les épures manuscrites de Guillaume Delisle, est lavée avec soin, et semble être une copie de celle que nous indiquons sous le N°. 226, bien qu'elle soit dressée à un point un peu plus gros. On y voit en outre du «Jolly,» deux petits navires correspondant aux légendes E et D.

Devons-nous voir, dans ce nom de *Minuty*, une mauvaise lecture de celui de Minet, — ce qui indiquerait une copie —, ou une espèce de traduction latine du nom de l'hydrographe de M. de Beaujeu?

229. Carte || du grand || Fleuve St. Laurens || dressee et dessignee sur les memoires || et observations que le Sr. Jolliet a || tres exactement faites en barq: || et en canot en 46 voyages || pendant plusieurs années || Par || Jean Baptiste Louis || Franquelin || 1685. || 2*e cartouche:* A Monsieur le Marquis de Seignelay . . . . . Par . . . . . Jolliet.

Sur parchemin. 3 m. 30 c. × 60 c.

(A. D. C. M. Port. 126, Div. I, p. 1.)

230. Carte Des Enuirons || De Quebec || En La 1686. Nouvelle France || Mezuré Sur Le Lieu Tres-Exactement En 1685, Et 1686. || Par Le Sr. Devillenevve Ingenieur Du Roy. 1 m. 53 c. × 1 m. 50. c.

(*Ibid.* Port. 127, Div. 7, N°. 4.)

Il y a dans le même portefeuille deux autres cartes semblables, par le même ingénieur, mais sous la date de 1688 et 1689. Ces cartes sont intéressantes surtout comme donnant

1686. une table des noms et surnoms des habitants de Quebec, et par paroisses.

Il y en a une autre de 1690 au Département des Cartes de la Bibliothèque Nationale, cf. *infra*.

231. Amerique Septention.^{lle} ‖ Composée, corrigée et augmentée ‖ Sur les Iournaux, Memoires et observa ‖ tions les plus justes qui en ont été f.^{tes} ‖ en l'année 1685, et 1686; par plusieurs ‖ Particuliers. ‖ Par J. Baptiste Louis Franquelin. ‖ G. du Roy. ‖ 1 m.×90 c.

(*Ibid.*, N°. 6.)

Voir sous cette date, au Dépôt des Fortifications des Colonies (N°. 280) un travail de Franquelin, intitulé: « Mémoire pour informer Monseigneur (Seignelay) de l'importance qu'il y a de tirer des lignes justes sur les limites des terres qui appartiennent au Roy dans la Nouvelle-France, planter des Bornes, arborer les armes de Sa Majesté, et en faire une carte bien fidelle. »

232. Carte Géralle ‖ du Voyage que Monsr. De Meulles Inten ‖ dant de la Iustice, Police et Finances ‖ de la Nouvelle France ‖ a fait par ordre du Roy et commencé le 9° Novembre, et finy le 6° Juillet 1686 en suiuant; comprenant Toutes les ‖ Terres de l'Acadie, Isle du Cap Breton, Golfe et Riuiere St. ‖ Laurens, Depuis la Riuiere St. Georges Limittes de la N^{olle} ‖ France, et de la Nouuelle Angleterre jusqu'à la ville de Quebec, ‖ auec toutes les Bayes, Isles, Ports, Haures et Riuieres qui ‖ si trouuent, selon les Remarques et ‖ observations qui en ont été ‖ faites pendant le dit ‖ voyage. ‖ 2e *cartouche*: A Monseigneur le

Marquis de Seignelay ..... par Jean Baptiste Louis 1686.
Franquelin, M⁰ d'Idrographie‖pour le Roy‖a Quebec.‖
1 m. 9 c.×1 m. 30.

(*Ibid.* Port. 132, Div. 8, N⁰. 2.)

233. Carte‖des costes‖de l'Amerique‖Septentrio- 1687.
nalle‖ et des terres nouvellement decouvertes‖ par
Pierre Alemand dans les trois voyages‖qu'il a faits de
Quebeck à la Baye d'Hudson‖Scavoir deux par mer et
vn par terre dans‖laquelle sont exactement marquez
les latitudes‖des principaux endroits par ou il a passé‖
Presentée‖à Monseigneur‖le Marquis de Seignelay‖
1687.‖ 1 m. 20 c. × 80 c.

(*Ibid.* Port. 124. div. 8, pièce 1.)

234. Carte‖ de l'Amerique Septentrionalle depuis 1688.
le 25 jusqu'au 65 degr. de latt. et enuiron 140: et
235 deg. de Iongitude‖ Contenant‖ les pays de Canada ou Nouvelle France,‖ la Louisiane, la Floride,
Virginie, N^lle‖Suede, N^le Yorc, N^le Angleterre. Aca‖
die, Isle de Terre-neuve etc.‖ Le Tout tres fidellement dressée, conformement aux observations que
l'Auteur en a faittes luy mesme pendant plus de 16
années, par l'or‖dre des Gouuerneurs et Intendans
du Pays, pour le seruice du‖ Roy, et pour leur instruction particuliere; Et suivant les memoires‖ et
Relations; qu'il a eu soin de recueillir exactement
par le mesme ordre‖et pendant le mesme temps, de
tous les Voyageurs les plus entendus, qu'il a consul‖
tez et confrontez auec une application toute parti-

1688. culiere; En l'Année 1688. Par ‖ Jean Baptiste Louis Franquelin, Hydrographe du Roy ‖ A Quebec en Canada. ‖ 1 m. 60 c. × 1 m.

(*Ibid.*, N°. 7.)

235. Plan du Port Royal et de son fort en 1688. 1 m. 15 c. × 90 c.

(D. F. C. N°. 52.)

Par Pasquine, Ingénieur.

236. Carte dressée par le P. Raffeix, représentant la Nouvelle France depuis l'Océan jusqu'au lac Erié, et au Sud jusqu'à la Nouvelle Angleterre. 70 × 47 c.

(B. D. C. M. Amér. Sept. Canada, Nos 59 et 60.)

Cette carte y existe en duplicata.

237. Le Lac Ontario auec Les Lieux ‖ circonuoisins et particulierement‖Les cinq Nations Iroquoises.‖ 50 × 37 c.

(Bibl. Nationale. Port. 40, N°. 37.)

Par le P. Raffeix. On y remarque le «Lac Ontario ou de St. Lovis,» le «Lac Erié ou du Chat» et le «Lac St. Lion.»

238. Parties ‖ Les Plus Occidentales‖du Canada.‖ *Pierre Raffeix Jesuite.*‖60 × 37 cent.

(*Ibid.*, N°. 36.)

Les fleuves et les lacs portent les noms qu'ils ont encore aujourd'hui, sauf le lac Michigan qui y est nommé *Lac des Ilinois.*

Une des légendes porte: Mr. du Lude (Daniel Greysolon Du L'hut) qui le 1er a Esté chez les Sious ou Nadouesiou en

1678 et qui a Esté proche la Source du Mississipi et qui en- 1688.
suite vint retirer Le p. Louis[1] qui auoit Esté fait prisonnier
chez les Sioux.......

239. Le Lac Ontario‖auec les lieux circonuoisins et‖ particulierement les cinq nations‖ Iroquoises. L'année 1688.‖ 45 × 31 c.

(B. D. C. M. Amér. Sept. Canada, N°. 58.)

Par Franquelin?

240. Carte‖de l'Amerique Septentrion.^{lle}‖entre les 1689. 25 et 65 degrez de latitude et depuis‖environ les 240. jusqu'aux 340. de longit.‖Contenant les Pays de la N^{lle} France, La‖ Louisiane, Floride, Virginie, N^{lle} Yorc, N^{lle}‖Angleterre, Acadie, etc.‖Le Tout tres exactement dressé conformement aux observations qu l'Auteur en a‖ faites luy mesme sur les lieux, et suiuant les Memoires et Relations qu'il a eu soin‖de recueillir pendant pres de 17 annees de tous les Voyageurs qui ont parcouru ces‖Contrees‖qu'il a confrontez les uns auec les autres par l'ordre des Gouuerneurs‖ et Intendans, auant d'en dresser cette Carte pour presenter en Cour.‖ Par Jean Baptiste Louis Franquelin.

(Ibid. Amér. Sept. Cartes anc. N°. 10.)

Cette belle carte, qui semble être une copie faite par F. de la Croix, a été coupée en quatre fragments de 78×50 chacun. On y remarque un très-beau dessin représentant Québec vu du côté de l'Est.

241. Carte de l'Amerique Septentrionale, dressée par Raudin, l'ingénieur et l'obligé du Cte de Frontenac,

---

[1] Le Récollet Louis Hennepin.

1689. Aussi dans le tracé que nous en avons vu, le Mississippi porte-t-il le nom de «Riviere de Buade,» et les pays avoisinants sont-ils nommés «Frontenacie.»

Cette carte curieuse, qui se trouvait aux Archives du Dépôt de la Marine sous le n° 25 de la boîte 28, n'a pu être retrouvée.

242. Carte‖De La Comté‖De St. Laurens,‖En la Nouvelle France ‖ Mezurée tres Exactement ‖ En 1689.‖ Par le Sr. de Villeneuve‖ Ingenieur du Roy.‖ 124 × 66 cent.

(A. D. C. M. Port. 127, Div. 6, N°. 4.)

1690. 243. Plan de Quebec, Et de ses Enuirons‖En la Nouvelle France‖Assiégé par les Anglois‖Le 16 d'Octobre 1690 Jusqu' Au 22 du d^t mois‖qu'ils s'en allerent apprés auoir Esté bien battus,‖Par M^r. le Comte de Frontenac,‖gouverneur general du Pays,‖58×29 cent.

(Bibl. Nationale, Port. 40, N°. 147.)

Cette belle carte qui est l'œuvre du Sr. de Villeneuve, Ingénieur du Roi, donne aussi les noms des habitants et des principaux endroits de Québec. Cf. les cartes du Dépôt que nous citons sous les dates 1686, 88 et 89.

244. Plan de Quebec ‖ En la nouvelle France‖ Assiégé par les Anglois ‖ le 16 Octobre 1690 jusqu' au 22 du dit mois qu'ils furent obligés de se retirer chez Eux, apprés avoir été bien battu. ‖ Cette carte a été levée tres-exactement par le Sr. de Villeneuve Ingenieur du Roy.‖58×29 cent.

(D. F. C. N°. 354.)

Voir au Dépôt des Fortifications des Colonies un mémoire 1690. commençant ainsi :

« A Monseigneur de Pontchartrain.

« Le Sr. de Villeneuve ingénieur du Roy remontre à Vostre
« Grandeur, qu'au mois de mars 1691, il fut envoyé au Canada
« pour le service du Roy, aussy tost son arrivée Mr. le Comte
« de Frontenac le fit reconnoistre suivant l'ordre de Sa Majesté,
« ce que Mr. l'Intendant refusa de faire, quoyque cet ordre lui
« fut aussy addressé, Ce refus procedoit de ce que pendant cinq
« années précédentes que le dit Sr. de Villeneuve auoit demeuré
« au Pays en qualité d'ingenieur par ordre de feu Monsieur le
« Marquis de Seignelay il s'estoit toujours opposé aux depenses
« superflues qui s'y faisoient tant pour la construction de l'In-
« tendance, qu'autres ouvrages que Mons. l'Intendant faisoit
« faire par des gens incapables . . . . »

245. Port Royal d'Acadie en 1690. Par De Saccardy le fils. 45 × 35 cent.

(D. F. C., N°. 54.)

246. Plan du fort du Port Royal, par le même. 45 × 50 cent.

(Ibid., N°. 55.)

247. Plan et veüe du Fort || St. Joseph sur la Ri- 1692. viere St. Jean || a l'Acadie || en 1692. ||

(Ibid., N°. 33.)

Le plan suivant ne manque pas d'intérêt :
Plan de Bostom || tiré par le Chevalier || D'Aux envoyé aux Iroquois || par Mr. de Frontenac lequel || y a esté retenu deux ans quatre || mois prisonnier || 1692. || 85 × 56 cent. (Archives du Dépôt, Port. 135, Div. 6, n°. 4.)

248. Carte generalle || de la || Nouvelle || France || dans l'Amerique Septentrionale || ou est encore compris || la Nouvelle Angleterre || la Nouvelle Yorc || la

1692. nouvele || Albanie, La Pansilvanie || la Virginie || et la Floride. || 2ᵉ *cartouche :* A Monseigneur || Monseigneur le Comte || de Pontchartrain || Ministre et Secretaire d'Etat || Par son tres humble, tres obeissant et tres fidele serviteur || Franquelin. || 53×44 c.

(B. D. C. M, *Etats-Unis, Cartes Générales,* Nᵒ. 10.)

Cette petite carte, d'un travail admirable, est évidemment une réduction faite à Paris, probablement par F. de la Croix, car dans l'angle gauche on y voit la date de 1708, or en cette année Franquelin était mort, depuis au moins dix ans.

Nous remarquons, venant se jeter dans le golfe du Mexique, une rivière *des Cenis,* sur laquelle il y a deux croix. L'une porte cette légende : « Tombeau du Sr. De la Salle, » l'autre : « Tombeau du Sr. de Morne »

Les noms des rivières et des lacs sont précisément ce qu'ils sont encore aujourd'hui, excepté le Missouri.

Dans un cartouche à l'angle droit il y a une longue légende, dans laquelle l'auteur dit que cette carte est « le resultat de vingt années d'application et de soins à parcourir les Païs qu'elle contient » — ce qui nous porte à lui donner la date 1692.

Ce qui nous prouve encore que l'original de cette carte ne saurait être de 1708, c'est que Pontchartrain y est nommé sous le titre de *Sécrétaire d'Etat,* fonctions auxquelles il fut appelé en Novembre 1690, après la mort de Seignelay, tandis qu'en 1708 (il était depuis 1699) *Chancelier de France.*

1693. 249. Plan || de la Ville || de Quebec || capitalle || de la Nouvelle France || Levé au mois de Septemb. || 1693. || 50×45 cent.

(Nᵒ. 356.)

250. Carte de la Baye de Gaspé. 25×20 cent.

(A. D. C. M. Carton 62, Nᵒ. 1.)

Cartographie. 213

Ce croquis accompagne un mémoire de M. de Bonaventure, en date du 12 Février 1693.

1693.

251. Carte ‖ de la Coste ‖ de la ‖ Nouvelle Anglet.^{re} ‖ depuis le Cap Anne jusqu'à la Pointe Nevre ‖ sing, ou est compris ‖ le Chemin par Terre et par Mer de Boston a Manathes. ‖ Par J. B. L. Franquelin. Hydrographe du Roy, 1693. ‖ 60×81 centim.

(*Ibid.* Port. 135, Div. 1, N°. 1.)

Cette carte extrêmement bien dessinée donne en outre un : Plan ‖ de Manathes ‖ ou ‖ Nouvelle ‖ Yorc. ‖ Verifiée par le Sr. de la Motte. ‖

Le même portefeuille contient (sect. 6) une carte de la ville et des environs de Boston, sous la même date, par Franquelin.

252. Plan de l'Enceinte de la ville et du Chateau de Quebek, en 1694. ‖ 40×50 cent.

1694.

(*Ibid.* N°. 359.)

253. Plan de la ville et du Chateau de Quebek en la presente année 1695. ‖ 40×50 cent.

1695.

(*Ibid.* N°. 359.)

Ce plan accompagnait une lettre de Levasseur de Neré adressée au Ministre.

254. Plan de Quebec en 1699. Fait ce 30 Mars par Levasseur de Neré, Ingenieur. 40×58 cent.

1699.

(*Ibid.* N°. 361.)

255. Carte de la Baie d'Hudson et du Labrador. «A Monsieur ‖ Monsieur de Villebois ‖ par son tres humble et tres obeissant ‖ serviteur Jolliet. ‖ A Kebec le 23 Oct. 1699. ‖ 33×22 cent.

(*Ibid.* Port. 123, Div. 8, p. 5.)

1699. 256. Carte ‖ de la coste ‖ et des environs ‖ du fleuve de ‖ Mississipi. ‖ 1699. ‖ 77×52 cent.
(B. D. C. M. Cours d'eau, N°. 2.)

Nous remarquons deux légendes : A. La Baye St. Louis est l'endroit ou mit autrefois pied a terre Mons. de la Salle et la Riviere Aulanne est celle qui prenoit pour celle de Missipy. B. Le Sieur de la Salle a fait le chemin que vous voyez depuis la Baye St. Louis jusques a Senis.

Sous le N° 3 du même recueil, nous trouvons une carte de 72×48 cent., qui semble être une réduction de celle-ci.

257. Carte ‖ de la coste, ‖ et des enuirons ‖ du Fleuve de ‖ Mississipi. ‖ 1699. I. M. F. ‖ 80×52 cent.
(Ibid. Etats-Unis, cartes particulières, N°. 45.)

Les légendes ci-dessus ne s'y trouvent pas, mais on y voit le tracé de la route les Espagnols, comme dans la carte de 1700.

258. Carte en quatre sections de 90×53 cent. chacune, dressée par M. de Fonville, Enseigne d'une compagnie de volontaires de la marine, et dédiée au comte de Maurepas. Elle est datée de Quebec 1699.
(Ibid. Amér. Sept., cartes anciennes, N°. 9.)

On remarque à chaque angle les cariatides du temple d'Erechthée à Athènes, et près du lieu où est *Matorga Bay* cette légende: « l'endroit ou sont ces petits lacs et ces iles marecageuses est celuy ou M. de Beaujeu a laissé M. de la Salle, ie l'ay eu du Sr. Minet qui y estoit Ingenieur du Roy. »

259. Partie ‖ de l'Amerique Septentrionnale ‖ ou est compris ‖ la Nouvelle France ‖ .... Par Jean Baptiste Louis Franquelin, Geographe du Roy ‖ 1699. ‖ Quatre sections de 65×43 cent. chacune.
(Ibid. Amér. Sept., cartes anciennes, N°. 12.)

Semble être une copie faite par F. de la Croix, ce qui ex- 1699.
pliquerait cette date de 1699, car on croyait généralement que
Franquelin était mort avant 1695, année où Jolliet semble lui
avoir succédé comme hydrographe du Roi.

260. Carte du Mississipy || a la Coste de la Floride 1700.
avec ses || Environs. || 70×50 cent.

(A. D. C. M. Port. 138 bis, Div. 1.)

Porte au verso: «Carte des Environs du Missipy, envoyée
en 1700.» On y remarque le fort de La Salle, et un chemin
tracé, portant cette légende: «Chemin Par ou les Espagnols
ont Esté à la Baye St. Louis.»
La Rivière Rouge y est appelée «Rivière de la Sablonnière.»

261. Croquis du Mississipi et des riuieres qui sy
iettent auec les noms des Nations voisines tant du
Mississipi que de les riuieres pour seruir d'intelligence
aux relations cy iointes du 28 feurier 1700 et 4 mars
suiuant. Par M. de Tonty. || 31×26 cent.

(A. d. 4º Port. 75, pièce 249.)

Ce petit croquis se trouve parmi les épures manuscrites de
Guillaume De L'Isle. D'autres cartes, mais de la main de ce
géographe, sur les voyages de Cavelier de la Salle, qui sont
indiquées sur le catalogue, ont disparu.
Le supplément du fonds Français (Nº. 1628) à la Bibl. Nationale contient un autre exemplaire de cette carte.

262. Plan du fort de la Riuiere St. Jean, au 20
8bre 1800. Par le Sr. de Villieu. 50×35 c.

(D. F. C., Nº. 40.)

1700. 263. Carte ‖ de la Riviere de ‖ Mississipi ‖ sur les memoires de Mr. le Sueur ‖ qui en a pris auec la boussole tous les‖tours et detours depuis la mer jusqu'à la ‖ Riviere St. Pierre et a pris la hauteur du pole ‖ en plusieurs endroits ‖ Par Guillaume De L'Isle Geographe, ‖ de l'Academie Royale des Sciences 1702. ‖ Cinq sections de 85×55 cent. chacune.

(A. D. C. M. Port. 138 bis, Div. 3, N°. 2.)

Cette belle carte a été faite sur des documents recueillis par le Sueur, brave et habile Canadien, en 1700.

II.

CARTES

GRAVÉES
NON DATÉES.

264. Novi orbis Pars Borealis, America scilicet, com-‖plectens Floridam, Baccalaon, Canadam, Terram Corte‖rialem, Virginiam, Norombecam, plusesque alias prouincias ..... Virginiæ et Floridæ historiæ libri Francof. apud Bryæos imprimuntur. *Coloniæ laminis Jani buxemechers.*‖ 30 × 22 cent.

265. Canada.‖ 12 × 10 cent.

Les mers voisines portent le nom *d'Ocean Septentrional, Mer du Nort*, et la Baie d'Hudson celui de *Mer Christiane.*

266. Virginia‖et Nova Francia.‖ 12 × 9 cent.

267. Nova‖Francia‖et Canada.‖ 30 × 25.

Le St. Laurent est appelé *Hochelaga Fl.;* Terre-Neuve *Terra de Bacallos.*

268. Mexicvm‖ in hac forma in lucem edebat‖ Joannes Baptista Nicolosivs‖ S. T. D.‖ 4 ff. de 46 × 40 cent. chac.

Ce n'est en réalité qu'une carte de l'Amérique Septentrionale. On y voit le St. Laurent jusqu'au Saut St. Louis.

J. B. Nicolosi, né en 1610 en Sicile, mourut à Rome en 1670.

Cette carte semble être une de celles qu'il fut chargé en 1652 de dresser pour la Congrégation de la Propagande.

269. America||Septentrio||nalis.|| 55 × 45 cent.

(Amsterdam, Jansen, 1657?)

270. America || Settentrionale || carta seconda Generale de l'America. ||

Par Lucini, dans *l'Arcano del Mare de D. Roberto Dudleo.* Fiorenza, 1661, in-fol., vol. I.

271. Carta particolare della terra nu || oua con la gran Baia et il Fiume || grande della Canida. || *A. F. Lucini Fece.* || 75 × 50 cent.

Ant. F. Lucini, célèbre dessinateur et graveur italien, est né à Florence en 1610. La plus renommée de ses œuvres est une estampe fort rare : *Siege de Malte.*

272. Extrema Americæ||Versus Boream, ubi||Terra Nova||Nova Francia, Adjacentiag.||Amsteledami, Jo. Blaeu Exc.|| (1662?)

273. Ameri- || que || Septen- || trionale || Par || N. de Fer.||*Liebaux sculp.* 16 × 13 c.

274. L'Amerique francoise || ou sont decrites || La France Nouuelle || La France Insulaire || La France Equinoctiale||et autres païs||par P. Duval d'Abbeuille|| Geographe du Roy. || A Paris || Chez Cl. Jollain rue St. ||Iacques a la Ville de Cologne. || Auec Priuilege du Roy,||pour 20 ans.||47 × 37 cent.

Cartographie.

275. The North West || Part of America || by Rob¹ Morden. || 12 × 12 c. (1687.)

276. America Settentrionale || colle Nuoue scoperte fin All' Anno 1688 || Diuisa nelle sue parti Secondo lo stato present || e Descrita || dal P. Mro. Coronelli M. C. || cosmographo de la Ser^ma Republica de Venezia || Dedicata || All. Illmo et Reu^mo Monsig^r. Felic. Antonia Marsily. || Archidiacono della Catedrale di Bologna. || Deux ff. de 60 × 45 cent. chacune.

277. La || Lovisiana || Parte Settentrionalle, || Scoperta sotto la Prottetione || di Luigi XIV, Ré di Francia etc. || Descritta, e Dedicata || Dal P. Cosmografo Coronelli, || All' Illustriss., et Eccelentiss. S. Zaccaria Bernardi, || fù dell' Ecc. S. Francesco. || 42 × 25 cent.

278. Americque || Septentrionale || Par le Sr Sanson d'Abbeville || Geographe du Roy. || A Paris chez Pierre Mariette, rue || S. Iacques à l'Esperance. || *A. Peyrounin sculp.* || (1695), 29 × 20 cent.

279. Le Canada, ou || Nouvelle France, etc. || Tirée de diverses Relations des || Francois, Anglois, Hollandois, etc. || Par N. Sanson d'Abbeville || Geographe ord^re du Roy. || A Paris || Chez P. Mariette, rue S. Iacques à l'Esperance || Avec Privil. du Roy pour vingt ans. || 30 × 25.

280. Americque || Septentrionale || Par le Sr Sanson d'Abbeville || Geographe du Roy. || A Paris chez Pierre Mariette, rue || S. Iacques. || 30 × 25.

281. Le Canada ou ‖ Nouvelle France etc. ‖ Tirée de diverses Relations des ‖ Francois, Anglois, Hollandois etc. ‖ Par N. Sanson d'Abbeville ‖ Geographe ord^{re} du Roy. ‖ A Paris ‖ Chez P. Mariette rue S. Iacques a l'Esperance ‖ Avec Privil. du Roy pour vingt ans. ‖ 50 × 20 cent.

282. Partie de la ‖ Nouvelle France ‖ Dedié ‖ A Monseigneur le Marquis de Seignelay et Louré ‖ Baron de Sceaux, Conseiller du Roy en tous ses conseils ‖ Commandeur et Grand Tresorier de son ordre ‖ ...... Par son tres humble et tres obeissant Serviteur ‖ Hubert Iaillot. ‖ 46 × 64 cent.

283. A Chart of the ‖ Coast of ‖ America ‖ from New Found Land to Cape ‖ Cod by Iohn Seller Hydrographer ‖ to the King. ‖ 53 × 42 cent.

284. A New Map of the English Empire ‖ in the Continent of ‖ America, viz: ‖ New England, New York ‖ New Jersey ‖ Pensilvania, Maryland ‖ Virginia and Carolina ‖ To the most Serene & most Sacred Majesty of ‖ James II of Great Britain, France ‖ and Ireland, This Map is humbly Dedicated ‖ By John Thornton Robt Morden ‖ Philipp Lea. ‖ Cinq ff.

285. A Map of y^e ‖ English Empire in ye Continent of ‖ America ‖ viz: ‖ Virginia New York ‖ Mary Land New Iarsey ‖ Carolina New England ‖ Pennsilvania. ‖ Sold by ‖ R. Morden at ye Atlas ‖ in Cornhill neer ye Royal ‖ Exchange ‖ London ‖ *W. Binneman* ‖ *sculpsit.* ‖ 59 × 50 cent.

286. A‖New Fovndland‖od. Terra Nova‖S. Laurentii Bay, ‖ die Fisch-Bank, ‖ Acadia, ‖ nebst einem Theil‖Neuw Schotland. ‖ 27×20 cent.

Les légendes sont en anglais.

287. Amerique‖Septentrionale ‖ 23 × 15.

Une note ms. porte: Par R. le Coq à Paris l'an 1695.

288. A New and‖Correct Chart of the North‖Part of America from ‖ New Found Land ‖ to Hudson's Bay.‖By Thornton Hydrographe at‖the sign of England, Scotland and‖Ireland in the Minories‖London.‖ 53×43 cent.

289. L'Amerique‖Septentrionale‖Dressée sur les observations de Mrs. de ‖ l'Academie Royale des sciences et quelques ‖ autres, et sur les Mémoires les plus recens‖Par G. de l'Isle geographe. ‖ Amsterdam chez J. Covens et C. Mortier. 60×45 cent.

Edition hollandaise de la carte de 1700.

290. Amplissimae Regionis‖Mississipi‖seu‖Provinciæ Ludovicianæ‖à R. P. Ludovico Hennepin Francis. Miss.‖in America Septentrionali‖Anno 1687 detectæ‖ nunc Gallorum Coloniis et Actionum Ne-‖gotiis toto orbe celeberrimae ‖ Nova Tabula ‖ edita ‖ a Io. Bapt. Homanno S. C. M. Geographo ‖ Norimbergæ. ‖ 57 × 47 cent.

III.

CARTES

GRAVÉES ET DATÉES.

1542. 291. Regiones orbis terrar. Qvae avt aveterib: traditae, avt nostra patṽq memoria compertae sint Euphrosynus vlpivs describebat anno Salvtis M.D.XLII. Marcello Cervino S. R. E. presbitero Cardinali. D. D. Rome.

Cette carte est prise d'un globe en cuivre fait à Venise, et sert à fixer surtout la limite des voyages de Verrazano. La Nouvelle-France porte la légende suivante : *Verrazana sive Nova Gallia a Verrazano Horentino comperta anno sal. M. D.*

Elle a été reproduite en fac-simile par feu M. Buckingham Smith dans : *An Inquiry into the authenticity of documents concerning a discovery in North America claimed to have been made by Verrazano.* New-York, 1864, in-4.

Les documents en question sont la *Lettera di Fernando Carli a suo padre*, de Lyon du 4 Avril 1524, publiée pour la première fois dans *l'Archivo Storico Italiano*, Florence, Vieusseux, 1853, in-4.

1553. 292. Terra de Labrador et Nova Francia, 36×26 c.

293. Terra de Hochelaga nella Nova Francia. (Avec un plan de Montréal), 36×26 c.

Cartographie. 223

Ces deux cartes dressées par Jacomo di Gastaldi par Ramusio, qui les a insérées dans le vol. III de son Recueil, sont les plus anciennes spécialement affectées à une délinéation de la Nouvelle France que nous ayons pu nous procurer. La première a été faite pour illustrer les voyages de ce mystérieux «Gran capitano di mare Francese» et l'autre ceux de Jacques Cartier.

1553.

Bien que le volume qui les contient, soit de 1556, l'épître de Ramusio à Fracastor où elles sont décrites est datée de 1553. C'est le grand poète et médecin de Vérone, qui semble avoir fourni les dessins et peut-être les document à l'aide desquels les cartes ont été dressées. «Conciosia cosa (dit Ramusio à Fracastor) che sapendosi in Spagna, et in Francia, il piacer grande, che ella ha di questa nuova parte del mondo, et come ella medesima di sua mano spesse volte ne suoi far disegni, tutti gli huomini litterati ogni giorno la fanno partecipe di qualche discoprimento, che e loro portato da Capitano o Pilotto, che venga di quelle parti et fra gl'altri il sopradetto Sig. Gonzalo (Oviedo), dall' Isola Spagnuola: il quale ogn'anno vna volta, o due, la visita con qualche charta fatta di nuouo. Il simile fanno alcuni Eccellenti huomini Francesi, che da Parigi gli hãno mandato le relationi della Nuoua Francia, cõ quattro disegni insieme, che farãno posti in questo volume a suoi luoghi.»

294. Terra Nueva. Carte représentant la *Tierra de Nurumberg* et *del Laborador.*

1561.

N°. XXXII du Ptolémée de Ruscelli. Venet, 1561, in-4.
Peut-être cette carte se trouve-t-elle dans les éditions Vénitiennes de 1564 et 1599 («amplificata da G. Rosaccio»).

295. Il Disegno del discoperto della‖noua Franza il quale s'e hauuto ulti ‖ mamente dalla nouissima nauigatione ‖ dè Francezi in quell luogo: Nel quale‖si

1566.

1566. uedono tutti l'Isole, Porti, Capi et || luoghi fra terra che in quella sono. || Venetiis æneis formis Bolognini Zalterii.||Anno M.D.LXVI.|| 39×26 cent.

1569. 296. Section de la mappemonde de Mercator, publiée sous la date de 1569, et représentant toute la Nouvelle France.

(Kohl, N°. XXII.)

1582. 297. Carte de l'Amérique Septentrionale, faite par Michel Locke, d'après celle que Verrazano avait donnée à Henri VIII. Elle porte la dédicace suivante: *Illustri viro Domino Philippo Sidnaeo* || *Michael Lok civis Londinensis* || *hanc Chartam dedicabat:* 1582.||

(Hakluyt, *Divers voyages*. London, 1582, in-4.)

1597. 298. Nova || Francia || et Canada || 1597. || 22×30 cent.

(Wytfliet, *Hist. Univ. des Indes*. Douay, 1605, in-fol.)

299. Norvmbega et || Virginia || 1597. || 22×30 cent.
(*Ibid.*)

1605. 300. Estotilandi || et Laboratoris || terra. || 22×30 cent.

(*Ibid.*)

301. Conibas Regio || cum || vicinci gentibvs. || 22×28 cent.

(*Ibid.*)

On y voit le Saguenay, Hochelaga, et au Nord une mer qui semble être celle d'Hudson. «Qui en veut savoir d'avantage, dit Wytfliet, lise ce qu'en a escrit le R. P. Jean Gonzalez (de

Cartographie.

Mendoza, ou plutôt F. Martin Ignace, dans *l'Itinerario de* 1605. *Nuevo Mondo*, ajouté à *l'Historia* de Mendoza. Antverp., 1596?). en sa première partie, Livre 3. Chap. 7. 8. 9 et 10. »

302. Carte de la Nouvelle France qui, d'après 1609. Lowndes, doit se trouver dans la traduction de Lescarbot par Erondelle, imprimée à Londres en 1609.

(*Supra*, N°. 19.)

303. Figvre dv Port Royal en la Novvelle France. Par Marc Lescarbot. 1609. *Jan Swelinck sculp. I. Millot excudit.*

(*Hist. de la Nouvelle France.* Paris, 1609.)

304. Figvre de la Terre-Nevve, Grande Riviere 1612. de Canada et cotes de l'Ocean en la Novvelle France. || *Jean Swelinc fecit. I. Millot excudit, Marcus Lescarbot nunc primum delineavit, publicavit, donavit.* Auec priuilege du Roy.||42×18 cent.

(*Hist. de la Nouvelle France.* Paris, 1612.)

305. Tabula Nautica || qua representantur oræ maritimæ||meatos ac freta noviter a || Hudson Anglo ad Causam||Supra novum Franciam||indogentu Anno 1612.||60×30.

306. Carte geographiqve de la Novvelle Franse (*sic*), faictte par le sievr de Champlain Saintongeois cappitainne ordinaire povr le Roy en la Marine. || faict len (*sic*) 1612.||*Dauid pelletier fecit.* 74×43 centim.

Cette carte accompagne le *Champlain* de 1613.

307. Carte geographique de la||Nouelle franse (*sic*) 1613. en son uray meridiein ||faictte par le S^r. Champlain Cappi^{ne} || po^r le Roy en la Marine 1613. || 34×25 c.

15

1613.
308. Port de la heue.

309. Port au mouton.

310. Baie St. Jehan.

311. Quinibiky.

312. Port de tadousac.

Ces cinq dernières cartes, chacune de 16×11 cent., sont intercalées dans le *Champlain* de 1613.

313. Port Royal.

314. Isle de Sainte Croix.

315. Malle Barre.

Côte du pays des Almouohiquois).

316. Le Beau port.

317. Port Fortuné.

318. Quebec (rade).

Ces six dernières cartes, chacune de 25×15 cent., accompagnent le *Champlain* de 1613.

1616.
319. Grande carte du *Nie Niederland* et du pays des *Almouchiquois*, annexée au Mémoire présenté aux Etats-Généraux de Hollande le 18 Août 1616.
(Brodhead, Vol. I.)

1621.
320. America Septentrional. ‖ .... West-Indische ‖ Paskaert ..... Beschreven door A. Iacobsz. ‖ 1621. ‖ En Ambsterdam ‖ chez ‖ thoine Iacques ‖ Sur l'Eau au ‖ Matelot. ‖
(*Ibid.*)

Cartographie.

321. Novveau. Monde. ‖ Par Nicolai du dauphiné ‖ Geographe du Roy. ‖ 25×35 c.   1628.

Cette carte qui donne surtout la partie septentrionale de l'Amérique, se trouve jointe à l'édition de 1628 de la traduction de *l'Art de naviguer* de Pierre de Médine, faite par Nicolas de Nicolai, Géographe de Henri II, en 1554.

322. Carte de la nouuelle france, augmentée depuis la ‖ derniere, seruant a la nauigation faicte en son vray ‖ Meridien, par le s^r. de Champlain Capitaine pour le Roy ‖ en la Marine; lequel depuis l'an 1603 jusques en l'année ‖ 1629 ; a descouuert plusieurs costes, terres, lacs, riuieres, ‖ et Nations de sauuages, par cy deuant incognuës, comme ‖ il se voit en ses relations quil a faict Imprimer en 1632. ‖ 86×51 cent. en deux feuilles.   1632.

Cette carte qui accompagne le *Champlain* de 1632, a été réimprimée en fac-simile par M. Adam Pilinski pour M. Edwin Tross en 1860, à 36 exemplaires.

323. Nova Francia ‖ et ‖ Regiones adiacentes. ‖ 35×27 cent.   1640.

(De Laet, *Hist. du Nouveau Monde*. Leyde, 1640, in-fol.)

324. Description de la ‖ Novvelle France ‖ ou sont remarquees diuerses habitations ‖ des Francois, despuis la premiere descouuerte ‖ jusques a present, recueillie et dressee sur ‖ diuerses relations modernes ‖ 1643. ‖ A Paris chez Iean Boisseau, Enlumineur du ‖ Roy pour les Cartes Geographiques, en ‖ l'Isle du Palais a la Royalle ‖ Fontaine de Iouuence. ‖ 55×38 cent.   1643.

1650. 325. Ameriqve || Septentrionale || Par N. Sanson d'Abbeville Geog. du Roy. || A Paris || Chez l'Auteur || Et chez Pierre Mariette rue St. Iacques à l'Esperâce || 1650. || Auec priuilege du Roy pour vingt ans. || 55×39 cent.

1656. 326. Le Nouveau Mexique || et la Floride: || Tirees de diverses Cartes et Relations. || Par N. Sanson d'Abbeville Geogr. ord^{re} du Roy. || A Paris. || Chez Pierre Mariette, rue S. Iacques a l'Esperance. || Avec Privilege du Roy, pour vingt Ans || 1656. || 54×31 cent.

327. Le Canada, ou || Nouvelle France etc. || Ce qui est le plus advancé vers le Septentrion || est tiré de diverses Relations des Anglois, Danois, etc. || Vers le Midy les Costes de Virginie, Nouv^{lle} Suede, || Nouveau Pays Bas, et Nouvelle Angleterre || sont tirées de celles des Anglois, Hollandois, etc. || La Grande Riviere de Canada ou de St. Laurens et || tous les environs sont suivant les Relations des Francois. || Par N. Sanson d'Abbeville Geographe ordinaire du Roy. || A Paris. || Chez Pierre Mariette Rue St. Iacque a l'Esperance. || Avecq Privilege du Roy, pour vingt ans. || 1656. || 56×40 cent.

1659. 328. America Septentrionalis. || Amstelædami. *Ioannes Blaev excudebat* 1659. || 6 ff. de 52+42 cent. chacune.

1660. 329. Tabula || Novæ || Franciæ. || Anno || 1660. || 43×33 cent.

Cartographie.

Dans l'angle droit en haut, *Pars chorographica* || *Regionis* || 1660. *Hvronvm.* ||

C'est la carte qui accompagne le livre du P. Du Creux (*supra* N°. 120). Elle a été reproduite dans le *Bressany* français.

330. Plan du Haut et Bas Quebec comme il est l'an 1660.
(Faillon, *Hist. de la Colonie Fr.* vol. III, p. 373.)

331. Le Canada faict par le Sr. de Champlain ou 1664. sont la Nouvelle France, la Nouvelle Angleterre, la Nouvelle Holande, La Nouvelle Svede, La Virginie etc. Avec les Nations voisines et autres Terres novvellement decouvertes Suivant les Memoires de P. du Val Geographe du Roy. A Paris. En l'Isle du Palais Auec Privilege. 1664. || 55×35 cent.

332. Carte dressée pour la campagne de 1666. 1666. Où sont représentés le Lac Champlain avec les forts construits et le reste du pays que l'armée Française devait traverser pour aller attaquer le village des Agniers.
(Faillon, *Hist. de la Colonie Fr.* vol. III, p. 125.)

Cette carte contient aussi un plan du fort de Richelieu, envoyé par M. Talon avec sa dépêche du 11 Novembre 1665.

333. Plans des forts faicts par le Regiment || Carignan salieres sur la Riuiere de || Richelieu dicte autrement des Iroquois en || la Nouuelle france. ||

Cette carte accompagne la Relation des Jésuites, imprimée en 1666. (Supra N°. 124).

1666. 334. Le Canada, ou la Nouvelle France; par Nicolas Sanson. Paris, 1666, in-fol.

335. Le même, par Frederic de Witt. In-fol.

Nous empruntons ces deux derniers titres à la *Bibliothèque Historique* du P. Lelong, vol. I, N°⁸. 1452 et 1453.

1667. 336. Amerique Septentrionale||diuisée en ses principaux Estats||comme ils sont possédés à present,||par les||Francois, Castillans, Anglois,||Svedois, Danois, Hollandois,||Tirée des Relations que chacune||de ces Nations en ont faict||de temps en temps||par le Sr. Sanson d'Abbeville, geographe ord. du Roy.||A Paris||chez Pierre Mariette. Rue S. Iacques a l'Esperance.||Auec priuilege du Roy. 1667.||4 ff. de 46×65 centim. chacune.

1668. 337. Carte du pays des cinq nations Iroquoises Kenté, en 1668.

(Faillon, *Hist. de la Colonie Fr.*, vol. III, p. 196.)

1669. 338. Amerique || Septentrionale || Par N. Sanson geogr. Ord^{re} du Roy||Reveüe et Changée en plusieurs endroits||suivant les Memoires les plus recents.||Par G. Sanson Geog. Ord^{re} du Roy.||A Paris||chez Pierre Mariette rue St. Iacques à l'Esperâce||Avec privilege de sa Mai^{te} pour 20 ans.|| 1669.|| 55×40 cent.

339. La Nouvelle France a receü son || nom des Francois. Sous ce nom de Nouvelle France || sont entendus tous les païs de la Mérique Septentrio. || auquel les Francois ont conduit plusieurs colonies....||

1669. ‖ Faicte l'an 1669 par le Sieur N. ‖ A Paris, ‖ 1669.
I. Laigniet au fort l'Evesque ‖ et ‖ N. de Fer en l'Isle
du Palais a la Sphere. ‖ 2 ff. in-fol.

340. Lac Svperievr ‖ et avtres lievx ou sont ‖ les 1671.
Missions des Peres de ‖ la Compagnie de Iesvs ‖ comprises sovs le nom ‖ D'ovtavacs. ‖ 47×35 cent. (Cartouche aux armes.)

«Cette carte est du Liure de Relation du Canada des Années 1671 à 1672. Laquelle estoit collée dans ce liure entre les feuillets 110 et 111.» (Note ms. de l'époque).

341. Carte des Missions des PP. Jésuites sur le lac 1673.
des Illinois.

Insérée dans les Relations des années 1673—79, publiées à New-York en 1860. *Infra.*

342. Carte de la decouverte ‖ faite l'an 1673 dans 1673.
l'Amerique ‖ Septentrionale. ‖ *Liebaux fecit.* 40×36 cent.

Cette carte accompagne le voyage du P. Marquette insérée dans le recueil de Thevenot de 1681. (*Supra*, N°. 147.)

343. Carte du voyage de Jolliet et du P. Marquette, au Mississipi en 1673. 48×35 cent.

L'original de cette carte se trouve joint au ms. de la relation du P. Marquette que l'on conserve au Collége Sainte-Marie à Montréal, et est l'œuvre de ce religieux.

Elle a été publiée pour la première fois en fac-simile par M. J. Gilmary Shea dans son ouvrage *Discovery and exploration of the Mississippi Valley*, 1852, in-8.

1673. Elle est beaucoup plus exacte que celle de Thevenot. Le Mississippi y est nommé R. de la Conception.

1674. 344. Amerique Septentrionale || divisée en ses Principales Parties, || ou sont distingués les uns des autres||les Etats||suivant qu'ils appartiennent presentemēt aux || François, Castillans, Anglois, Suedois, || Danois, Hollandois. || Tirée des Relations de toutes ces Nations.|| Par le Sr. Sanson, geographe ordinaire du Roy. || Presentée à Monseigneur le Dauphin par son tres humble, tres obeissant et tres fidele serviteur || Hubert Iaillot. || 1674. || 88×58 cent.

345. La même carte, *dédiée au Roy*, et sans date.

1676. 346. Pascaerte van || Terra Nova Nova Francia Nievw Engeland || En de Groote Revier van Canada.||

(Roggeveen, *Tourbe Ardante.* Amsterd. 1676.)

L'édition anglaise sous la même date porte au-dessous du titre de la carte ci-dessus le nom: *Robyn exc.*

1677. 347. L'America || Settentrionale || nuovamente corretta et accresciuta secondo||le relationi piu moderne, da Gvglielmo||Sansone, geog. di S. M. Christianiss.|| E data in luce da Gio. Giacomo de || Rossi in Roma nella sua||stamperia alla Pace||l'Anno 1677. || 54×39 cent.

348. Le Canada || faict par le Sr. Champlain || ou sont la Nouvelle France, || la Nouvelle Angleterre, etc. || avec les nations voisines || et autres terres nou-

Cartographie. 233

vellement decouvertes || suivant les memoires de P. 1677.
du Val || Geographe du Roy. || A Paris, en l'Isle du
Palais, au coin de la rue de Harlay. || Auec privilege
du Roy. || 1677. || 55×35 cent.

349. La Mer du Nort, où sont || la N^le France, la 1679.
Floride, la N^le Espagne || les Isles et la Terre-Ferme
d'Amerique, || Par P. Du Val, Géographe ordinaire
du Roy. || 1679. || 53×40 cent.

350. Le Nouveau Mexique, || et la Floride: || Tirées
de diverses Cartes, et Relations || Par N. Sanson
d'Abbeville Geogr. ord^re du Roy. || A Paris || Chez
l'Autheur || ...... || Avec Privilege du Roy, pour vingt
ans. || 1679. || 54×30 cent.

S'étend de Montréal au golfe du Mexique.

351. North America || Divided into its Principall 1680.
Parts || where are distinguished the severall States ||
which belong to the English, || Spanish, and French, ||
To the Most Serene and Most Sacred Majesty of ||
Charles II. || By the Grace of God King of Great
Brittain, France and Ireland || This Map of North
America Is humbly Dedicated and Presented. || By
Your Majesties Loyal Subject and servant, || William
Berry. || *Angle de gauche en bas:* Sold by William
Berry, at the Sign of the Globe || between Charing
Cross and White-Hall. || 16 || 80 || 85×52 cent.

1683. 352. Carte || de la || Nouuelle France et de la || Louisiane || Nouuellement decouuerte || dediee || Au Roy || l'An 1683 || Par le Reuerend Pere || Louis Hennepin || Missionnaire Recollect || et Notaire Apostolique. || *N. Guerard Inv. et fecit.* 47×29 cent.

353. Cartes de la Nouvelle-France et plan de Québec, bien gravés mais de petit format, dans Mallet, *Description de l'Univers.* Paris, Thierry, 1683, in-4.

1685. 354. Partie de la || Nouvelle France || dediée || a Monseigneur le Marquis de Seignelay et Louré || baron de Seaux (*sic*), Conseiller du Roy, en tous ses conseils || Commandeur, et grand tresorier de ses ordres || Ministre Secretaire d'Estat || et des commandements de Sa Majesté || Par son tres humble et tres obeissant serviteur || Hubert Jaillot. || 1685. || 40×60.

355. Plan du Fort de Frontenac ou Katarakouy, envoyé par M. de Denonville le 13 Novembre 1685.

Reproduit par l'abbé Faillon, *Histoire de la Colonie Fr.* vol. III, p. 467.

356. Amerique Septentrionale || divisée en ses principales parties, || ou sont distingués les vns des autres || les Estats || suivant qu'ils appartiennent presentemēt aux || Francois, Castillans, Anglois, Suedois, Danois, Hollandois || Tirée des Relations de toutes ces Nations || Par le Sr. Sanson, Geographe Ordinaire du Roy || Presentée || A Monseigneur le Davphin || Par

son tres humble, tres obeissant et tres fidele Serui- 1685.
teur || Hubert Iaillot. || 1685 (à la fin de l'entête de la
seconde feuille). Deux ff. de 48×45 cent. chacune.

357. Generaele Kaert || Van || West Indien || Van de 1687.
Linie Aequinoctiael || tot Benoorde Terra Neuf. || Ge-
druckt by J. Robyn || Privilegio. || S. a., mais 1687.
53×45 cent.

358. Partie de || l'Amerique || Septentrionale || Par R. 1688.
Morden. || 10×11½ cent.

Cette carte se trouve dans la traduction française de R.
Blome; *L'Amerique Angloise,* Amsterdam, 1688.

359. Partie occidentale || du Canada ou de la Nou- 1689.
velle || France || ou sont les nations des Illinois, de Trace,
les || troquois, et plusieurs autres Peuples; || Auec la
Louisiane Nouuellement de couverte etc. || Dressée
sur les Memoires les plus Nouveaux || Par le P. Coro-
nelli Cosmographe de la Ser.^{me} Repub. de Venise ||
Corrigé et augmentée par le Sr. Tillemon; et Dédié ||
A Monsieur l'Abbé Baudrand || A Pari || Chez J. B.
Nolin sur le quay neuf à l'Enseigne de la Place des
Victoires || Avec Priuilege du Roy || 1688. || 59×45 cent.

360. Carte que les *Gnacsitares* ont dessiné sur des
peaux de cerfs m'ayant fait conoistre à 30 minutes
pres les latitudes de tous les lieux qui y sont marqués,
en me montrant la partie du Ciel vers laquelle gisent
les uns et les autres apres m'en auoir donné les
distances par *taxoux* qui sont trois grandes lieües de
France selon ma supputation. || 30×11 cent.

1689. Cette carte, divisée en deux fragments, dont l'un porte le titre ci-dessus et l'autre celui de : «Carte de la Riviere Longue et de quelques autres qui se déchargent dans le grand fleuve de Mississippi», accompagne la lettre du 28 Mai 1689, qui se trouve dans le vol. I de *La Hontan*.

361. Partie Orientale || du Canada ou de la Nouvelle || France || où sont les provinces, ou pays de Sagvenay, Canada, Acadie etc. || . . . . . . Attiquamèches etc. || avec la Nouvelle Angleterre, la Nouvelle || Ecosse, la Nouvelle Yorck, et la || Virginie || les Isles de Terre-Neuve, du Cap Breton etc. || le Grand Banc etc. || Dressée sur les memoires les plus nouveaux || Par le P. Coronelli, cosmographe de la Serenis^{me} Rep. de Venise || Corrigée et augmentée par le Sr. Tillemon, et dediée || à Monsieur l'abbé Bavdrand || par son tres humble serviteur || J. B. Nolin. || . . . . || A Paris || Chez J. B. Nolin sur || le Quay de l'Horloge du || Palais, proche le Pont || Neuf a l'Enseigne de la || Place des Victoires. || Avec Privilege du Roy. || 1689. || 59×45 cent.

362. L'Ameriqve || Septentrionale, || ou la Partie Septentrionale des || Indes Occidentales || Dressée sur les mémoires les plus Nouveaux || et Dédiée || A Son Excellence || Monseigneur Pierre Venier, Ambassadeur ordinaire de la || Serenissime Republique de Venise pres de Sa Majesté || tres chretienne Lovis le Grand. || Par le P. Coronelli, cosmographe de la Ser^{me} Rep. de Venise. || A Paris || chez J. B. Nolin sur le Quay de l'Horloge || du Palais, proche la rue de Harlay à l'Enseigne || de la Place des Victoires. || Avec Privilege du Roy. || 1689. || 49×44 cent.

363. Amerique‖Septentrionale‖Par N. Sanson 1690. Geographe Ord.ʳᵉ du Roy‖Reveuë et changée en plusieurs endroits‖suivant les Mémoires les plus recents‖augmentée et corrigée dans cette seconde edition‖Par P. Sanson Geogr. Ordinaire du Roy.‖A Paris‖Chez Pierre Mariette ruë St. Iacques a l'Esperäce‖Avec privilege de sa Maj.ᵗᵉ pour 20 ans‖1690.‖ 56×40 cent.

364. Carte‖Generalle de la‖Nouvelle‖France‖ou 1691. est compris‖la Lovisiane‖Gaspesie‖et le Nouveau Mexique‖auec les Isles‖Antilles‖Dressée sur les memoires‖les plus nouueaux.‖1691.‖48×34 cent.

365. Nuova Francia‖e Luigiana.‖29×21 cent.

Cette carte accompagne l'abrégé en italien de *Hennepin* de 1683, publiée dans *Il Genio Vagante*. Parma, 1691, in-8.

366. Profil de la Ville de Quebec et de ses‖environs attaquée par les Anglais en l'année 1691.‖

Cette gravure dont les légendes rappellent le dessin que nous indiquons sous la date du 16 Octobre 1690, accompagne le vol. I de *La Hontan*.

367. Carte‖Generalle de la‖Nouvelle‖France‖ou 1692. est compris‖la Louisiane‖Gaspesie‖et le Nouveau Mexique‖auec les Isles Antilles‖Dressée sur les Memoires‖les plus nouveaux‖1692‖*Le Boudan, sculp.*‖ 48×34 cent.

1693. 368. L'Amerique‖Septentrionale‖et les Terres Po-laires Arctiques.‖Dressée par N. de Fer.‖2ᵉ *cartouche:* A Paris‖Chez l'Auteur dans l'Isle du Palais‖a la Sphere Royalle avec Privil.‖ du Roy 1693.‖*C. Inselin sculp.*‖28×20 cent.

1694. 369. Quebec,‖Ville de l'Ame-‖rique Septentrionale dans la Nouvelle France. A Paris,‖Chez le Sr. de Fer dans l'Isle‖du Palais sur le Quay‖de l'or‖loge a la Sphere Royale‖Avec Privilege du Roy.‖1694.‖30×20 cent.

1695. 370. Americqve‖Septentrionale‖Par le Sr. Sanson d'Abbeville‖Geographe du Roy.‖ A Paris chez l'auteur aux‖Galleries du Louvre‖1695.‖*A. Peyronnin sculp.*‖29×20 cent.

1696. 371. Carte‖de la baye de Canadas, de‖la Riuiere de Kebec, du banc de Terre‖Neuue, et autres haures, rades et batures‖où se fait d'ordinaire la pèche des Mo‖rües, nouvellement construite selon les ra‖ports des plus experimentez pilotes et‖maistres de navire.‖ Se vend au Havre de Grace chez‖Jacques Hubault. 1696.‖76×52 cent.

372. *La même Carte.* Se vend au Haure de Grace chez‖G. Gruchet Marchand Libraire‖Imprimeur de Monseigneur le Duc‖de St. Aignant et de la Ville. 1696.‖

Ces deux cartes sont l'œuvre de S. Le Cordier «du haure de Grace, hydrographe et jaugeur sous l'authorité de Monseigneur l'Admiral.»

373. Carte || d'un tres grand || Pays || entre le || Nou- 1697.
veau Mexique || et la Mer Glaciale || Dediée à || Guil-
laume III⁰ || Roy de la Grand Bretagne || Par le R. P. ||
Louis de Hennepin || Mission: Recol: et Not: Apost: ||
Chez G. Broedelet || a Utreght || 51×44 cent.

Cette carte accompagne le *Hennepin* de 1697.

374. L'Amerique || Septentrionale. || Dressée sur les 1700.
Observations de Mrs. de || l'Academie Royale des
Sciences et quelques || autres, et sur les Memoires les
plus recens. || Par G. de l'Isle Geographe || a Paris ||
Chez l'Autheur sur le Quay de l'Horloge || Avec Privilege du Roy pour || 20 ans. 1700. || *N. Guerard inv.
et fec.* || Se trouve a Amsterdam chez L. Renard
Libraire || pres de la Bourse. || 60×45 cent.

Le vol. IV du *Recueil des Voyages au Nord.* (Amsterdam,
Bernard, 1732, p. 555) contient une lettre curieuse de Delisle
à Cassini sur la partie de cette carte qui se rapporte à l'embouchure du Mississippi. Il dit: »J'ai examiné tout ce qui a
été imprimé sur la Rivière de Mississippi et sur les voyages de
M. de la Salle, et j'en ai même vu quelques relations manuscrites. J'ai entretenu M. de Beaujeu et M. Cavelier frère de
M. de la Salle. J'ai vu deux cartes manuscrites du Pays, l'une
de la côte qui vient de M. de Beaujeu, et une autre des terres
qui vient de M. de la Salle, et j'ai eu plusieurs conférences
avec feu M. d'Amanville Prêtre habitué à Saint Sulpice, et qui
a été dans cette expédition.«

Nous y lisons que Thevenot croyait que le Mississippi
n'avait pas d'embouchure sensible et «se perdait en terre dans
les lagunes,» tandis que Coronelli affirmait que le Mississippi
était la rivière que les Espagnols appelaient Rio Escondido.

NOTES HISTORIQUES.

NOTES HISTORIQUES

ET DOCUMENTAIRES.

374. Francoys par la Grace de Dieu Roy de France 1540. à tous ceulx qui ces présentes lettres verront salut Comme pour le desir dentendre et avoir congnoissance de plusieurs pays partie desquels on dit inhabitez et autres possedez par gens sauvages et estranges vivant sans congnoissance de dieu et sans bon usaige de raison Eussion *(sic)* despieça à grans frais et mises envoyé descouvrir en plusieurs desdits pays par aucuns bons pillotes et autres nos subjects de bon entendement scavoir et espérience quy daucuns desdits pays nous auraient admené divers hommes et pareillement entre autres eussions fait descouvrir grand partie des terres de Canada et Ocholaga et autres lieux circonjacens lesquels ont esté trouvez ainsi que nous a esté rapporté garnies de plusieurs bonnes commoditez et les peuples diceulx bien formez de corps et de membres et bien disposez desperit et dentendement desquels aussi nous ont esté admenez autres ayans apparence de bonne inclination En considération desquelles choses avons advisé et délibéré de renvoyer esdits pays de Ca-

1540. nada et Ochelaga et autres circonjacens mesmes en tous pays transmarins [et maritimes] inhabitez ou non possedez et donnez par aucuns princes chrestiens. Aulcun bon nombre de gentilzhommes nos subjects tant gens de guerre qui popullent de chacun sexe et aultres liberaulx et mécaniques pour plus avant entrer esdits pays et jusques en la terre de Saguenay et tous autres pays susdits affin den iceulx converser avec lesdits peuples estranges si faire se peulx et habiter esdites terres et pays y construire et ediffier villes et forts temples et eglises pour la communication de notre Ste Foy catholique et dotrine *(sic)* chrestienne constituer et establir loix de par nous ensemble officiers de justice pour les faire vivre par raison et police et en la crainte et amours de dieu Affin de myeulx parvenir à notre intention et faire chose agréable à Dieu notre Créateur sauveur et redempteur et qui soit à la sanctification de son sainct nom et à l'augmentation de notre foy chrestienne et accroissement de notre mere Ste Eglise catholique — de laquelle nous sommes dicts et nommez le premier fils pour a quoy parvenir et affin de donner meilleur ordre et expédition au fait de ladite entreprinse et à toutes choses concernant ycelle et qui en deppendent et pourroient survenir soit besoing et necessité depputer et constituer quelque excellent personnage de grands loyaulté et integrité envers nous et quy soit de bon sens vertu et apparence pour estre chief et conducteur dicelle entreprinse et auquel soit par nous donné telle puissance et auctorité ainsi que tel *(sic)* affaire le requiert pour user et generallement disposer en tous cas et affaires soy offrans ainsi que luy semblera estre plus expedient et necessaire comme faire le pourrions si y estions en personne Scavoir faisons que pour la bonne et entière confiance que nous avons par longue expérience de la personne de notre amé et féal Jehan Francoys de la Roque chevalier, Sr de Roberval et de ses sens suffisance loyaulté et autres bonnes et louables vertus Icelluy pour ces causes et autres a ce nous mouvans Avons faict constitué ordonné et estably faisons constituons ordonnons et establissons par ces présentes lettres lieutenant général chef ducteur et cappitaine de ladite entreprinse ensemble de tous les navires et vaisseaillx de mer et pareillement de toutes les personnes tant gens de guerre de mer que autres par nous ordonnez et qui yront en ladite entreprinse expedition et armée *(sic)* allant audit voyage et luy avons donné et donnons plain pouvoir puissance et auctorité et mandement espécial de choisir prendre et eslire tels qui luy sembleront estre propres et ydoynes pour le fait de ladite entreprinse et expedition dicelle de mettre et eslire cappitaines porteenseignes maistres de navires pillotes et autres gens de guerre et de maryne et iceulx despartir de nef en nef et les mettre et remettre ensemble quant bon luy semblera de commander et ordonner de par nous à toutes lesdites personnes et ordonner et disposer de la forme et de leur service et statuer enjoindre et commander a toutes les choses quil verra estre bonnes utilles et convenables souls touteffois notre auctorité pouvoir et puissance et par imposition et indiction de mulctes et peines tant corporelles civilles que pecunyeres et tant sur la mer que en terre ferme es lieux et endroicts qui seront réduits soubs notre obéissance et mesmes de ordonner des paicments de leurs gaiges et souldes et icelles augmenter ou dymynuer et les deniers qui par notre ordonnance ont esté pour ce faire distribuer prolonger esgaller et faire courir en sorte si possible est quil puisse augmenter de gens et dequipaige et tous lesquels susdits voullons nous faire foy et serment de bien et loyaulment nous servir soubs la charge et obéissance de notredit lieutenant général et lequel pareillement voullons entendre et faire entendre tant par luy sesdits commis et depputez sur la dilligence et achapt des munitions et advitaillemens necessaires à ladite armée et à la réception diceulx en les mettans dedans lesdits navires et vaisseaulx et au departement distribution et compte diceulx a ce quil ny ait aucun abbus a ce commis et les susdites nefs et vaisseaulx mises en appareil et quipez *(sic)* et munis de gens vivres artilerie et autres choses nécessaires. Avons donné et donnons par cesdites présentes pouoir *(sic)* auctorité et mandement espécial à notredit lieutenant général prendre mener et faire partir des ports et havres de notre Royaulme pays et seigneuries de notre subjection et de passer et rapasser *(sic)* aller venir esdits pays estranges de descendre et entrer en iceulx et les mettre en notre main tant par voye damittié ou amyables compositions si faire se peulx que par force darmes main forte et toutes autres voyes dhostilité de assaillir villes chasteaulx forts et habitations et den

construyre et en ediffier ou faire construyre et en
edifier *(sic)* daultres esdits pays et y mettre habita-
teurs Créer constituer establir desmettre et destituer
cappitaines justiciers et generallement tous autres
officiers que bon luy semblera de par nous et quil luy
semblera estre necessaires pour lentretenement conqueste et tuition desdits pays et pour atraire les peuples diceulx à la congnoissance et Amour de dieu et
iceulx mettre et tenir en notre obéissance de faire
loix edicts statuts et ordonnances politiques et autres
icelles augmenter ou dymynuer faire garder observer
e[ntre]tenir par toutes voyes et m[aniè]res de[....]
et raisonnables ou autre pugnition exemplaire de
pardonner et remettre les meffais aceulx qui le requerront le tout ainsi quil verra bon estre pourveu
touteffoys que ce ne soyent pays tenus occupez possedez et dominez ou estans soubs la subjection et
obéissance daucuns princes ou potentats nos alliez et
confederez et mesmes de nos treschers et amez freres
lempereul *(sic)* et le Roy de Portugal et affin daug-
menter et accroistre le bon voulloir couraige et afec-
tion de ceulx qui nous serviront à lexecucion et expedition de ladite entreprinse et voyage et mesme-
ment de ceulx qui demoureront esdites terres Avons
pour ce regard amour en oultre donné et donnons
par ces présentes a notredit lieutenant plaine puissance et auctorité de icelles terres quil nous pourra
avoir acquises en icelluy voyage selon quil luy semblera estre convenable utillitté et prouffict bailler et
de ce leur en faire bail pour par eulx leurs successeurs
et ayans cause les tenir posseder et en joyr a per-

1540. petuitté en tous droits de propriété fonds et saisine et estats avoir aux gentilzhommes et autres gens dexcelente vertu ou industrie en fiefs et seigneuries rellevans et mouvans de nous et nous en faisant les foy et hommage à cause des forts et places aux lieux que notredit lieutenant ordonnera ou autres nos commis ou deputez *(sic)* de par luy et en son absence et à la charge de nous servir à la deffense tuition et entretenement desdits pays et avec tel nombre de gens que lesdits fiefs et seigneuries seront chargez par lesdits baulx et aux autres de moindre estat et condition à telles charges de redevances annuelles que notredit lieutenant advisera les terres de leurs baulx le pouoir porter paiables aux lieux et en sorte et manière qui leur sera ordonné desquelles charges et redevances annuelles nous avons accordé et consenty consentons et accordons iceulx estre quittes et exempts des six premieres années si bon semble a notredit lieutenant ou autre temps audessoubz qu'il verra estre afaire excepté toutes voyes *(sic)* du debvoir de service pour la guerre deffense entretenement et ampliation desdits pays et oultre pour donner plus grand voulloir et couraige auxdits gentilzhommes autres que de guerre et de mer de nous mieulx plus dilligemment et loyaulment servir voullons promettons et consentons que au retour dicelluy notredit lieutenant jà puisse donner et departir a ceulx qui feront ledit voyage avecques luy le tiers de tous les gaings et prouffics mobilieres *(sic)* provenant dudit voyage exercite et aussi en retour à luy ung autre tiers tant pour subvenir si bon nous semble a partie

des fonds et mises quil pourra estre besoing faire 1540.
pour la continuacion dudit voyage lespace de cinq
ans prochains Que aussi pour le recompenser aucunement de ses labeurs et depenses et quant a laultre
tiers avons icelluy reservé et reservons à nous pour
estre employé quant il nous plaira en plusieurs autres
navigacions que avons espéré et esperons faire pour
laccroissement de notre S^{te} foy ou ailleurs ou sera
par nous ordonné cy apres et duquel entendons et
voullons nos receveurs ou commis en faire dilligence
accepté par bon et loyal inventaire es ports et havres
des lieux esquels notredit lieutenant ou autre parti-
cullier de ladite armée pourront faire retour et pour
ce que nous desirons ladite armée estre accompagnée
de plusieurs nos subjects lesquels nous voullons prof-
fiter audit voyage et affin que lesdits pays puissent
plus amplement estre descouverts et que plus avant
on puisse entrer faire forts habitacions et ediffices en
divers lieux diceulx nous avons dabondant donné et
donnons tout povoir puissance et auctorité à notredit
lieutenant de associer avec luy en ladite armée tous
gentilzhommes marchands et autres de quelque estat
qualité ou condition quilz soient qui vouldront aller
ou envoyer audit voyage et pays gens ou nefs equi-
pez et munys à leurs despens et eulx joindre a ladite
armée soubz lobeissance de nous et de notredit lieutenant. Quoy faisant sera par eulx faict chose a
nous tresagreable et que grandement desirons et du
gaing et proffict advenant dudit voyage leur en faire
part et portion tels droicts à nous et a autres de ladite armée reservez que par notredit lieutenant et

1540. eux sera accordé et de ce passer lettres promesses et sur tels par eulx ou leurs procureurs Lesquelles desapresent comme pour lors tenons pour agreables agreons aprouvons et ratiffions le contenu en icelles comme si faictes avoient esté par nous en notre personne et pour autant que aucuns soubz ombre de notredite armée se pourroient ingerer entrer es voyes et destroys conduisans esdits pays de Canada et Ochelaga Seguenay *(sic)* et autres circonjacens sans neantmoins eulx joindre et associer soubz lobeissance de notredit lieutenant et faire certain grief mal ou moleste aux habitans desdits pays qui pourroient estre cause de les aliener et distraire de la bonne volunté et amour quilz pourroient porter a nous et a nos gens estans entrez esdits pays. Nous avons deffendu et deffendons à tous nos subjects de ne eulx ingerer naviguer par les voyes et destroictz susdits synon quilz soient associez et joincts a notredicte armée et soubz lobéissance de notredit lieutenant leur permettant neantmoins les autres navigacions et entrées de terres par nous non deffendues esquelles allans et venans voullons et leur enjoignons en cas de rencontre par terre ou par mer donner tout confort et ayde faveur et secours et porter obeissance a notredit lieutenant ou autres ses commis a ladite armée et si par cydevant nous avyons baillé aucunes lettres ou pouoir a quelque personne contrarians a la teneur de sesdites lettres icelles avons desapresent comme pour lors revoquées et revoquons cassons et adnullons par cesdites présentes Synon. autant et pour le temps que notredit lieutenant les vouldrait tollerer

et endurer et pour autant que pour leffect dudit vo- 1540.
yage et habitacion desdicts pays sera besoing passer
plusieurs lettres et contracts Nous avons en ce
aprouvé et aprouvons autenticqué et autenticquons.
Les seings et sceaulx de notredit lieutenant et dautres officiers en ce Regard par luy commis et depputez et considerant quil pourroit survenir à notredict
lieutenant aucun gros inconvenient de malladie et
par advanture la mort du susdit quil sera besoing a
son retour laisser ung ou plusieurs notre lieutenant
ou lieutenans voullons et entendons quil en puisse
nommer creer constituer et establir ung ou plusieurs
par testament ou autrement comme bon luy semblera ayant pareil et semblable pouoir auctorité et
mandement espécial ou partie dicelluy que luy avons
donné et donnons par cesdictes présentes Et pour
ce que ne pouons avoir suffisante congnoissance desdicts pays et gens estranges pour plus avant spe-
ciffier le pouoir que vouldrions et nous plaist que les
specialitez cydessus declarez ne puissent aucunement
desroguer (?) au pouoir general que avons donné et
donnons par cesdictes présentes a notredict lieutenant
qui est de generallement disposer faire et ordonner
de toutes choset quelsconques oppinées et inopinées
concernans ledit voyage exercite et expedicion dicelluy Comme il luy semblera les affaires et neces-
sitez le requerir et comme nous mesmes le ferions e-
faire le pourrions si en notre personne y estions et
tout ce que par notredict lieutenant sera faict dit
constitué ordonné estably contracté chevy et composé tant par armes amitié confederation que autre-

1540. ment en quelque sorte et manière que ce soit ou puisse estre pour raison de ladicte entreprinse et expedition dicelle tant par mer que par terre avons aprouvé agréé et ratiffié aprouvons agreons et ratiffions par ces presentes et le tenons et voullons estre tenu bon et vaillable comme par nous faict Ordonnons en mandement par ces mesmes presentes a notredit amé et féal chancellier et tous nos amés et feaulx les présidents et conseillers de nos Cours souveraynes lieutenans generaulx gouverneurs de nos pays admiraulx visadmiraulx prevosts baillifs seneschaulx et aultres nos Justiciers officiers et subjects tant ordinaires que extraordinaires ou leurs lieutenans et a chacun deulx endroict soy si comme a luy apartiendra Que notredict lieutenant duquel nous avons ce jourduy prins et receu pour raison de ladite charge de notre lieutenant general Le serment en tel cas accousteumé iceluy facent *(sic)* souffrent et permettent dicelle joyr user plainement et paisiblement et à ce faire obeyr et entendre de tous ceulx et ainsi quil apartiendra es choses touchans et concernans notredict lieutenant et luy bailler en tout et partout tout conseil confort secours ayde et prison si mestier est Car tel est notre plaisir et pour ce que de ces présentes notredict lieutenant pourra avoir affaire en plusieurs et divers lieux Nous voullons que au dupplicata ou vidimus dicelles fait sous scel royal foy soit adjoustée comme a ce présent original Et affin que ce soit chose ferme et estable a tousjours Nous avons fait mettre notre scel a cesdictes presentes. Donné à Fontainebleau Le quinziesme jour de Janvier. L'an de grâce mil cinq cens quarante et de notre règne 1540. le vingt septiesme signé sur le Reply desdites lettres par Le Roy le cardinal de Tournon et nous présents Bayard ung paraphe et sur le Reply vers la fin est escript ce qui ensuyt Jehan Francoys de la Roque chevalier S^r. de Roberval a fait es mains de monseigneur le Chancellier le serment deu et requis pour raison de lestat de lieutenant general chef ducteur et cappitaine des choses contenues en ces présentes et audict estat et charge a esté receu par mondict Seigneur le Chancellier ce jourduy sixiesme de Febvrier lan mil cinq cens quarante moy présent signé Sanson ung paraphe et scellé sur double queue de cire jaulne.

Collation faicte.

Des Registres de la Court (*sic*) de Parlement de Rouen ausquelz suyvant larrest donné par ladicte Court le neufviesme jour de Mars mil cinq cens quarante sur lenterignement de certaine requeste et lettres patentes du Roy presentees a icelle par Jehan Francoys de la Roque S^r. de Roberval pour ce voyage ordonné par ledict seigneur estre fait en divers pays transmarins et maritimes tant de Canada Ochelaga et Saguenay que autres ont esté enregistrées les lettres du pouvoir donné audict de la Roque et autres lettres dessusdicts par luy presentees aux fins de lexecucion de ladicte commission ont esté extraictes les lettres de commission dudict De la Roque de la forme et teneur dessus transcripts.

CURZCAU.

1540. 375. A tous ceulx qui ces présentes Lettres verront Jehan d'Estouteville, chevalier Seigneur de Villebon, Lagastine, Blancville, Boislandry, Prétigny et Vientes, cappitaine et bailly de Rouen conseiller du Roy nostre Sire, gentilhomme ordinaire de sa chambre cappitaine de cinquante hommes darmes des ordonnances du roi notredict Seigneur et de par luy estably en son chastellet de Paris, fut present en sa personne noble seigneur messire Jehan Francois de la Rocque chevalier S^r. de Roberval Lieutenant-général pour le Roy nostre Sire en certaine armée ordonnée par le Roy nostredict seigneur estre faicte et conduicte cette présente année pour laccroissement de notre Saincte Roy chrestienne en divers pays transmarins et maritimes non occupez possedez et dominez par aucuns princes chrestiens tant en Canada Ochelaga, Saguenay que autres lequel chevalier en vertu du pouoir a luy donné et octroyé par le Roy notredict Seigneur a faict nommé commis et depputé et par ces présentes faict nomme commet et deppute son procureur général et espécial noble homme Paoul de Auxilhon seigneur de Sanneterre en la Seneschaussée de Carcassonne et demourant audict lieu de Sanneterre, auquel il a donné et donne par ses dictes présentes plain pouoir puissance auctorité et mandement espécial pour et au nom de luy d ester et comparoir pour luy en jugement et dehors se presenter en toutes cours et par devant tous juges sa personne représenter excuser examiner ses causes et droicte garder poursuivre et deffendre plaider pour luy plaict ou plaictz entamer poursuivre et les mener affin décliner court et jurisdiction et icelle acepter si mestier est faire tous sermens que ordre de droict enseigne et requiert demander et acepter tous delaiz, à court prandre fex et charge de garantie, soy adjoindre en tous procès faire faire et requérir tous renvoitz de causes eslire domicille en tous lieux faire veue, et obstencion de lieux opposer en tous cas et a toutesfins faire et faire faire toutes sommations denonciations demander requestes et conclusions presenter toutes lettres par ledict constituant impétrées ou à impétrer et en requérir demander lentérinement faire faire tous arrestz faire et ramener à faict toutes manières de complainctes produire et veoir jurer tesmoings appeler de tous griefz et sentences les opposans relever poursuivre ou à iceulx renomer si mestier est et substituer autres procureurs ung ou plusieurs qui ait ou aient le pouoir des susdictz ou partie dicelluy et les revocquer si bon leur semble, les présentes demeurans en leur force et vertu et oultre et par espécial de soy transporter par devers et devant tous juges, baillifs, seneschaulx prévosts justiciers et officiers du Roy nostredict Seigneur estans sous les ressortz de la seneschaussée de Carcassonne, Castres, Justices et Jurisdictions de Béziers Narbonne Alby Lymous Allet et païs de Sault ou leurs lieutenans-généraux ou particuliers et à chacun deulx ainsi que le cas et lieux le requerront et à iceulx insinuer pareillement et faire assavoir le contenu des certaines Lettres patentes dudict Seigneur Roy ou vidimus dicelles lesdictes lettres patentes données a Fontainebleau de par le Roy audict constituant et signées

1540.

1540. Bayard lunes du septiesme de ce present mois de Fevrier et scellees sur simple queue de cire jaulne dont le vidimus dicelles a esté baillé audict de Auxilhon pour en vertu dicelles et de ces présentes demander lever prendre tirer et metre hors des prisons les personnes qui seront choisies et esleues par ledict de Auxilhon en consentement diceulx prisonniers au dedans de ladicte seneschaussée de Carcassonne et génerallement en tous les ressortz enciens (*sic*) villes et citez de ladicte seneschaussée de Carcassonne de quelque estat qualité ou condicion que soient lesdictz prisonniers et aussusdictz de prandre et recepvoir les bannis et fugitifz de pareille condition, traiter, chevir, et composer avec lesdicts prisonniers fugitifs bannis de leur despence nauliaige conduicte et autres choses a eulx necassaires pour lespace de deux ans selon le prix tel que ledict de Auxilhon verra estre raisonnable eu esgard a la qualité et gravité desdicte prisonniers bannis et fugitifs le tout susdict selon et en ensuyvant lesdictes lettres patentes dudict seigneur roy et si luy a ledict constituant donne pouoir auctorité et mandement espécial de recepvoir les deniers à quoy se monteront lesdictes compositions et de sentenre pour contant au nom dudict constituant et desquels prisonniers ainsi quil est par luy esleus et choisis ledict de Auxilhon à ce présent a promis sera tenu et promet par ces présentes de prandre et demander bonne et suffisante caution deuement certifiée diceulx faire mener et conduire soubz bonne et seure garde a leurs despens des lieux où ils seront prins jusques es prisons de Sainct Malo de lisle en Bretaigne et ce 1540. dedans le dixiesme jour du mois davril prochain venir ès mains dudict Seigneur de Roberval ou ses commis et depputez sur ce et a iceulx ou a lui rendre et apporter audict lieu les derniers venans desdictes compositions dedans ledict temps les noms et surnoms desquels prisonniers, leurs demeures antérieur le lieu et jurisdiction ou ils auront este prins les greffiers ou autres qu'il appartiendra escripront au dos de ces présentes et a ce moïen par icelluy de Auxilhon sera baillé descharge diceulx [aux] geolliers des prisons desquelles lesdicts prisonniers seront prins et apres avoir délivré lesdictz prisonniers audict lieu de S^t. Malo comme dict est a donné ledict constituant pouoir audict de Auxilhon consentir que les cautions certifficats et conducteurs pour ce baillez soient deschargées et a ledict constituant aussi donné tout pouoir puissance auctorité et commission audict de Auxilhon de ce que concerne et que pourroit concerner le faict desdicts prisonniers seullement les circonstances et deppendances diceulx quil a et pourroit avoir sil estoit présent en personne jaçoit que le cas requist mandement plus especial aux condicions susdictes tant en vertu desdictes lettres présentes cy-dessus déclarées que autres deux lettres de pouoir et auctorité données à Fontainebleau le quinziesme de Janvier signées Bayard et scellées sur double queue de cire jaulne et mesmes de pouoir faire interiner lesdictes présentes visiter requérir et demander lesdicts prisonniers par autres que par luy sans ce que les commis et depputez dudict de Auxilhon

1540. puissent composer ne tirer hors desdictes prisons lesquels prisonniers et generallement de faire au surplus en tout ce que dict et qui en deppend tout autant et ainsi comme ledict Seigneur constituant feroit et faire pourroit si présent en sa personne estoit jaçoit ce que le cas requist mandement plus espécial promectant ledict seigneur constituant en bonne foy soubz lypothecque et obligacion de tous et chacuns ses biens meubles et immeubles présens et advenir où quils soient avoir pour bien agréable tenir, ferme et estable a tousjours tout ce que par sondict procureur sera faict dict prové et besongne en ce que dict est et qui en deppend et paier le Juge si mestier est En tesmoing de ce nous a la collacion desdicts notaires avons faict mettre le scel de ladicte prevoste de Paris à ces présentes qui furent faictes et passées lan mil cinq cens quarante le Dimanche vingt septiesme jour de Févrler.

Montesse.   *Chenu.*

376. A tous ceulx qui ces présentes Lettres verront Jehan de Mareau escuyer lieutenant en lordonnance seigneur de Pully garde de la prévoste dOrleans salut Savoir faisons que lan de notre Seigneur mil cinq cens quarante *(sic)* le douzeyesme jour de Febvrier par Françoys Taupitre et Claude Marchant, clers notaires-jurez au chastellet d'Orléans ont estees veues leues teneues dilligemment et deuement visitées unes lettres escriptes en parchemin saynes et entieres en seing scel et escripture desquelles la teneur ensuit:

Françoys par la grâce de Dieu roi de France à 1540. nos amés et féaulx présidens et conseillers les gens tenans nos courts de Parlemens de Paris Thoulouse Bordeaulx Rouen et Digeon et a tous baillifz seneschaulx prevostz et aultres nos justiciers et officiers estans soubz leurs requestes et jurisdictions ou a leurs lieulxtenans-généraulx et particulliers et a chascun deulx entroict et foy si comme a luy appartiendra salut. Comme pour laugmentation de notre Saincte foy chrestienne et accroissement de notre mère Saincte Eglise catholicque et aultres bonnes et justes causes ad ce nous mouvans nous avons constitué ordonné et estably constituons ordonnons et establissons notre amé et féal Jehan Francoys de la Rocque seigneur de Roberval notre lieutenant general chef et ducteur de certaine armée que voullons envoyer en brief et par luy estre menée en divers pays transmarins et maritimes tant de Canada Ochelaga Saguenay que aultres pays non possedez et dominez par aulcuns princes chrestiens pour a quoy parvenir sellon nostre voulloir et intention et fournir entièrement a ladicte armée est besoing et nécessité a notredict lieutenant mener et soy ayder de grand nombre de gens exercitez a la guerre et en tous aultres artes artz et industrie et pareillement aucun popullaire pour illec habiter et soit ainsi que pour la longue distance desdictz pays et la crainte des naufraiges et fortunes marytimes et aultres ayans regret de laisser leurs biens parens et amys cregnans *(sic)* de faire ledict voyage et que par aventure plusieurs qui voultuairement feroient ledict voyage pourroient faire difficulté

1540. de demourer esdictz pays après le retour de notredict lieutenant au moyen de quoy par faulte davoir nombre competant de gens de service et aultres vouluntaires pour peupler lesdictz pays lentreprinse dudict voyage ne pourroit estre accomplye si tost et ainsi que le desirons et est requis pour le salut des creatures humaines habitans en iceulx pays sans loy et sans congnoissance de dieu et de sa saincte foy laquelle voullons accroistre et augmenter par grande affection chose sy elle nestoit accomplye qui nous tourneroit a trez grand regret attendu le grand bien et salut qui de ladicte entreprinse peult procedder et aussi que avons enjoinct et commandé verballement a notredict lieutenant de dilligemment executer notredict voulloir et intention de partir et commancer *(sic)* ledict voyage dedans le quinzeyesme d'Apvril prochain venant au plus tart si faire ce peult ce qui difficilement seroit faict sil nestoit audict temps pourveu et saisi de toutes choses qui peuent estre necessaires pour leffet et expédition dudict voyage A ces causes en consideration que lavons entreprins en lhonneur de dieu notre createur desirans grandement et de tout notre cœur faire chose qui luy soit agréable icelluy permettant si son bon plaisir est ledict voyage venir a bonne fin voullons user de misericorde faire œuvre pictoyable et meritoire envers aucuns criminelz et malfaicteurs ad ce quilz puissent recongnoistre le createur luy en rendre grace et amender leur vie avons advisé de faire bailler et délivrer a nostredict lieutenant ses commis et depputez jusques a tel nombre que advisera desdictz criminelz et malfaicteurs detenus es prisons et conciergeries de noz parlemenz et des aultres jurisdictions et tels quil semblera a luy ses commis ou depputez estre utiles et necessaires pour mener esdicts pays desquelz toutesfoys les procez auroient ja este faictz et parfaictz et les Jugemens de mort sur ce donnez et pour ce vous mandons et a chacun de vous en son pouoir et jurisdiction endroict soy et sy comme a luy appartiendra que incontynent vous ayez a bailler et delivrer pour leffect dessusdict a notredict lieutenant ou ses commis et depputez lesdicts criminelz et malfaicteurs telz quilz vouldront choisir et eslire ainsi condampnez et jugez comme dict est excepté toutesfoys les criminelz emprisonnez lesquelz naurons acoustume donner grace et iceulx delivrer a nos nouvelles entrées et voullons et commandons les registres desdictz prisonniers et causes de leurs emprisonnemens estre a notredict Lieutenant et a ses commis et depputez par les geolliers et greffiers monstrez et communiquez sans aucun delay reffus ou retardacion affin que diceulx prisonniers de quelque estat quallite ou condicion quilz soient ilz puissent faire tel choix ellection ou demande quilz vouldront et pour ce que de notredict royaulme pays et seigneuries se pourroient trouver aucuns banniz fugitifz et aultres malfaicteurs qui se seroient absentez avons donne et donnons a notredict lieutenant plain pouoir et auctorité diceulx prandre et recepvoir ou faire prandre et recepvoir si faire se peult pour mener ou faire mener esdictz pays soubz les charges condicions et miséricorde semblables que usons et voullons estre use envers

1540. lesdictz prisonniers a la charge toutesfois que tous lesdicts commis seront tenuz fournir aulx fraiz et despence de leurs vivres et aultres choses a eulx necessaires les deux premières années et du nauliaige des nefz qui les porteront esdictz pays transmarins et maritymes mesmes pour les faire mener en seureté jusques aulx ports et lieux desquelz notredicte armée partira et desquelz frais et despence iceulx criminelz pourront traicter et composer avec notredict lieutenant ou ses commis et depputez ausquelz avons donné et donnonos puoir et puissance de ce faire et vous enjoignons expressement aux susdictz prisonniers banniz et fugitifs lesquelz notredict lieutenant ses commis et depputez auront prins et choisiz pour mener audict voyaige baillez ou faictes bailler souffrez baillez et mandez estre baillé main-levée et délivrance de leurs biens prins et saisiz pour raison des cas et crimes par eulx commis et non confisquez réserve toutesfoys de tous lesdictz prisonniers banniz et fugitifz et chascun deulx les interestz des parties cyvilles et intéressées amendes et forfaictures par vous a nous adjugées et sans néantmoins pour icelluy differer faire délivrance de leurs personnes es mains de notredict lieutenant ses commis ou depputez et attendu que le temps et brief du partement de notredicte armée pourront lesdictz prisonniers et malfaicteurs employer leurs parens et amys pour les secourir et ayder plus promptement a fournir et acomplir ce que dessus leur remonstranz la miséricorde de laquelle usons commuans les peines de mort en voiage honneste et salutaire a la charge que ou lesdictz prisonniers sen retournenent *(sic)* dudict voyaige sans permission expresse de nous ilz seront exécutez en la place en laquelle ilz auroient esté condampnez incontynent et sans esperance de grace reservant toutesfoys cy aprez a nous de leur faire grâce dudict voyage aprez quilz auront servy en icelluy selon le debvoir quilz y auront faict suyvant le rapport que voullons nous estre faict par notredict lieutenant ou autres cappitaines gentilzhommes et gens dhonneur de ladicte armée et pour mener et faire mener et conduyre lesdictes personnes jusques ès lieux desquelz notredicte armée partira voullons et entendons par tous nos justiciers officiers et subgectz estre donné confort faveur et ayde a notredict lieutenant ses commis ou depputez et prison si mestier est le nombre desquelz mener et conduictz jusquez esdictz navires voullons estre congnu et receu par nos commissaires ordonnez ou a ordonner pour recepvoir le serment de ceulx qui yront audict voyage affin de pouoir estre cy aprèz entendu par nous quant il nous plaira et du nombre qui sera trouvé par eulx ou en leur absence par nos officiers et juges des lieux desquelz notredicte armée partira voullons notredict lieutenant estre quitte et deschargé quittons et deschargeons et de tout ce qui a cause deulx luy pourroit estre demandé Sy vous mandons trèz expressement enjoignons et commandons de notre puissance absolue et auctorité royal et a chascun de vous endroict soy sicomme a luy appartiendra que a accomplir et faire toutes les choses dessusdictes sans delay et retardacion ayez aubeyr *(sic)* et faire obeyr *(sic)* a notredict lieutenant

1540.

1540. ses commis ou depputez et icelles garder et observer de poinct en poinct imposans sur ce scillence perpetuel a tous nos procureurs-généraulx et speciaulx presens et advenir car toutes les choses dessusdictes voullons entendons et nous plaist ainsi estre faictes nonobstant opposition ou appellation quelzconques faictes ou a faire rellevées ou a rellever sentences et arrestz qui pourroient estre donnez contre lesdictz criminelz ordonnances mandemens restrinctions ou deffences et lettres a ce contraires ausquelles avons desrogé et desrogeons par ces présentes pour ceste foys tant seullement et pour lesquelles ne voullons estre différé et pour ce que de ces présentes notre-dict lieutenant ses commis ou depputez pourront avoir affaire en plusieurs et dyvers lieux voullons que au duplicata ou vidymus dicelles faict soubz scel royal foy soit adjustee *(sic)* comme à ce present original. Donne a Fontainebleau le septyesme jour de Febvrier lan mil cinq cens quarente et de notre regne le vingt septyesme ainsi signé par le roy en son conseil Bayard et scellées de cire jaulne sur queue simple de scel apparant en tesmoing de ce nous au rellat desdictz notaires avons faict sceller ces présentes du scel royal aux contraictz de ladite présente collation qui feurent faictz les an et jour premiers dictz.

  J. FAUPYTRE   G. MARCHANT

[Au dos]

Vydimus du pouoir donné par le Roy au Seigneur de Roberval.

La neuviesme pièce est l'original des lettres royales 1540. citées tout au long dans le cri de Jehan de Mareau. Je l'ai collationnée avec soin et n'y ai relevé que deux ou trois variantes purement orthographiques; aussi ai-je cru pouvoir me dispenser de la copier de nouveau.

377. A tous ceulx qui ces présentes Lettres verront Jehan dEstouteville chevalier seigneur de Villebon, Lagastine, Blancville, Boislandry, Frétigny et Vientes cappitaine et bailly de Rouen conseiller du Roy nostre Sire gentilhomme ordinaire de sa Chambre cappitaine de cinquante hommes darmes des ordonnances du Roy nostredict Seigneur et garde de la prévoste de Paris salut Scavoir faisons que lan de grâce mil cinq cens quarante le Vendredy dixhuitiesme jour de Février veismes tinsmes et leusmes mot après autre les lettres patentes du Roy nostredict Seigneur desquelles la teneur ensuyt: Francoys par la grace de Dieu roy de France à tous ceulx qui ces présentes verront salut. Comme nous avons constitué ordonné et estably constituons ordonnons et establissons notre lieutenant général chef et ducteur notre amé et féal Jehan Francoys de la Roque, chevalier, seigneur de Roberval en certaine armée que nous envoyons présentement en divers pais transmarins et maritimes pour laugmentation et accroissement de nostre saincte foy chrestienne et Saincte Mère Eglise catholique Scavoir faisons que nous avons donné et donnons par ces présentes a nostredict lieutenant plaine puissance, auctorité, charge commission et mandement

1540. espécial de soy pourveoir et munir de toutes choses nécessaires à ladicte armée et icelles lever ou faire lever en tous les lieux places et endroicts de nostre royaulme comme bon luy semblera en paiant raisonnablement et ainsi quil appartient et prendre gens de guerre ou artisans et autres de diverses conditions pour iceulx mener avec luy audict voiaige Pourveu que ce soit de leur bon gré et volunté et aussi pareillement vivres victuailles armes artilleries haquebuttes pouldres salpestres picques que autres bastons offencifs et deffencifs et generalement de tous habillemens instrumens et autres choses servans pour léquipaige expedicion et utillitté dicelle armée et pour ce quil lui convient faire faire plusieurs ouvraiges et besongnes en diverses choses et en plusieurs endroitz Voullons et entendons que tous artizans et gens de mestiers et autres dont il aura à faire ayent à besongner et ouvrer a son certain commandement de ses commis ou depputtez tous autres ouvraiges cessans en les payant raisonnablement et mesmes toutes autres marchandises leur estre baillées et delivrées avant toutes autres personnes en les paiant a juste et raisonnable pris et oultre luy avons donné et donnons pouoir et auctorité par cesdictes présentes de prendre ou faire prendre et eslire tel nombre et quantité de nefz navires et vaisseaulx par achapt frete ou nauliaige et de manières quil entendra luy estre necessaires en paiant par luy ou ses commis et depputtez sallaire et prix raisonnable et competent audict de gens a ce congnoissans et neantmoins voullons et entendons que desdictes nefz navires vaisseaulx et mariniers qui

par luy sesdicts commis et depputez auront esté 1540.
esleus et choisis aucun aultre ne les puisse soubstraire
enchérir ou soy ayder en quelque sortie ou manière
que ce soit Sur peine de pugnition telle que au cas
appartiend Toutes lesquelles choses susdictes con-
duictes tant par luy que par ses commis et depputez
voullons estre quittes et exempts de tous droictz de
peaige passaige subside et imposition Si donnons en
mandement par ces mesmes présentes à tous nos
lieutenans-generaulx, gouverneurs de nos pays amy-
raulx et vissamuraulx, baillifs, seneschaulx, prevoyts,
maitres des villes ports passaiges, justiciers officiers tant
ordinaires que extraordinaires et aultres nos subgects
leurs lieutenans commis et depputez que a faire
recouvrer et dilligemment conduire et executer ce
que dessus chacun en droict soy si comme a luy appartiendra ils donnent tout conseil faveur et ayde a
nostredict lieutenant général ses gens commis et
depputez et a ce faire contraingnent ou facent contraindre tous ceulx quy pour ce seront a contraindre
sommairement en de-plain sans figure de procès comme
pour nos grans et urgens affaires Nonobstant oppositions ou appellations quelzconques pour lesquelles
nous voullons estre différé et pour ce que de ces
présentes bon pourra avoir affaire en plusieurs et
divers lieux Nous voullons que au Vidimus dicelles
faict soubz scel royal ou autanticque foy soit adjoustee
comme a ce present original et affin que ce soit chose
ferme et establie à tousjours nous avons faict mectre
nostre scel à ces présentes Donne a Fontainebleau
le Quinzeiesme jour de Janvier lan de grace mil cinq

1540. cens quarante et de nostre règne le vingt-septiesme Ainsi signe sur le reply par le Roy le cardinal de Tournon et vous présent Bayard et scelle en cire jaulne sur double queue. En tesmoing de ce nous a ce present transcript ou vidimus qui collationné a esté aux lettres originalles par Guillaume Payen et Jehan Tionne (?) notaires du Roy nostredict Seigneur de par luy ordonnez et establis au chastellet de Paris avons faict mectre et apposer le scel de ladicte présente de par noz au et pour dessus premiers dicts.

Payen. Tionne (?)

378. Copie.—Extraict des Registres de la Court de Parlement sur la requeste présentée de la part de Jehan Françoys de la Roque chevalier, S^r. de Roberval lieutenant-général chef et ducteur de larmée ordonnée par le Roy estre mise sus pour envoyer en divers pays transmarins et maritimes tant de Canada Ochelaga Saguenay que autres pour laugmentation de la foy chrestienne auquel pays le Roy veult et entend aucunes places et forts estre faiz et estre mis et laissez nombre et quantité de personnes sans lesquelz difficillement lon pourroit trouver gens qui y voulsisent habiter et demourer aprez le retour dudict S^r. de Roberval Tendant icelluy de Roberval par sadicte requeste a ce que en complissant au contenu des Lettres patentes du Roy données à Fontainebleau le septiesme jour du moys de Fevrier dernier passé dont ledict suppliant faisant apparence du vidimus soubz le sceau du Chastellet de Paris disant loriginal

avoir esté envoyé aux Parlemens de Toullouze et 1540.
Bordeaulx delivrance luy estre faicte ou à ses commis et depputez des prisonniers appellans ou condamnez a mort quil requerra et autres qui volluntairement vouldront aller audict voyage et lesquelz est acoustume delivrer es nouvelles entrées du Roy et la Conciergerie et prisons estre ouvertes audict suppliant et à sesdicts commys pour parler auxdicts prisonniers et iceulx choisir et eslire et les registres luy estre communicquées Tendant aussi par sadicte requeste a linterignement dautres lettres patentes données à Fontainebleau le quinzeiesme jour de Janvier aussi dernier passé les unes contenant la commission et pouoir données audict suppliant audict estat de lieutenant-général, chef, ducteur et cappitaine de ladicte entreprinse les autres contenant pouoir donné audict suppliant de se pourvoir et munir de toutes choses nécessaires à ladicte armée et icelle lever ou faire lever en tous les lieux places et endroictz de ce Royaulme comme bon luy semblera en payant raisonnablement et ainsi quil appartient et aussi de pouoir prendre gens de guerre ou artizans et autres de diverses condicions pour mener avec luy audict voyage pourveu que ce soit de leur bon gré et vollunté et aussi pouoir prendre vivres et et victuailles armes et autres choses servans pour léquipaige expédicion et utillité dicelle armée et que tous artizans gens de mestier et autres dont il aura affaire aient à besongner et ouvrez à son certain commandement de ses commis ou depputez tous autres ouvrages cessans en les païant raisonnable-

1540. ment et toutes marchandises leur estre baillées et délivrées avant toutes autres personnes en les païant a juste et raisonnable prix avec pouoir de prendre ou faire prendre et eslire tel nombre de nefz navires et vaisseaulx frete ou naulliage et de maryniers que ledict suppliant entendra luy estre necessaires en paiant sallaire et prix raisonnable et compétent au dit de gens à ce congnoissans et sans ce que aucun autre puisse substraire enchérir ou soy ayder desdictz nefz navires vaisseaulx et maryniers qui par luy ou sesdicts commis auront este esleuz et choisis sur telle pugnition qui au cas appartiendra et toutes les choses dessusdictes estre quittes et exempts de tous droitz de peage passage succide *(sic)* et imposition; Veu par la Court ladicte requeste responce a icelle du procureur general du Roy auquel par ordonnance dicelle court le tout a esté monstré et communiqué le vydimus desdictes Lettres données à Fontainebleau le septiesme jour de Février lesdictes lettres de commission et autres lettres dudict quinzeiesme jour de Janvier le tout en cest an mil cinq cens quarante Il est dict que ladicte Court en regard et considéracion au contenu desdictes lettres et requestes et pour autres justes et raisonnables causes et consideracions à ce, la mouvans. Les a interinées et interine et en ce faisant a ordonné et ordonne que les prisonniers estans es prisons de la Conciergerie de ladicte Court et autres prisons dudict pays de Normendie ensemble les autres malfaicteurs et gens de la qualité contenue esdictes lettres fors et excepté les prisonniers qui seront detenuz pour cas et crimes dhérésie lèze-majesté en premier chef, faulce monnoye et autres trop énormes cas et crimes seront baillez et delivrez audict suppliant et à ses commis et depputez appellez quant à ce les officiers du Roy aux lieux en faisant en préallable apparence par lesdicts commis du pouoir quilz auront dudict Jehan Françoys de la Roque S^r. de Roberval et en laissant aux greffes ou gardes des prisons respectivement certifficacion des personnes quilz y auront prins et aussi à la charge de bailler par certifficat et attestacion aux Juges ordinaires des lieux ou lesdicts prisonniers seront embarquez ou a autre commissaire à ce depputé par le Roy les noms et surnoms tant desdicts prisonniers que des bannys, fuitifz (*sic*) et autres malfaicteurs s'aucuns en estoient prins par ledict S^r. de Roberval ou ses commis ou s'aucuns avoient este par luy receuz pour faire ledict voyage aux charges contenues auxdictes lettres et desquelz prisonniers et autres malfaicteurs ainsi baillez est ordonné aususdicts juges faire et retenir roolle ausquelz est mandé donner, et faire donner obéissance et assistence audict suppliant et sesdicts commis et depputez et à ce faire souffrir et y obéir mesmes à leur faire bailler et delivrer les choses contenues esdictes troys lettres dessubz déclaréz en payant raisonnablement le tout selon le contenu en icelles. Pronuncé en a Rouen ladicte Court de Parlement le neufiesme jour de Mars lan mil cinq cens quarante ainsi signé Surreau un paraphe.

Collation faicte a loriginal par moy notaire et secrétaire du Roy le IIIIe jour davril lan mil cinq cens quarante au [dimanche de?] Pacques.   DUCODRAY.

1540.

1542. 379. François par la grâce de Dieu roy de France A notre cher et bienaimé Paul d'Ossillon (sic), seigneur de Sanneterre, lieutenant du S^r. de Roberval Salut et dilection. Comme pour secourir subvenir et ayder audict Seigneur de Roberval de vivres et autres choses dont il a tres grand besoing et nécessité ainsi quavons entendu es terres de Canada, quil est allé despieça descouvrir suivans le pouoir quil avait de nous nous ayant advisé et délibéré de luy envoyer deux de nos navires estans en la coste de Bretaigne que nous avons commandé et ordonné estre pour cest effect advitaillés et mis en equipage a ce requis pour faire la conduicte desquelles jusques au Canada soyt besoing commettre depputer personnage a ce suffisant, capable, expérimenté Scavoir vous faisons que nous confians dans vostre personne et vostre bon sens experience suffisance dilligence et considerans que pour estre lieutenant dudict Roberval et que jà vous avez faict ledict voyage, vous scaurez faire ladicte conduicte et executer nostre intencion en cest endroict aultant bien et myeulx que nul autre A ces causes nous avons commis ordonné depputé commettons ordonnons depputons par ces présentes pour faire après que lesdicts deux navires seront advitaillés equippés a prestés a faire voylles les mener et conduire auxdictes terres de Canada, la part que sera le S^r. de Roberval et voz avons donné et donnons quant a ce pouoir, auctorité et mandement especial de commander et ordonner aux mariniers et autres qui seront mis esdicts deux navires ce quilz auront a faire pour notre service auxquels mandons

voz obeir et entendre a ce que bons puissiez faire 1542.
ledict voyage en plus de seureté comme noz desirons Nous commandons aussi et enjoignons tres expressement à tous maîtres pillottes et mariniers nos subjects tirans et faisans la routte des terres neufves quilz ayent a vous accompaigner et assister durant votredict voyage et vous donner tout layde secours et faveur qu'ils pourront sans en ce faire aucune faulte reffus ny difficulté sur peine de noz desobeir et desplaire car ainsi nous plaist-il estre faict. Donné a S^t. Laurent le XXVIe. jour de Janvier lan de grâce mil cinq cens quarante deux et de notre regne le vingt neufviesme.

Par le Roy

BAYART.

380. Jehan Françoys de la Rocque chevalier Seigneur de Roberval Nogens et Prax Lieutenant et capitaine general de par le Roy en larmée voyage et expedicion par ledict Seigneur ordonnez estre faicts en cesdicts pays de France nous a tous ceulx qui ces presentes lettres verront Salut. Receus avons lhumble supplication et requeste a nous presentez de la part de notre cher et bien amé Paoul dAuxillon escuyer Seigneur de Sanneterre et l'un de ceuly faisans[1] ledict voyage en lesdicts pays pour le service du Roy sous nostre charge contenant que lan passé nous estant en France pour amasser nostre armée

---

[1] « Et l'un de ceulx faisans » en surcharge sur « et l'un des associés au nombre des faisans. »

1542. [avons][1] constitué ledict suppliant capitaine de lun des navires nommé Canne estant au service du Roy soubz nostre charge pour faire ce que tel estat requiert quoy faisant ledict suppliant a son pouoir partant que par ung yeune homme estant audict navire Luy avons mande le jour de Noel dernier estant dans la Radde de Laudeneur quil ne laissast partir homme de son navire sans son congié dauttant que tous estans de lequipage de la nef du capitaine Cartier[?] ou la plus grand partie se departirent davec nous sans congié et par ainsy demeuroit le service du Roy en retard a rayson de quoy Icelluy suppliant desirant ce empescher et a son pouoir voyant ce mesmes jours en son dict navire[2] .... aulcuns[3] .... du service du Roy[4] et voulant descendre en terre leur feist deffendre et mesmes a Guillaume Roque contremaistre dudict navire et aultres de ne le faire lequel Roque se print a murmurer et inscita de ses mariniers Laurent Barbot contre ledict suppliant lequel Barbot voyant que icelluy suppliant comme capitaine les voulloit empescher de mettre a execucion leur voulloir se mist en effort duser de mainmise en sorte quil mist la main au pongnart et en voulust ferir ledict suppliant son capitaine luy disant telles paroles tirant vers luy Par le sang dieu vous ne turez pas les gens pour a quoy obvier et éviter léminent péril de mort auquel estoit ledict suppliant mist aussy la main au pong-

---

[1] Un mot effacé, probablement « avons » ou « ayans. »
[2] Deux mots illisibles.
[3] Un mot illisible.
[4] « Du Roy » en surcharge sur « dudict Seigneur. »

nart pour bailler un coup a lestomac dudict Barbot de quoy mourust a raison de ce sortist tumulte audict navire par aulcuns desdicts mariniers crians Aux cannes a fer et aux picques en sorte que sur ce coup par le moyen dudict tumulte en feurent tuez deux aultres mariniers maiz ce ne fut faict par ledict suppliant,[1] Toutes foys doubte que ce ayt esté faict par quelques souldats voyans lesdicts mariniers mal meuz en telle fureur et quilz avaient mys la main a lespée pour luy par raison de quoy doubte grandement ledict suppliant que par ung iceulx donne a entendre mesmes a gens nayans intelligence entière dudict cas comme maintesfoys advient fust enfin convaincu dhomicide et pour icelluy à la rigueur du droict poursuyvy et par ce moyen nous aurait humblement requis faire nos lettres de pardon et abolucion *(sic)* selon le pouoir et auctorité a nous octroyé par les lettres patentes du Roy Pour ce est ce que nous ces choses considérées ayant esgard a la coustume generale de France qui est telle que en quelque legitime deffense que ce soit que tel cas advient le roy est requis de donner pardon et abolucion pour la conservation des prérogatives de droict mesmes aussy eu esgard que ledict suppliant a faict ce en ferveur et bon zèle du service du Roy et pour éviter léminent péril auquel il se voyait pour lagression et rebellion susdictes Nous pour ces causes et aultres ad ce nous inclinant advons audict suppliant et requérant donné concédé octroyé et par ces presentes donnons concedons et octroyons lettres de abolu-

---

[1] « Par ledict suppliant » en surcharge sur « par luy. »

1542. cion et pardon requérant tous juges baillifs seneschaulx et avouez et aultres juges royaulx a qui cesdictes Lettres seront présentées donner lentérinement dicelles audict suppliant et néantmoins en tant que mestier seroit et que nostredict pouoir se peust estendre et comporter Mandons et commandons de par le roy a tous juges royaulx qui dudict entérinement seraient requiz quilz ayent à loctroyer comme de droict juridicque sans en aultre cas le droict dudict seigneur et le droict daultruy partout sur peyne de désobéissance audict seigneur car ainsy le trouvons estre à faire. Donné en tesmoing de vérité soubz nos grands sceaulx Faict au fort de François roy sur[1] Françoys prince ce neufviesme jour de Septembre mil cinq cens quarante et deux.

[Pas de signatures.]

1543. 381. Jehan Francoys de la Roque chevalier Seigneur de Roberval lieutenant du Roy au voyage faict es parties de Canada Ochelaga et aultres vers le Saguenay A tous ceulx qui ces présentes lettres verront salut Nous vous notiffions *(sic)* avoir estably ordonné et constitué establissons ordonnons et constituons Paul Dauxillon escuyer S^r. de Sanneterre notre procureur général et certain messagier espécial pour se transporter au lieu de la Rochelle ou ailleurs pour trouver deux navires ayans esté au service du Roy esdits pays lung dyceux estant au Roy et laultre notre et les ayant trouvés ou lung dyceulx les faire desarmer et mettre en service au

---

[1] Sous?

myeulx quil pourra mesmes vendre ou engaiger
icelluy notre navire dicte Canne pour tel prix que
bon luy semblera et toute artillerie et aultres choses
estant dedans mesmes autre *(sic)* artillerie et besongnes à nous apartenant estans dans laultre navire du
Roy dit le Gallion et des deniers provenants desdits
vendements et engaigements en départir aux gentilshommes gens darmes et de mer revenants esdits
navires comme bon luy semblera et luy donnons
puissance en oultre comme a notre lieutenant de
donner auxdits gentilshommes souldats que mariniers
estans revenus dans lesdits navires leurs congez par
escript signé de luy pour leur valloir et servir en
temps et lieu comme si par notre personne faict es-
taient et generallement de fere dire procurer vendre
ou engaiger lesdites choses susdites comme ferions
ou fere pourrions si présent en personne y estions et
obliger a la garantye des choses vendues ou en-
gaigées . . . . nos biens En tesmoignage
desquelles choses susdites avons signé la présente
et faict apposer le scel de nos armes le onziesme
jour de Septembre mil cinq cens quarante trois.

J la Roque

  Par le commandement de mondit Seigneur

  △
(Le Sceau a disparu)

      ᶠ
      Fouzet Cs.[1]

---

[1] Ces huit pièces se trouvent aux Archives de France.

1559. 382. L'Heptameron des nouvelles de tres illustre et tres excellente princesse Marguerite de Valois, royne de Navarre, remis en son vray ordre, confus auparauant en sa premiere impression. — Paris, Vincent Sertenas, imprimé pour Benoist Prevost, 1559.

₊ In-4°. 212 ff. dont 6 prél. + 2 ff. non chiffrés.

Ce livre célèbre, œuvre de Marguerite d'Angoulême, sœur de François Ier, doit être mentionné, ne serait-ce qu'en note, dans une bibliographie du Canada, à cause de la nouvelle LXVII : *Extrême amour et austerité de femme en terre etrange.*

C'est la première version de l'histoire touchante de Marguerite Roberval, de l'homme qui l'avait séduite, et de sa vieille nourrice Bastienne, tous trois abandonnés par l'ordre de Roberval à trente-six lieues des côtes du Canada, dans une île déserte, qui fut depuis désignée sous le nom de *l'Ile de la Demoiselle* (près de l'embouchure de la rivière St. Paul ou des Saumons).

Thevet qui a popularisé cette histoire en la racontant tout au long dans sa *Cosmographie* (liv. XXIII, chap. VI.) sous le titre de *Histoire de trois personnes François estans en Terre-neufue*, déclare la tenir de Marguerite elle-même, qu'il aurait rencontrée dans une petite ville du midi, en Périgord, où, craignant la colère de son oncle Roberval, elle avait cherché un refuge lors de son retour en France après une affreuse existence de dix-neuf mois sur cette roche déserte.

La *Cosmographie* de Thevet ne fut publiée qu'en 1571, mais son *Grand Insulaire* qu'on a conservé en ms. à la Bibliothèque Nationale de Paris, et qui contient un récit détaillé des aventures de Marguerite, est antérieur. Cependant il ne fut composé qu'au retour de ses nombreux voyages, tant en Orient qu'au Brésil, au plus tôt en 1556.

La reine Marguerite, dont *l'Heptameron* fut écrit dans les derniers jours de sa vie, mourut le 21 décembre 1549. C'est donc cette aimable princesse qui la première a raconté l'histoire de Marguerite Roberval.

Il est possible que ce récit se trouve dans *l'Heptameron* pu- 1559.
blié à Paris en 1558 sous le titre de *Histoire des amans for-
tunés*, et qui contient soixante-sept nouvelles.

Il y a une troisième version de cette histoire, puisée à des
sources différentes mais douteuses, dans le *Thresor* de Simon
Goulard (Paris, 1600, 3 vol. in-12.). M. Denis l'a aussi racontée, d'après Thevet, dans les *Vrais Robinsons* (Paris, 1863,
gr. in-8).

383. Commission de Henry (III) Roy de France 1577.
et de Pologne, au Marquis de la Roche, comte de
Kermoallec et de la Joyeuse Garde.

Donné à Blois au mois de Mars 1577.

Contresignée Bruslart.

(*Titre de Robien. Morice.* Pr. III, 1439; *apud* MICHELANT
ET RAMÉ, *Nouvelle série*. Paris 1867, p. 5.)

384. Commission de Henry III au Marquis de la 1578.
Roche en Bretaigne. Paris le 3 jour de Janvier l'an
de grace 1578. Contresignée P. Mart.

(*Titres de Robin. Morice.* Pr. III, 1442, *apud* Michelant et
Ramé, *loc. cit.* p. 10.)

385. Henry par la grace de Dieu Roy de France 1588.
et de Polongne . . . . . nous avons revoqué et revoquons les lettres d'interdiction obtenues par les dictz
de la Jaunage et Novel . . . . Donné à Rouen le neufviesme jour de Juillet l'an de grace mil cinq cens
quatre vingt huict. Contresigné Potier.

(Michelant et Ramé, édit. du *Cartier* de 1598, p. 48.)

386. Discours sur l'estat de la France (contenant 1591.
l'histoire de ce qui est advenu depuis 1588 jusqu'en
1591.) — Chartres, 1591, pet. in-8 de 149 pages.

1591. Ces discours de Michel Hurault, conseiller d'Etat et Chancelier de Navarre, furent le point de départ des essais de colonisation tentés à la Nouvelle-France, sous Henri IV, après les efforts infructueux du Marquis de la Roche.

1598. 387. Lettres-patentes de Lieutenant General du Canada et autres pays, pour le Sieur de la Roche, du 12 Janvier 1598.
(Lescarbot, p. 408. *Edits, ordonnances royaux*, II, p. 4.)

1603. 388. Declaration du Roy Henry IV. «Il est faict tres expresses inhibitions et deffances à tous capitaines, maîtres ..... d'équiper freter et metre sus aucuns vaesseaux ou barques ..... pour voiturer, mener et conduire en la rivière et costes de Canada ..... Paris le 2 jour de Janvier 1603. Contresignée Potier.
(*Archives de Saint Malo*, Reg. 5, *apud* Michelant et Ramé, loc. cit. p. 17.)

389. Teneur des arrestz et commission pour le faict du trafiq du Canada. Fait au conseil d'Estat du roy, tenu à Paris, le treziesme jour de Mars 1603. Extrait, contresigné Huilliere, suivi de: *Commission pour traficq du Canada*, sous la même date.
(*Archives de Saint Malo*, Reg. 5, *apud* Michelant et Ramé, loc. cit. p. 25.)

1604. 390. De par le Roy.

Nos amez et féaulx, nous avons été advertis des oppositions formées à l'exécution du pouvoir que nous avons donné au S^r. de Montz pour le peuplement et l'habitation de la terre de Lacadye et autres terres et provinces circonvoisines selon qu'elles sont prescrites par le dit pouvoir, et sceu que vous arrêtez principallement sur la Religion prétendue réformée dont le dict sieur de Montz fait profession, comme aussi sur l'interdiction que nous avons faite à nos courtz de Parlement de ce faict, ses circonstances et dépendances et autres actions qui se pourraient mouvoir pour raison des ordonnances que nous avons faictes pour ce subject, outre ce que l'on prétend de préjudice et intérêts en la liberté de commerce sur quoy afin que vous soyez assurés de notre vouloir et intention nous vous dirons que nous avons donné ordre que quelques gens d'Église de bonne vie, doctrine et édification s'emploient à cette entreprise et se transportent ès dicts pays et provinces avec le dict S[r]. de Montz pour prevenir ce que l'on pourroit y semer et introduire de contraire profession. Quant aux interdictions, comme les motifs et occasions de la dicte entreprise concernent le seul bien et avancement de notre puissance et autorité et service, ce que l'on y voudrait apporter de nuisance, trouble ou retardement nous regarde et importe principallement et n'estimons pas que aultres que nous ou nostre conseil en puissent juger avec tant de considération qu'il est requis pour nostre service. Oultre que nous savons assez que le seul moyen d'interrompre ce desseing est d'empêcher le dict S[r]. de Montz de le poursuivre et mettre à fin est de luy former plusieurs procez, instances et actions à quelque prix que ce soit, valables ou non, en diverses jurisdictions et par diverses personnes, auxquelles ni ses moyens ni son as-

1604. sidue et continuelle occupation ne pourroient suffire, s'il estoit permis de le traicter ainsi confusément et diversement. Pour le regard de la liberté du commerce, ayant esté permis il y ja longtemps à nos subjects de s'associer avec lui en la dicte entreprise, il a esté en leur option d'entrer en la dicte association, et ne voyant apparence quelconque de rompre l'effet d'un si louable desseing sous l'apparence d'une confusion de trafic que l'on tâche d'assurer à l'avenir pour le rendre commun et facile à l'avenir au général de nos subjects et pour leur seule utilité, accès et liberté, sachant donc maintenant quelle est sur ce nostre volonté, nous vous enjoignons tres expressément de vous y conformer et toutes oppositions et empeschements cessants, permettre le dict S^r. de Montz poursuivre l'entreprise et execution de son dict desseing sans luy faire ni souffrir lui estre faict donné et apporté aucun arrêt, préjudice ou retardement — et à ce ne faictes faute faute, car tel est nostre plaisir.

Donné à Paris le XVIIe jour de Janvier 1604.

HENRY.

(Contresigné) Potier.

(Archives du Parlement de Rouen. Registres secrets.)

391. De par le Roy.

Nos amez et féaulx, nous avons entendu par nostre amé et féal Conseiller et advocat général en nostre Ceur de Parlement. M^e. Du Vicquet les remonstrances qu'il nous a proposées et faictes de vostre part sur l'établissement de Prévost général 1604. de Normandie duquel nous avons pourvu le dit S^r. du Rollet, nous avons reçu les dictes remonstrances de bonne part et les ferons attentivement délibérer et considérer en nostre Conseil pour après ordonner ainsi que nous verrons être à faire par raison. Nous avons particulièrement donné charge au S^r. Du Vicquet de vous faire entendre nostre volonté sur les difficultés et oppositions formées à l'execution et registrement du pouvoir du S^r. de Montz pour l'habitatation des terres de Lacadye et le trafic du Canada, sur quoy vous le croirez outre ce que nous vous en avons ja mandé tant par nos lettres-patentes du 19e. Janv. de ce mois que sur celles que nous vous envoyons maintenant avec la présente, et ferez tout devoir de vous y conformer et satisfaire sans qu'il y ait faute, car tel est nostre plaisir.

Donné à Paris le 25e. jour. du Janvier 1604.

HENRY

Potier.[1]

(Archives du Parlement de Rouen. Registres secrets.)

392. Lettres-patentes du Roy portantes exemption de subsides pour les marchandises venant de la Nouvelle-France. Donné à Paris, le huitième jour de Fevrier l'ande grace 1605.

(Lescarbot, liv. IV, chap. I.)

1605.

---

[1] Ce même jour (Jean de?) Lafaye (Lieutenant-général en l'amirauté de la table de marbre?) eut ordre d'enregistrer.
Ces deux pièces nous ont été obligeamment communiquées par MM. E. Gosselin et G. Gravier, de Rouen.

1608. 393. Lettre missive du Sieur de Poutrincourt au pape Paul V. Signée Joannes de Biencour; rédigée en latin par Lescarbot et envoyé à sa Sainteté en Octobre 1608.

(Lescarbot, liv. IV, chap. XIX.)

394. Lettre de Sully au Président Jeannin.
(*Galerie philosophique du XVIe. siècle.* Londres, 1783, in-4.)

C'est dans cette lettre que le ministre de Henri IV exprime son peu de confiance dans les colonies lointaines, prétendant que ces établissements sont contraires au génie de la France.

1609. 395. Chronologie septenaire de l'Histoire de la paix entre les rois de France et d'Espagne, 1598—1604. — Paris, 1609, in-8.

Cette préface au *Mercure François* contient un historique des voyages à la Nouvelle-France, emprunté par Victor Palma Cayet au *Champlain* de 1603.

1610. 396. Avis d'une Société de François qui se fait pour aller habiter les Terres-neuves des Indes Occidentales. «Tous ceux qui sont Catholiques, et pourront apporter seulement cent escus à la Société, estant armez et habillez, seront receus et admis par le moyen d'un des Protecteurs.»

(Lescarbot, liv. V, chap. VI.)

1611. 397. Lettre du P. Pierre Biard. Dieppe, 21 Janvier 1611.

398. *Idem.* Port-Royal de la Nouvelle France, 10 Juin 1611.

399. Lettre du P. Ennemond Massé. Port-Royal, 1611.
10 Juin 1611.

400. *Idem* du P. Pierre Biard. Port-Royal, 11 Juin 1611.
(P. Carayon. *Première mission des Jésuites au Canada.* Paris, 1864, in-8.)

401. A tous ceux qui ces presentes lettres verront ou oyront, Daniel de Quenteville Bourgeois Conseiller Eschevin de la ville de Dieppe, ... par devant Thomas le Vasseur, Tabellion .... furent presens Thomas Robin Ecuier sieur de Collognes ...... et Charles de Biencourt Ecuyer Sieur de Saint Just .... confessèrent avoir associé avec eux ...... Pierre Biard superieur de la mission de la Nouvelle France et Evemond Massé de la Compagnie de Jesus. — Ce fut fait et passé audit Dieppe en la maison dite la Barbe d'or, le jeudy apres midi vintieme iour de Janvier, l'an de grace mille six cens unze .....
(Lescarbot, édit. de 1618, p. 665.)

402. De expeditione quorundam Societatis Jesu in Acadia: anno 1611.
(Jos. Jouvenci *Historia Societatis Jesu.* Romæ, 1710, fol. Part. V.)

403. Commission de Commandant en la Nouvelle France, donnée par M. le Comte de Soissons, Lieutenant Général audit pays, en faveur du Sieur de Champlain. — A Paris, le quinzième jour d'octobre, mil six cens douze.
(Champlain. Part. I, p. 231.)

1612. 404. Lettre du P. Pierre Biard. Port-Royal de France, 31 Janvier 1612.

405. *Idem*, au T. R. P. Général, même date.

(Carayon, *loc. cit.*)

1614. 406. Lettre du P. Pierre Biard au T. R. P. Général. — Amiens, 6 Mai 1614.

(*Loc. cit.*)

407. Lettre du Sieur de Poutraincourt adressée à Lescarbot «l'an mil six cens quatorze, étant encore en Suisse» sur les «Brigandages des Anglois».

(Lescarbot, édit. de 1618, p. 684.)

408. Plainte de Poutraincourt devant le juge de l'Amirauté de Guyenne, au siége de la Rochelle, 18 Juillet 1614.

(Lescarbot, p. 687.)

1615. 409. Lettres et deffences pour ceux qui feront voiage en Terre-neufve. Donné à Paris le vingt-sixieme jour de Juin l'an de grace mil six cens quinze. Par Louis XIII, contresigné Brulart.

(*Registre du Parlement de Rennes*, XIV, ff. 222 et suiv. *apud* Michelant et Ramé, *loc. cit.* p. 40.)

410. Lettre du P. Jean d'Olbeau ou P. Didace David, son ami; de Quebec, le 20 Juillet, 1615.

(Le Clercq. *Etablissement de la foy.* I, p. 62.)

411. Remontrances très humbles des Etats de 1616. Rennes. Le pays de Canada, maintenant appelée la Nouvelle France, fut premièrement découvert par les Bretons ....., 5 Novembre 1616. — Accordé.

(Registre des Etats, p. 145. apud Michelant et Ramé, loc. cit. p. 45.)

412. Lettre de «Monsieur Montz gentilhôme d'honeur», adressée à «Louys Hebert, bourgeois de Paris, Appoticaire.» Pons, ce 18 Feb. 1617.

(Avis au Roy sur la Nouvelle France — supra N°. 38.)

413. Bref de Paul III, transmis par son Nonce, Guido Bentivoglio, à Louis XIII, autorisant les Recollets à s'établir en Canada. — Donnée à Paris l'an mille six cens dix-huict le vingtiesme du mois de Mars.

(Sagard. Histoire du Canada, vol. I, p. 12.)

414. Lettres-patentes du Roy pour le même objet.

(Loc. cit, p. 18.)

Le Clercq (I, p. 37) donne aussi ces lettres-patentes, mais en leur assignant la date du 20 Mars 1615.

415. Lettre du Roi à Samuel de Champlain. Paris, le 12 iour de Mars 1618.

(Champlain, Ière part., p. 225.)

416. Recit de l'hivernement du P. Joseph le Caron chez les Montagnais adressé par ce dernier au P. Provincial de Paris. 7 Août 1618.

(Le Clercq I, p. 132.)

1620.   417. Lettre du P. Denis Jamet Recollect au Sieur des Boues, Grand Vicaire de Pontoise. — De Kebec ce 15 d'Aoust, 1620.

(Sagard. *Histoire du Canada*, p. 58.)

418. Lettre du Roy au Sieur de Champlain. — Paris le 7e. iour de May 1620.

(Champlain, Ire. part., p. 229).

1621.   419. Lettre de Monsieur le grand Vicaire de Pontoise (Charles de Boues) au P. Denis Jamet Commissaires des PP. Recollets en Canada, ce 27 Feurier 1621.

(Sagard. *Histoire*, p. 66.)

420. Commission donnée par Champlain et les principaux habitants du Canada au P. Georges le Baillif, Recollect. Donné à Kebec en la Noùvelle France l'an de grace 1621, le 18 iour d'Aoust.

(*Loc. cit.*, p. 73.)

Suit la remontrance des «pauures Religieux Recollects habituez à Kebec» adressée au Roy.

421. Tres-humble remonstrance et mémoires des choses necessaires pour l'entretien et execution de l'entreprise faicte en la Nouuelle France presentées au Roy, et du temps qu'elle a été découverte.

(*Loc. cit.*, p. 86 et Le Clercq, I, p. 179.)

C'est dans ce singulier document que les Récollets demandent l'expulsion des protestants du Canada.

422. Lettre du Roy au Sieur de Champlain. — Paris 24 iour de Feurier 1621.

(Champlain, Part. II, p. 8.)

423. Lettre du duc de Montmorency au Sieur de Champlain. Paris le 2 Feurier 1621. 1621.

(*Ibidem.*)

424. Lettre du Roy au Sieur de Champlain. Paris le 20. de Mars 1622. 1622.

(Champlain, part. II, p. 47.)

425. Fragments des Mémoires du P. Joseph le Caron touchant le génie, l'humeur, les superstitions, les bonnes et mauvaises dispositions des sauvages. Adressé par le Supérieur des Missions en France au P. Provincial. 1624.

(Le Clercq, I. pag. 263.)

426. Lettre du R. P. Charles Lallemant au R. P. Provincial des RR. Pères Récollets. De Kebec le 28 Juillet 1625. 1625.

427. —.— *Idem*, au Sieur de Champlain, même date.

Ces lettres sont données par Sagard, (*Hist. du Canada*, liv. IV, chap. 1.) «pour monstrer comme en effet les Récollets sont cause apres Dieu que les RR. PP. Jésuites sont establis dans le Canada, pour estre assistés en la conuersion des Sauvages.»

428. Commission de Commandant de la Nouvelle France, octroyée par Henry de Levy Duc de Ventadour, qui en était Viceroi, en faveur du Sieur de Champlain. Donné à Paris, le quinze février mil six cent vingt-cinq.

(Champlain, part. II, p. 81.)

1626.   429. Lettre du P. Charles Lallemant. De la Nouvelle France, 1ᵉʳ Aout 1626.
(Carayon, loc. cit.)

1627.   430. Acte de l'établissement de la Compagnie des cent Associés pour le commerce du Canada, contenant les articles accordés à ladite Compagnie par M. le Cardinal de Richelieu.— Fait à Paris, ce vingt-neuf avril mil six cens vingt-sept.
(Mercure François, Vol. XIV, part. II, p. 232.)

431. Abrégé de la relation envoyée par le P. Joseph de la Roche d'Aillon à un de ses amis.— Tonachin, village des Hurons, 18 Juillet 1627.
(Le Clercq, Vol. I, p. 346.)

432. Articles et conventions de société et compagnie, pour l'execution des articles accordés le 29 avril 1627 à la Compagnie du Canada etc.— Fait à Paris, le sept mai mil six cens vingt-sept.— Signé Armand Cardinal de Richelieu.
(Mercure François, vol. XIV, part. II, p. 250.)

1628.   433. Arrêt du Conseil, pour la ratification des articles de la Compagnie du Canada, des 29 Avril et 7 Mai 1627.— Fait au Conseil du Roi, tenu au Camp devant la Rochelle, le sixième jour de mai mil six cens vingt-huit.
(Mercure François, Vol. XIV, part. II, p. 263.)

434. Lettres d'Attache de M. le Cardinal de Richelieu sur les lettres patentes du 6ᵉ du dit mois pour la Compagnie de Canada.
(Edits, Ordonnances Royaux. Québec, 1803, in-4, p. 17.)

435. Lettre de David Quer à Monsieur de Cham- 1628.
plain. Du bord de *la Vicaille* ce 18 Juillet 1628.
(*Champlain*, Part. II, p. 157.)

436. Réponse de Champlain.
(*Ibid.*)

437. Commission du Roy au Sieur de Champlain, Commendant en la Nouvelle France, en l'absence du Cardinal de Richelieu. — Partenay le 27 iour d'Avril 1628.
(*Ibid.*, p. 162.)

438. Etablissement‖de la Compagnie‖de Canada‖de Nouvelle France,‖Par les Articles des vingt-neuf Avril & 7 May‖mil six cens vingt-sept.‖Avec les Arrests & Commission des six & dix-huit‖May mil six cens vingt-huit, portant ratification,‖confirmation & execution d'iceux.‖A Paris,‖chez la Veuve Saugrain & Pierre Prault, Imprimeur des‖Fermes & Droits du Roy, Quay de Gesvres, au Paradis.‖M.DCC.XXV.‖

₊ In-4. Un feuillet pour titre, 1—26 pages.

439. Lettre des deux frères du Général Quer (sic) 1629. à Champlain. Du bord du *Flibot* ce 16 de Juillet 1629.
(Champlain, part. II, p. 215.)

440. Réponse de Champlain.
(*Ibid.*)

441. Commission donnée au Sieur de Champlain par les Intendans et Directeurs de la Compagnie de la Nouvelle France. — A Paris le 21 iour de Mars 1629.
(*Ibid.*, p. 269.)

1629. 442. Lettre du R. P. l'Allemand, Supérieur de la Mission des PP. Jésuites en la Nouvelle France, envoyée de Bordeaux au R. P. Supérieur du Collége de Paris, et datée du 22 Novembre 1629.

(*Ibid.*, p. 276.)

443. Depêche du Cardinal de Richelieu à M. de Chateauneuf, Ambassadeur à Londres, lui recommandant la poursuite de la restitution du Canada.

(*Instruct. diplomatiques du Card. de Richelieu*, dans : *Collect et doc. inédits sur l'histoire de France*. Paris, 1858, vol. III.)

1631. 444. Articles arrestez entre le sieur Vvak Chevalier et Ambassadeur du Roy de la Grande Bretagne deputé dud. Sr. Roy et les Sieurs de Buillon Conseillers du Roy tres Chrestien en ses Conseils d'Estat et Privé, et Bouthillier Conseiller de S. M. en sesd. Conseils et Secretaire de ses commandemens, Commissaires deputez par sa dite Majesté pour la restitution des choses qui ont esté prises depuis le Traité fait entre les deux Couronnes le 24 Avril 1629.

Suivi du pouvoir donné à Wake (Isaac Wake de Northampton), à la date du 29 Juin 1631, et de celui de Buillon et de Le Bouthillier, en date du 9 Mars 1632.

(Denys, *Description des côtes de l'Amérique Septent.*, vol. I. p. 238.)

1632. 445. Relation du voyage fait en Canada pour la prise en possession du fort de Quebec (en 1632).

(*Mercure François*, vol. XIX, p. 816.)

446. Concession faite à M. le Commandeur de Razilly, de la rivière et baie Sainte-Croix, dans la Nouvelle-France. A Paris, au Bureau de la Nouvelle-France, le dix-neuvième mai mil six cent trente-deux.

1632.

(*Mémoires des Commissaires du Roi*, vol. II, p. 491.)

447. Lettre de Champlain au Cardinal de Richelieu, demandant des secours pour la colonie, 15 Août 1633.

1633.

(*Histoire de la Colonie française au Canada*, vol. I, p. 357.)

448. Lettre du P. Paul Le Jeune. Quebec, 1634.

1634.

(Carayon, *loc. cit.*)

449. Lettre de Champlain au Cardinal de Richelieu, sollicitant des secours pour la colonie. 18 Août 1634.

(*Hist. de la Colonie Française au Canada*, vol. I, p. 359.)

450. Lettre du Commandeur Noel Brulart de Sillery à M. de Montmagny, 21 Mars 1634.

451. Réponse de M. de Montmagny, gouverneur du Canada.

(*Vie de l'illustre serviteur de Dieu, Noël Brulart de Sillery, Chevalier de Malte.* Paris, 1843, in-12, p. 71.)

Etablissement de la résidence de Saint Joseph de Sillery, à Québec.

452. Decretum Sac. Congregationis de Prop. Fid. habitae die XXVIII Februarii M.DC.XXX. Ant. Barberin Cardin.

1635.

(Sagard, *Histoire du Canada*. — Le Clercq, I, p. 447.)

1635. 453. Confirmation de la mission des «PP. Recollects de la Prouince de Paris, pour aller dans l'Amerique Septentrionale, dicte communement Canada»

(Ibid.)

«Enjoint au Provincial qu'il ait à tirer tous les ans de son Vive-Préfet une relation des progrès de la mission, laquelle ille enverra au préfet de cette compagnie.»

454. Facultates Commessae a Sanctissimo D. N. D Urbano divina Providentia Papa Octavo, Provinciali pro tempore Parisiorum praefecto missionis ordinis Recollectorum ad Provinciam Canadae Americae Septentrionalis. Feria quinta die 29 Martii 1635. Franc. Cardin. Barberinus. (Ibid.)

455. Concession de la Compagnie de la Nouvelle France, à Charles de Saint-Etienne, Sieur de la Tour, Lieutenant général de l'Acadie, du fort de la Tour, dans la rivière Saint-Jean. — Fait et accordé le quinzième de Janvier mil six cent trente-cinq.

Extrait des délibérations de la Nouvelle-France. Signé A. Cheffault.

(*Mémoires des Commissaires du Roi*, vol. II, p. 493.)

1637. 456. Lettre du P. Jean de Brebeuf. De la Residence de St. Joseph, 20 Mai 1637.

(Carayon, *loc. cit.*)

457. De variis Gallorum et nominatim religiosorum virorum in Novam Franciam profectionibus, ac praesertim de jactis christianae fidei monumentis.

Histoire anonyme et inédite de la Nouvelle-France, écrite 1637.
en 1637, dont le P. Taillian donne de courts extraits. *Mémoire*
de N. Perrot, p. 175.

458. Lettre du P. Jean de Brebeuf. De la Resi- 1638.
dence de St. Joseph, 1638.
(Carayon, *loc. cit.*)

459. Lettre de Louis XIII. aux Sieurs d'Aunay, Charnisay et Delatour, au sujet des limites, 10 février 1638.
(*Brodhead*, IX, p. 4.)

460. Lettre du P. François du Peron au P. Joseph- 1639.
Imbert du Peron, son frère. Au bourg de la Conception de N. D., 27 Avril 1639.
(Carayon, *loc. cit.*)

461. Lettre du P. Joseph Marie Chaumonot. Kébec, 7 août 1639.
(Carayon, *loc. cit.*)

462. Lettre du P. Pierre Chaumonot, au T. R. P. Mutio Vitelleschi, Général de la Compagnie de Jésus à Rome. Kébec, le 7 Août 1639.
(Carayon, *Le P. Chaumonot*, p. 115; traduit de l'italien.)

463. Lettre de Noël Brulart de Sillery, à M. de Montmagny, à l'occasion de la fondation de la mission de St. Joseph, et acte de donation pour la dite fondation. A Paris, l'an 1639, le 22 février.
(Trad. de *Bressany*, p. 296.)

1640. 464. Lettre du P. Joseph-Marie Chaumonot au T. R. P. Mutio Vitelleschi. Du pays des Hurons, 24 Mai 1640.

(Carayon, loc. cit.)

465. Lettre du même au T. R. P. Philippe Nappi, Supérieur de la Maison Professe à Rome, 26 Mai 1640.

(Loc. cit.)

466. Lettre du même au même, de Sainte-Marie aux Hurons, 8 Août 1640.

(Loc. cit.)

467. Articles présentés par les Associés de Montréal à la Compagnie de la Nouvelle France. Décembre 1640.

(Hist. de la Colonie française au Canada, vol. I, p. 401.)

1641. 468. Extrait d'une lettre du P. Jean de Brebeuf. Québec, 20 Août 1641.

(Loc. cit.)

469. Récit de la mort du F. René Goupil, copié sur le manuscrit autographe du P. Isaac Jogues.

(Carayon, le P. Chaumonot. p. 185.)

1642. 470. Armand Cardinal de Richelieu .... ayant par contract du 20 janvier dernier chargé le sieur Guillaume de Caën, cy-devant général de la Nouvelle-France de faire passer à Québec trois capucins .... et ayant sçu depuis que les PP. Jésuites avoient desja esté employez aux lieux auxquels on les vouloit envoyer .... ordonnons que les PP.

Le Jeune etc. aillent reprendre possession etc. etc. 1642. Fait à St. Germain en Laye le XII ième jour d'Avril 1642.

<small>(Appendix à la traduction française de la relation du *Bressany*, p. 296.)</small>

471. Lettre du P. Isaac Jogues, du village des Iroquois, 30 Juin 1643.

<small>(Carayon, loc. cit.)</small>

472. Lettre du P. Jean de Brebeuf, des Trois-Rivières, 23 Septembre 1643.

<small>(Loc. cit.)</small>

473. Lettre des Associés de Montréal à Urbain VIII, pour le prier d'autoriser le Nonce à donner les pouvoirs ordinaires de missionnaires à ceux qu'ils enverraient à Villemarie, 1643.

<small>(*Hist. de la Colonie Française au Canada*, vol. I, p. 464.)</small>

474. Lettre de Louis XIII en faveur de l'œuvre de Montréal, adressée à M. de Montmagny. Saint Germain-en-Laye, le 21 Février 1643.

<small>(*Ibid.*, p. 485.)</small>

475. Lettre du P. Isaac Jogues au P. Provincial de la Province de France. A la colonie de Rensselaerswhich (Albany) dans la Nouvelle Belgique, le 5 Août de l'année 1643.

<small>Cette lettre se trouve dans l'édition italienne de la Relation du P. Bressany, mais si mal traduite de l'original latin, que nous citons la traduction française du P. Félix Martin, qui l'a prise sur «le Ms. de 1652», et les *Mortes illustres* du P. Alegambe. Le texte latin se trouve aussi dans Tanner, *Societas Jesu militans*.</small>

1643. 476. Déclaration des directeurs et associés de la Compagnie de la Nouvelle-France (dite *des Cent Associés*), justifiant les PP. Jésuites de l'accusation de faire du commerce au Canada. 1ᵉʳ Décembre 1643.
(Charlevoix, I, p. 259).

1644. 477. Lettre de Louis XIV, prenant l'œuvre de Montréal sous sa protection et lui accordant des priviléges. 13 Février 1644.
(*Hist. de la Colonie Française au Canada*, vol. I, p. 487.)

1645. 478. Arrest par lequel Sa Majesté approuve la délibération de la Compagnie de la Nouvelle-France, et le Traité fait en conséquence entre ladicte Compagnie et le Député des habitans de la Nouvelle-France. Du six Mars mil six cens quarante-cinq.
(Tiré du dépôt de la *Compagnie des Indes*, dans les *Mémoires des Commissaires du Roi*, vol. II, p. 497.)

479. Prolongation de la commission de Gouverneur et Lieutenant Général à Québec, accordée par le Roi au Sieur Huault de Montmagny. Donné à Paris, le sixième jour de Juin, l'an de grace mil six cent quarante-cinq.
(*Mémoires des Commissaires du Roi*, vol. II, p. 499.)

1647. 480. Lettres-Patentes du Roi, qui confirment le Sieur d'Aulnay Charnisay dans le gouvernement et la possession de l'Acadie. Donné à Paris au mois de fevrier, l'an de grace mil six cens quarante-sept. Contresigné de Loménie.
(*Loc. cit.* II, p. 281.)

481. Lettre du P. Charles Garnier, de Ste. Marie des Hurons, le 3 Mai 1647.

1647.

(Carayon, *loc. cit.*)

482. Lettre du P. Jean de Brebeuf, de St. Marie des Hurons, le 2 Juin 1648.

1648.

(*Loc. cit.*)

483. L'Arrivée des Ambassadeurs dv royaume de Patagoce et de la Novvelle France. Ensemble ce qui s'est passé à leur voyage, avec des remarques curieuses. Traduit par le Sieur J. R. — A Paris, chez la vefue Jean Remy, ruë S. Jacques, à l'Image S. Remy, près le College de Plessis. M.DC.XLIX. Auec Permission. In-4 de 8 pages.

1649.

Nous ne citons cet ouvrage qu'à cause de son titre, car, comme le remarque très-justement Trömel, ce n'est qu'une Mazarinade.

484. Lettre du P. Paul Ragueneau, Ste Marie aux Hurons, le 1er Mars 1649.

(*Loc. cit.*)

485. Lettre du P. Jacques Bouteux, des Trois-Rivières, le 21 Septembre 1649.

(*Loc. cit.*)

486. Lettre du P. Pierre Chaumont, au Révérend P. Jérome Lalemant, Supérieur à Québec, de l'île de St. Joseph, ce 1er Juin 1649.

(Carayon, *le Père Chaumonot*, p. 137.)

487. Lettre du P. Paul Ragueneau, de Ste Marie aux Hurons, le 13 Mars 1650.

1650.

(*Loc. cit.*)

1651. 488. Lettres-Patentes du Roi qui confirment Charles de Saint-Etienne, Sieur de la Tour, dans le gouvernement et la possession de l'Acadie. — Donné à Paris, le vingt-cinquième jour de Février, l'an de grace mil six cens cinquante-un. — Contresigné Le Tellier.

(*Mémoires des Commissaires du Roi*, vol. II, p. 286.)

489. Lettre des Associés de la Compagnie de la Nouvelle-France, au T. R. P. Général. Paris, 8 Juin 1651.

(Carayon, *loc. cit*)

490. Lettre écrite par le Conseil de Quebec aux Commissionnaires de la Nouvelle Angleterre. Fait en la Chambre du Conseil établi par le Roy à Quebec en la N. F. ce vintième de Iuin mil six cent cinquante-un.

(Charlevoix, I, p. 228.)

491. Extrait des Registres de l'ancien Conseil de ce Pays, du vintième jour de Juin 1651.

(*Ibid.*)

D'après M. Parkman, il faut consulter au sujet de ces deux documents, qui ont trait à la mission de Dreuillette: *Copy of a letter from the Commissioners of the United Colonies to the Governor of Canada*, dans Hazard, II, 183; *Answare to the Proposition presented by the honoured French agents*, Ibid., II, 184; Hutchinson, *Collection of papers*, 166; *Records of the Commissioners of the United Colonies*, Sept. 5, 1651; et *Commission of Druillettes and Godefroy*, dans Brodhead, IX. 6.

492. Provisions en faveur du Sieur de Lauson, de la charge de Gouverneur et Lieutenant general du

Roi en Canada. Donné à Paris, le dix-septième jour de Janvier, l'an de grace mil six cent cinquante-un.

1651.

(Mémoires des Commissaires du Roi, vol. II, p. 501.)

493. Lettres-Patentes contenant les Priviléges accordés aux Pères de la Compagnie de Jésus, dans l'une et l'autre Amérique Septentrionale et Méridionale. Du mois de Juillet 1651 et du 11 Mars 1658.

(M. de St. Mery, I, 71.)

494. Copy of a letter from the Commissioners of the United Colonies to the Governor of Canada (M. d'Aillebout) New-Haven, Sept. 6, 1651.

(Garneau, Hist. du Canada, App. B.)

495. Narré du voyage faict pour la Mission des Abenaquois et des Connaissances tirez de la Nouvelle Angleterre et des dispositions des Magistrats de cette Republique pour le secours contre les Iroquois es années 1650 et 1651. Par le Père Gabriel Dreuillette, de la Compagnie de Jésus.

Imprimé à Albany, New-York, en 1855 (in-12, 4 ff. + 33 pp.) aux frais de M. Lenox, d'après un ms. déposé au Bureau des Biens des Jésuites à Québec.

496. Rôle général de la recrue de 1653, « qui sous la conduite de M. de Maisonneuve, sauva toute la colonie Française en volant au secours de l'île de Montréal. »

1653.

(Hist. de la Colonie Franç. au Canada, vol. II, p. 531.)

1654. 497. Capitulation de Port-Royal. Fait et passé le seizième d'août mil six cent cinquante-quatre, à bord du navire de l'Admiral, nommé *l'Augustin*, étant ancré dans la rivière et devant le fort de Port Royal.

(*Mémoires des Commissaires du Roi*, vol. II, p. 507.)

498. Provisions pour le Sieur Nicolas Denys, de Gouverneur et Lieutenant Général en Canada, renfermant et désignant les bornes et étendue de son gouvernement. Donné à Paris, le trentième Janvier mil six cent cinquante-quatre. — Contresigné de Loménie.

(*Mémoires des Commissaires du Roi*, vol. II, p. 503.)

1655. 499. Traité de Paix entre la France et l'Angleterre. Fait à Westminster, le 3 Novembre 1655.

Art. XXV. «Et sur ce que le dit Seigneur demandoit la restitution de trois forts, à savoir de Pantagoet, Saint Joan et Port Royal, pris depuis peu dans l'Amérique . . . . . .» Le fort de Pantagoet, qui a joué un grand rôle dans l'histoire du Canada, était situé à l'embouchure de la rivière de ce nom, et au lieu où fut établie la première colonie de Madame de Guercheville en 1613. *Cf.* Charlevoix, *Nouv. France*, vol. I, p. 133.

(Léonard, tome V; et *Corps Diplomatique*, tome VI, part. II, p. 121.)

500. Lettres de Provisions de la charge de Vice-Roi et Lieutenant Général pour le Roi, Représentant sa personne, dans tous les Ports, Hàvres, Isles, Côtes, Rivières et Terre ferme de l'Amérique, don-

nées à M. le Duc d'Ampville Comte de Biron. — Donné 1655. à La Ferre, au mois de Juillet, l'an de grace mil six cent cinquante-cinq. — Contresigné De Loménie.

Ces lettres-patentes semblent être confirmatives d'autres datées de Novembre 1644. François Christophe de Lévis, Duc de Damville, était le frère du Duc de Ventadour qui avait acheté du Duc de Montmorency la charge de Vice-Roi de la Nouvelle France. Le Duc de Ventadour se démit plus tard de cette charge et de son titre de Duc, pour se faire Chanoine de l'Eglise de Paris.

(*Mémoires relatifs à l'histoire du Canada.* Montréal, 1859.)

501. Lettre du P. Nickel, Général des Jésuites, 1656. au P. Cellot, Provincial de la Compagnie en France. Rome 16 Octobre 1656.

Cette lettre affirme que le résultat des informations au sujet de l'imputation de commerce avait abouti à le convaincre que l'accusation intentée contre les Missionnaires du Canada n'avait aucun fondement! «Inquisivi in mercaturam illam.... et inveni rem minime subsistere.»

(Archives du Gesù à Rome; citée dans la Collection de Douniol, vol. II, p. 344.)

502. Relation particulière de la mort du P. L. Garreau..... extraite d'une lettre du P. Cl. Pisart.

Le P. Tailhan en donne un extrait dans ses *Mémoires sur Perrot*, p. 229. D'après Perrot, le P. Garreau aurait été assassiné par un Français.

503. Sentiments du P. Claude Alloüez, sur sa 1657. vocation aux Missions.

1657. 504. P. Claude Alloüez. Sur les Missions du Canada et les Missionnaires qu'il faut y envoyer.

(Carayon, le Père Chaumonot, p. XII.)

505. Lettre de Louis XIV au pape Alexandre VII pour l'érection du premier siége épiscopal dans la Nouvelle France, et nommant M. de Laval, évêque de Québec.

François de Laval, abbé de Montigny, avait été nommé, le 6 Juin 1659, évêque de Petrée *in partibus*. Il se démit de l'évêché de Québec en 1685, et mourut dans cette ville en 1708, avant le mois de Février.

(Hist. de la Colonie Française au Canada, vol. II, p. 315.)

506. Lettres-patentes de Gouverneur de la Nouvelle France, en faveur du Vicomte d'Argenson, du 26 Janvier 1657.

(Edits, Ordonnances royaux, II, p. 20.)

1658. 507. Paul de Chomedey, Gouverneur de l'Isle de Monreal, en la Nouvelle France et terres qui en dépendent. Reglement concernant l'armement des habitants de l'Isle de Montréal. Fait au fort de Ville Marie, le dix huitiesme jour de Mars mil six cent cinquante-huict.

(Mémoires relatifs à l'Hist. du Canada. Montréal, 1859, p. 125.)

508. Arrest portant défenses à tous les habitans de la Nouvelle France d'en sortir sans le congé du Gouverneur. A Paris, ce douziesme mars mil six cent cinquante huit.

(Mémoires des Commissaires du Roi, vol. II, p. 518.)

509. Ordonnance de M. de Maisonneuve, portant 1658. défense de se livrer aux jeux du hasard et à la boisson, 18 Janvier 1658.

(Hist. de la Colonie Française au Canada, vol. II, p. 518.)

510. Paul de Chomedey, Gouverneur d'Isle de 1659. Monreal.... Ordonnance relative aux boissons fortes et autres désordres. Faict à Ville-Marie ce 18 Janvier 1659.

(Mémoires relatifs à l'Hist. du Canada, p. 129.)

511. Lettre de Monseigneur François de Laval-Montmorency au T. R. P. Goswin Nickel. Québec, Août 1659.

(Carayon, loc. cit.)

512. Lettre de l'Archévêque de Rouen au Cardinal Mazarin, demandant que sa jurisdiction fut maintenue au Canada, sans préjudice de celle du vicaire apostolique, 3 Mars 1659.

(Hist. de la Col. Française au Canada vol. II, p. 330.)

513. Lettres-patentes du Roi au sujet de l'évêché de Québec, 27 Mars 1659.

«Fin de la puissance des Princes.»

(Ibid. p. 331.)

514. Lettre du P. Pierre Chaumonot, fondateur 1660. de la congrégation des Eudistes. Québec ce 14 Octobre 1660.

(Extrait de la vie du Vén. P. Eudes, dans Carayon, le P. Chaumonot, p. 143.)

1660. 515. Lettre de cachet adressée par Louis XIV à M. de Queylus pour l'empêcher de repasser en Canada. Écrit à Aix, ce 27 Février 1660.
(Hist. de la Colonie Franç. au Canada vol. II, p. 473.)

516. Lettre de cachet adressée à M. d'Argenson.
(Ibid.)

1661. 517. Lettre du P. Joseph Marie Chaumont. Québec, 20 Octobre 1661.
(Carayon, loc. cit.)

518. Lettre du P. Pierre Chaumonot au R. P. Eudes, fondateur de la Congrégation des Eudistes. Quebec, le 27 Septembre 1661.
(Carayon, Le P. Chaumonot, p. 145.)

519. Lettre de M. de Laval à M. d'Argenson, pour requérir main-forte contre M. de Queylus, du 4 Août 1661.

520. Autre lettre à la date du 5 Août.
(Hist. de la Colonie Française au Canada, vol. II, p. 486.)

1662. 521. Paul de Chomedey etc. Ordonnance contre la vente des boissons aux Sauvages. Fait à Ville Marie, le 24 Juin 1662.
(Mémoires des Commissaires du Roi, p. 131.)

522. Ordonnance de M. du Puis (en l'absence de M. de Maisonneuve) pour prévenir les paroles injurieuses, 20 Septembre 1662.
(Hist. de la Colonie Française au Canada, vol. II, p. 525.)

523. Ordonnance de M. de Maisonneuve contre la vente des liqueurs enivrantes aux sauvages, 24 Juin 1662.   1662.
(*Ibid.*, vol. III, p. 32.)

524. Lettres patentes du Roi, qui établissent le Sieur de Mezy Gouverneur pour trois ans dans l'étendue du fleuve Saint-Laurent dans la Nouvelle-France, à la place du Sieur du Bois d'Avaugour rappelé par Sa Majesté. Donné à Paris, le premier jour de mai, l'an de grace mil six cent soixante-trois. Contresigné de Lionne.   1663.
(*Mémoires des Commissaires du Roi*, vol. II, p. 522.)

525. Concession des îles de la Madeleine et de St. Jean, aux Oiseaux et de Brion, dans le golfe de Saint-Laurent, pour y faire colonie, au Sieur Doublet, Capitaine de Navire. Fait au Bureau de notre Compagnie de la Nouvelle France, le dix-neuvième Janvier mil six cent soixante-trois.
(*Ibid.*, p. 521.)

526. Acceptation par le Roi de la renonciation des membres de la Compagnie des Cent Associés et de celle de Montréal, Mars 1663.
(*Hist. de la Colonie Franç. au Canada*, vol. III, p. 58.)

527. Contrat de donation de l'île de Montréal au Séminaire de St. Sulpice par cinq associés, 9 Mars 1663.)
(*Ibid.*, p. 58.)

528. Commission et Instructions au Sieur Gaudais pour examiner le pays de la Nouvelle-France. Paris, 7 Mai.
(*Edits, Ordonnances royaux*, II, p. 24.)

1663. 529. Instruction pour le Sieur Gaudais, s'en allant de la part du Roi au Canada.

(Ibid., p. 25.)

530. Mémoire du Baron Du Bois d'Avaugour au Ministre sur la colonie de Québec, Placentia, Gaspé et Cap Breton. Gaspé, 4 Août 1663.

(Brodhead, IX, p. 17.)

D'Avaugour succéda au Vicomte d'Argenson en 1661. C'est sous son administration qu'eurent lieu ces fatales dissensions avec les autorités ecclésiastiques au sujet de la vente des liqueurs fortes aux Indiens, et qui aménerent son rappel. Il fut tué au siége de Zrin en Croatie.

531. Commission de Lieutenant General de l'Amérique pour M. de Prouville de Tracy. Du 19 Novembre 1663.

(Moreau de S. Mery. Loix et constitutions des colonies françaises, I, 94.— Isambert, Anc. lois françaises, XVIII, p. 27.)

532. Délibération de la Compagnie de la Nouvelle-France pour l'abandon du Canada à Sa Majesté, du 24 Février 1663.

(Edits, Ordonnances royaux, p. 19.)

533. Abandon et demission de la Compagnie de la Nouvelle-France, 24 Février 1663.

(Ibid., p. 20.)

534. Edit de création du Conseil Supérieur de Québec, Avril 1663.

(Ibid., p. 21.)

535. Etablissement du Séminaire de Québec, par Mgr. l'Évêque de Pétrée, 26 Mars 1663.

(Ibid., p. 25.)

536. Approbation du Roi pour l'établissement du 1663.
Séminaire de Québec. Avril 1663.
(*Ibid.*, p. 27.)

537. Lettre du Roi à M. de Crequy au sujet de 1664.
l'érection du siége épiscopal de Québec, 28 Juin
1664.
(*Hist. de la Colonie Française au Canada*, vol. III, p. 427.)

538. Association pour l'exploitation de l'isle St. Jean et autres concédées au Sieur Doublet. A Rouen, ce premier jour de Février mil six cent soixante quatre.
(*Mémoires des Commissaires du Roi*, vol. II, p. 524.)

539. Arrêt qui soumêt les Sauvages à la peine portée par les loix et ordonnances de France pour raison de meurtre et de vol, 21 Août 1664.
(*Edits, ordonnances royaux*, III, p. 123.)

540. Lettre écrite par M. de Tracy à M. de Mesy avant de mourir. De Québec ce 26 Avril 1664.
(Garneau, *Hist. du Canada*. Quebec, 1852, vol. I, app. C.)

541. Lettre de M. de Meulles à M. de Seignelay. Quebec, 18 Octobre.
(Brodhead, IX, p. 244.)

542. Commission de Gouverneur et Lieutenant Gé- 1665.
néral en Canada, Acadie et Isle de Terre Neuve, et
autres Pays de la France Septentrionale pour M. de
Courcelles.
(*Edits, ordonnances royaux*, II, p. 35.)

1665. 543. Commission pour M. Talon, du 23 Mars 1665, d'Intendant de la Justice, Police et Finances en Canada, Acadie, Terre-Neuve et autres Pays de la France Septentrionale.

(Ibid., p. 38.)

544. Commission pour M. le Barrois, du 8 Avril 1665, d'Agent Général de la Compagnie des Indes Occidentales.

(Ibid., p. 40.)

545. Explication des onze présents des Ambassadeurs Iroquois, 1er Décembre 1665.

(Brodhead, IX, p. 37.)

546. Instruction au Sieur Talon, s'en allant Intendant de la Nouvelle France. Paris, 27 Mars 1665.

«Envoyé au Canada le 23 Mars 1965, Talon arriva à Québec le 2 Novembre suivant. Il revint en France le 8 Avril 1668 et fut renvoyé le 10 Mai 1660 dans la colonie qu'il quitta enfin le 20 Mai 1672.»

(Clement. Lettres Instructions et Mémoires de Colbert. Paris, 1865, in-8, vol. III, p. 389.)

1666. 547. Lettre de Colbert à Talon, en date du 8 Avril 1666.

(Brodhead, IX, p. 39.)

548. Edit du Roi contre les blasphémateurs, 30 Juillet 1666.

Au septième blasphème on était condamné à avoir la langue coupée.

(Hist. de la Colonie Française au Canada, vol. III, p. 407.)

549. Acte de possession du Sieur du Bois au nom du roi de France des forts pris sur les Iroquois, 17 Octobre 1666.

1666.

(Brodhead, I, p. 77.)

550. Lettre du Gouverneur Richard Nicolles au Chevalier de Tracy, du Fort Albany, le 20 Août.

(Ibid., p. 79.)

551. Lettre de M. Talon à Colbert, 13 Novembre 1666.

(Ibid., p. 80.)

552. Arrêt du Conseil d'Etat qui accorde à la Compagnie le quart des Castors, le dixième des Origneaux, et la traite de Tadoussac, 8 Avril.

(Edits et Ordonnances royaux, I, p. 43.)

553. A relation of the Governor of Canada, his march with 600 volunteirs into ye territoryes of his Royall Highnesse the duke of Yorke in America.

(Brodhead, I, p. 71.)

554. Expédition de Daniel de Remy, sieur de Courcelles, contre les Agniers en 1666.

«Au cœur de l'Hyver, les Raquettes aux pieds, et portant lui-même ses provisions et ses armes, comme le dernier des soldats.»

(Charlevoix, liv. IX.)

555. Traité entre les Français et les Senecas, 25 Mai 1666.

(Brodhead, IX, p. 44.)

1666. **556.** Traité entre les Français et les Oneidas, Quebec, 12 Juillet 1666.

(*Ibid.*)

557. Description des neuf tribus des Iroquois.

(*Ibid.*, p. 47.)

1667. **558.** Mémoire sur l'état présent du Canada.

D'après une note qui se trouve en marge de ce Mémoire, il est évident qu'il a été rédigé par M. Talon qui était en 1667 Intendant de Justice, Police et Finances au Canada. A cette époque M. de Courcelles était Gouverneur de la Colonie. Ce Mémoire a dû être adressé à Mr. Colbert, alors premier Ministre de Louis XIV.

(Note de l'éditeur, dans la *Collection de Mémoires et de Relations sur l'histoire ancienne du Canada.* Québec, 1840, in-8.)

559. Traité de Paix entre la France et l'Angleterre. Fait à Breda le $^{21}/_{31}$ Juillet 1667.

(*Corps Diplomatique*, tome VII, part. I, p. 41.)

560. Lettre du Chevalier de Tracy au Gouverneur de Nicolls, de Quebec, le 30 Avril 1667.

(Brodhead, I, p. 84.)

561. Mémoire adressé par M. Talon à Colbert, se plaignant que les Jésuites « étendent jusques sur le temporel, empiétant même sur la police extérieure qui regarde le seul magistrat. »

(*Archives des Colonies*, Nouvelle-France, année 1667, cité dans la Collection Douniol, vol. II, p. 353.)

562. *Idem* (probablement sous la même date), 1667. demandant qu'on fasse passer au Canada quatre bons religieux qui ne «contraignent et ne géhennent pas les consciences.»
(*Ibidem.*)

563. Lettre de M. de Laval aux Cardinaux de la Propagande, au sujet du bref d'Alexandre VII, 26 Août 1667.
(*Histoire de la Colonie Française au Canada*, vol. III, p. 176.)

564. Projets et reglements faits par MM. de Tracy et Talon au sujet de l'établissement du pays de Canada. Québec, 1667.
(*Edits, Ordonnances royaux*, II, p. 128.)

565. Lettre de Colbert à M. Talon. Le Roi or-qu'on fasse la guerre aux Iroquois. — Saint Germain-en-Laye, 6 Avril 1667.
(Brodhead, IX, p. 58.)

566. Lettre de M. Talon à M. Colbert, 27 Août 1667.
(*Ibid.*, p. 60.)

567. Arrêt du Conseil autorisant la vente des liqueurs fortes aux sauvages, 10 Novembre 1668.
(*Hist. de la Colonie Française en Canada*, vol. III, p. 440.)

568. Reglement du Roi qui exclud les Officiers Militaires d'avoir rang dans les Eglises.
(*Edits, Ordonnances royaux*, I, p. 55.)

569. Mémoires contenant le détail de ce qui s'est passé en Canada, entre les PP. Jésuites et M. l'Abbé de Quélus.
(Arnauld, *Morale pratique des Jésuites*, vol. VII.)

1668. 570. Instruction pour M. de Bouteroue, s'en allant Intendant de la Justice, Police et Finances en Canada. Saint Germain, 5 Avril 1668.

(Clément, loc. cit., vol. III, p. 402.)

571. Autres Instructions pour le même. St. Germain, 3 et 8 Avril 1668.

(Joubleau, Études sur Colbert. Paris, 1858, in-8, p. 389—390.)

Ce successeur de Talon resta au Canada jusqu'au 10 Mai 1669.

1669. 572. Ordonnance du Roi accordant des pensions aux familles nombreuses et encourageant les mariages au Canada. Paris, 5 Avril 1669.

(Clément, III, p. 657.)

573. Ordonnance obligeant les cabaretiers à fermer leur établissement les dimanches et fêtes pendant le service divin, 2 Avril 1669.

(Hist. de la Colonie Française en Canada, vol. III, p. 404.)

574. Agrément du Roi sur l'établissement des Religieuses Hospitalières de Montréal, 8 Avril 1669.

(Édits, Ordonnances royaux, I, p. 55.)

575. Lettre de Colbert à M. de Courcelles, 15 Mai 1669.

(Brodhead, IX, p. 61.)

576. Instruction pour le Sieur Gaudais, s'en allant au Canada. Paris, 1er Mai 1669.

(Clément, loc. cit., vol. III, p. 443.)

Gaudais fut le commissaire chargé de prendre possession de toute la Nouvelle-France au nom de Louis XIV.

577. Certificat de la prise de possession des bords 1670. du lac Erié, par Messieurs Dollier et de Galinée, au nom du Roi, 23 Mars 1670.
(*Histoire de la Colonie Française en Canada*, vol. III, p. 300.)

578. Lettre de Colbert à l'abbé de Bourlemont au sujet du siége épiscopal de Québec.
(*Ibidem*, p. 430.)

579. Arrêt du Conseil d'Etat pour le mariage des garçons et filles de Canada, 12 Avril 1670.
(*Edits, Ordonnances royaux*, I, p. 57.)

580. Ordonnance pour que le Pain Béni soit rendu.
(*Ibidem*, II, p. 137.)

581. Extrait d'un Mémoire de M. Talon adressé au Roi, 10 Novembre 1670.
(Brodhead, IX, p. 65.)

582. Lettre de Colbert à M. Harlay de Champvallon, Archévêque de Rouen. Saint Germain, 27 Février 1670. «Par les dernieres lettres que j'ay reçues de Canada l'on m'a donné avis que les filles qui y ont esté transportées l'année passée, ayant esté tirées de l'hospital général, ne se sont pas trouvées assez robustes pour resister ni au climat ni à la culture de la Terre . . . . .»
(Clément, *loc. cit.* vol. III, p. 476.)

583. Lettre du même à Colbert du Terron, Intendant à Rochefort. Paris, 5 Mai 1670. «Vous verrez par la lettre que j'ay reçue cet ordinaire de ce coquin de Brugière, quelle sorte d'homme c'est . . . . .»
(*Ibidem*, p. 482.)

1671.

584. Ordonnance du Roi qui défend le commerce étranger aux Propriétaires des Vaisseaux bâtis aux Isles et à la Nouvelle France, du 18 Juillet 1671.
(Moreau de S. Mery, I, p. 227.)

585. Procès-verbal de la prise de possession du pays des Ottowas, par Simon François Daumont de Saint-Lusson. Fait à Sainte-Marie du Sault le 14° jour de Iuin l'an de grâce 1671.
(Tailhan, *Mémoire de N. Perrot*, p. 294.)

586. Extrait d'un mémoire adressé par M. Talon à Colbert, 2 et 11 Novembre 1671. (A la date du 2 Novembre il est question de l'expédition de Cavelier de la Salle qui « n'est pas encore de retour de son voyage au coté du Sud. »)
(Brodhead, IX, p. 71.)

587. Relation du voyage de M. de Courcelles au lac Ontario.
(Ibidem, p. 75.)

588. Lettre de Colbert à M. Talon, Intendant du Canada, du 11 Février 1671.
(Clément, *loc. cit.* III, p. 511.)

589. Mémoire pour le Sieur Patoulet, commissaire de Marine à Pentagouet. Paris, 30 Mars, 1671.
(*Ibidem*, p. 520.)

590. Mémoire au roy pour servir d'instruction à M. de Frontenac, que S. M. a nommé Gouverneur du Canada.
(Clément III, p. 532 et Brodhead, IX, p. 85.)

Notes historiques.

591. Lettre de M. de Frontenac à Colbert, 2 Novembre 1672.

Frontenac se plaint des menées du P. Crépieul. Cette lettre se trouve en français dans la Collection de Douniol, II p. 346.

(Brodhead, IX, p. 90.)

592. Lettres-patentes du Roi qui approuvent l'établissement des Sœurs de la Congrégation de Montréal.

(*Edits et Ordonnances royaux*, I, p. 59.)

593. Arrêt du Conseil d'Etat qui ordonne à M. Talon de faire des réglements de Police, 4 Juin 1672.

(*Ibidem*, p. 62.)

594. Provisions de Gouverneur et Lieutenant General en Canada, Acadie et Isle de Terreneuve et autres pays de la France Septentrionale, pour le Comte de Frontenac, du 7 Avril 1672. (Aux mêmes termes que celles de M. de Courcelles.)

(*Ibidem*, II, p. 45.)

595. Lettre de Colbert à M. Talon. St. Germain 4 Juin 1672.

(Clément, III, p. 539, et Brodhead, IX, p. 89.)

596. Plan de Villemarie (Montréal) et des premières rues projetées pour l'établissement de la Haute Ville, dressé par l'abbé Dollier de Casson en 1672.

(Faillon, III, p. 375.)

1672. 597. Relation de ce qui s'est passé de plus remarquable aux Missions des Pères de la Cie de Jésus en la Nouvelle France, les années 1672 et 1673. — A la Nouvelle-York, de la presse Cramoisy de J. M. Shea, 1860, in-8.

1673. 598. Lettre du P. Nouvel, Supérieur de la Mission des Ontaouais, écrite le 29 Mai 1673, de Sainte-Marie-du-Sault, à Monseigneur le Gouverneur (le Comte de Frontenac.)

(Douniol, app. II.)

599. Lettre écrite de Tionnontogonen par le P. Bruyas, Supérieur des Missions Iroquoises, le 12 Juin 1673 et adressé à Monseigneur le Gouverneur.

(*Ibidem.*)

600. Lettre écrite de Tsonnoutouan par le P. Garnier à Monseigneur le Gouverneur, le 10 Juillet 1673.

(*Ibidem.*)

601. Lettre écrite de Tethiroguen (rivière qui sort du lac Goïenho prés d'Onneïout) par le P. de Lamberville à Monseigneur le Gouverneur, le 9 Septembre 1673.

(*Ibidem.*)

602. Concession des îles de Courcelles à M. de Fénélon, pour favoriser l'éducation d'enfants sauvages, 9 Janvier 1673.

(*Hist. de la Colonie Française en Canada*, vol. III, p. 282.)

603. Journal d'un voyage du Comte de Frontenac au lac Ontario, en 1673.

(Brodhead, IX, p. 95.)

604. Lettre de Colbert au Comte de Frontenac. Paris 13 Juin 1673.

1673.

(Clément, III, p. 557.)

605. Relation de ce qui s'est passé de plus remarquable aux Mission des Pères de la Compagnie de Jésus en la Nouvelle-France Pendant les années 1672 et 1673. Envoyée par le R. P. Claude Dablon, Supérieur général de ses Missions, au R. P. Jean Pinette Provincial de la même Compagnie en la province de France.

(*Mission du Canada*, Paris, Douniol, 1861, in-12, vol. I; et New-York, par M. Shea, 1861.)

606. Relation de ce qui s'est passé aux Missions des Ontaouais ou Algonquins Supérieurs pendant les années 1672, 1673.

(*Ibidem.*)

607. Mission des Hurons à Notre-Dame de Foye près Quebec. Pendant les annés 1672—1673.

(*Ibidem.*)

608. Mission de Saint-François-Xavier des Prés près de Montréal pendant les années 1672—1673.

(*Ibidem.*)

609. Relation de ce qui s'est passé de plus remarquable aux Missions des Pères de la Compagnie de Jésus en la Nouvelle France. Pendant les années 1673—1674, Envoyée par le R. P. Claude Dablon Supérieur général de ces Missions, au R. P. Etienne De Champs Provincial de la même Compagnie en la province de France.

1674.

(*Ibidem.*)

1674. 610. Relation de la Découverte de la Mer du Sud faite par les rivières de la Nouvelle-France envoyée de Quebec par le P. Dablon Supérieur général des Missions de la Compagnie de Jésus, le 1er Août 1674.

<blockquote>
Cette pièce importante est la relation du voyage du P. Marquette et de Jolliet, et de la découverte du haut Mississipi, envoyée au Général de la Compagnie de Jésus en France.
(Collection Douniol, vol. I.)
</blockquote>

611. Relation de ce qui s'est passé aux Missions des Outaouais pendant les années 1673—1674.

<blockquote>
Les deux derniers chapitres de cette Relation sont du P. André. (Ibidem.)
</blockquote>

612. Relation de ce qui s'est passé aux Missions Iroquoises pendant les années 1673—1674.
<blockquote>(Ibidem.)</blockquote>

613. Mission des Hurons à Notre-Dame de Foye et à Notre-Dame de Lorette, pendant les années 1673—1674. <blockquote>(Ibidem)</blockquote>

614. Mission des Iroquois de S. François-Xavier à la Prairie de la Magdelaine pendant les années 1673—1674. <blockquote>(Ibidem)</blockquote>

615. Mission des Montagnais ou Algonquins Inférieurs pendant les années 1673—1674.
<blockquote>(Ibidem.)</blockquote>

616. Relation de ce qui s'est passé de plus remarquable aux Missions des Pères de la Compagnie de Jésus en la Nouvelle-France, pendant les années 1674—1675. Envoyée par le R. P. Claude Dablon,

Supérieur général de ces Missions, aux RR. PP. Pinette et De Champs, Provinciaux de la même Compagnie en la province de France. Datée de Québec, le 24 Octobre 1674.

617. Lettre du Ministre reprochant à M. de Frontenac d'avoir renvoyé du Conseil Souverain de Québec, M. Louis de Villeray « sous prétexte que ce magistrat était attaché aux Jésuites. » Paris, 17 May 1674.
(Clément III, p. 574, et Brodhead, IX, p. 114.)

618. Lettres de commission données au Sieur de la Nauguère par le Comte de Frontenac, 15 février 1674.
(*Hist. de la Colonie Française en Canada*, vol. III, p. 482.)

619. Lettre du Comte de Frontenac à Colbert, expliquant sa conduite à l'égard de Perrot.
(*Ibidem*, p. 487.)

620. Arrêt du Conseil d'Etat qui commêt des Directeurs à l'Administration des Domaines et Affaires des Isles de l'Amérique, du 4 Décembre 1674.
(M. de St. Mery, I, p. 290.)

621. Lettre de M. de Frontenac à Colbert annonçant l'heureux succès de l'expédition du Mississippi, sous Jolliet, 14 Novembre.
(J. Gilmary Shea, p. XXXIII. P. Tailhan, *Mémoire de N. Perrot*, p. 382. Brodhead, IX, p. 116.)

622. Petition de de la Salle pour obtenir la concession du Fort Frontenac et des lettres de noblesse.
(Brodhead, IX, 122.)

623. De Quebek le 10ᵉ Octobre 1674.

« Monseigneur.

« Il ny a pas long temps que je suis de Retour de mon uo-
« yage de la mer du Sud, jay eu du bonheur pendant tout ce
« temps la, mais en m'en Reuenant, estant prest de debarquer
« au Mont Royal mon canot tourna, et je perdis deux hommes
« et ma cassette ou estoient tous les papiers et mon journal
« auec quelques raretez de ces pays si éloignez — Jay beau-
« coup de regret d'un petit Esclaue de dix ans qui mauoit esté
« donné en present. Il estoit dotté dvn bon naturel, plain
« D'esprit, diligent et obeisant, il s'expliquoit en françois
« començoit à lire et à escrire.

« Je fus sauué apres esté 4 heures dans leau, ayant perdu la
« uelle et la connoissance, par des pescheurs qui nalloient
« jamais dans cet endroit, et qui ny auroient pas esté, si la
« sainte Vierge ne m'auoit pas obtenu cette grace de Dieu qui
« arresta le cours de la nature pour me faire tirer de la mort.

« Sans le naufrage nostre grandeur auroit Receu une rela-
« tion assez curieuse mais il ne mest rien resté que la vie.

« Je Descendis jusques au 33ᵉ Degré entre la Floride et le
« Mexique estant à 5 journées de la mer, ne pouuant euiter de
« tomber entre les mains des Europeans, je conclus de re-
« tourner, je suiuis une riuiere sans partage (*sic*) ni rapide
« aussy grande que le fleuue St. Laurent deuant Sillery, qui se
« ua decharger dans le golphe de Mexique. Jay eu conoisance
« sur nostre route de plus de 80 vilages des Sauuages chacuns
« de 60 et 100 Cabannes, je n'en ay ueu qu'une de 300 ou nous
« estimions quil y auoit bien dix mille ames parmy les quelles
« *nullus est qui faciat bonum* (*sic*). Ils ont tous des canots de
« bois de 50 pieds de long et 3 de large quelqueun de plus
« ou moins. Plusieurs de ces nations font du bled trois fois
« l'annee, des citrouilles et des melons Deau, on ny conoist
« point la neige mais la pluye seulement, ils ne manquent pas
« de fruits, comme prunes, ananas, mures semblables à celles
« de France mais plus douces et plusieurs petits fruits que je
« ne conois pas.

«Les oiseaux sont Perdrix, becasses, Cailles, Autruches, per-
«roquets et Cocqs d'Indes.

«Les Boeufs ou Bufles sy uoient comme aux Iles, Partout et
«en quantité. Jen ay ueu et compté jusques à 400 ensemble
«dans une prairie, mais lordinaire est den uoir trente ou
«quarante. La uiande en est excellente, ils sont faciles à tuer,
«les cerf, les biches, et les cheureüils ne sont que par endroits:
«Tous ces Sauuages, ces fruits, ces oiseaux et ces animaux
«sont dans un pays plus beau que la France. Il y a des prai-
«ries de trois et quatres Lieües entourees de forets de mesme
«grandeur audela desquelles les prairies Recommencent de
«sorte quil y a autant de lun que de lautre. Je suis Monsei-
«gneur de vostre Grandeur Tres humble et tres obeissant
«serviteur

JOLLIET.

Cette pièce, signalée par l'abbé Faillon, est tirée des Archives du Séminaire de S. Sulpice à Paris. Elle est tout entière
de la main de Jolliet, et fait suite, sur la même feuille, à la
relation de la decouverte de la «Mer du Sud» (*Supra*, Nº. 611),
envoyée par le P. Dablon de Québec le 1er. Août. Cette dernière relation est aussi de l'écriture de Jolliet.

624. Concession du Fort Frontenac et Lettres de
noblesse accordées à Robert Cavelier de la Salle.
Donné à Compiègne le 13 May l'an de grace mil
six cent soixante quinze.

1674.

1675.

(Boimare, *Texte explicatif pour accompagner la première planche historique relative à la Louisiane.* Paris, 1868; Brodhead X, p. 123).

Les armes octroyées étaient un écu de sable à un levrier
courant d'argent, surmonté d'une étoile à huit raies d'or. Cet
écu est timbré d'un casque de profil orné de ses lambrequins
d'argent, de sable et d'or. *Enregistrement par d'Hozier*, dans
Gravier.

Il ne faut pas confondre ces lettres de noblesse avec celles qui
furent accordées en Juin 1717 à Jean Baptiste François Cave-

1675. lier, Sieur de la Salle, neveu de Robert, et qui l'autorisaient à «continuer à porter les mêmes armoiries que le dit Robert Cavelier son oncle a toujours portez.»

625. Commission pour M. Jacques Duchesneau, du 5 Juin 1675, d'Intendant de la Justice, Police et Finances en Canada, Acadie et Isle de Terreneuve, et autres pays de la France Septentrionale.

(*Edits, Ordonnances royaux*, II, p. 46.)

626. Instructions pour le Sr. Duchesneau. Au camp de Luting, 30 Mai 1675.

(Clément III, p. 594.)

627. Ordonnance concernant les abus commis par les Marguilliers et le Curé des biens de l'Eglise. Quebec, 18 Mars 1675.

(*Edits, Ordonnances royaux* II, p. 141.)

628. Etat présent 2es Missions des Pères de la Compagnie de Jésus en la Nouvelle-France, pendant l'année 1675.

(Collection Douniol, vol II.)

Ce mémoire contient le «récit de la mort du P. Jacques Marquette, arrivée le 19 Mai 1675, à son retour de la mission des Illinois.» Il n'était âgé que de 38 ans.

629. Mission des Iroquois de S. François-Xavier à la Prairie de la Magdelaine, pendant l'année 1675.

(*Ibidem*, p. 49.)

630. Mission des Hurons à Notre-Dame de Lorette, pendant l'année 1675.

(*Ibidem*, p. 71.)

«Cette Mission, qui portait autrefois le nom de la Mission 1675.
de Notre-Dame de Foye, et qui, depuis deux ans, est appelée
la Mission de Notre-Dame de Lorette, à cause du changement
de village qu'il fallut faire l'an passé . . . .»

631. Extrait des Archives du Conseil d'Etat du 13 Mai 1675. Octroie par lettres-patentes à Cavelier de la Salle le Fort de Frontenac.
(Gravier, *Cavelier de la Salle.* Paris 1870, in-8. p. 83.
Brodhead, IX.)

632. Avis du Roi à M. de Frontenac, 22 Avril 1675.
(Clément, vol. III, p. 585.)

633. Lettre de Colbert au Comte de Frontenac, 3 Mai.
(*Ibidem*, III, p. 590.)

634. Lettres d'union du Séminaire de Québec à celui de Paris, 19 Mai 1675.
(*Edits, Ordonnances royaux*, I, p. 68.)

635. Arrêt pour retrancher les concession de trop grande étendue et pour faire un recensement.
(*Ibidem*, p. 72.)

636. Declaration du Roi qui confirme et règle l'établissement du Conseil Souverain du Canada, 5 Juin 1675.
(*Ibidem*, p. 73.)

637. Concession de Chigniton ou Beaubassin au 1676. Sieur le Neuf de la Vallière, par M. le Comte de Frontenac, Gouverneur du Canada. Donné à Québec, le vingt quatre Octobre mil six cent soixante-seize.
(*Mémoires des Commissaires du Roi*, vol. II, p. 575.)

1676. 638. Réglements généraux pour la Police. Québec, 11 Mai 1675.
(*Edits, Ordonnances royaux*; II, p. 150.)

639. Concession (à Pierre de Joibert, Sieur de Soulange et de Marson, Major de Pentagoet) de la terre de Soulange (Nachouac, sur la rivière Saint-Jean, à quinze lieues du fort de Gemisik) sur la rivière de Saint-Jean, par M. le comte de Frontenac, Gouverneur du Canada. A Québec, le douzième Octobre mil six cent soixante seize.
(*Mémoires des Commissaires du Roi*, vol. II, p. 566.)

640. Lettre de Colbert à M. Duchesneau, Intendant au Canada. Saint Germain, 15 Avril 1676.
(Clément, III, p. 605.)

641. Lettre du Roi à M. le Comte de Frontenac, sous la même date.
(*Ibidem.*)

642. Concession au Sieur Joibert de Soulange du fort de Gemisik, par M. le Comte de Frontenac, Gouverneur du Canada. Donné à Québec, le seixième Octobre mil six cent soixante-seize.
(*Mémoires des Commissaires du Roi*, vol. II, p. 570.)

643. Arrêt du Conseil d'Etat, portant que Jean Oudiette, Fermier-Général du Domaine d'Occident jouira des droits de Poids, de Capitation et autres qui se lèvent dans les Isles et Terre-Ferme de l'Amérique, 5 Juin 1676.
(M. St. Mery, I, p. 299.)

644. Articles présentés au Roi par Nicolas Oudiette, 1676. 15 Avril.
(*Edits, Ordonnances royaux*, I, p. 76.)

645. Extrait d'une lettre de Colbert sur ce sujet.
(*Ibidem*.)

646. Relation de ce qui s'est passé de plus remarquable aux Missions des Pères de la Compagnie de Jésus en la Nouvelle-France. Pendant les annees 1676—1677. Envoyée par le R. P. Claude Dablon, Supérieur Général de ces Missions, au R. P. Claude Boucher, Assistant de la Compagnie de Jésus pour la France à Rome.
(Imprimé à New-York, 1854, pet. in-8, selon la copie du ms. original qui est à l'Université Laval.)

647. Relation de ce qui s'est passé aux Missions Iroquoises pendant l'année 1676.
(Collection Douniol.)

Cette relation contient des extraits de lettres des PP. Jacques Bruyas, Millet, Jean et Jacques de Lamberville, datées de Janvier à Juillet 1676.

648. Relation de ce qui s'est passé aux Missions des Ontaouais, pendant l'année 1676.
(*Ibidem*.)

Cette relation contient des extraits de lettres des PP. Claude Allouez, Louis André, Antoine Silvy, Pierson, et le journal du P. Henri Nouvel, datés de Janvier à Mai 1676.

649. Approbation et consentement du Roi pour l'union du Séminaire de Québec à celui de Paris, rue du Bac.
(*Edits, Ordonnances royaux*, I, p. 70.)

1676. 650. Pouvoir de MM. de Frontenac et Duchesneau pour donner des concessions, 15 Avril.

(Ibidem, p. 74.)

651. Ordonnance du Roi qui défend d'aller à la traite des pelleteries dans les habitations des sauvages, 15 Avril.

(Ibidem, p. 75.)

1677. 652. Arrêt du Conseil d'Etat du Roi, qui exempte de tous droits, les marchandises destinées pour le Canada. Fait à Saint-Germain-en-Laye, le dixième jour de Mai mil six cent soixante dix-sept. Contresigné Coquille.

(Recueil des Réglemens concernant le Commerce des Isles et Colonies Françaises de l'Amérique. Paris, 1744, in-18, p. 503. « Sur l'imprimé »).

653. Mission des Abénaquis à Sillery. Extrait d'une lettre du P. Jacques Vaultier, écrite de Sillery, le 1ᵉʳ Janvier 1677.

(Collection Douniol, vol. II.)

654. Mission du Bon Pasteur, chez les Etchemins et les Gaspésiens, à la Rivière du Loup. Extrait d'une lettre du P. Morain, écrite le 20 Juin 1677.

(Ibidem.)

655. Mission de St. François-Xavier-du Sault près de Montréal, pendant les années 1676—1677. Extrait d'une lettre du P. Cholenec à St. François-Xavier-du-Sault, le 3 Janvier 1677. *(Ibidem.)*

656. Mission de N. Dame de Lorette près Québec pendant les années 1676—1677.

(Ibidem.)

657. Edit pour l'établissement du Siége de Pre- 1677.
vôté et Justice ordinaire de Québec, Mai 1677.
(Edits, Ordonnances royaux, I, p. 78.)

658. Lettre de Colbert à M. Duchesneau, Intendant au Canada. Paris, 28 Avril 1677.
(Clément, III, p. 614.)

659. Lettre du même au même, en date du 1ᵉʳ Mai 1677.
(Ibidem, p. 619.)

660. Lettre de Colbert à M. de Frontenac. Sceaux, 10 Mai 1677.
(Ibidem, p. 622.)

661. Lettre de Colbert à M. Duchesneau. Paris, 1678. 15 Mai.
(Clément, III, p. 632.)

662. Relation des années 1677 et 1678, et Récit des voyages et découvertes du P. Jacques Marquette de la Compagnie de Jésus, en l'année 1673 et aux suivantes, envoyés au R. P. Pierre de Verthamont, Provincial de la même Compagnie en la province de France.
(Collection Douniol.)

Ce récit a été recueilli, mis en ordre et corrigé par le P. Dablon en 1678. A la suite se trouve le récit d'un troisième voyage fait aux Illinois par le P. Claude Allouez.

663. Mémoire sur la traite des boissons spiritueuses, adressé par Colbert à M. Duchesneau. Sceaux, 24 Mai.
(Clément, III, p. 635.)

1678.   664. Ordonnance du Roy qui défend d'aller à la chasse hors l'étendue des terres défrichées et une lieue à la ronde, 12 Mai.
(Edits, Ordonnances royaux, I, p. 95.)

665. Procès verbal contenant les modifications au code civil de 1667, 7 Novembre.
(Ibidem, p. 95.)

666. Contrat de vente de marchandises de Plet, marchand à Paris, à Cavelier de la Salle. Paris, 28 Juin.
(Jal, Dictionnaire, p. 335.)

C'est probablement François Plet, son cousin, à qui il lègue par testament toutes ses propriétés au Canada, « voulant reconnaître les signalés services qu'il lui avait rendus ...... et parce que grace à son assistance il avait pu conserver le Fort Frontenac ».

667. Lettres patentes pour la descouverte de la mer de l'Ouest, accordées par le Roi à Cavelier de la Salle. Donné à Saint-Germain-en Laye, le 12 jour de may 1678. Contresigné Colbert.
(Le Clercq II, p. 163. — Brodhead IX, p. 127.)

668. Lettre de Colbert à M. de Frontenac. Sceaux, 21 Mars.
(Clément, III, p. 631.)

669. Lettres patentes d'amortissement, en faveur des PP. Jésuites, pour leurs différentes possessions, terres et bâtimens au pays de la Nouvelle-France, 12 Mai 1678. Contresigné Louis Colbert.
(Cité dans l'appendice I de la Collection Douniol.)

670. Defenses aux Gouverneurs particuliers d'emprisonner les habitants, 7 Mai. — 1679.
(*Edits, Ordonnances royaux*, I, p. 246.)

671. Retranchement des concessions de trop grande étendue et ordre d'en disposer.
(*Ibidem*, p. 247.)

672. Lettre de Colbert à M. Duchesneau. Saint-Germain, 20 Avril.
(Clément, III, p. 638.)

673. Arrêt du Conseil sur le retranchement des terres non défrichées au Canada. St. Germain, 9 May.
(*Ibidem*, p. 704.)

674. Relation || de ce qui s'est passé || de plus remarquable || aux Missions des Pères || de la Compagnie de Jésus, || en la || Nouvelle France || les années 1673 à 1679. || Par le R. P. Claude Dablon Recteur || du College de Quebec et Superieur || des Missions de la Compagnie de || Jesus en la Nouvelle France. || — A la Nouvelle York || De la presse Cramoisy de Jean Marie Shea. || M.DCCC.LX. || Avec Permission. || *A la fin :* Achevé d'imprimer à Albany, ce 22 Juillet, 1680. || par J. Munsell. ||

<small>*✱* In-8. Titre un feuillet, 3 ff. non chiffr. pour une lettre adressée au R. P. Michel Fessard, datée de Montréal, le 20 Juillet (*sic*) 1659, signée F. M. + Table 2½ ff. + texte 1 à 290 pages.</small>

675. Extrait d'un mémoire adressé au Roi par M. de Frontenac. Québec, 6 Novembre.
(Brodhead IX, p. 129.)

1679. 676. Extrait d'un mémoire adressé par M. Duchesneau à M. de Seignelay. Québec, 10 Novembre.
(Ibidem, p. 131.)

677. Lettre du Ministre à M. Duchesneau. Saint-Germain, 24 Mai. (Clément, III, p. 641.)

678. Lettre du Ministre à M. de Frontenac. Saint-Germain, 4 Décembre.
(Ibidem.)

1680. 679. Remerciments de la nationne Huronne au Chapitre de Chartres de la chemise d'argent, remplie de relique, dont on lui avait fait présent. (Signé Nicolas Potier, S. J.) 11 Novembre.
(*Les Vœux des Hurons et des Abnaquis.* Chartres, 1857, in-12.)

680. Remerciments des Hurons au Chapitre de Chartres, en langue latine, par le R. P. Potier de la Cie de Jésus, et directeur de cette nation, traduit dans l'expression naturelle de ces Sauvages, par le R. P. Lamberville, Jésuite et ancien missionnaire au Canada; même date. (*Ibidem.*)

681. Lettre du R. P. Chaumonnot, Jésuite et Missionnaire, au Chapitre de N. D. de Chartres. De Lorette en Canada; même date. (*Ibidem.*)

682. Lettre du R. P. Martin Bouvart, S. J., au même Chapitre. Québec, le 12 Novembre.
(*Ibidem.*)

683. Mémoire adressé par M. de la Salle au Comte de Frontenac sur la nécessité de poursuivre la découverte du Mississipi, Novembre 1680.
(Thomassy, *Géologie pratique de la Louisiane*, p. 199.)

684. Un autre mémoire de la Salle à Frontenac, 1680. dont, d'après M. Parkman (*Great West*, p. 161), il y a une traduction dans la version anglaise de Hennepin.

685. Extraits d'un mémoire adressé par M. Duchesneau à M. de Seignelay.
(Brodhead, IX, p. 149.)

686. Testament de Robert Cavelier, Ecuyer, Sieur de la Salle, Seigneur et Gouverneur du Fort Frontenac, dans la Nouvelle France. Montréal, le 11 Août 1681.

(Gravier, append. XI, d'après le texte anglais de B. F. French, *Historical Collections of Louisiana*. New-York, 1846.)

1681.

687. Lettre de la Salle, datée du Fort de Frontenac, le 22 Août 1681.

Donne de très curieux détails sur le peu de véracité du P. Louis Hennepin.
(Extrait dans Parkman, *Discovery of the Great West*, p. 259.)

688. Amnistie pour les coureurs de bois de la Nouvelle France, Mai 1681.
(*Edits, Ordonnances royaux*, I, p. 258.)

689. Lettre du Cte de Frontenac au Roi. Québec, 2 Novembre.
(Brodhead, IX, p. 148.)

690. Mémoire de M. Duchesneau sur les Indiens de l'Ouest. Québec, 13 Novembre.
(*Ibidem*, p. 160.)

691. Lettre de Louis XIV au Cte de Frontenac. Versailles, 30 Avril.
(Clément, III, p. 644.)

1682.   **692.** Procès-verbal de la prise de possession de la Louisiane à l'embouchure de la mer au Golphe de Mexique, par le Sieur de la Salle, le 9 Avril.

(Gravier, append. XII.)

693. Extrait des instructions données par le Roi à M. de la Barre. Versailles 10 Mai.

(Brodhead, I, p. 95.)

Ces instructions se terminent par le passage suivant: «Plusieurs particuliers, habitants du Canada, excités par «l'espérance des profits qu'ils trouveraient dans le commerce « des pelleteries avec les Sauvages dans le pays des Nadouessioux, « la rivière du Mississipi et autres endroits de l'Amérique septen-«trionale; mais comme S. M. n'estime pas que ces descouvertes «soient avantageuses, et qu'il vaut mieux s'appliquer à la culture «de la terre dans les habitations défrichées, S. M. ne veut pas «que M. de la Barre continue à donner de ces permissions de «découvertes mais, seulement qu'il laisse achever celle com-«mencée par M. de la Salle jusqu'à l'embouchure du Mississipi, «en cas que, par l'examen qu'il en fera avec l'intendant, il «estime que cette découverte puisse être de quelque utilité.»

694. Provisions de Gouverneur et Lieutenant Général au Canada etc. pour le Sr. de la Barre, du 1er Mai 1682, aux mêmes termes que celles de M. de Frontenac.

M. de la Barre, après avoir été intendant du Bourbonnais, fut gouverneur de Cayenne en 1664, qu'il reprit aux Anglais en 1668. Il était l'ennemi de de la Salle, et a laissé la réputation d'un magistrat corrompu. Charlevoix n'en dit aucun bien.

695. Conférence au sujet des nouvelles reçues du pays des Iroquois, 23 Mars.

(Brodhead, IX, p. 168.)

696. Conférence entre le comte de Frontenac et les Ottawas. Montreal, 16 Août. 1682.
(*Ibid.*, p. 176.)

697. Condition des affaires indiennes après le départ de M. de Frontenac.
(*Ibid.*, p. 190.)

698. Relation de la descouverte de l'embouchure de la riviere Mississipi dans le golfe du Mexique, faite par le Sieur de la Salle l'année passée 1682. 1683.
(Thomassy, *Géologie pratique de la Louisiane.*)

Le Clercq l'a publiée en partie (*Etablissement, de la Foy,*—) en l'attribuant au P. Zenobre Membré qui l'apporta à Paris, mais elle est de Cavelier de la Salle.

699. Lettre du capitaine Brockholls au Gouverneur de la Barre, 31 Mai.
(Brodhead, IX, p. 199.)

700. Lettre de M. Le Fébure de la Barre à Seignelay. Quebec, 4 Novembre.
(*Ibid.*, p. 201.)

701. Mémoire du Sieur de la Salle sur l'Entreprise qu'il a proposée à Monseigneur le Marquis de Seignelay sur une des provinces du Mexique.

Publié seulement en anglais, par Falconer, *On the Discovery of the Mississipi.* London, 1843, in-8, append. p. 1.

702. Mémoire du Sieur de la Salle pour rendre compte à Monseigneur de Seignelay de la découverte qu'il a faite par l'ordre de Sa Majesté. 1684.

Publié en anglais par M. Falconer, p. 21; et en extrait par M. Gravier, p. 225.

1684. 703. Requeste des habitans de la côte du Sud du fleuve Saint-Laurent, en descendant vers les Monts-Notre-Dame, et tendants à l'isle Percée. Automne de 1684.
(*Mémoires des Commissaires du Roi*, vol. II, p. 580.)

704. Edits du Roi condamnant à la mort ou aux galères les habitans de la Nouvelle-France qui émigreraient à Albany (*Orange*) ou à New York (*Manatte*); 10 avril.
(Brodhead, IX, p. 224.)

705. Lettre du P. de Lamberville à M. de la Barre, 10 Fevrier.
(Brodhead, IX, p. 226.)

706. Rapport de M. de Meulles à Seignelay au sujet de la guerre contre les Iroquois. Quebec, 8 Juillet.
(*Ibid.*, p. 228.)

707. Mémoire de M. de la Barre sur les opérations à l'égard des Cinq Nations, 1er Octobre.
(*Ibid.*, p. 239.)

708. Lettre de M. de Callieres à M. de Seignelay. Montréal, 9 Novembre.
(*Ibid.*, p. 250.)

709. Mémoire adressé par M. de la Barre au Roi. Quebec, 13 Novembre.
(*Ibid.*, p. 250.)

710. Lettres-patentes accordées à Cavelier de la Salle. Données à Versailles, le 14 Avril 1684.
(J. G. Shea. *Discovery and Exploration of the Mississipi Valley*. New-York, 1852.)

713. Remonstrance du Sieur de la Salle contre 1684. M. de la Barre au sujet de la saisie du Fort Frontenac.
(Brodhead, IX, p. 213.)

714. Ordonnance portant défense à tous Français d'émigrer du Canada dans les colonies anglaises. Versailles, 10 Avril, 1684.
(Ibid. p. 224.)

715. Commission accordée au Sieur de la Salle. Versailles, 14 Avril, 1684.
(Ibid., p. 225.)

716. Lettres (huit) du Rev. Jean de Lamberville à M. de la Barre. Juillet et Octobre.
(Ibid., p. 252.)

717. Lettre de M. de Beaujeu au Ministre de la Marine, 30 Mai, 1684.
(Gravier, p. 245.)

718. Autre lettre du même, 21 Juin.
(Ibid., p. 247.)

719. Concession des sieurs de la Barre, Gouverneur du Canada, et de Meules, Intendant de la Nouvelle France, au sieur d'Amours des Chauffours, de la rivière de Richibouctou. Donné à Québec, le vingt Septembre mil six cent quatre-vingt quatre.
(Mémoires des Commissaires du Roi, vol. II, p. 583.)

720. Lettres de M. Le Febure de la Barre au Gouverneur Thomas Dongan, avec les réponses de ce dernier. Juin et Juillet.
(Brodhead, I, p. 99.)

1684.   721. Extrait d'une lettre adressée par Louis XIV à M. de la Barre, 21 Juillet.
(*Ibid.*, p. 104.)

722. Mémoire de la Barre sur la guerre avec les Indiens Senecas. Québec, le 1ᵉʳ Août.
(*Ibid.*, p. 109.)

723. Arrêt du Conseil d'Etat, portant défenses aux intéressés en la Compagnie d'Afrique, aux Fermiers du Domaine d'Occident et autres, d'envoyer aux Isles et Colonies Françoises de l'Amérique et Côtes d'Afrique d'autres personnes que des François, faisant profession de la Religion Catholique, Apostolique et Romaine. Du 12 Septembre.
(Moreau de St. Mery, I, p. 399.)

724. Mémoire adressé par M. de Callieres à M. de Seignelay sur les empiétements des Anglais.
(Brodhead, IX, p. 265.)

725. Copie d'une ‖ Lettre ‖ escrite par ‖ Le Père Jacques Bigot de la Com- ‖ pagnie de Jésus, ‖ L'an 1684. ‖ Pour accompagner un collier de Pource- ‖ laine envoiée *(sic)* par les Abnaquis de la ‖ Mission de Sainct François de Sales ‖ dans la Nouuelle France au tombeau ‖ de leur Sainct Patron à Annecy. ‖ Manate, ‖ de la Presse Cramoisy de Jean Marie Shea. ‖ M.DCCC.LVIII. ‖ *A la fin:* Achevé d'imprimer à New-York, Isle de Manate, ‖ ce 21 Avril, 1858, d'après l'original con- ‖ servé dans les archives du Monastère de la ‖ Visitation à Annecy. ‖ In-4, quatre ff. et demi.

726. Relation || de ce qui || s'est passé || de plus re- 1684.
marquable || dans la Mission Abnaquise de || Sainct
Joseph de Sillery, || Et dans l'Establissement de la
Nouvelle Mission || De Sainct François de Sales, ||
l'année 1684. || Par le R. P. Jacques Bigot, de la || Com-
pagnie de Jésus. || A Manate: || De la Presse Cramoisy
de Jean-Marie Shea. || M.DCCC.LVII. || *A la fin:*
Achevé d'imprimer (d'après le Manuscrit || original
du Collège Ste Marie) par J. Munsell, à Albany, ce
18 Nov., 1857. || In-4, 61 pages.

727. Relation || de ce qui s'est passé de plus || re- 1685.
marquable || dans la Mission Abnaquise || de Sainct
Joseph de Sillery et de || Sainct François de Sales, ||
l'année 1685, || Par le R. Père Jacques Bigot, de || la
Compagnie de Jésus. || A Manate: || De la Presse Cra-
moisy de Jean-Marie Shea. || M.DCCC.LVIII. || *A la
fin:* Achevé d'imprimer (d'après le Manuscrit || original
du Collège Ste Marie) par J. Munsell à Albany, ce
18 Feb. 1858. || In-4, 21 pages.

728. Lettre du Chevalier Henry de Tonty à M.
de la Salle, Gouverneur de la Louisiane. Du village
de Quinipissas ce vintième d'Avril 1685.

(Charlevoix, II, p. 159.)

729. Instructions données par le Roi au Marquis
de Denonville. Versailles, le 10 Mars.

(Brodhead, IX, p. 271.)

730. Mémoire du Marquis de Denonville sur l'état
du Canada, 12 Novembre.

(*Ibid.*, p. 280.)

1685. 731. Lettre de Cavelier de la Salle adressée à Seignelay, à l'embouchure occidentale du fleuve Colbert, le 4 Mars.
(Thomassy, p. 20.)

1686. 732. Traité de neutralité conclu à Londres, entre les Rois de France et d'Angleterre, touchant les limites du Pays des deux Rois en Amérique, 16 Novembre.
(Edits, Ordonnances Royaux, I, p. 267.)

733. Lettre de M. de Denonville à M. de Seignelay. Québec, 8 Mai.
(Brodhead, IX, p. 287.)

734. Lettre du même au même. Villemarie, 12 Juin.
(Ibid., p. 293.)

735. Lettre du même au même. Québec 11 et 16 Novembre.
(Ibid., p. 306.)

736. Mémoire du même au même sur la nécessité de faire la guerre aux Iroquois l'année suivante. Québec, 4 Novembre.
(Ibid., p. 296.)

737. Mémoire sur les droits des Français sur le territoire des Iroquois et la Baie de Hudson.
(Ibid., p. 303.)

738. Extrait des lettres adressées par M. de Denonville à Seignelay et des réponses.
(Ibid., p. 312.)

Notes historiques.

739. Lettre de Henry de Tonty, le 24 Août 1686, en Canada. 1686.
(Thomassy, p. 22.)

740. Mémoire à M. de Seignelay sur les dangers qui menacent le Canada, du mois de Janvier. 1687.
(Brodhead, IX, p. 319.)

741. Extrait d'un mémoire du Roi à Messieurs de Denonville et de Champigny. Versailles, 30 Mars.
(*Ibid.*, p. 322.)

742. Mémoire adressé par M. de Denonville à Seignelay. Villemarie, 8 Juin.
(*Ibid.*, p. 324.)

743. Mémoire adressé par M. de Champigny à Seignelay. Québec, 16 Juillet.
(*Ibid.*, p. 331.)

744. Minutes de la prise de possession par les Français du pays des Senecas, 19 Juillet.
(*Ibid.*, p. 334.)

745. Minutes de la prise de possession du Niagara, par M. de Denonville, au nom de la France, 31 Juillet.
(*Ibid.*, p. 335.)

746. Lettre de M. de Dononville à Seignelay. Villemarie, 25 Août.
(*Ibid*, p. 336.)

747. Extrait des dépêches de M. de Denonville et des commentaires de M. de Seignelay, Août—Octobre.
(*Ibid.*, p. 345.)

1687. 748. Mémoire de M. de Denonville concernant son expédition contre les Senecas. Octobre.
(*Ibid*, p. 357.)

779. Détail des remarques du P. Anastase Douay sur les aventures et la mort tragique de Cavelier de la Salle.
(Le Clercq, II, p. 300.)

C'est dans ce récit que les Récollets, par la voix du P. Douay, nient la découverte du Mississipi par Jolliet et Marquette en 1673. « J'avois apporté avec moy le livre imprimé « (à Paris, en 1681, *supra* N°. 147) de cette découverte prétendue, « et je remarquois dans toute la route qu'il n'y avoit pas un mot « de véritable . . . . . Les Akansas nous assuroient n'avoir ja-« mais vu d'autres Européens avant Monsieur de la Salle. »

750. Journal historique du dernier voyage que feu M. de la Salle fit dans le golfe du Mexique, pour trouver l'embouchure du Mississipi, nommée à présent la rivière de Saint Louis, qui traverse la Louisiane, où l'on voit l'histoire tragique de sa mort, et plusieurs choses curieuses du Nouveau-Monde. Par M. Joutel, l'un des Compagnons de ce Voyage, rédigé et mis en ordre par M. de Michel. Paris, 1713, in-12, XXXIV + 380 pages, carte portant le titre suivant: *Carte nouvelle de la Louisiane et de la rivière de Mississipi, découverte par feu M. de la Salle, ès-années 1681 et 1686, dans l'Amérique Septentrionale, et de plusieurs autres rivières, jusqu'ici inconnues, qui tombent dans la baie de Saint-Louis; dressée par le sieur Joutel, qui était de ce voyage,* 1713.

Ouvrage écrit sur des notes prises de 1684 à 1687, mais publié à la requête du géographe Delisle, pour réfuter le livre attribué à Henry de Tonty. (*Supra.* N°. 174.)

751. A Journal of the last voyage performed by 1687.
Monsr. de la Sale, to the Gulph of Mexico, to find
out the mouth of the Mississipi River ..... Translated from the edition just published at Paris. With
an exact map of that vast country, and a copy of
the Letters Patents granted by the K. of France to
M. Crozat. London, 1714, in 8, 16 ff. + 210 pp.

Traduction de l'ouvrage ci-dessus.

752. Relation du voyage entrepris par feu M. Robert Cavelier, sieur de la Salle, pour découvrir dans
le golfe de Mexique l'embouchure du fleuve Mississipi. Par son frère M. Cavelier, prêtre de Saint-Sulpice, l'un des compagnons de voyage. Manate (New-York), 1858, in 4 de 54 pages.

Rédigée en 1687, publiée par M. Shea d'après le manuscrit
appartenant à M. Parkman de Boston. Le titre original du
ms. est: *Relation du voyage que mon frère entreprit pour découvrir lembouchure du fleuve Mississipy.*

753. Autobiographie du P. Pierre Chaumonot de 1688.
la Compagnie de Jésus, écrite par ordre du Père
Supérieur.

(Carayon, *le Père Chaumonot*.)

Ce récit s'arrête à l'année 1688, mais le P. Chaumonot
mourut à Québec le 21 Février 1693. Aussi convient-il d'ajouter: Suite de la vie du R. P. Pierre Joseph Marie Chaumonot,
de la Cie de Jésus, par un Père de la même Compagnie, avec
la manière d'oraison du vénérable Père, écrite par lui-même.
Nouvelle-York, Isle de Manate, à la presse Cramoisy de J. M.
Shea, 1858, in-8. Cette pièce est attribuée par M. Shea, au P.
Sebastien Rasle.

1688. Le P. Chaumonot est aussi l'auteur d'une grammaire, d'un dictionnaire et d'un catéchisme en langue huronne. La grammaire seule a été publiée, et se trouve traduite en anglais par J. Wilkie, dans le vol. II. des Mémoires de la Société Lit. et Hist. de Québec.

754. Decretum S. C. G. de propaganda fide, du 8 Janvier.
(Le Clercq, II, p. 264.)

755. Bref du Saint Père, du 24 Mai.
(Ibid.)

756. Lettre de M. de Denonville sur les désordres de la Colonie.
(Charlevoix, I, p. 532.)

757. Projet de terminer la guerre contre les Iroquois, 8 Mai.
(Brodhead, IX, p. 375.)

758. Mémoire de M. de Denonville sur les limites françaises dans l'Amérique du Nord.
(Ibid., p. 377.)

759. Déclaration de neutralité de trois nations Iroquoises, 15 Juin.
(Ibid., p. 384.)

1689. 760. Procès verbal de la prise de possession par Nicolas Perrot, au nom de S. M. de la Baie des Puants (Green Bay), le 8 Mai.
(Tailhan, *Mémoire de N. Perrot*, p. 304.)

761. Lettres de M. de Callières à Seignelay, Janvier, Fevrier et Mai.
(Brodhead, IX, p. 401.)

762. Instructions données à M. de Frontenac pour l'expédition contre New-York, 7 Juin. 1689.
(*Ibid.*, p. 422.)

763. Concession à la rivière de Saint-Jean, du lieu nommé Canibecachiche, à Pierre Chesnet, Sieur du Breuil, par MM. de Denonville et de Champigny, Gouverneur et Intendant de la Nouvelle-France. Fait à Québec, ce septième Janvier mil six cent quatre-vingt-neuf.
(*Mémoires des Commissaires du Roi*, vol. II, p. 591.)

764. Lettre du Chevalier de Callières au Marquis de Seignelay, proposant la conquête de la Nouvelle York.
(Charlevoix, I, p. 553.)

765. Lettre du P. de Carheil au Comte de Frontenac, apportée par Jolliet, et traitant du voyage de ce dernier.
(*Ibid.*, p. 568.)

766. Provisions de Gouverneur et Lieutenant General au Canada etc., pour M. le Comte de Frontenac, du 15 Mai 1689. Aux mêmes termes que celles de M. de Denonville.

767. Mémoire du marquis de Denonville pour M. de Seignelay. 1690.
(*Archives des Colonies*, année 1690. Extrait dans la Collection de Douniol, vol. II, p. 350.)

768. Lettre adressée au R. P. Provincial par le Supérieur des missions du Canada, et qui accompagnait plusieurs écrits du P. Claude Alloüez. Québec, ce 29 d'aoust 1690.
(Carayon, *le Père Chaumonot*, p. XI.)

1690. 769. Lettre du P. Pierre Chaumonot au P. Jean Crasset à Paris. A Lorette, en Canada, ce 17 novembre 1690.
(*Ibid.*, p. 148.)

770. Mémoire adressé par M. de Denonville à Seignelay. Janvier.
(Brodhead, IX, p. 440.)

771. Relation de l'attaque de Québec par Sir. William Phips. Octobre.
(*Ibid.*, p. 455.)

772. Relation des événements les plus importants arrivés au Canada, de Novembre 1689 à Novembre 1690. Adressée par M. de Monseignat contrôleur général à Madame de Maintenon (?).
(*Ibid.*, p. 462.)

La plupart de ces rapports annuels se trouvent résumés dans les lettres de La Potherie, vol. III.

1691. 773. Lettres adressées à M. de Pontchartrain par Frontenac et Champigny, Mai.
(*Ibid*, p. 503.)

774. Relation des événements les plus remarquables du Canada.
(*Ibid.*, p. 513.)

775. Dictionary of the Abnaki language. Cambridge, 1833, in-4.

Cet ouvrage est la traduction du Dictionnaire Abnaqui-Français, composé à partir de l'année 1691, par le C. Sébastien Rasles, né en Franche-Comté en 1658, missionnaire dès 1689 au Canada, où il fut tué par les Anglais en 1724.

776. Relation de la captivité du P. Pierre Millet, de la Cie de Jésus, parmi les Onneiouts en 1690—91. Nouvelle-York, Presse Cramoisy de J. M. Shea, 1864, in-8. 1691.

777. Lettre du R. P. Jaques Bigot, au Chapitre de Chartres, au nom de la nation des Abnaquis, à l'occasion de la lettre que leur avait adressée le Chapitre, pour les assurer des prières de l'Eglise, en leur faisant espérer un don de reliques. En la mission de S. François de Sales, proche Sillery, 7 Octobre 1692. 1692.
(*Vœux des Hurons*, p. 27.)

778. Ordonnance qui défend aux Officiers de la Marine de négocier au Canada. Du 22 Octobre 1692.
(Moreau de St. Mery, p. 518.)

779. Mémoires sur les affaires du Canada, de l'Acadie et de Terre-Neuve. 17 Février.
(Brodhead, IX, p. 527.)

780. Relation des opérations militaires au Canada. De Novembre 1691 à Octobre 1692.
(*Ibid.*, p. 534.)

781. Mémoire sur une attaque projetée contre le Canada.
(*Ibid.*, p. 543.)

782. Extrait des mémoires de M. Lamothe-Cadillac sur l'Acadie, New-York et la Virginie.
(*Ibid.*, p. 546.)

783. Mémoire de M. de Champigny sur les opérations militaires contre les Anglais au Canada. Depuis le mois de Novembre 1692.
(*Ibid.*, p. 550.)

1692. 784. Edit du Roi pour l'établissement des Pères Récollets à Québec, Montréal, Plaisance et Isle St. Pierre. Mars 1692.
(*Edits, Ordonnances royaux*, I, p. 287.)

1693. 785. Lettre circulaire du R. P. Dablon au R. P. Provincial en France, sur la mort du P. Pierre Joseph-Marie Chaumonot.
(Carayon, *le Père Chaumonot*, p. 169.)

786. Rapport sur les événements du Canada, depuis Septembre 1692 jusqu'en 1693.
(Brodhead, IX, p. 555.)

787. Mémoire envyé (à M. de Pontchartrain (?) le 12 Septembre (?) 1693, sur la découverte du Mississipi et des nations voisines, par le sieur de la Salle, en 1678, et depuis sa mort par le sieur de Tonty.
(Margry. *Relations et mémoires inédits;* et en anglais par M. Falconer, p. 49.)

788. Description de la route depuis les Illinois, par la rivière Mississipi, jusqu'au golfe de Mexique, par Henri de Tonty.
(En anglais, dans Falconer, p. 97.)

1694. 789. Lettre du R. P. Jacques Bigot au Chapitre de Chartres. De la mission de S. François de Sales, ce 27 Octobre 1694.
(*Vœux des Hurons*, p. 29.)

790. Lettre de M. de Villebon à M. de Pontchartrain sur l'expédition contre le fort Pemquid, 20 Août.
(Brodhead, IX, p. 574.)

791. Rapport du Ministre sur les opérations contre les Anglais.
(*Ibid.*, p. 587.)

792. Mémoire de M. de la Mothe Cadillac sur les 1694. négociations avec les Iroquois. (Incomplet d'un feuilet.)
(*Ibid.*, p. 577.)

793. Relation de ce qui s'est passé dans la mission de l'Immaculée Conception au pays des Illinois, depuis le mois de Mars 1693 jusqu'au Fevrier 1694, par le P. Jacques Gravier. Manate (New-York), 1858, in-8 de 65 pages.

794. Lettre du P. Gabriel Marest, où il donne le voyage qu'il a fait en 1694 avec M. d'Iberville à la Baie de Hudson.
(*Lettres édifiantes*, éd. de 1712, vol. X.)

795. Nouveaux Voyages de Mr. Le Baron de Lahontan, dans l'Amérique Septentrionale. La Haye, chez les Frères l'Honoré, 1703, 2 vol in 12, planches et cartes, sphère sur le titre.

796. Le même ouvrage. La Haye, l'Honoré, 1703, 2 vol. in-12, imprimé en caractères plus gros, sans la sphère.

797. Le même (en anglais). London, H. Bonwicke, 1703, 2 vol. in 8, planches et cartes.

798. Le même. La Haye, l'Honoré, 1704, 2 vol. in-12.

799. Le même. Amsterdam, chez François l'Honoré, 1705, 2 vol. in-12.

800. Le même. La Haye, 1706, 2 vol. in-12.

1694.   801. Nouveaux Voyages etc. Amsterdam, l'Honoré, 1728, 3 vol. in-12.

802. Le même. Amsterdam, Fr. l'Honoré, 1731, 2 vol. in-12.

803. Le même (en anglais). London, J. and J. Bonwicke, 1735, 2 vol. in-8.

« L'auteur, quoiqu'homme de condition fut d'abord soldat « en Canada. Il fut fait ensuite Officier, et ayant été envoyé en « Terre-Neuve en qualité de Lieutenant du Roy de Plaisance, il « se brouilla avec le Gouverneur, fut cassé, et se retira d'abord « en Portugal, ensuite en Dannemarck. » (Charlevoix.)

Cet ouvrage fut rédigé sous forme de lettres de 1683 à 1694. Il y est question de Cavelier de la Salle, dont La Hontan avait rencontré le frère à Mackinaw en 1668, lorsque ce dernier se rendait en France, pour apporter au roi des nouvelles de cette malheureuse expédition.

1695.   804. Rapport sur les événements du Canada, de Septembre 1694 à 1695.

(Brodhead, IX, p. 594.)

805. Reglement pour la conduite et discipline des troupes dans le Canada, 30 Mai 1695.

(Isambert, XX, p. 259.)

1696.   806. Déclaration sur la traite du Castor au Canada, 21 Mai.

(*Ibid.*, XX, p. 267.)

807. Extraits d'une série de dépêches sur les Iroquois et les Anglais.

(Brodhead, IX, p. 633.)

808. Rapport sur les événement les plus remarquables du Canada, de 1695 à Novembre 1696.

(*Ibid.*, p. 640.)

809. Lettre de M. de Magny à Pontchartrain, 1697.
Paris, 20 Janvier. (Brodhead, IV, pp. 658 et suiv.)

810. Lettre de Pontchartrain au Comte de Frontenac. Versailles, 28 Avril. (*Ibid.*)

811. Mémoire sur les événements les plus remarquables du Canada, jusqu'au 15 Octobre 1697. 1698.
(*Ibid.*)

812. Lettre de Pontchartrain à M. de Frontenac. Versailles, 12 Mars. (*Ibid.*)

813. Rapport sur les événements les plus remarquables du Canada, jusqu'au 20 Octobre 1698.
(*Ibid.*)

814. Correspondance entre le Comte de Bellomont et M. de Frontenac. New-York, Avril, Juin et Août.
(*Ibid.*, p. 690. — Charlevoix, II, 229.)

815. Lettre de Nicolas de la Salle. Fait à Toulon le 3ᵉ Septembre 1698.

Cette lettre écrite au sujet de l'expédition projetée à la Louisiane de 1699, est attribué par M. Thomassy qui la donne en extrait (page 23), à un neveu de l'illustre voyageur, écrivain de la marine à Toulon, qui aurait fait partie de l'expédition de 1682. « J'ose assurer icy Vostre Grandeur (dit l'auteur) que « dans mon premier voyage j'auois troqué quatorze perles, de « la grosseur chacune d'une noisette, que M. de la Salle me prit, « et qu'il a donné à nostre retour à Monseigneur le Marquis de « Seignelay. »
Ce de la Salle n'était parent à aucun dégré de Cavelier.

816. Lettre du R. P. Jacques Bigot, au Chapitre 1699.
de Chartres. De la Mission des Abnaquis, proche Quebec, 25 Septembre. (*Vœux des Hurons*, p. 33.)

1699.

817. Version de la réponse des Abnaquis de la mission de Saint François de Sales à la lettre et au présent qu'ils avaient reçus du Chapitre de N. D. de Chartres. Reçue en Janvier 1700.

(*Ibid.*, p. 54.)

818. Lettre du Chapitre de Chartres au R. P. Bigot, signée Vaillant Demihardonin, S. a.

(*Ibid.*, p. 42.)

819. Lettres de Louis XIV à Messieurs de Callières, et de Champigny, Intendant de la Justice et des finances, en date du 29 Avril 1699.

(Brodhead, IX, p. 698.)

820. Extrait d'une lettre d'Iberville, relatant son entrée dans les parages du Mississipi, à bord de la *Bazine*, le 2 Mars 1699.

(Thomassy, p. 26.)

821. Lettre du R. P. Jacques Bigot, adressée à Mr Patin, Vicaire Général de Chartres. Paris le 27 Janvier 1699.

(*Vœux des Hurons*, p. 25.)

822. Lettre du P. Gabriel Marest. Du pays des Illinois, 29 Avril 1699.

(Carayon, p. 263.)

823. Lettre du P. Julien Binneteau. Du pays des Illinois.

(*Ibid*, p. 268.)

824. Lettre du P. Jacques Bigot. Du pays des Abnaquis.

(*Ibid*, p. 277.)

Notes historiques. 353

825. Lettres de Louis XIV au Comte de Frontenac et à Callières. Versailles, 25 Mars. — 1699.
(Brodhead, IX, p. 697.)

826. Mémoire sur les empiétements des Anglais sur le territoire de la Nouvelle France.
(Ibid., p. 701.)

827. Arrêt du Conseil d'Etat qui accorde le patronage des Eglises à Mgr. l'Evêque, 27 Mai.
(Edits, Ordonnances royaux, I, p. 292.)

828. Relation de Terre-Neuve par White, qui y a été en 1700, traduite de l'original anglais. Suivie d'un mémoire touchant Terre Neuve et le golfe de St. Laurent. — 1700.
(Recueil des voyages au Nord. Amsterdam, 1720, vol. III, p. 357.)

829. Dictionnaire François - Onontagué, édité d'après un manuscrit du 17° siècle. Nouvelle York; à la presse Cramoisy, in-8.

830. Conférence entre M. de Longueuil, Commandant à Detroit et les Indiens. Juin.
(Brodhead, IX, p. 715.)

831. Conférence entre le Chevalier de Callières et les Iroquois à Montréal, 18 Juillet.
(Ibidem.)

832. Lettre de M. Delisle à M. Cassini sur l'embouchure du Mississippi.
(Journal des Savans, XIX, p. 211.)

1700. 833. Mémoire sur les Mœurs, Coustumes et Religion des sauvages de l'Amérique Septentrionale, par Nicolas Perrot. Publié pour la première fois par le R. P. Tailhan, de la Compagnie de Jésus. — Paris et Leipzig, Franck, 1864. In-8.

Nicolas Perrot, appelé par les Indiens *Metamineus* (Petit-blé-d'Inde) est né en 1644 et mort après 1718. « C'étoit un homme « d'esprit, d'assez bonne famille, et qui avoit quelque étude. La « nécessité l'avoit obligé de se mettre au service des Jésuites, ce « qui lui avoit donné occasion de traiter avec la plûpart des « Peuples du Canada, et d'apprendre leur langue. Il s'en étoit « fait estimer, et peu à peu il s'étoit insinué dans leur esprit de « telle sorte, qu'il leur persuadoit aisément tout ce qu'il vouloit. » (Charlevoix, liv. X.)

Dans une histoire de Cavelier de la Salle, citée par M. Parkman (*Great-West*, Chap. VIII), La Salle accuse Nicolas Perrot « autrement Solycoeur » (Jolicœur?) d'avoir voulu l'empoisonner avec de la ciglie.

Cet ouvrage semble avoir été écrit au jour le jour, depuis 1665, lorsque Perrot commença son utile carrière comme simple coureur de bois, jusqu'à sa mort, puisque nous le voyons faire allusion à l'expédition de M. de Louvigny (1716—17.) Ce mémoire ne devrait donc pas être inséré ici, puisque nous nous sommes assignés la première année du XVIIIe siècle comme limite; mais vu son importance, et le fait que Perrot raconte *de visu* des événements qui se sont passés sous l'administration de de la Barre, de Denonville et de Frontenac (1684—1699), nous l'ajoutons à notre liste.

Cad. Colden en a traduit et publié une partie dans son *History of the five Indian nations of Canada*, London, 1747, in-8. La Potherie et Charlevoix le citent souvent, d'après la copie qui se trouvait dans la bibliothèque de M. Begon, Intendant du Canada en 1721, et qui semble être celle dont s'est servi le P. J. Tailhan.

INDEX.

A

Accau (Accault, Michel), 147, 160, 179.
Agnese (Baptiste), 191.
Agricola (Hieron.), 92.
St. Aignan (duc de), 238.
d'Aiguillon (duchesse), xiv.
d'Ailleboust (Louis), v, 83, 301.
d'Albert (Chev.), xix.
Alegambe (P.), 297.
Alemand (Pierre), 207.
Alexandre VII. (pape), 304, 313.
Alfonce (Jean), 5—9, 14, 17.
Allart (P. Germain), 147.
d'Allet, 59, 60.
Allouez (P. Claude resp. Jean), 110, 122, 135—137, 179, 303, 304, 327, 329, 345.
d'Amanville, 239.
d'Amour de Chauffours, 337.
d'Ampville, duc, v. de Lévis.
André (P. Louis), 320, 327.
Antonelli, 191.
d'Aout (Ambr.), 75.
Aquaviva (Claude), 38—40.
Argall (Sam.), 39, 40, 46.
d'Argenson (Vic.), 83, 304, 306, 308.
„ (Pierre Voyer), v.
Arnauld (Antoine), 59, 60, 159—60, 313.
Augelle (Antoine), 179.
d'Aunay Charnisay, 93, 295, 298.
Auroy (Amable), 154, 158, 167.
d'Aux (Chev.), 211.
d'Auxillon (Paul), 254, 256, 257, 272, 273, 276.
d'Avezac, 3—5.
Aymar de Chastes (des Chattes), 16.
„ (Vincent), 6, 7.

B

Bailloquet (P.), 181.
Baldwin (Rich.), 168.
Baltazar, 39.
Barberini (Cardin.), 293, 294.
Barbin (Claude), 115.
Barbot (Laurent), 274.
Barcia, 166.
Baronius, 20.
Barre (de la), 162, 334—38, 354.
Barrois (M. de), 146.
„ (M. le), 310.
Baudrand (Abbé), 239.
Bayard, 253, 256, 264, 268, 273.
Beauharnois (Mad. de), 175.

Beaujeu (Capt. de), 163, 164, 204, 205, 214, 239, 337.
Beautemps-Beaupré, XXI.
Begon, 354.
Belgrano, 191.
Belknap, 39.
Belleval, 4.
Bellin (Jacq. Nicol.), XXXXI.
Bellemont (de), 351.
Belmont, 85.
Bentivoglio (Guido), 287.
Bentley, 184.
Bergier, 151.
Berjon (Jean), 31.
Bernard, 171, 174, 239.
Bernard (Zaccar.), 219.
Berry (Will.), 233.
Berthoud (Ferd.), XXII.
Bethoncourt v. Robineau.
Biard (P. Pierre), 31, 33—40, 46, 47, 49, 51, 62, 284—86.
Biencourt (Jean de) v. Poutraincourt.
Biencourt (Charles), 29, 38, 39, 285.
Bienville, XVIII, 146.
Bigot (P. Jacques), 338, 339, 347, 348, 351, 352.
Billaine (Louis), 114, 115, 118, 143.
Binet (E.), 77.
Binneman (W.), 220.
Binneteau (P. Jules), 352.
Biron (comte de) v. de Lévis.
Bisselin (Oliv.), 6.
Bissot (Claire), 139.
 „ de Vincennes, XVIII.
Blaeu (Jo.), 218, 229.
Blandinière (de la), XIX.
Blome (R.), 235.
Boismare, 162, 323.
Boisguillot, 174.
Boisrondet (de), 175.
Boisseau (Jean), 227.
Bompar (de), XX.
Bonaventure (de), 213.
Bonwicke (H.), 349.
 „ J. et J., 350.

Bordier (Jacq.), II, 107, 109, 110.
Boucher, 35, 151.
 „ (Jean), 36, 48, 98.
 „ (Claude), 103, 327.
 „ (Pierre), 106.
Boues (des), 288.
Boullanger (Jean de), 55, 77, 78.
Boullé (Mar. Hel.), 65.
 „ (Boulay, Nicol.), 65.
Bourdon (Jehan), XXVIII, 191, 192.
Bourgeois, 107.
Bourgmont, XVIII, XXIV.
Bouteroue (de), 314.
Bouteux (P. Jacq.), 299.
Bouthillier (Claude), IV.
 „ (de Chavigny), IV.
Bouttat (Gasp.), 183.
Bouvard (P. Martin), 332.
Bramereau (Jacq.), 76.
Brébeuf (P. Jean de), 40, 50, 56, 63, 70, 75, 76, 90, 91, 294—97, 299.
Bresche (Pierre de), 78.
Bressany, 295, 297.
Bretonvilliers (de), 85, 123.
Briasson, 118.
Brienne, III.
Brockholls (capt.), 335.
Brodhead, 123, 125, 148, 175, 199, 295, 300, 308—12, 314—17, 321, 323, 325, 331, 333—41, 344, 346—48, 350—53.
Brodelet (Guill.), 173, 182, 239.
Bruas (P. Jacq.), 327.
Brulart, 286.
 „ (Nicol.), 22, 28.
 „ (Noël), 293, 295.
Brulé (Etienne), 174.
Brunet, 17, 25, 42, 79, 149.
Bruslart, 279.
Bruyas (P.), 318.
Buckingham Smith, 222.
Buillon, (de), 292.
Bullion & Bouthillier, 57.
Buteux (Jacq.), 95, 96.
Buxemechers, 217.
Bynneman (H.), 9.

C

Caen (de, Emery resp. Guill.), 49, 51—53, 55, 56, 58, 65, 296.
Callières (de), XXVII, 148, 336, 338, 344, 345, 352, 353.
Calliste (Niceph.), 61.
Carayon, 38—40, 50, 59, 285, 290, 293, 295—97, 299, 300, 304, 305, 343, 345, 348, 352.
Carheil (P. de), 345.
Carli (Fernando), 222.
Caron (Joseph le), 47, 69.
Cartier (Jacq.), XXIX, XXXII, 1—5, 9, 10, 13, 23, 45, 223.
Casot (P. Jean Jos.), 141.
Cass (Gen. Lewis), XVI.
Cassini, 204, 239, 353.
Casson (de), 123.
Castillon (André resp. Jacq.), 54, 84, 104, 105.
Castries (Maréch. de), IX.
Catherine de St. Augustin, 111, 112.
Cavelier, 239, 343.
    „   (Abbé Jean), 123, 163—165, 170, 173, 174.
Cavelier, (Henry), 54.
    „   (René Robert), 122.
    „   (Robert) v. La Salle.
Cayet (Vict. Palma), 284.
Cayne (Claude), 40.
Cellot (P. Louis), 99, 100, 303.
Cervini (Marcelle), 222.
Chabert (de), XX.
Chabot (Phil. de), 2.
Chamblay (de), 107.
Champigny (de), 133, 341, 345—47, 352.
Champlain (de), XXVI, 14—16, 18, 20, 23, 31—34, 36, 38, 40—43, 46—50, 52, 56, 58, 62—66, 70, 79, 80, 225—27, 229, 232, 284, 285, 287—289, 291, 293.
Champs (P. de), 321.
Chapoin (P.), 68.
Charles I (roi d'Angleterre), 56.

Charles II (roi d'Angleterre), 233.
    „   IX (roi), XXIX, XXXII, 3.
Charlet (P.), 89.
Charlevoix, XX, 7, 14, 18, 33, 34, 38, 46, 53, 68, 105, 106, 108, 115, 118, 125, 144, 154, 158, 163, 165, 168, 169, 172, 298, 300, 302, 311, 334, 339, 344, 345, 350, 351, 353, 354.
Charnisay, 295.
Charny, 84.
Charton (François), 49.
Chastes, 32.
Chateauneuf (de), 292.
Chattes, 18.
Chatton (Estienne) v. Jannaye.
Chaumonot (P. Jos. Marie), 91, 92, 295, 296, 306, 332.
Chaumonot (P. Pierre), 299, 305, 306, 343, 344, 346, 348.
Chaussée (de la), 84.
Chauvin (Jan), 16, 18, 52.
Cheffault (A.), 70, 294.
Chefdeville, 163.
Chefdhotel, 12.
Chenu, 258.
Cheruel, 53.
Chesnaye (Hubert de la), 70.
Chesnet (Pierre), 345.
Choiseul (comte de), VIII, IX, XXI.
Cholenec (P.), 328.
Chomedey (Paul de), 84, 304—6.
Clairambault (de), VI, VIII, XX.
Claude-Martin, 118, 119.
Clement, VII, 310, 314—17, 319, 321, 324—26, 329, 331, 333.
Colbert (J. B.), IV, VI—IX, XIII—XV, XXIV, 60, 61, 106, 109, 134, 146, 197, 199, 310—17, 319, 321, 325—327, 329—31.
Colbert du Terron, VII, 315.
Colden (Cad.), 354.
Collet (Claude), 41, 42, 47, 64, 66.
Combes, 25.
Condé (prince de), IV, 25, 32, 46, 64, 146.
Cooke (Edw.), 168.

Coquille, 328.
Cornutus (Jac.), 73.
Coronelli (P. Mro.), 128, 219, 235, 236, 239.
Coste, 25.
Cottenmael, 12.
Couillard (Guill.), 45, 47.
Courcelles (de), v, 59, 60, 123, 309, 312, 314, 316—18.
Courtenvaux, 61, 68.
Couture (Guill.), 164, 170, 174.
Covens & Mortier, 221.
Coxe (Dr.), 87, 159.
Cramoisy (Sébast. resp. Gabriel & Mabre), xiv, 58, 60, 61, 69—71, 73, 75, 76, 78, 80, 86—91, 93—97, 99—101, 103—113, 115—117, 120, 152, 318, 331, 338, 339, 343, 347, 353.
Crasset (Jean), 346.
Crépieul (P.), 317.
Créquy (de), 309.
Creuxius v. Du Creux.
Croix (de la), 202, 203, 209, 212, 215.
Crozat, 342, 343.
Curzeau, 253.

D

Dabertzhofer, 36.
Dablon (P. Claude), 54, 114—16, 137, 138, 140—43, 179, 319, 320, 323, 327, 329, 331, 348.
Dampuille (Damville), v. Levis.
Daniel (Capit.), 54, 55.
  „ (P. A.), 90.
  „ (Jean), 75.
D'Anville, 64.
Daumont de S. Lusson, 123, 175, 316.
Daupin (Franç.), 151.
Dauversière (de la), 84.
David (P. Didace), 286.
De Bry, xxvi, 216, (Bryaci).
Dechamps (Estienne), 111, 113, 114.

Delacourt, 295.
De Laët, 227.
Delletto, 146.
De Lisle (Guill.), xxvii, 171, 204, 215, 216, 221, 239, 342, 353.
De Michel, 169.
De Mons, 102.
Denonville (de), 203, 234, 336, 339—42, 344—46, 354.
Denys (Nicol.), 97, 98, 114, 155, 279, 292, 302.
Denis de S. Simon, 123, 175.
Dermer, 87, 121.
des Islets v. Talon.
Des Portes (Phil.), 10.
Dessalles, I.
Devilleneuve, 203, 205, 210, 211.
Dinet, 82.
Dolbeau, 47, 69.
Dolier (P.), 193.
  „ et de Galinée, xxv, 315.
Dollier de Casson (Franç.), xviii, 85, 123, 124, 317.
Dongan (Thom.), 337.
Douay (P. Anast.), 125, 159, 160, 163—65, 183, 342.
Doublet (cap.), 307, 309.
Douniol, 137—40, 142, 143, 303, 312, 317, 319, 320, 324, 327—329, 330, 345.
Dreuillette (P. Gabriel), 136, 301.
du Bois d'Avaugour, 307, 308, 311.
Dubos (J. P.), 149.
du Breuil v. Chesnet.
Dubrowski (Pierre), iv.
du Burel (Charles), 75.
Duchesne, 54, 61.
Duchesneau (Jacq.), 175, 197, 199, 324, 326, 328, 329, 331—33.
Ducodray, 271.
Du Creux (Creuxius), 40, 105, 120, 229.
du Dauphiné (Nicol.), 227.
Dudley (Rob.), 218.
du Gua (Guast, Pierre), v. de Monts.

Du Hamel (Jacq.), 10, 17.
Duhaut (Du Hault), 166.
Dujardin & Duchesne, 37.
Du L'hut (Graysolon), XVIII, 130, 145, 148, 175—77, 181, 201.
Du Lude v. Du L'hut.
Du Peron (frères), 295.
Du Petit-Val (Raph.), 2, 10, 11.
Du Plessis-Guénégaud, VI, VII, 69.
Dupont-Gravé, 16, 18, 20, 24, 32, 43.
Duret (Gilbert), 49.
du Rollet, 283.
du Terron v. Colbert.
du Thet v. Gilbert.
Duval (P.), 218, 229, 233.
Duvaucel, 59.
Du Vicquet (Duviquet, avoc. gén.), 19, 282, 283.

E

Einet *pro* Binet (Estienne), 78.
Enjalran (P.), 181.
d'Épinoy (princesse), 167.
Erondelle (Pierre), 25, 225.
d'Esclavolles (Sieur), v. Boucher (Jean).
d'Estouteville (Jehan), 254, 265.
d'Estrades (comte), V, 108.
d'Estrée (comte), 108.
d'Étampes (Pierre), 1.

F

Faillon (Abbé), 4, 14, 15, 43, 45, 57, 58, 60, 65, 83—85, 120, 192, 193, 229, 230, 317, 323.
Falconer, 335, 348.
Faribault, 109.
Faucheur v. Roffet.
Faupytre, 264.
Feauté (Pierre), 75.

Fénélon (de), 318.
Fer (de, N.), 218, 231, 238.
Ferland (Abbé), XXXII, 4, 5, 34, 35, 47, 65, 70, 124, 139.
Ferrière (de la), IV.
Fessard (P. Michel), 331.
Feuquières (Marquis de), v. Pas.
Filleau (P. Jean), 86, 87.
Fléché (P. Jessé), 26, 29, 37, 46, 51.
Fletcher (Benj.), 168.
Fleurieux (de), XX—XXII, XXVII.
Florio (John), 9.
Fontette, 2.
Fonville (de), 214.
Fouzet (Cs.), 277.
Fracastor, 223.
Franchise (de la), 15.
François I. (roi), XXXII, 4, 5, 11, 69, 243, 259, 272.
François (Jeanne), 112.
Franquelin (J. B. L.), XXV, XXVIII, 139, 162, 197—201, 203—209, 212—215.
French (B. F.), 333.
Freschot (Casim.), 153.
Frontenac (comte de), 60, 129, 131—34, 139, 143, 146, 148, 150, 151, 157—59, 175, 194, 209—11, 315—19, 321, 325, 326, 328—35, 345, 346, 351, 353, 354.

G

Galinée, XVIII, (René Brehan), 123—26, (P.), 193, 315.
Galissonière (marquis de la), XIX.
Garneau (P. L.), 301, 303, 309.
Garnier VI, (P. Charles), 94, 299, 318.
Garnier (Joseph), 94.
„ (Henry), 95.
Gaudais, 307, 308, 314.
Gaultier, 151.
Gilbert du Thet, 39, 46, 58.

Gimont (Paul de) v. Boucher (Jean).
Girette, vi.
Gobat (George), 92.
Gonzales de Mendoza (P. Jean), 224.
Gosselin (E.), 283.
Goulard (Simon), 279.
Goupil (F. René), 296.
Gourdin, 186.
Gourgues, 22.
Granches (des, Catherine et Jacques), 5.
Gravier, 323, 325, 333—35, 337, (G.), 283, (P. Jacq.), 125, 349.
Grenville, 3.
Greysolon v. Du L'hut et Tourette.
Grillard, 35.
Gripon (P.), 157.
Gruchet (G.), 238.
Gua (de, Pierre) v. Monts.
Guémendé, 71.
Guerard (N.), 145, 234, 239.
de Guercheville (Mad.), 33—35, 38, 39, 46, 51.
Guérin, 5, 7, 55.
Guerra (de Conti), 153.
Guignard (Jean), 169.
Guillaume III (roi), 173, 181—83, 185, 239.
Guillaume le Breton, 45.
„ d'Orange, 148.
Guyard v. Marie de l'incarn.
Guyot, 11.

H

Hakluyt (Richard), xxvi, 2, 5, 7, 13, 25, 224.
D'Hamecourt, v, vi, viii.
Harlay de Champsvallon, 315.
Haultain (Hieron.), 17.
Hawes (Nicol.), 39.
Hebert (Louis), 34, 44, 45, 65, 287.
Hebert (Guillemette), 47.

Hennepin (P. Louis), xviii, 130, 145—151, 153, 154, 156, 158—60, 173, 174, 176, 179, 181—86, 201, 209, 234, 237, 239, 333.
Henri II. (roi), xxxii, 227.
„ III., 11, 12, 13, 60, 82, 279.
„ IV., 14, 16, 18, 19, 22, 26, 28, 30, 37, 38, 52, 60, 280, 284.
Henri de Bourbon v. Condé.
Hertel (Franç.), 174.
Hiens, 166.
Holme (B.), 5.
Homann (J. Bapt.), 221.
l' Honoré (Franç. et frères), 50, 349.
Hoorn (Jan ten), 155.
Hotiel (de), 46, 54, 68.
Hubeault (Jacq.), 238.
d'Hozier, 323.
Huilliere, 280.
Hurault (Michel), 280.
Huré (Sebast. veuve), 145.
Hutchinson, 300.
Huzard, 300.

I

d'Iberville, xviii, 165, 169, 172, 349, 352.
Inselin (C.), 238.
Isambert, vii, 308, 350.

J

Jacobsz (A.), 226.
Jacques I. (roi), 39.
„ II. „ 220.
Jacquin, 21.
Jacquinot (P. Bartel.), 58, 70, 71.
Jaillot (Hubert), 220, 232, 234, 235.
Jal, 330.
Jamay v. Jamet.
Jamet (P. Denys), 43, 45, 47, 51, 65, 69, 288.

Jansen (Amst.), 218.
Jarry, XV.
Jaunaye (de la), 13, 279.
Jeannin (Pierre), 20, 28, 33, 41, 284.
Jöcher, 72.
Jogues (P. Isaac), 87, 90, 296, 297.
Joibert (Pierre de), 326.
Jollain (Cl.), 218.
Jolliet (Louis resp. Jean), XXIV, XXV, XXVIII, 87, 123—25, 128—140, 143, 149, 161, 174, 194, 195, 197—99, 205, 213, 215, 231, 320, 321, 323, 342.
Joubert (Capt.), 55.
Joublot, 109, 314.
Joutel (Henri), XVIII, 159, 160, 163—65, 167, 169, 170, 342.
Jouvenci (P. Jos.), 40, 285.
Juchereau (Mère), 113.
„ de S. Denis, XVIII.

K

Kertk (Kirk, David, Louis, Thomas), 66.
Kertk (Louis), 54, 56, 58.
Kinchius (Jo.), 96.
Kohl, 224.
Kingston (Felix), 43, 44.

L

Labat (P.), 60.
Lafaye (Jean de), 283.
Lafillard, VIII.
Lafiteau (P.), 142.
Lafosse (de), 93.
Lagny (de), 133.
La Hontan (de), 175, 236, 349, 350.
Laigniet (J.), 231.
Lallemant (Charles resp. Hieron.), 40, 48—50, 53, 62, 65, 75, 81, 82, 84, 86, 88—91, 93, 95, 101, 105—7, 289, 290, 292, 299.

Lallemant (Gabr.), 90, 91.
Lallement (Rich.), 56.
Lambert (Bruss.), 186.
„ (Forent.), 106, 112.
Lamberville (de, Jean et Jacques), 318, 327, 332, 336, 337.
Lamothe-Cadillac, XVIII, 175, 347, 349.
La Mauguère, 321.
Langen (J. G.), 156, 184, 186.
Langlois (Denys veuve), 153
La Potherie, 346, 354.
La Ravardière, 57.
Larchevêque (Jean), 167.
La Reynie, 116.
La Roche (Marquis de), XXXII.
La Salle, de (Jean Bapt. Franç. Cav.), 323.
La Salle, (Nicolas), 351.
„ „ (Rob. Cavelier), XVIII, XXIV, XXV, 123, 125—35, 145—47, 149—51, 157, 159, 160—67, 169, 170, 182, 183, 195, 196, 199, 201, 203—5, 212, 214, 215, 239, 316, 322, 323—25, 330, 332—37, 339, 340, 342, 343, 348, 350, 354.
Lassey (Marquis), 177.
Lattaignant, 54.
Laudonnière, 22.
Lauson, de (Jean resp. Charles), V, 70, 83, 84, 300.
Lauzon (de), 54, 96.
Laval (Franç. de, de Montmorency), 119, 120, 154, 304—306, 313.
Laval (Louis de), 145.
Lavallière, 10.
Lébert (Mr.), 131.
Le Borgne (Eman.), 112.
Le Boudan, 237.
Le Bouthilliers, 292.
Le Caron (P. Jos.), 51, 159, 287, 289.
le Chapitre, 347.
le Clerc (Anthoine frères), I.
Le Clercq (P. Chrét.), 150, 158, 160, 167.

Le Clercq (bibl.), 16, 47, 51, 57, 113, 118, 125, 157, 170, 171, 174, 183, 286—90, 294, 335, 342, 344.
Le Coq (R.), 221.
Le Cordier (S.), 238.
Le Desme (P.), 56, 63.
Le Fébure v. de la Barre.
Le Gardeur XIX, XXIV.
Le Jeune (P. Paul), 58, 59, 70, 71, 73, 75, 76—81, 100, 104, 293, 297.
Le Long (P.), 41, 43, 72, 109, 186, 230.
Le Maitre (Simon), 84.
Le Mercier (Franç. Jos.), 77, 78, 97, 100, 107, 109—11, 114, 118.
Le Moyne et Grillard, 35.
Le Moyne (Simon), 73, 101, 103.
Le Mur, 64.
Le Neuf de la Vallière, 325.
Lenglet du Fresnoy, 106.
Lenoir (Etienne), XXII.
Lenox (James), 102, 301.
Leon (Alonso de), 166.
Leonard, 57, 302.
Le Roux (P. Val.), 159.
Le Royer (Jérôme), 83.
Lescarbot (Marc), XXVI, 2, 4, 5, 14, 19, 20—30, 33, 36, 39, 41, 45, 225, 280, 283—86.
Le Sueur, 216.
Les Varennes de la Veranderie, XIX.
Le Tellier (Michel), IV, 300.
Le Vasseur (Thom.), 35, 285.
„ „ de Neré, 213.
Levis (de), 98.
„ (Franç. Christophe), 303.
Levy (Henri de), 49, 53, 65, 289, 303.
Liébaux, 43, 121, 218, 231.
Liegeois (Jean), 75.
Limoilon (Sieur de) v. Cartier (Jacq.)
Lingendes (P. Claude de), 93—95.
Lionne (de), III, VII, 307.
Liotot, 164, 166.
Locke (Michel), 224.
Lodowick (Charles), 158.

Loménie (Ch. F. de), III, XV, 87, 298, 302, 303.
Longueuil (de), 353.
Louis XIII. (roi), 21, 38, 52, 56, 60, 62, 286, 287, 295, 297.
Louis XIV., III, VIII, XIV, XV, XVII, XXIX, 57, 93, 97, 105, 116, 120, 123, 145, 148, 150, 153, 191—3, 174, 236, 298, 304, 306, 312, 314, 333, 338, 352, 353.
Louis XV., XVII—XIX, XXIX.
„ XVI., IV, XX—XXII.
„ Armand de Bourbon, 126.
„ Philippe, XXXI.
Louvigny (de), 354.
Louvois, 4.
Lowndes, 25, 225.
Loyson (Est.), VI.
Lucini (A. F.), 218.
Luynes (Chev. de), XIX, XX.
Lyonne (Martin), 95.

M

Magny (de), 351.
Naintenon (Mad. de), 346.
Maisonneuve (de), 301, 305—7.
Malapart Parisien, 55.
Mallard (Thom.), 9.
Manse (Mlle), 84.
Marchant (Claude), 258.
„ (G.), 264.
Marc (Philibert de la), 4.
Maureau (Jean de), 258, 262.
Marest (P. Gabriel), 349, 352.
Margry (P.), 7, 16, 87, 122, 125, 126, 129, 131, 139, 160, 170, 171, 348.
Marguerite (Princesse de Valois), 278.
Marguerite (Reine), 22.
Marie de Ste. Bonnaventure, 107.
„ de St. Joseph, 96.
„ de l'Incarnation, 108, 116, 118, 143, 144.

Mariette (P. Pierre), 219, 220, 228, 230, 237.
Marillac (Michel de), 111.
Marnef (Jan de), 6, 8.
Marquette (P. Jacq.), XVIII, 87, 124, 125, 131—144, 149, 161, 194, 195, 197, 231, 320, 324, 329, 342.
Marsily (Fel. Ant.), 219.
Mart (P.), 279.
Martène (Dom), 118.
Martin (P. Felix), 141, 142, 297.
  „ (Fr. Ignace), 225.
Massé (P. Ennemond), 31, 37, 38, 40, 46, 47, 49, 50, 51, 63, 70, 75, 285.
Massiot, 163.
Matkovic (P.), 191.
Maulde & Renou, 140.
Maurepas (comte de), 175, 214.
Mazarin (Card.), III, IV, VI, 305.
Mechain & Delambre, XXII.
Medici (Cath. de), 44.
  „ (Marie de), 30, 37.
Medina (Pierre de), 227.
Medrano (Fernandez de), 186.
Membertou, 23, 24, 26—28.
Membré (P. Zenobre), XVIII, 159, 160, 161, 163, 165, 174, 335.
Menard (P.), 103.
Mercier (Franç.), 75.
Mercœur (Duc de), 14.
St. Mery (de) v. Moreau.
Mesy (de), 192.
Metairie (Jacques de la), 150, 162.
Meulles (Mr. de), 199, 206, 309, 336, 337.
Mezy (de), 307, 309.
Michallet (Estienne), 121, 169.
Michel (de), 342.
Michelant & Ramé, 2, 11, 14, 279, 280, 286, 287.
Millet (P. Pierre), 327, 347.
Millot (Jean), 21, 22, 24, 30, 225.
Minot, 163, 164, 203—5, 214.
Minuty, 205.
Moette (Thom.), 153.

Monseignat (de), 346.
Monstr'oeil (Claude de), 15.
Montauban (de), 183.
Montdevergue, 109.
Montezan (P. de), 142.
Monti (Giacomo), 153.
Montigny v. Laval.
Montmagny (de), V, XXXI, 60, 98, 121, 293, 295, 297.
Montmorency (Charles de), 15, 17.
  „ (Duc de), IV, 16, 18, 49, 64, 65, 98, 289, 303.
Monts (Montz, de), 17—24, 26, 28, 29, 32—34, 38, 44, 51, 52, 65, 280, 281—83, 287.
Morain (P.), 328.
Moranget, 166.
Morden (Rob.), 219, 220, 235.
Moreau (Denys), 67, 68.
  „ (Peré), 174.
  „ de S. Mery, XIII, 117, 308, 316, 321, 338, 347.
Morel (Thom.), 10, 20.
Morgan, 2.
Morne (de), 212.
Morquel (Denis), 160.
Morton, 80.
Morville (de), XV.
Motesse, 258.
Motte (de la), 213.
Muguet (François), 185.
  „ (Louis), 36.
Munsell (J.), 331, 339.

N

Nappi (P. Philippe), 296.
Narbonne-Pelet (comte de), XX.
Nicholas (Jos.), XXVII.
Nickel (P. Goswin), 303, 305.
Nicolai (Nicolas de), 227.
Nicolet (Jean), 87, 121, 174.
Nicolls (Rich.), 311, 312.
Nicolosi (Jo. Bapt.), 217, 218.
Niverville (de), XIX.

Noël (Nouel, Jacq.), 13.
„ (Michel & Jean), 13.
Nolin (J. B.), 235, 236.
Noue (de, de la, Pre.), 50, 58, 65.
„ (Anne de), 75.
Nouvel (Henri), 327.
Noyrot (P.), 50, 55, 65.

O

d'Oisy (Chev.), XX, XXI.
d'Olban (P. Jean), 286.
Olier, 59, 82, 83, 85.
d'Orléans (Gaston), 64.
d'Ossillon v. d'Auxillon.
Otto (Andreas), 156.
Oudiette (Jean), 117, 326.
„ (Nicol.), 327.

P

Panoniac, 24.
Paquot, 148, 158.
Parfait (frères), 10.
Parkman, 39, 80, 125, 126, 139, 143, 149, 162, 164, 166, 176, 195—97, 199, 201—3, 300, 333, 343, 354.
Parrot (N.), 295.
Pas (Isaac de), 103.
Pasquine, 208.
Pastedechouan (Pierre), 71.
Patisson (Phil.), 17.
Patoulet, 316.
Paul III. (pape), 287.
„ V. „ 29, 284.
Paulmier, XXVI.
Payen (Guill.), 268.
Pelletier (David), 225.
Peltrie (Mad. de la), 116, 118.
Penicault, XVIII.
Pennes (de), XIX.
Pepic (Rob.), 153.
Perier (Adr.), 20, 41.

Perier (Jérém.), 23, 24.
Perrault (P. Julien), 72, 75, 76.
Perrier de Salverte, XX.
Perrot (Nicolas), 125, 174, 303, 331, 344, 354.
Petit-Val, 17.
Petrée (evêque de) v. Laval.
Peyronnier (A.), 219, 238.
Philippe Auguste (roi), 1.
Philippe le Bel (roi), 1.
Phips (William), 346.
Pierre de Castille, 20.
Pierson (P.), 181, 327.
Pilinski (Ad.), 227.
Pinette (P. Jean), 115, 116, 319, 321.
Pisart (P. Cl.), 303.
Plessy (Pacific du), 47.
Plet, 330.
Poirson, 14.
Pomponne (de), III.
Pons (Antoinette de) v. Guercheville.
Pons de Lausière, 64.
Pontchartrain (M. de), IV, V, VIII, XIX, 176, 211, 212, 346, 348, 351.
Potier, 17, 279, 280, 282, 283.
„ (Nicolas), 332.
Poutraincourt (de), 20—24, 26, 29, 30, 32, 35, 37, 38, 41, 44, 46, 51, 52, 284, 286.
Pozzi (Benigno), 113.
Praslin (duc de), IX.
Prault, 117, 291.
Prevost (Benoît), 278.
Prouville (Alex.) v. Tracy.
Pullet (de), 258.
Purchas, 39.

Q

Quens (Jean de), 100.
Quenteville (Jan de), 285.
Quentin (Jacq. et Claude), 39.
Quer (David), 291.
Queylus (abbé de), 59, 119, 123, 306, 313.

R

Rache (Pierre de), 92.
Raetzel, 113.
Raffeix (P.), 181, 208.
Ragueneau (P. Paul), 80, 91—96, 101, 113, 299.
Ramé, 2, 14, 18, 45.
Ramirez, 4.
Ramusio (Ramutius, Gio. Bapt.), 2, 9, 11, 223.
Rancé v. Ransay.
Ransay des Boues (Charles), 45, 47.
Rasilli (Isaac de), 53.
Rasles (Sébast.), 346.
Raudin, xxv, 209.
Raudot, 139.
Razilli (Claude), 54, 55—57, 293.
Redouer (Mathurin de), xxvi.
Regnoul (Jean), 27.
Remy (Dan. de), 311.
  „ (Jean, veuve), 299.
Renard (L.), xxv, 239.
Renault (Jacq.), 101.
Reyard (Beyard? Nichol.), 168.
Rich (Obadiah), 140.
Richard (Antoine), 75.
Richelieu (Card.), II, III, 52—55, 57, 58, 63—65, 83, 290—93, 296.
Richelieu (Maréchal), xix.
Richer (Capt.), xxvi.
Roberval v. Roque.
  „ (Marguerite), 278.
Robin (Thom.), 37, 285.
  „ (Morice), 279.
Robineau (René), 102.
Robyn (J.), 232, 235.
Roche (Marquis de la), 12, 14, 18, 279, 280.
Roche (P. Joseph de la), 49, 290.
Roffet (Ponce, dit Faucheur), 1, 3.
Roggeveen, 232.
Rondet (Laurent), 154.

Roque (Jean Franç. de la, Sieur de Roberval), xxxi, xxxii, 4, 5, 7, 11, 12, 60, 245, 253, 254, 257, 259, 265, 268, 271—73, 276, 277.
Roque (Guill.), 274.
Roquemont (de), 54, 66.
Rosaggio (G.), 233.
Rosée, 70.
Rossi (Gio. Giac. de), 232.
Royon (Nicol.), 97.
Ruscelli, 223.
Ruter, 166.

S

Sabin (Jos.), 168.
Saccardi (de), 211.
Sagamo, 75.
Sagamos v. Memberton.
Sagard (P.), xxvi, 46, 50, 51, 67, 68, 74, 75, 159, 287, 289, 294.
Saingelais (Mellin de), 6, 8.
Saint-Aubert, 20.
Saintes, 15.
Saint Etienne (Charles de), 156, 294, 300.
Saint Just (baron), 29.
Saint Mery (Moreau de), 301, 321, 326.
Saint Simon, 6.
Salazar (Jehanne de), 29.
Salieres (de), 107.
Salle, de la, v. La Salle.
Sanson d'Abbeville (N. resp. P. S.), 219, 220, 228, 230, 232—34, 237, 238.
Sartines (de), IX, XXI.
Saugrain (Guill.), 113.
  „ (Jos.), 121.
  „ (veuve), 291.
Saumaise, 4.
Saurmans (Ph. G.), 186.
Saussaye (de la), 51.
Savine (Leon), 25.

Seguier, III.
Seignelay (Comte de), III, VI—VIII, XV, XXVIII, 162, 165, 177, 205—7, 211, 212, 220, 234, 309, 332, 333, 335, 336, 338, 340, 341, 344, 345, 346, 351.
Seller (John), 220.
Sertenas (Vincent), 278.
Sevestre (Louis), 63, 64.
Shaw (N.), 16.
Shea (J. Gilmary), 59, 124, 125, 137, 141—3, 149, 159, 318, 319, 321, 331, 336, 338, 339, 343, 347.
Sidney (Phil.), 224.
Silvy (P.), 327.
Soissons (Comte de), 33, 34.
Solar, 68.
Soleinne, 17.
Sonnius (Claude), 74.
Sorel (de), 107, 108.
Soto (Hernando de), 135.
Sotwell, 40.
Spada (Cardin.), 149.
Sparks (Jared), 125, 149, 159, 183.
Stuart (Jacques), 55.
Sully, 19, 32, 52, 284.
Swelinck (Jan), 22, 225.

T

Taillhan (P.), 125, 295, 303, 316, 321, 344, 354.
Talon (Mr.), XV, 60, 123, 128, 132, 158, 192, 196, 229, 310—13, 315—17.
Tanner, 297.
Taupitre (Franç.), 258.
Tellier (Pierre le), 75.
Ternaux, 72, 113.
Teulet, I.
Thevenot (de), 121, 137, 138, 140—43, 153, 231, 232, 239.
Thevet, 7, 8, 12, 278, 279.
Thierry, 234.

Thoinard, 149.
Thomassy (R.), 131, 162, 201—3, 332, 335, 340, 341, 351, 352.
Thornton, 221.
Thubière v. Queylus.
Tillemon, 235, 236.
Tionne (Jehan), 268.
Titon du Tillet, 57.
Tonson (J.), 183.
de Tonty (Tonti, Henry, resp. Alphonse et Laurent), XVIII, XXVII, 146, 147, 150, 160—62, 165, 166, 169—72, 183, 215, 339, 341, 342, 348.
Torcy (de), VIII.
Toulouse (Comte de), XX.
Tour (de la) v. Saint-Etienne.
Tourette (Graysolon de la), 146, 175.
Tournon (Card. de), 253.
Tracy (Marquis de), V, 107—9, 308, 309, 311—13.
Tremblade (Javelon de la), 157.
Trigaut (Trigautius, P. Nic.), 62, 96.
Trömel, 184, 299.
Tronchaie (de la), 27.
Tross (Edw.), 3, 4, 11, 20, 30, 64, 68, 75, 227.
Truguet, VIII.
Turgis (Charles), 75.

U

Ubaldini (Rob.), 26.
Ulpius (Euphros.), 222.
Urbain VIII, (pape), 294, 297.

V

Vaillant Demihardouin, 352.
St. Vallier (Valier, de), 62, 120, 154.
van Someren (Abr.), 181, 182, 185.
Varennes de la Veranderye, XXIV, 175.

Vaudreuil (Marquis de), XXVII, 176.
Vaultier (P. Jacq.), 328.
Venier (Pierre), 236.
Ventadour (Duc de), v. Levy.
Verrezano, 22, 222, 224.
Verthamont (P. Pierre de), 329.
Viel (Nicol.), 50, 69.
Vieusseux, 222.
VIbon (Capit. de), 157.
Villebois (de), 213.
Villebon (de), 348.
Villegagnon, 22.
Villeray (de), 321.
Villier (de), 215.
Vilmere, 16.
Vimont (Barthelemy), 81, 84, 86, 88.
Vitelleschi (P. Mutio), 50, 295, 296.
Vitré (Antoine), 61.
Vumont (Maugis), 6, 7.

W

Wake (Isaac), 57, 292.
Weed, Parson & Co., 142.
Weiss, 3.
Whitbourne (Rich.), 43, 44.
White 353.
Wilkie (J.), 344.
Winslow (Edw.) et S. White, 47.
Witt (Fred. de), 230.
Wood, 87.
Wytfliet, 224.

Y

York (duke of), 311.

Z

Zalteri (Bologn.), 224.

IMPRIMÉ

PAR W. DRUGULIN A LEIPZIG

POUR LA

LIBRAIRIE TROSS, A PARIS

M.DCCC.LXXII.

Publications de la Librairie Tross à Paris

Imprimées avec luxe et tirées à petit nombre.

CARTIER. Bref récit et succincte narration de la navigation faite en 1535 par le capitaine Jacques Cartier aux îles de Canada, Hochelaga, Saguenay et autres. Réimpression figurée de l'édition originale rarissime de M. D. XLV, avec les variantes des manuscrits de la Bibliothèque impériale. Précédée d'une introduction historique, par M. d'Avezac. *Paris*, 1863. pap. vergé, pet. in-8, br. 12 fr.

——— Le même volume en papier vélin Whatman. 20 fr.

——— Discours du voyage fait (en 1534) par le capitaine Jacques Cartier aux Terres Neufues du Canadas, Norembergue, Hochelage, Labrador et pays adjacens, dite Nouvelle France. Publ. par H. Michelant. Documents inédits sur Jacques Cartier et le Canada, publ. par A. Ramé. Avec deux grandes cartes. *Paris*, 1865. Pet. in-8, pap. vergé, br. 18 fr.

——— Le même volume en papier vélin Whatman. 25 fr.

——— Relation originale du voyage fait en 1534 par le capitaine Jacques Cartier aux Terres Neuves de Canada, Norembergue, Labrador et pays adjacens, dite Nouvelle France, publ. par H. Michelant. *Paris*, 1867. Avec une description du manoir de J. Cartier et une deuxième série de documents inédits sur le Canada. 1 vol. in-8, avec cinq grav. en bois, pap. vergé. 15 fr.

——— Le même volume en papier vélin Whatman. 24 fr.

Texte original, publié d'après un manuscrit français de l'époque. On ne connaissait jusqu'à présent cette publication que d'après la traduction faite sur le texte italien publié par Ramusio.

LESCARBOT. Historie de la Nouvelle-France, contenant les nauigations, décounertes et habitations faites par les François ès Indes occidentales et Nouuelle-France. Avec les muses de la Nouuelle-France. Par Marc Lescarbot. Nouvelle édition, publ. par Edwin Tross. *Paris*, 1866. 3 vol. pet. in-8. br. Avec 4 cartes géogr. 36 fr.

——— Le même ouvrage en papier de Hollande. 60 fr.

Margry (P.). Les Navigations françaises et la révolution maritime du XIV⁰ au XVI⁰ siècle, d'après les documents inédits tirés de France, d'Angleterre, d'Espagne et d'Italie. *Paris*, 1867, in-8, avec deux grandes planches, br.   15 fr.

I. Les marins de Normandie aux côtes de Guinée avant les Portugais. — II. Les deux Indes au XV⁰ siècle et l'influence française sur Christophe Colomb. — III. La navigation du capitaine de Gonneville et les prétentions des Normands à la découverte des Terres Australes sous Louis XII. — IV. Le chemin de la Chine et les pilotes de Jean Ango. — V. L'Hydrographie d'un découvreur du Canada et les pilotes de Pantagruel.

—————— Le même volume en papier de Hollande.   20 fr.

Sagard Théodat. Le Grand Voyage du pays des Hurons, situé en l'Amérique, vers la mer douce, ès derniers confins de la Nouvelle-France, dite Canada. Avec un Dictionnaire de la langue huronne. *Paris*, 1855. 2 vol. in-8, frontisp. grav., papier vél., br.   24 fr.

—————— Le même ouvrage en papier de Hollande.   40 fr.

—————— Histoire du Canada et voyages que les Frères mineurs Recollets y ont faits pour la conuersion des infidelles, divisez en quatre liures, où est amplement traicté des choses principales arriuées dans les pays depuis 1615 jusqu'à la prise qui en a esté faicte par les Anglois; avec un dictionnaire de la langue huronne. Nouvelle édition, publiée par Edwin Tross. Avec une notice sur Gabriel Sagard Théodat. *Paris*, 1864—1866. 4 vol. pet. in-8, pap. vél., br.   48 fr.

L'édition originale de cet ouvrage important est d'une rareté excessive. La nouvelle, d'une exécution typographique remarquable, est imprimée en caractères antiques.

—————— Le même ouvrage en papier de Hollande.   80 fr.

Contract des Jésuites au trafique du Canada, pour les apprendre à Paul de Gimont, l'un des donneurs d'avis pour les Jesuites contre le recteur et Université de Paris, et à ses semblables, pourquoy les Jesuites sont depuis peu arriuez au Canada. M. DC. XIII. Seconde édition. *Lyon, imprimerie de Louis Perrin*, 12 pages in-8, cart. non rogn.

Tiré à 12 exemplaires, tous sur *peau de vélin.*

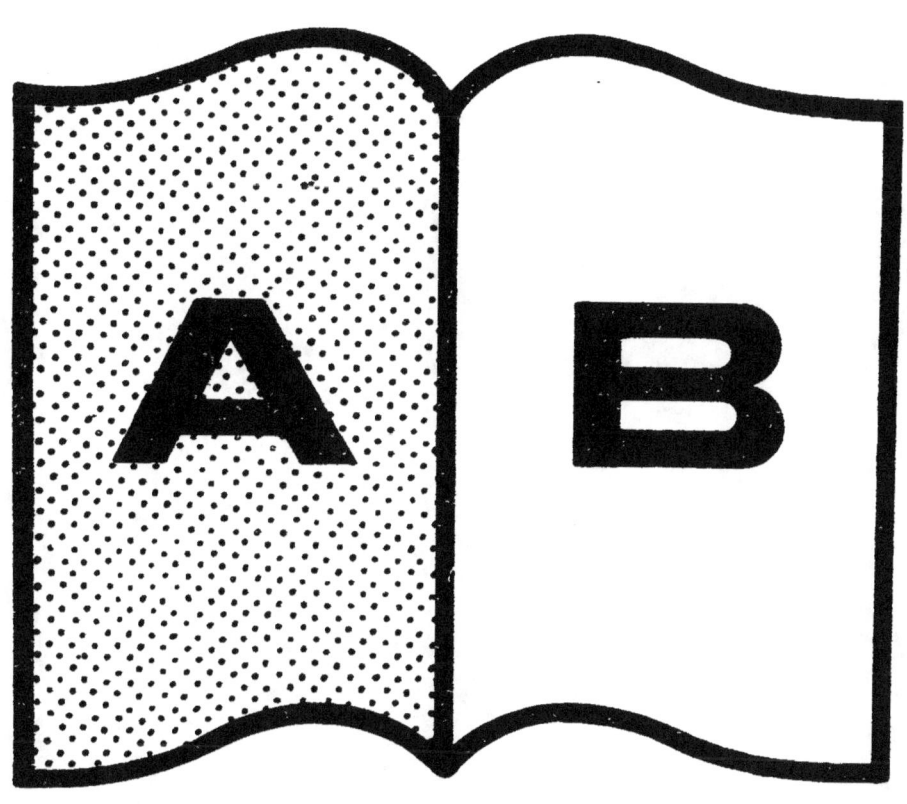

Contraste insuffisant

NF Z 43-120-14

www.ingramcontent.com/pod-product-compliance
Lightning Source LLC
Chambersburg PA
CBHW052121230426
43671CB00009B/1071